本书系研究阐释党的十九大精神
国家社科基金重大专项课题
"培育国际竞争新优势与
建设开放型世界经济的内生动力研究"
（18VSJ046）的最终成果

Research on the Endogenous Power of Cultivating New Advantages in

INTERNATIONAL COMPETITION

and Building an Open World Economy

培育国际竞争新优势与建设开放型世界经济的内生动力研究

钱学锋 等◎著

内 容 简 介

党的二十大报告强调，中国坚持对外开放的基本国策，坚定奉行互利共赢的开放战略，不断以中国新发展为世界提供新机遇，推动建设开放型世界经济。建设开放型世界经济是中国构建高水平开放型经济新体制的内在要求和历史必然。本书在认识和厘清"新"与"旧"、"主"与"次"、政府与市场这三大关系的基础上，强调在培育国际竞争新优势方面，应使市场起决定作用，分清主次，重点突破；在建设开放型世界经济的战略方面，应更好发挥政府作用，科学地设计贸易政策与产业政策等方面的制度，积极主动地参与国际贸易治理。本书将尝试为中国培育国际竞争新优势、建设开放型世界经济提供一个清晰的内生性分析框架和政策借鉴。

图书在版编目（CIP）数据

培育国际竞争新优势与建设开放型世界经济的内生动力研究 / 钱学锋等著 . —北京：北京大学出版社，2023.2
ISBN 978-7-301-33771-4

Ⅰ.①培… Ⅱ.①钱… Ⅲ.①世界经济－经济动力学－研究 Ⅳ.①F113

中国国家版本馆 CIP 数据核字 (2023) 第 036065 号

书　　　名	培育国际竞争新优势与建设开放型世界经济的内生动力研究 PEIYU GUOJI JINGZHENG XINYOUSHI YU JIANSHE KAIFANGXING SHIJIE JINGJI DE NEISHENG DONGLI YANJIU
著作责任者	钱学锋　等著
策划编辑	王显超
责任编辑	耿　哲　李娉婷
标准书号	ISBN 978-7-301-33771-4
出版发行	北京大学出版社
地　　　址	北京市海淀区成府路 205 号 100871
网　　　址	http://www.pup.cn 新浪微博：@北京大学出版社
电子信箱	编辑部：pup6@pup.cn　总编室：zpup@pup.cn
电　　　话	邮购部 010-62752015　发行部 010-62750672　编辑部 010-62750667
印　刷　者	三河市北燕印装有限公司
经　销　者	新华书店
	787 毫米 ×1092 毫米　16 开本　22.25 印张　520 千字 2023 年 2 月第 1 版　2023 年 2 月第 1 次印刷
定　　　价	128.00 元

未经许可，不得以任何方式复制或抄袭本书之部分或全部内容。
版权所有，侵权必究
举报电话：010-62752024　电子信箱：fd@pup.pku.edu.cn
图书如有印装质量问题，请与出版部联系，电话：010-62756370

目 录

第一篇　引论 ··· 1
 第一章　绪论 ·· 2
 第二章　开放型世界经济的实践探索、理论渊源与科学体系 ······················ 14
  第一节　中国开放型世界经济探索的历史演进 ······································· 14
  第二节　开放型世界经济的理论渊源 ·· 21
  第三节　中国开放型世界经济与历史上资本主义国家的开放型经济 ········ 24
  第四节　开放型世界经济的科学体系 ·· 27
  第五节　总结与展望 ·· 29

第二篇　培育国际竞争新优势的内生市场动力 ·· 34
 第三章　培育国际竞争新优势的内生市场动力Ⅰ：多层次市场需求的生产率效应 ······ 35
  第一节　问题的提出 ·· 35
  第二节　理论分析与研究假说 ··· 38
  第三节　数据说明与典型事实分析 ··· 40
  第四节　估计结果与分析 ·· 44
  第五节　扩展分析 ·· 55
  第六节　结论与政策启示 ·· 58
 第四章　培育国际竞争新优势的内生市场动力Ⅱ：多层次市场需求的创新效应 ·········· 60
  第一节　问题的提出 ·· 60
  第二节　文献综述 ·· 62
  第三节　理论模型 ·· 63
  第四节　经验研究 ·· 69
  第五节　结论与启示 ·· 81

第三篇　培育国际竞争新优势的产业支撑作用 ·· 83
 第五章　培育国际竞争新优势的产业支撑作用Ⅰ：制造业动态生产率视角 ············ 84
  第一节　问题的提出 ·· 84
  第二节　动态 TFP 分解及资源配置效率测算 ·· 87
  第三节　中国制造业资源配置及动态 TFP 的特征事实 ·························· 88
  第四节　经验研究 ·· 91
  第五节　进一步的拓展研究 ··· 99

第六节　结论与政策建议 ·· 103

　第六章　培育国际竞争新优势的产业支撑作用Ⅱ：制造业服务化的出口效应 ·············· 105

　　第一节　问题的提出 ·· 105

　　第二节　制造业服务化影响出口的理论机制 ································ 106

　　第三节　数据说明和计量模型 ·· 108

　　第四节　回归分析 ··· 113

　　第五节　扩展分析 ··· 117

　　第六节　研究结论与政策建议 ·· 120

　第七章　培育国际竞争新优势的产业支撑作用Ⅲ：服务业全要素生产率视角 ············ 122

　　第一节　问题的提出 ·· 122

　　第二节　服务业 TFP 的测度框架与指标数据 ································ 124

　　第三节　描述性统计与相关性分析 ·· 129

　　第四节　服务业全要素生产率的比较分析 ·································· 134

　　第五节　结论与政策含义 ·· 141

第四篇　培育国际竞争新优势的企业主体地位 ·································· 144

　第八章　培育国际竞争新优势的企业主体地位Ⅰ：中国企业国际竞争力 ················ 145

　　第一节　中国企业国际竞争力的发展历程与阶段特征：回顾与评价 ············ 146

　　第二节　中国企业国际竞争力的提升机制和路径：理论解释与经验总结 ········ 156

　　第三节　不确定时代的企业国际竞争力：风险与挑战 ························ 161

　　第四节　新时期中国企业国际竞争力提升的政策选择 ························ 164

　第九章　培育国际竞争新优势的企业主体地位Ⅱ：服务企业的绩效 ···················· 169

　　第一节　问题的提出 ·· 169

　　第二节　数据说明和描述性统计 ·· 172

　　第三节　经验模型及结果讨论 ·· 179

　　第四节　进一步讨论 ·· 185

　　第五节　结论与政策含义 ·· 192

第五篇　培育国际竞争新优势的政府战略 ······································ 194

　第十章　培育国际竞争新优势的政府战略Ⅰ：产业政策 ···························· 195

　　第一节　问题的提出 ·· 195

　　第二节　理论模型 ··· 198

　　第三节　模型拓展：嵌入产业政策的分析 ·································· 203

　　第四节　面向未来的产业政策选择 ·· 213

　　第五节　结论与政策含义 ·· 218

　第十一章　培育国际竞争新优势的政府战略Ⅱ：贸易政策 ·························· 219

　　第一节　引言 ··· 219

第二节　文献综述 ·· 221
　　第三节　模型的基本设定 ·· 223
　　第四节　小国情形 ·· 226
　　第五节　大国情形 ·· 231
　　第六节　缓解不确定性的政策选择 ·· 238
　　第七节　数值模拟 ·· 243
　　第八节　结论与政策建议 ·· 247
　第十二章　培育国际竞争新优势的政府战略Ⅲ：贸易治理 ···································· 249
　　第一节　问题的提出 ·· 249
　　第二节　新冠疫情之前的全球贸易治理：历史演进与经验总结 ···················· 250
　　第三节　后疫情时代全球贸易治理的新特征 ··· 256
　　第四节　后疫情时代中国参与全球贸易治理的理论依据 ······························· 259
　　第五节　后疫情时代中国参与全球贸易治理的战略选择 ······························· 263

第六篇　国际竞争新优势的量化评估 ·· 266

　第十三章　国际竞争新优势的量化评估Ⅰ：贸易强国视角 ···································· 267
　　第一节　问题的提出 ·· 267
　　第二节　贸易利益与贸易强国程度的分解 ··· 269
　　第三节　参数估计 ·· 275
　　第四节　量化分析 ·· 283
　　第五节　稳健性检验：其他类型效用函数 ··· 288
　　第六节　结论与政策建议 ·· 293
　第十四章　国际竞争新优势的量化评估Ⅱ：进口外溢效应 ···································· 295
　　第一节　问题的提出 ·· 295
　　第二节　基本事实：中国从发展中国家的进口 ··· 297
　　第三节　模型与变量 ·· 303
　　第四节　发现和结论 ·· 307
　　第五节　结论与政策含义 ·· 314
附录 A ··· 315
附录 B ··· 324
参考文献 ··· 331

第一篇 引论

第一章 绪论
第二章 开放型世界经济的实践探索、理论渊源与科学体系

第一章 绪 论①

从开放型经济转向开放型世界经济,是中国建设开放型经济新体制的内在要求和历史必然。但关于建设开放型世界经济,并无一套成熟的理论框架可以借鉴。本书在认识和厘清"新"与"旧"、"主"与"次"、政府与市场这三大关系的基础上强调:在培育国际竞争新优势方面,应使市场起决定作用,分清主次,重点突破;在建设开放型世界经济方面,应更好地发挥政府作用,科学地设计贸易政策与产业政策等方面的制度,并积极主动地参与国际贸易治理。因此,本书将尝试为中国培育国际竞争新优势、建设开放型世界经济提供一个清晰的内生性分析框架。

一、研究背景与研究意义

近年来,随着中国经济进入"三期叠加"的新常态,中国的外向型经济发展进入了中低速增长的新阶段。以对外贸易为例,根据中国海关进出口统计数据,1978—2011年,中国对外贸易的年均增长速度为17%,远高于同期世界贸易5%的增长速度;但2012—2015年,中国对外贸易的年均增长速度仅为2.6%,远低于过去三十多年的年均增长速度,与同期世界贸易大约3%的年均增长速度较为接近。2018年中美贸易摩擦爆发后,中国对外贸易发展面临更大的不确定性。这表明,长期以来支撑中国外向型经济发展的内外部环境正在经历深刻的变化。对此,我们必须有清醒的认识和准确的判断。

从外部环境来看,一是助推世界经济长周期繁荣的旧动力衰减,新动力尚未形成,推动中国对外贸易发展的外部需求空间日益被压缩。1979—2008年,世界经济年均增长速度为3.4%,世界贸易年均增长速度为8.2%,这在很大程度上得益于美国引领的IT革命和金融创新。但自2008年全球金融危机以来,全球经济始终处在深度调整阶段,总体运行态势由长周期繁荣转变为低速增长,疲弱的复苏态势尚未得到明显改善,且创新动力机制亦不明朗。全球贸易增速持续低于GDP增速,不仅是简单的周期性因素导致的,更是结构性因素使然(Constantinescu, Mattoo, and Ruta, 2015, 2016)。二是国际产业转移趋势放缓,全球价值链分工有所弱化。20世纪80年代以来,中国通过承接传统劳动密集型产业和IT产业劳动密集型加工组装环节等,参与国际分工,嵌入全球价值链,形成了强大的出口能力,带动了加工贸易的繁荣发展。但

---

① 本章内容部分已发表在《中国社会科学报》(钱学锋、胡宗彪,2018);《经济参考报》(钱学锋、龚联梅,2019)。

现阶段，由跨国公司主导的大规模国际产业转移趋势明显放缓；发达国家转向大力推动"产业回归"和"再工业化"；世界范围内产业内分工和产品内分工趋势减缓的状态在中国的对外贸易领域也已得到明显的体现（裴长洪，2015）。三是多边贸易体制受到区域经济一体化的严峻挑战，国际经济和贸易规则正在加速重构，新一轮贸易保护主义、单边主义、霸凌主义卷土重来，国际贸易中的风险和不确定性因素日益增多。关税及贸易总协定（General Agreement on Tariffs and Trade，GATT）和世界贸易组织（World Trade Organization，WTO）努力推动的贸易与投资自由化、便利化，使中国在21世纪初期充分享受了加入WTO的红利，并进一步推动了贸易发展。但随着多哈回合贸易谈判失败，多边贸易自由化进程停滞，WTO的未来充满挑战，《全面与进步跨太平洋伙伴关系协定》（Comprehensive and Progressive Agreement for Trans-Pacific Partnership，CPTPP）等超级自由贸易协定（Mega Free Trade Agreement，Mega-FTA）正在重塑国际经济新秩序和重构国际贸易规则；2008年全球金融危机之后出现了各类贸易保护主义，特别是特朗普政府动辄以国家安全为由，推行单边主义和霸凌主义，严重侵蚀以规则为基础的多边贸易体制。全球贸易面临滑向失序的危险（Evenett，2014）。

从内部环境来看，一是支撑中国对外贸易发展的低成本比较优势不具有可持续性，新的比较优势尚未完全形成，中国目前处于比较优势转换期。过去，依靠低廉的劳动力、土地和环境成本等，中国制造在全球范围内形成了强大的低价竞争力。但是，随着刘易斯转折点出现、人口红利逐步消失，土地资源供应日趋紧张，中国劳动力、土地、资本等生产要素成本持续上升，环境承载能力已经达到或接近上限，低成本比较优势明显弱化。中国贸易迫切需要发掘和培育新的竞争优势和内生动力。二是早期的政策红利逐步消失，开放型经济新体制优势正在构建之中。中国共产党第十一届中央委员会第三次全体会议（以下简称十一届三中全会）以来，通过推进市场化改革，进行体制机制创新，中国增强了作为微观主体的企业的市场竞争力；20世纪90年代以来开始实施的出口导向型政策和大力吸引外资的政策，以及加入WTO的决策，促使中国顺利承接了两次国际产业转移，成功参与了新一轮国际分工并嵌入全球价值链，把握住了全球化迅猛发展的机遇，成为崛起中的贸易大国。但也必须看到，一些导向型政策导致了要素价格扭曲，形成了资源误置，降低了中国经济开放所带来的利益（钱学锋、潘莹、毛海涛，2015；钱学锋、毛海涛、徐小聪，2016）。在当前世界经济疲弱乏力、风险和不确定性日益增强，中国经济正在经历深度结构调整的背景下，加快构建开放型经济新体制，进一步破除体制机制障碍，以对外开放的主动赢得经济发展和国际竞争的主动，就显得尤为必要（钱学锋、胡宗彪，2018）。

中国的经济发展史表明，以开放促改革、促发展，是中国现代化建设不断取得新成就的重要法宝。2017年，党的十九大报告明确提出要"推动形成全面开放新格局""发展更高层次的开放型经济""推动建设开放型世界经济"，强调"开放带来进步，封闭必然落后"。中国共产党第十九届中央委员会第五次全体会议（以下简称十九届五中全会）通过的《中共中央关于制定国民经济和社会发展第十四个五年规划和二〇三五年远景目标的建议》（以下简称"十四五"规划）进一步明确"坚持实施更大范围、更宽领域、更深层次对外开放""建设更高水平开放型经济新体制"。这些论述是以习近平同志为核心的党中央适应经济全球化新趋势、准确判断国际形势新变化、深刻把握国内改革发展新要求作出的重大战略部署。开放型世界经济作为开放型经济的深化与拓展，秉持"共商共建共享"的全球治理观和互利共赢理念，旨在强调各国一起来应对世界经济低迷、贸易和投资保护主义，体现了中国的担当与智慧。因此，将建设开放型世界经济作为夺取新时代中国特色社会主义伟大胜利、驱动中国经济全面发展、构建人类命运共同体的目标和重要突破口，是新时代背景下的正确选择，具有伟大的战略意义。

首先，推动建设开放型世界经济，是中国政府作出的重大战略部署，是新时代背景下的必然选择，是应对经济不确定性冲击的重要举措。早在2013年9月5日，中国政府就提出了构建开放型世界经济的理念。2018年11月5日，在首届中国国际进口博览会开幕式上，中国政府进一步阐述了构建开放型世界经济的本质和逻辑，提出共建创新包容的开放型世界经济，推动世界经济向"开放、包容、普惠、平衡、共赢"方向发展。未来中国将激发进口潜力，持续放宽市场准入，营造国际一流营商环境，打造对外开放新高地，推动多边和双边合作深入发展，以应对不确定性冲击。开放型世界经济，以"构建人类命运共同体"为信念，以"开放、包容、普惠、平衡、共赢"为基本导向，奠定了未来贸易政策的基调，保证了未来贸易政策的可预测性，维护了世界经济的健康发展，为应对全球不确定性冲击、维护全球贸易体系，提供了中国智慧和中国方案。

其次，开放型世界经济符合历史发展规律。纵观世界经济发展史，可以发现更开放的世界经济将是未来的发展趋势。在2008年全球金融危机后，保护主义横行，其目的除了保护国内产业，更重要的是在利益重新分配和世界经济新格局构建过程中增加谈判筹码。保护主义只是浩瀚历史中人类社会争夺市场的手段。新的世界经济格局，终将始于开放型世界经济。20世纪的多边贸易协定和双边贸易协定，都是各国在保护主义无法实现"保护国内产业、复苏经济"这一美好愿景后，回归开放合作的历史选择。立足当今，开放合作是推动世界经济稳定复苏的现实要求。21世纪不确定性冲击暴增，尤其是2008年全球金融危机爆发后，全球经济呈坠崖式下跌，部分国家和地区经济甚至出现负增长，经济复苏缓慢是发达经济体和新兴经济体的共同特征。世界经济迫切需要稳定、开放、合作的发展环境，只有顺应历史潮流，才能与时代同行。放眼未来，开放合作是人类社会不断进步的时代要求。

最后，开放型世界经济符合经济发展规律。构建开放型世界经济，可以降低不确定性，为企业增加收益提供条件，为国家乃至世界经济发展助力。历史经验证明，开放合作是增强国际经济活力的重要动力，在促进经济增长方面有着不可低估的作用，世界各国从中受益良多。虽然，在开放型世界经济的构建过程中会存在多种形式的贸易保护和摩擦，但是，国际社会已经意识到，共同努力推进全球化、完善多边贸易体制，才是应对当前困境的明智之举。全球化依旧是大多数国家努力的方向，开放型的世界经济发展趋势仍然不会改变。在开放型世界经济的构建中，中国将实现经济腾飞，取得举世瞩目的成就。

二、研究思路与研究方法

（一）研究思路

1. 建设开放型世界经济的着力点：培育国际竞争新优势

长期以来，我们以贸易投资的数量增长作为"开放红利"的主要标准，致使中国当前的开放型世界经济水平仍停留在初级阶段。其主要表现是：在微观层面上，本国企业缺乏具有国际竞争力的技术、品牌、质量、服务优势，出口定价权掌握在跨国公司手中，高技术产品对外资企业的依赖度较高；在中观层面上，制造业处在全球价值链的中低端，缺乏核心竞争力，出口附加值偏低；在宏观层面上，中国传统的低成本比较优势不具可持续性，在面临外部环境不确定性冲击时存在较大的脆弱性，在国际经济规则的制定中缺少话语权，国际经济治理能力不强。但是，我们也应该看到，中国人力资源丰富、市场规模庞大、基础设施比较完善、产业配套齐全，创新发展的制度环境和政策环境正在不断完善，仍然具备开放型经济的综合竞争优势。在此情形下，如何因势利导，推动开放型世界经济加快由要素驱动向创新驱动转变，由规模速度型向质量效益型转变，由成本、价格优势为主向以技术、标准、品牌、质量、服务为核心的综合竞争优势转变，从而实现质量变革、效率变革、动力变革，完成国际竞争新优势的培育，是中国开放型世界经济建设必须把握的方向（钱学锋、胡宗彪，2018）。

党的十九大报告指出，中国要积极促进"一带一路"国际合作，努力实现政策沟通、设施联通、贸易畅通、资金融通、民心相通，打造国际合作新平台，增添共同发展新动力，支持多边贸易体制，促进自由贸易区建设，推动建设开放型世界经济。这些论述意味着开放型世界经济的建设过程就是内生动力的锻造和提升过程，只有构筑起开放型世界经济建设的内生动力，才能推动经济全球化，发展更高层次的开放型世界经济，不断壮大经济实力和综合国力。那么，在国际、国内环境的双重约束下，中国建设开放型世界经济的内生动力和着力点是什么？我们认为，中国开放型世界经济建设的内生动力就是国际竞争新优势，而内生动力的锻造和提升过程就是国际竞争新优势的培育过程。这一论断既是应对全球经济发展新形势与国际经贸格局重大变化的战略选择，也是适应国内经济发展方式转变的迫切之举，更是实现中国"两个一百年"奋斗目标和中国梦的客观需要，还是深入贯彻落实党的十九大报告关于建设开放型世界经济相关精神的有力体现。

2. 培育国际竞争新优势的重点路径分析

那么，如何培育中国的国际竞争新优势？我们认为，培育中国的国际竞争新优势，必须首先认识和厘清三大基本关系。

第一是"新"与"旧"的关系。即国际竞争新优势与旧优势的关系。一方面，国际竞争新优势的出现和旧优势的逐步消失，依赖于客观环境（国内环境与国际环境）的变化。因此，准确认识和把握客观环境的变化，是培育国际竞争新优势的基础和前提。另一方面，客观环境发生变化，意味着依赖旧环境而构建的旧理论和旧政策，可能无法解释和培育新环境中的新优势。所以，客观环境发生变化后，需要用新的理论去认识和理解新优势,并在实践层面作出新的政策回应。这就要求我们必须辩证地看待新优势、新理论、新政策与旧优势、旧理论、旧政策之间的关系。

第二是"主"与"次"的关系。国际竞争新优势是当前我国建设开放型世界经济的重要内生动力。它蕴含着主要方面和次要方面。我们认为,培育我国国际竞争新优势的主要方面,应该是抓好三个层面:宏观层面,实现大国市场优势,培育国际竞争新优势的内生市场动力;中观层面,探寻制造业动态生产率、制造业服务化以及服务业发展的内在规律,奠定培育国际竞争新优势的产业支撑基础;微观层面,促进企业成长,培育国际竞争新优势的企业主体地位。三个层面,三位一体,重点突破,必将形成以内生市场动力、有效产业支撑和强大企业主体为核心的中国国际竞争新优势。

第三是政府与市场的关系。政府与市场是现代市场经济体系中的两个重要手段,二者功能不同,但各有长处。培育我国国际竞争新优势、建设开放型世界经济,需要处理好政府与市场的关系。在培育国际竞争新优势方面,应主要使市场起决定性作用。这主要体现在:大国市场优势本身就是培育国际竞争新优势的内生动力;产业支撑作用的形成应遵循市场规律,由企业和产业内生选择;企业成长的过程更是企业根据市场规律自我选择的过程。在这些方面,政府不应该越俎代庖,替代市场发挥作用。但在建设开放型世界经济的战略方面,包括产业政策、贸易政策以及国际贸易治理等方面,则应该更好地发挥政府的作用,从而为市场培育国际竞争新优势创造良好的内外部环境。

在此基础上,本书从开放型世界经济的发展实践出发,开展培育国际竞争新优势的重点路径研究:宏观层面,实现大国市场优势,培育国际竞争新优势的内生市场动力;中观层面,探寻制造业动态生产率、制造业服务化以及服务业发展的内在规律,奠定培育国际竞争新优势的产业支撑基础;微观层面,促进企业成长,培育国际竞争新优势的企业主体地位。之后,回归到建设开放型世界经济的政府战略,从而构建出培育国际竞争新优势与建设开放型世界经济内生动力的新理论框架。

(二)研究方法

1. 深度文献解析

与本书相关的研究文献非常丰富,对理论和经验研究文献进行深入全面的学术史梳理,有助于我们理解相关理论和经验研究的演进轨迹,把握最新的研究动态,确定进一步前进的方向,从而为本书的研究奠定了坚实的学术文献基础。同时,我们对党和政府关于国际竞争新优势和开放型世界经济的相关政策和精神进行了顶层设计层面的梳理,从而为我们深入研究阐释党的十九大精神把握了正确的政治方向。

2. 科学数理建模

研究阐释党的十九大精神,理解和把握培育国际竞争新优势与建设开放型世界经济内生动力的重要理论命题,需要科学运用主流经济学的理论范式,讲好中国故事、传播好中国声音。为达到这一目标,本书尝试构建基于柯布-道格拉斯不变替代弹性(Cobb-Douglas Constant Elasticity of Substitution,CD-CES)效用函数与0-1偏好、嵌入企业异质性、消费者异质性等供给侧和需求侧特征的垄断竞争一般均衡模型,以刻画内生市场动力、产业支撑作用、企业主体地位和政府作用,从而为本书研究建立坚实的理论基础。

3. 规范实证计量

为了检验和回应本书的若干理论研究命题,开展深入、细致、规范的实证计量分析是非常必要的。本书在检验多层次市场需求结构的生产率效应和创新效应、制造业服务化的出口效应等方面,规范运用了包括静态面板下的普通最小二乘法(Ordinary Least Squares, OLS)、双向固定效应(Two-way Fixed Effects, Two-way FE)、两阶段最小二乘法(Two-stage Least Squares, 2SLS)、动态面板的广义矩估计(Generalized Method of Moments, GMM)、面板门槛模型等各种常规化的实证计量方法;在刻画产业政策效应、不确定性条件下的贸易政策效应、基于标准化贸易利益量化评估贸易强国指数等研究内容上,采用了参数模拟、反事实模拟等较为前沿的量化分析方法。

三、研究结构与研究内容

(一)研究结构

根据研究思路和实际研究执行情况,本书最终分六篇十四章。

第一篇是引论,包含两章。第一章是绪论;第二章对开放型世界经济的实践探索、理论渊源与科学体系进行了系统的总结,为后续篇章讨论培育国际竞争新优势、构建开放型世界经济的内生动力提供研究前提和背景。

第二篇至第四篇共三篇七章(第三章至第九章),主要从宏观市场、中观产业和微观企业三个层面,探讨在培育国际竞争新优势方面,应如何使市场起决定性作用。第二篇是从宏观市场角度讨论培育国际竞争新优势的内生市场动力,其中,第三章讨论多层次市场需求的生产率效应,第四章讨论多层次市场需求的创新效应。第三篇是从中观产业层面讨论培育国际竞争新优势的产业支撑作用,具体又从制造业动态生产率(第五章)、制造业服务化的出口效应(第六章)和服务业全要素生产率(第七章)三个角度展开深入分析。第四篇是从微观企业层面讨论培育国际竞争新优势的企业主体地位,其中,第八章给出了中国企业国际竞争力70余年的发展历程,第九章选取服务企业绩效这一角度,具体分析了中国制造业企业和服务业企业的成长及其相关影响因素。

第五篇主要是从培育国际竞争新优势的政府战略角度,分析在建设开放型世界经济过程中如何更好发挥政府作用。具体来说,第十章讨论了产业政策的作用,第十一章讨论了贸易政策的作用,第十二章强调了中国参与全球贸易治理的重要性及具体政策选择。

第六篇试图对国际竞争新优势进行量化评估。由于国际竞争新优势难以由一个单一维度的指标来进行量化,因此,本书第十三章另辟蹊径,选取基于标准化贸易利益衡量的贸易强国这一综合指标,尝试对国际竞争新优势进行总体意义上的量化评估。与此同时,培育国际竞争新优势、建设贸易强国,不仅体现在自身具备强大的贸易利益获取能力方面,还体现在自身的贸易发展对世界其他国家具有重要影响方面。鉴于中国的进口需求日益增加,第十四章分析了中国进口的外溢效应,从另一个角度呈现了中国的国际竞争新优势。

(二) 研究内容

中国开放型世界经济建设的内生动力就是国际竞争新优势，而内生动力的锻造和提升过程就是国际竞争新优势的培育过程。在培育国际竞争新优势方面，应主要使市场起决定性作用。但在建设开放型世界经济的战略方面，应更好发挥政府的作用。

基于这一论断，本书的主要研究内容有以下几方面。

1. 文献研究

培育国际竞争新优势、建设开放型世界经济，是一个非常宏大的研究课题，相关理论、经验和政策研究非常丰富。本书第一章从党和政府关于国际竞争新优势与开放型世界经济的文件精神、波特的国家竞争优势理论、有关开放型世界经济研究的学术史以及培育国际竞争优势的政府层面、市场层面、产业和企业层面等方面进行了系统的文献解析，从而为本书的研究奠定了坚实的文献基础。

2. 开放型世界经济的实践探索、理论渊源与科学体系

经过 70 多年的不懈努力和探索，我国开放型经济发展取得了巨大成功，迈上了新台阶。从整个发展历程来看，改革开放是我国发展开放型经济的分水岭。改革开放前，以毛泽东同志为核心的党的第一代领导集体在复杂的国内外环境下，成功地恢复了国民经济，建立了较为完善的国民经济体系，探索并建立了我国对外开放的基本战略。改革开放后，我国加大了开放的广度和深度，走上了一条对内改革、对外开放的道路，经过几代人的共同努力，我国的开放型经济发展水平和层次不断提升，并逐步形成了开放型经济体系。2013 年 10 月 7 日，习近平总书记在亚太经合组织领导人会议第一阶段会议上提出开放型世界经济的思想，并在此后的多个国际会议上都发出构建开放型世界经济的倡议，党的十九大报告进一步明确了构建开放型世界经济的构想。

本书第二章立足于中华人民共和国成立 70 多年的经济发展实践，系统总结和梳理了开放型世界经济的实践探索、理论渊源与科学体系。开放型世界经济是习近平新时代中国特色社会主义思想的组成部分，是马克思主义中国化的最新理论成果，是对马克思主义政治经济学的继承与发展。同时，中国的开放型世界经济与历史上资本主义国家的开放型经济在立场、目的和方式上有本质不同。它有着科学的理论基础、科学的理论内涵、科学的研究范式和科学的研究方法。为构建开放型世界经济，中国既要做好内功，稳定国内经济的基本盘；又要在对外方面，做好主动开放，同时积极防御风险，加强国际合作，增强抵御风险的能力，统筹国内国外两个大局，加快构建以国内大循环为主体、国内国际双循环相互促进的新发展格局，重塑我国国际合作和竞争新优势。

3. 培育国际竞争新优势的重点路径之市场的决定作用

本书认为，培育我国国际竞争新优势，应在宏观市场层面、中观产业层面和微观企业层面，使市场起决定作用。

（1）培育国际竞争新优势的内生市场动力

中国区域间经济发展的不平衡性和收入差距，反而塑造了国内市场需求的多元性与多层次化优势，这种优势有利于扩大企业的销售规模，提高企业的研发创新效率，进而提升企业的生产率。第三章探讨了这种多层次市场需求的生产率效应。该章利用世界银

行中国企业调查数据进行研究发现，中国区域间收入差距所衍生的多层次市场需求显著提高了跨区域经营企业的生产率，不过这一作用受到企业所有制、企业规模、行业异质性等因素的影响。基于中介效应模型的机制分析结果表明，以区域间收入差距衡量的多层次市场需求，通过规模经济和研发创新两个渠道，显著促进了企业生产率的提升。此外，企业目标市场组合间的收入差距与生产率之间呈现的倒U形非线性关系说明，多层次市场需求对跨区域经营企业生产率的提升作用存在阈值效应。这意味着，中国经济发展不平衡所衍生的多层次市场需求结构是中国企业竞争新优势的重要来源，这为以国内大循环为主体、国内国际双循环相互促进的新发展格局提供了依据。

第四章在第三章的基础上，继续讨论多层次市场需求的创新效应。虽然企业创新问题已受到广泛关注，但是同时从需求结构和需求规模角度探讨多层次市场需求对企业创新的异质性影响这一重要命题却鲜有研究。该章构建了包含0-1类型需求结构的一般均衡模型，同时考虑消费者异质性和企业异质性，推导出收入分布隐含的多层次市场需求、市场规模及二者的交互对不同生产率企业创新的影响，刻画出内涵更加丰富的一种"新的价格效应"和"新的市场规模效应"。理论和经验研究发现：收入分布的右移及市场规模的扩大都会促进高生产率企业的创新，并且市场规模的扩大会进一步强化收入分布的创新效应；而对于低生产率企业来说，收入分布的变化对其创新没有显著影响，仅存在市场规模的创新效应。该章的政策含义是，面对新冠疫情和中美贸易摩擦所带来的内外环境的变化，我国在推进以国内大循环为主体、国内国际双循环相互促进的新发展格局时，应该认识到我国所拥有的超大国内市场及存在的多层次需求结构的优势，努力增加中高收入消费者在人口中的比例，进而促进形成强大的国内市场，激发多层次市场需求的企业创新效应，培育国际竞争新优势。

（2）培育国际竞争新优势的产业支撑作用

第五章首先从制造业动态生产率的视角，讨论培育国际竞争新优势的产业支撑作用。制造业动态生产率的变化，不仅影响制造业本身的国际竞争力，也影响宏观经济的可持续增长。该章利用1999—2014年中国工业企业微观数据，计算了我国制造业行业的动态生产率并对其进行分解，然后着重研究贸易自由化如何影响行业的动态生产率及其作用机制。在进行各种稳健性检验后，该章研究发现：进口竞争主要通过促进行业内资源配置效率改善，提高整个行业的动态生产率，不同行业受到影响的程度有所不同。通过进一步研究还发现，上游行业的进口竞争对本行业的动态生产率及资源配置效率的改善也有促进作用。在区分不同类型产品和不同进口来源地的进口竞争后，发现资本品的贸易自由化对行业动态生产率的促进作用最为明显，同时，来自发达国家和发展中国家的进口竞争均能促进我国制造业动态生产率的提升。因此，继续坚持对外开放、建设开放型世界经济、推进贸易自由化，可以有效提升制造业动态生产率，从而培育制造业产业层面的国际竞争新优势。

制造业服务化的本质，是以高技术为依托，注重发展高附加值的制造业，从而构建具有持续竞争优势的新工业体系。因此，我国亟须培育制造业服务化这一国际竞争新优势，从产业层面构建开放型世界经济的内生动力。第六章基于2000—2014年的中国制造业17个细分行业的数据，以制造业服务化为线索，对制造业和服务业深度融合的出口影响进行了定量分析。研究发现，中国的制造业服务化与出口呈U形关系，伴随着制造业服务化水平的提升，制造业服务化已经开始对出口产生积极的促进作用，体现了制造业服务化对出口影响的阶段性特征。该章利用工具变量和双重差分模型对结果进行了稳健性检验，均得到稳健的结果，且分行业的回归结果显示了行业之间影响的差异性。该章通过构建中介效应模型探讨制造业服务化对出口的作用机制，发现生产率和交易成本是一国制造业服务化水平影响其出口规模的中介变量。整体面板的回归结果显示，伴随制造业服务化水平的进一步提升，中国已然开始通过提升生产率和降低交易成本两种途径实现出口规模的扩大，并逐步进入制造业服务化的红利阶段。在我国全面提升开放型经济发展水平、锻造开放型世界经济发展新优势的关键时期，顺应服务全球化发展的大趋势，坚持服务业与制造业的融合共生发展是一种理性选择。

第七章将在第五章和第六章的基础上，进一步从服务业全要素生产率的角度，讨论培育国际竞争新优势的产业支撑作用。该章采用兼具赫克歇尔－俄林模型和李嘉图模型特征的测度框架，首次使用双边服务贸易数据，测度包括中国在内的主要经济体服务业及其分部门生产率，从横向和纵向的角度分别比较中国与全球主要经济体服务业之间及其分部门之间的生产率差异及变化趋势。研究发现：服务业生产率与人均收入显著正相关，与劳动密集度正相关（只在低收入国家中成立）；中国服务业生产率水平与印度接近，但与俄罗斯、巴西等金砖国家，以及与法国、德国、英国和日本等发达国家相比仍存在较大差距；服务业全要素生产率（Total factor productivity，TFP）世界排名的变化趋势显示，中国的相对优势服务行业为管理咨询服务业和教育业，落后世界水平的服务行业包括运输仓储支持服务业、金融服务业及行政支助服务业。该章研究有助于科学地掌握中国服务业 TFP 状况及其世界排名的位置，为提升服务业竞争力和国际竞争新优势提供决策依据。

（3）培育国际竞争新优势的企业主体地位

70 多年来，中国企业的国际竞争力实现了跨越式发展。伴随着不同时期的制度环境、技术水平、管理模式、要素禀赋、经营战略等内外部因素和条件的显著变化，中国企业的国际竞争力经历了由孕育、初步形成和发展到竞争力初显、加速提升，再到渐趋强大的历史性演变，并在宏观和微观层面呈现出阶段性发展特征。这在某种程度上折射出中国经济转型发展和制度变革的轨迹，同时也体现出中国经济深嵌于复杂的国际政治经济环境，与国家战略调整周期存在着契合性。第八章主要从企业内部的经营绩效水平和外部国际市场竞争能力两方面，围绕中华人民共和国成立以来中国政治经济发展与社会制度变革的历史轨迹，以及宏微观视角下中国企业参与全球贸易、对外直接投资和跨国竞争力排名等动态过程的现实特征，对中国企业国际竞争力的发展历程进行经验总结和回顾性评价，以期为推动新时代中国特色社会主义经济高质量发展和建设开放型经济新体制提供政策借鉴。

培育国际竞争新优势的企业主体地位，离不开服务企业的成长。第九章基于微观的企业层面数据，考察了开放条件下人民币汇率水平、汇率波动对中国服务企业绩效的影响，并在同一个分析框架内将服务企业与商品企业进行了比较。结果显示：①服务企业绩效（净利润、毛利率、劳动生产率等）总体上要优于商品企业绩效；②未引入汇率水平及其波动与劳动生产率交叉项的模型结果表明，人民币贬值对服务企业和商品企业的利润和销售都有促进作用，且对商品企业利润的影响要大于对服务企业利润的影响，另外，汇率波动对服务企业和商品企业的利润和销售都存在负面冲击，且对商品企业的冲击更大；③引入交叉项的模型结果表明，生产率较高的服务企业和商品企业在人民币贬值时能够增加利润和销售，而商品企业劳动生产率越高，汇率波动对其利润和销售的负面冲击越大。该章研究结论不仅为新兴市场经济体的企业绩效受汇率变动影响提供了证据，而且为我们认识开放条件下服务企业的成长提供了参考。

4. 培育国际竞争新优势的重点路径之政府的战略作用

在建设开放型世界经济的战略方面，应该在产业政策、贸易政策及国际贸易治理等方面，更好地发挥政府的作用，从而为市场培育国际竞争新优势创造良好的内外部环境。

（1）培育国际竞争新优势的政府战略：产业政策

第十章基于20世纪90年代以来中国市场逐步内生形成的不同所有制企业、不同市场结构在上下游产业非对称分布的竞争格局，通过构建上游国有企业为多寡头、下游民营企业为垄断竞争的"垂直结构"模型，将"交互补贴"政策嵌入"垂直结构"模型，从下游民营企业进入数量的角度，考察"垂直结构"模式和"交互补贴"政策对资源配置效率和社会总福利的影响。模型分析表明："垂直结构"模式使下游民营企业产生进入不足倾向，导致了资源误置，降低了社会总福利。而"交互补贴"政策则进一步恶化了"垂直结构"模式的负面影响。该章提出，未来的产业政策可考虑"上游征税，下游补贴"，该政策可以有效促进国有企业利润再分配，鼓励民营企业进入，从而减缓"垂直结构"模式导致的资源误置，提升社会总福利。这意味着，产业政策不是"要不要"的问题，而是"如何用"的问题。适当的产业政策可以为中国相关产业和企业参与国际竞争创造潜在的优势。

（2）培育国际竞争新优势的政府战略：贸易政策

不确定性是21世纪的常态，特别是新冠疫情暴发以来，全球经济和政策的不确定性更是上升到前所未有的程度。因此，如何应对不确定性冲击，是中国和世界经济发展亟待破解的难题。第十一章构建了企业和消费者双重异质性理论模型，通过在生产侧引入贸易政策不确定性，从出口行为动态变化和贸易利益个体分配两方面分析了不确定性对企业和消费者的影响，并探讨了应如何消除不确定性及其影响。该章发现，虽然产业补贴能够消除不确定性及其影响，但与优惠贸易协定相比仍略逊一筹。优惠贸易协定可以限制关税变化的可能性、关税上升的可能性和关税上升的幅度，是降低贸易政策不确定性、缓解贸易政策不确定性影响的重要政策。更重要的是，开放型世界经济以"构建人类命运共同体"为理念，以"开放、包容、普惠、平衡、共赢"为基本导向，奠定了未来贸易政策的基调，保证了未来贸易政策的可预测性，维护了世界经济的健康发展，从根源上降低了不确定性。因此，在通过降低贸易政策不确定性来培育国际竞争新优势的贸易政策层面，政府大有可为。

（3）培育国际竞争新优势的政府战略：国际贸易治理

第十二章从国际贸易治理这一更为宏观的角度，讨论了培育国际竞争新优势的政府战略。自地理大发现以来，全球贸易治理体系先后经历了以英国为主导的殖民治理时期和以美国为主导的多边贸易治理时期。当前的全球贸易治理体系仍继承了第二次世界大战后以美国为主导的贸易治理体系的许多基本元素，但随着新兴经济体的群体性崛起、国际贸易格局的变化、国际贸易制度的非中性和动态性特征及全球经济政治不确定性的增加，以美国为主导的国际贸易秩序面临着巨大挑战。在此背景下，我国应以人类命运共同体为治理前提，以中国特色社会主义制度为基本支撑，大力呼吁和推动当前全球贸易治理体系进行改革，积极引领新兴经济体国家创新全球贸易治理体系，扩大各国共同利益交汇点，将合作共赢作为全球贸易治理的首要模式。

5. 国际竞争新优势的量化评估

党的十九大报告提出要推进贸易强国建设。毫无疑问，培育国际竞争新优势，建设开放型世界经济的一个重要目标就是建设贸易强国。第十三章从贸易强国这一宏观综合视角，尝试对中国的国际竞争新优势进行整体层面的量化评估。该章认为，贸易强国的主要判断标准是贸易的获利能力，并据此提出通过标准化贸易利益来衡量贸易强国程度。通过对世界主要经济体进行贸易强国指数排名，发现美国、德国、意大利、英国和法国排名前5。中国在2007年的贸易强国指数排名中是第19位，而在2014年上升至第7位。虽然中国的贸易强国程度有了较大提升，但是离贸易强国还有较大距离。因此，为了提高总体贸易利益，建设贸易强国，中国应该坚定不移地走对外开放的道路。

第十四章从中国进口扩张对发展中国家就业增长的外溢效应角度，对中国的国际竞争新优势进行量化评估。目前对"中国冲击"的研究大多侧重于进口竞争对发达经济体的影响，该章则通过探究"中国冲击"的另一面（中国作为最大的进口国而不是出口国的影响）对现有的"中国冲击"研究进行了补充。我们使用发展中国家出口和就业的详细数据，将制造业结构中的就业差异及其他发展中国家的贸易流量作为分析出口冲击程度的工具变量，分析了1992—2018年发展中国家对中国的出口扩张及其对出口国劳动力市场产生的效应。研究发现，增加对中国的出口大大增加了发展中国家制造业的就业机会。因而，中国日益增加的进口需求的积极外溢效应，无疑也是中国国际竞争新优势的一个重要体现。

四、研究创新与研究不足

（一）研究创新

1. 提出了一个研究建设开放型世界经济的内生性分析框架

本书在认识和厘清三大基本关系的基础上，将培育我国国际竞争新优势作为建设开放型世界经济的内生动力，按照"基本态势研究和环境分析→培育国际竞争新优势的重点路径研究→建设开放型世界经济的战略举措研究"的逻辑架构，构建契合国际竞争新格局的新理论范式，把握"使市场在培育国际竞争新优势中起决定作用、更好发挥政府在建设开放型世界经济的战略举措上的作用"的基本原则，创新性地展开培育我国国际竞争新优势、建设开放型世界经济的战略路径研究。

2. 明确了培育我国国际竞争新优势、建设开放型世界经济的具体实践路径

培育我国国际竞争新优势、建设开放型世界经济的重大意义毋庸置疑，但该命题宏大且复杂，如何在实践层面上推进实施是一个重大的挑战。本书指出，在培育国际竞争

新优势方面，应使市场起决定作用，分清主次，重点突破；在制定建设开放型世界经济的战略方面，应更好发挥政府作用，即政府设计科学的制度并积极主动地参与国际贸易治理。

3.探索了解决开放型世界经济中国家与市场之间、国际经验与中国特色之间矛盾的方法

本书认为，在培育我国国际竞争新优势、建设开放型世界经济的过程中，国家和市场的作用都不能忽略，但应在二者之间确立合理的边界，明确二者分工。即在培育国际竞争新优势方面，应使市场起决定作用；在制定建设开放型世界经济的战略方面，应更好地发挥政府作用。这样既考虑了国家整体层面的战略安排，又充分考虑了具体产业、具体企业的特点。同时，在传统国际竞争优势的理论研究中，以及在开放型世界经济形成和发展的历史进程中，虽然有一些理论范式和一定的成长路径、战略保障措施可供借鉴，但本书充分考虑到国家竞争新格局的变化与当前中国发展的阶段性特征，创造性地提出了新的理论范式及中国推动开放型世界经济建设的战略路径。

（二）研究不足

探索培育国际竞争新优势与建设开放型世界经济的内生动力是一项非常宏大的研究命题，涉及面比较广，研究难度亦较大，应该承认本书在系统性和全面性上有所欠缺。主要原因是我们采取了抓住主要矛盾和矛盾主要方面的方法，有选择性地进行了重点突破。例如，在培育国际竞争新优势的内生市场动力方面，只是着重考察了多层次市场的劳动生产率效应和创新效应。这显然不足以充分展现中国超大市场规模优势。在培育国际竞争新优势的产业支撑作用、企业主体地位及政府的战略等方面，亦存在系统性和全面性不足的问题。

对此，我们将在后续研究中，力争更为全面系统地探索和理解培育国际竞争新优势与建设开放型世界经济内生动力的科学内涵，更好地研究和阐释党的十九大精神。

第二章 开放型世界经济的实践探索、理论渊源与科学体系[①]

中华人民共和国自成立以来，经过不懈的努力和探索，在开放型经济发展方面取得了巨大成功，迈上了新台阶。从整个发展历程来看，改革开放是我国迈入开放型经济的分水岭。改革开放前，以毛泽东同志为核心的党的第一代领导集体在复杂的国内外环境下，成功地恢复了国民经济，建立了较为完善的国民经济体系，探索并建立了我国对外开放的基本战略。虽然此时的对外贸易只处于辅助地位，但在一定程度上也促进了国内经济的发展，且这些宝贵的经验也为改革开放后我国对外贸易战略的制定提供了参考。改革开放后，我国加大了开放的广度和深度，走上了一条对内改革、对外开放的道路，经过几代人的共同努力，我国开放型经济发展水平和层次不断提升，逐步形成了开放型经济体系。

2008全球金融危机之后，我国经济发展也面临一些新问题，就国内环境来看，我国处于增速换挡、结构优化和动力转换的"三期叠加"的新常态阶段；就国际环境来看，世界经济尚未摆脱金融危机的影响，贸易保护主义猖獗，多边主义受到严重挑战，霸凌主义依然存在，这些阻碍因素给经济发展带来了巨大的不确定性。面对复杂的局势，习近平总书记于2013年首次提出开放型世界经济的思想，并在此后的多个国际场合发出构建开放型世界经济的倡议，党的十九大报告进一步明确了构建开放型世界经济的构想。这是面对复杂的国内外形势所提出的正确方案，也是在经济利益互相融合状况下推进经济全球化的可行方案。开放型世界经济是习近平新时代中国特色社会主义思想的组成部分，是马克思主义中国化的最新理论成果，是对马克思主义政治经济学的继承与发展。立足于中华人民共和国成立70多年的实践经验，探寻开放型世界经济的理论渊源与科学体系，可以为推动中国特色社会主义建设提供更好的理论支撑。

第一节 中国开放型世界经济探索的历史演进

一、开放型经济的初步实践阶段（1949—1978年）

从中华人民共和国成立之初到改革开放前这一阶段，我国的开放型经济发展取得了

[①] 该章主体部分已发表在《中南财经政法大学学报》（钱学锋，2019）。

一定的进展，但受制于当时复杂的国内外环境，对外贸易并没有成为经济发展的主导。

最初，面对以美国为首的西方国家的封锁，我国采取"一边倒"的外交政策，积极发展与苏联、东欧等社会主义国家的关系，从苏联进口了大量的钢材、机械设备和石油制品，有力地推动了国内经济的恢复和发展，双边贸易额于1956年达到了15.2亿美元（曹令军，2013）。为了打破封锁，我国积极支持民间开展贸易往来，1952年成立中央人民政府对外贸易部，专门对外贸事务进行管理，同年成立中国国际贸易促进委员会，为开展民间贸易搭建了一个平台。同时，我国积极与社会主义国家签订经济文化合作协议，并将范围逐步拓展至亚非拉及东欧地区，有效提升了我国的开放水平。1949—1956年，我国与12个欧洲国家建立了外交关系，这为我国发展开放型经济提供了良好的外部环境。但总体来看，这个时期的对外贸易带有强烈的意识形态色彩，贸易对象主要是社会主义阵营的国家，因而，还不属于现代意义上的开放型经济。随后，面对中苏关系恶化，我国积极发展与拉美地区及非洲国家之间的合作，积极推动贸易往来，并加大对非洲国家的援助，1960—1965年，中国对几内亚、坦桑尼亚、马里、赞比亚等国进行了不同程度、不同形式的援助，1970—1978年，中国对外援助了37个国家的470个项目，且对外援助支出是1949—1970年总和的1.59倍，仅1973年对外援助金额就高达58亿美元，占全国财政支出的7.1%。中国也积极发展与西欧及日本的关系，先后与法国、英国签订多项技术引进合同，与西方国家的贸易额占中国对外贸易额的比重由1957年的18%上升到1965年的53%。1963—1966年，中国与西欧及日本签订的外贸合同价值2亿多美元。同时，中国引进技术和设备共84项，其中成套设备52项，共花费3亿多美元（《当代中国》丛书编辑委员会，1989），有效地遏制了中苏关系恶化所带来的负面影响。1951—1957年，中国共借外债51.62亿美元，有效地支持了中国的经济发展，但随着中苏关系恶化，中国逐步减小外债规模，直到20世纪70年代末才开始恢复借债来弥补资金不足（财政部综合计划司，1992）。另外，我国积极调整对外开放政策，经过多方努力，1971年我国恢复联合国合法席位，1972年尼克松访华，使中美关系正常化，美国开始放松对中国的管制，两国之间的贸易额迅速上升。但在这个时期，中国的外资引进工作进展缓慢，主要靠使用出口信贷和延期付款方式从资本主义国家引进技术设备。到1977年，中国从西方国家引进技术设备220多项，成交金额达30多亿美元，我国利用外资的方式也逐渐改变，中外合资企业开始出现（龙楚才，1984）。

纵观这一阶段我国发展开放型经济的历程，虽然过程曲折，但总体上还是取得了一定的进展。30年间，我国发展开放型经济的思想经历了由片面强调自力更生到向国外大规模借贷的转变、由单纯引资到创办中外合资企业的转变，我国发展开放型经济的广度和深度不断提升。而如何加强技术引进、扩大外贸出口、灵活利用外资等思想也为后来我国改革开放政策的制定提供了参考。总体来看，这一阶段我国的大门始终对外打开，30年的初步探索实践为我国经济进入更为广泛的开放阶段奠定了基础。

二、开放型经济的探索阶段（1979—1990年）

改革开放初期，由于资金、技术、经验等的缺乏，我国发展开放型经济主要有两个目标。第一，对内进行经济体制改革，下放经营权。根据当时的方针政策，我国不断加强体制改革，成立进出口管理委员会，批准各部门及地方成立外贸公司，拓展贸易渠道。1987年2月，我国开启了外贸企业承包经营责任制改革，同年10月，党的十三大报告明确指出，必须按照有利于促进外贸企业自负盈亏、开放经营、工贸结合、推行代理制的方向，坚决地、有步骤地改革外贸体制。随即，我国的外贸承包经营责任制在全国展开，这是政府简政放权的重要举措，提高了外贸企业的积极性，促进了外向型经济发展。第二，对外试办经济特区，引进外资。1980年8月，国家正式批复深圳、珠海、汕头和厦门试办经济特区，给予其较大的管理权，并在税收方面给予优惠。党的十二大报告也曾明确提出，要坚定不移地实行对外开放政策，在平等互利的基础上积极扩大对外经济技术交流。随着对外开放政策效果初显，我国逐步将经济特区的成功经验运用到沿海开放城市，设立了沿海经济开放区，使得对外开放的区域更为广泛。与此同时，我国也积极引进外资，并出台了鼓励外资在中国境内设立企业的税收优惠政策，但这一阶段的外资主要集中在第三产业中的旅游、娱乐设施等地产项目及以劳动密集型为主的中小工业项目。在改革开放初期，外资在一定程度上缓解了我国的资金困难问题，对推动我国经济的快速发展起到了非常重要的作用。

这一阶段开放型经济发展具有以下三个特点。第一，以改革促开放。国家通过简政放权大大提高了企业的积极性，并通过管理体制改革、外贸体制改革、科技体制改革等，有效促进了对外开放的发展。第二，以试办经济特区为基点，逐步形成了沿海开放城市、沿海开放区的开放格局。国家通过给予优惠政策，以点带面，使经济特区逐步成为经济发展的排头兵，在对外开放中积累了丰富经验，为形成全方位、多层次、宽领域的对外开放格局奠定了基础。第三，积极引进外资和利用出口创汇，极大地解决了我国资金不足和外汇短缺问题。经过十余年的探索，我国走上了对内改革、对外开放的道路，开放型经济建设初见成效。

三、开放型经济的初步形成阶段（1991—2000年）

此阶段我国发展开放型经济主要是围绕建设社会主义市场经济体制和加入WTO而展开的，具体方式包括：深化企业改革，拓展开放区位，深化外贸体制改革，建立并完善外贸法律法规，以及规范外资利用方式。在企业改革方面，我国进行了第二轮承包经营责任制改革，主要目的是实现企业自负盈亏。在开放区位方面，国务院进一步开放了沿边、沿江城市及沿海与内陆省会城市等，开放格局逐步向内陆推进。在体制改革方面，1994年，我国对外汇管理体制和财税体制进行了改革，这些改革也推动了我国外贸体制的改革。改革主要包括取消外汇留成，建立银行结售汇制度；实施《中华人民共和国对外贸易法》，这是我国对外贸易的基础性法律，为保证对外贸易良好有序进行提供了法治化保障；改革关税结构和进口管理制度，大幅降低关税，实行贸易自由化举措；对国有外贸企业进行公司制改革，进一步激发企业的积极性。面对新形势、新要求，我国继续推进外贸体制改革，不断扩大外贸企业经营自主权，允许非公有制经济成分进入外贸领域，加强外贸宏观管理，鼓励我国具有比较优势的企业到境外开展带料加工装配业务。在法规完善方面，随着外资规模的不断扩大，我国发布《外商投资产业指导目录》，将外商投资产业分为鼓励、允许、限制和禁止四类，这标志着我国利用外资的思路开始由注重数量向注重质量转变。

这一阶段的开放型经济发展主要呈现以下三个特征：第一，全方位、多层次、宽领域的开放格局基本形成；第二，制度建设不断完善，外贸体制改革取得重大进展，更加符合国际规则；第三，利用外资的规模不断扩大。这些特征彰显出发展开放型经济是正确的选择，它极大地推动了我国经济的发展。

纵观此阶段发展历程，1992年邓小平南方谈话进一步加快了我国全面改革的步伐，党的十四大提出"尽快建立适应社会主义市场经济发展的、符合国际贸易规范的新型外贸体制"。中国共产党第十四届中央委员会第三次全体会议提出"坚定不移地实行对外开放政策……发展开放型经济"，这是党的文件首次出现"开放型经济"的提法。党的十五大提出"完善全方位、多层次、宽领域的对外开放格局，发展开放型经济"。此时开放型经济关注的重点在于服务贸易的开放、积极参与区域经济合作和加入多边贸易体系等。中国共产党第十五届中央委员会第五次全体会议再次强调了发展开放型经济的重要性。这一系列的改革措施标志着开放型经济发展模式初步形成，也标志着中国的对外开放进入了一个更高的层面。

四、开放型经济的完善与深化阶段（2001—2012年）

经过长达15年的努力，中国解决了与WTO多边贸易体制的相容性问题，并于2001年正式加入WTO。此阶段我国发展开放型经济的目标是继续深化涉外经济体制改革及完善对外开放的制度保障。主要措施包括：第一，清理和修订相关外贸法律法规，并在贸易与技术领域公布了一系列法律法规，以适应WTO的规则要求；第二，积极履行入世承诺，加大贸易自由化力度，大幅度降低关税，降低非关税壁垒，平均关税由2001年的15.3%下降到2006年的9.9%；第三，深化汇率制度改革，2005年7月，为了更好地反映人民币的价值变化，实现商品和服务贸易基本平衡，以及改善中国面临的总体贸易条件，中国宣布人民币与单一美元脱钩，开始实行以市场供求为基础，参考一篮子货币进行调节、有管理的浮动汇率制度；第四，实施科技兴贸战略，出台《关于鼓励技术引进和创新，促进转变外贸增长方式的若干意见》，指出了目前国际经济格局的新变化和新形势，论证了技术引进和创新在新时期促进外贸经济增长的重要地位。

此阶段开放型经济的发展具有以下特点：第一，制度建设越来越完善，制度保障水平越来越高；第二，逐渐融入经济全球化进程，实现了多边框架下的开放发展；第三，开放领域不断扩大，服务业成为开放的重点；第四，"走出去"战略步伐加快，参与国际竞争的能力明显加强。

2008年的全球金融危机重创了世界经济，也严重影响了我国开放型经济的发展。面对国内外复杂的经济形势，我国发展开放型经济的目标进一步深化为：提高开放型经济水平，建立安全高效的开放型经济体系。主要措施包括以下几种。第一，推动绿色发展，实施节能减排政策，促进产业结构升级，出台了治理污染的法律法规。第二，深化企业所得税改革，实施新的《中华人民共和国企业所得税法》，取消了内外资企业税收差别，为内外资企业营造了良好的竞争氛围。第三，完善贸易救济措施法律制度，深化外汇管理体制改革，中国贸易救济法律体系由法律（如外贸法）、行政法规、关于贸易救济措施的部门规章及其他相关法律法规和司法解释共同构成；为了适应国际局势的新变化，中国进一步完善了相关的法律法规，如修订后的《中华人民共和国外汇管理条例》取消了对境内机构的强制结汇规定。

总体来说，该阶段我国承接国际服务外包的业务发展迅速，但仍处于价值链低端；国内要素成本上升，制造业生产优势削弱；发展绿色经济成为新潮流。经过2008—2012年的发展实践，我国开放型经济已经进入新阶段。中国共产党第十七届中央委员会第五次全体会议提出"建设更高水平开放型经济新体制"，党的十八大提出"完善互利共赢、多元平衡、安全高效的开放型经济体系"。可见，党中央对开放型经济的提法更加全面，更加具有全球性思维，更加符合时代需要，这也标志着中国开放型经济理论基本形成。

五、构建开放型世界经济（2013年至今）

中国共产党第十八届中央委员会第三次全体会议提出深化经济体制改革、加快转变经济发展方式、构建开放型经济新体制的目标。随即，我国批准设立了上海自由贸易试验区并提出"一带一路"倡议，这是我国发展开放型经济的重要举措。裴长洪（2016）指出，我们党的价值观和追求目标是完善互利共赢、多元平衡、安全高效的开放型经济体系，构建平等公正、平衡和谐、合作共赢的开放型世界经济。开放型世界经济是我国发展开放型经济的新提法，自2013年被提出以来，习近平同志多次在国际国内重大会议上提出和强调发展开放型世界经济的决心，详见表2.1。

表2.1 2013年以来关于开放型世界经济的论述

时间	背景	主题	相关内容
2013年9月5日	二十国集团领导人圣彼得堡峰会	共同维护和发展开放型世界经济	首次提出"共同维护和发展开放型世界经济"
2016年9月4日	二十国集团领导人杭州峰会	构建创新、活力、联动、包容的世界经济	面对当前挑战，我们应该建设开放型世界经济，继续推动贸易和投资自由化便利化；做开放型世界经济的倡导者和推动者
2017年1月17日	世界经济论坛年会	共担时代责任，共促全球发展	我们要坚定不移发展开放型世界经济，在开放中分享机会和利益、实现互利共赢
2017年1月18日	联合国日内瓦总部演讲	共同构建人类命运共同体	要维护世界贸易组织规则，支持开放、透明、包容、非歧视性的多边贸易体制，构建开放型世界经济
2017年5月14日	"一带一路"国际合作高峰论坛	携手推进"一带一路"建设	要打造开放型合作平台，维护和发展开放型世界经济，共同创造有利于开放发展的环境，推动构建公正、合理、透明的国际经贸投资规则体系

续表

时间	背景	主题	相关内容
2017年7月7日	二十国集团领导人汉堡峰会	坚持开放包容，推动联动增长	我们要坚持建设开放型世界经济大方向。要支持多边贸易体制，按照共同制定的规则办事，通过协商为应对共同挑战找到共赢的解决方案
2017年9月4日	金砖国家领导人厦门会晤	深化金砖伙伴关系，开辟更加光明未来	要推动开放、包容、普惠、平衡、共赢的经济全球化，建设开放型世界经济，支持多边贸易体制，反对保护主义
2017年10月18日	党的十九大	决胜全面建成小康社会，夺取新时代中国特色社会主义伟大胜利	中国支持多边贸易体制，促进自由贸易区建设，推动建设开放型世界经济
2018年4月10日	博鳌亚洲论坛2018年年会	开放共创繁荣，创新引领未来	坚持走开放融通、互利共赢之路，构建开放型世界经济；推动贸易和投资自由化便利化，维护多边贸易体制；推动经济全球化朝着更加开放、包容、普惠、平衡、共赢的方向发展
2018年6月10日	上海合作组织青岛峰会	弘扬"上海精神"，构建命运共同体	我们要秉持开放、融通、互利、共赢的合作观，拒绝自私自利、短视封闭的狭隘政策，维护世界贸易组织规则，支持多边贸易体制，构建开放型世界经济
2018年7月25日	金砖国家工商论坛	顺应时代潮流，实现共同发展	金砖国家要坚定建设开放型世界经济，旗帜鲜明反对单边主义和保护主义，促进贸易和投资自由化便利化，共同引导经济全球化朝着更加开放、包容、普惠、平衡、共赢方向发展
2018年9月12日	第四届东方经济论坛全会	共享远东发展新机遇，开创东北亚美好新未来	我们要重点提升跨境基础设施互联互通、贸易和投资自由化便利化水平，促进各国市场、资本、技术流动，优化资源配置和产业结构，共同建设开放型区域经济，努力构建东北亚经济圈
2018年11月5日	首届中国国际进口博览会	共建创新包容的开放型世界经济	举办中国国际进口博览会，体现了中国支持多边贸易体制、推动发展自由贸易的一贯立场，是中国推动建设开放型世界经济、支持经济全球化的实际行动。各国应该坚持开放的政策取向，旗帜鲜明反对保护主义、单边主义，提升多边和双边开放水平，推动各国经济联动融通，共同建设开放型世界经济

续表

时间	背景	主题	相关内容
2018年11月17日	亚太经合组织工商领导人峰会	同舟共济创造美好未来	亚太经合组织是建设开放型世界经济的先驱。我们应该着眼2020年后合作愿景,坚持推进亚太自由贸易区建设。引导经济全球化朝着更加开放、包容、普惠、平衡、共赢的方向发展,在开放中扩大共同利益,在合作中实现机遇共享
2018年11月18日	亚太经合组织第二十六次领导人非正式会议	把握时代机遇,共谋亚太繁荣	我们应坚定维护以规则为基础的多边贸易体制,旗帜鲜明抵制保护主义。我们应该引导经济全球化朝着更加开放、包容、普惠、平衡、共赢的方向发展
2018年11月30日	习近平在巴拿马媒体发表署名文章	携手前进,共创未来	双方要加强在联合国、世界贸易组织等多边场合的协调和配合,共同维护多边贸易体制,推动建设开放型世界经济
2018年12月3日	习近平在葡萄牙媒体发表署名文章	跨越时空的友谊面向未来的伙伴	中方愿在联合国、世界贸易组织等框架内,同葡方加强全球治理、气候变化、联合国安理会改革等方面的沟通和协调。双方要坚持开放包容的共同理念,支持多边主义和自由贸易,共同促进世界和平、稳定、繁荣
2019年3月20日	习近平在意大利媒体发表署名文章	东西交往传佳话,中意友谊续新篇	中国将扩大对外开放,通过每年举办中国国际进口博览会等方式,同包括意大利在内的世界各国分享中国市场机遇。鼓励两国企业开展第三方市场合作,实现互利多赢
2019年3月26日	中法全球治理论坛	为建设更加美好的地球家园贡献智慧和力量	中国支持对世界贸易组织进行必要的改革,更好建设开放型世界经济,维护多边贸易体制,引导经济全球化更加健康发展
2019年4月27日	第二届"一带一路"国际合作高峰论坛圆桌峰会	高质量共建"一带一路"	我们要共同推动建设开放型世界经济,反对保护主义,继续把共建"一带一路"同各国发展战略、区域和国际发展议程有效对接、协同增效,通过双边合作、三方合作、多边合作等各种形式,鼓励更多国家和企业深入参与,做大共同利益的蛋糕

续表

时间	背景	主题	相关内容
2019年11月14日	金砖国家领导人巴西利亚会晤	携手努力共谱合作新篇章	我们应该以维护世界和平、促进共同发展为目标,以维护公平正义、推动互利共赢为宗旨,以国际法和公认的国际关系基本准则为基础,倡导并践行多边主义。要维护联合国宪章宗旨和原则,维护以联合国为核心的国际体系,反对霸权主义和强权政治,建设性参与地缘政治热点问题解决进程

开放型世界经济自提出以来,内涵不断深化,思想不断成熟。开放型世界经济的内涵具有以下几个特征。第一,坚持互利共赢的合作理念,摒弃零和博弈思维。这是中国开放型世界经济与西方霸权主义的最大区别,传统霸权思维只考虑自身利益而损害他国利益,这种合作是不可持续的,也违反了公平原则。第二,支持开放、透明、包容、非歧视性的多边贸易体制,反对单边主义和保护主义,推动贸易和投资自由化便利化。当前以美国为首的西方国家发动贸易战,设置贸易壁垒,采取多种贸易保护措施,严重阻碍了世界经济的健康发展。第三,促进全球互联互通,实现各国经济联动增长。"一带一路"倡议自提出以来,有效改善了沿线国家的互联互通水平,提高了经济合作水平,促进了共同发展,这也为发展开放型世界经济提供了一个借鉴。只有加强全球的互联互通水平,才能更好地促进全球经济联动发展。第四,推动全球经济治理体系变革,推动经济全球化朝着开放、包容、普惠、平衡、共赢的方向发展,促进国际分工体系和全球价值链优化重塑,实现经济全球化再平衡。第五,共享发展机遇,打造命运共同体,建设一个共同繁荣的世界。发展开放型世界经济要秉持人类命运共同体的理念,只有全世界人民齐心协力,才能营造一个安定、团结、向上的氛围,从而为发展开放型世界经济保驾护航,进而促进全球的共同发展。第六,逐步形成以国内大循环为主体、国内国际双循环相互促进的新发展格局。面对外部发展的不确定性,我国要充分利用庞大的内需优势,发挥消费对经济增长的带动作用,构建完整的国内生产链条,同时也要放眼全球,以更加积极的心态融入全球经济发展,培育新形势下我国参与国际合作和竞争的新优势。当然,构建开放型世界经济要苦练内功,对内要以供给侧结构性改革为主线,推行经济体制改革,对外要继续推进对外开放,完善涉外经济体制,增强国家经济实力,创造更多的机遇,在实现自身发展的同时,惠及更多国家。构建开放型世界经济的倡议,不仅体现了我国对世界美好未来的憧憬,也体现了中国作为负责任大国的智慧与担当。

第二节 开放型世界经济的理论渊源

研究阐释开放型世界经济的历史背景、具体内涵和理论渊源,有助于深化对开放型世界经济的理解,拓展理论研究的广度与深度。开放型世界经济是马克思主义理论与中国实践高度结合的产物,是习近平新时代中国特色社会主义思想的组成部分。

一、马克思主义开放观的思想演进

(一)马克思主义开放观的形成期:马克思和恩格斯对外开放的基本思想

随着工业革命的推进,生产力取得了空前发展,但各种社会矛盾也相继暴露。马克思和恩格斯认为,资本的逐利性必然促使其开辟更广阔的市场来满足机械化大生产的需要(栾文莲,2002)。马克思虽然没有完成《对外贸易》和《世界市场》分册,但其中的思想及科学性的预见是研究开放型世界经济的基础和起点。马克思把世界市场作为其经济学研究的逻辑归宿,认为资产阶级社会的真实任务是建立世界市场(至少是一个轮廓)和以这种市场为基础的生产。他指出,大工业把世界各国人民互相联系起来,把所有地方性的小市场联合成为一个世界市场,因为资本的本性是最大限度地攫取剩余价值,资本主义生产方式是发展物质生产力并且创造同这种生产力相适应的世界市场的历史手段。这在一定程度上说明马克思已经意识到资本主义生产方式与世界市场之间的联系。世界市场的形成,可以使各个国家在生产、交换、消费的过程中融入整个世界经济。按照马克思的写作计划,世界市场的内容包括生产的国际关系、国际分工、国际交换、输出和输入、汇率。深入挖掘马克思有关世界市场的内容有助于我们更好地理解马克思主义及其现实意义。

马克思和恩格斯站在世界历史观和全球化唯物史观的高度,对世界市场、经济全球化、国际分工的本质及其运作机制进行了初步阐释,并揭示了资本主义世界市场的形成与全球化及国际分工的关系,这些独特的分析与见解构成了马克思主义开放观的基本内容,为分析现实问题提供了理论指引。

(二)马克思主义开放观的发展期:列宁、斯大林有关开放型经济的思想

列宁在领导社会主义建设的实践中,提出了一系列对外开放思想与措施。他指出,苏联工业发展比较落后,且被资本主义国家封锁,因而要突破思想防线,大胆地利用资本主义国家的先进经验和技术来帮助苏联进行社会主义建设。他积极主张与资本主义国家发展联系,指出社会主义共和国不同世界发生联系是不能生存下去的,应当把自己的生存同资本主义的关系联系起来。为打破资本主义国家的孤立与封锁及巩固苏联政权,列宁主张暂时作出一些牺牲和让步是有必要的,他指出,同其他先进国家的国家托拉斯实行联合是十分必要的,单独靠自己的力量无法恢复破坏了的经济。列宁认为,基于客观经济规律,资本主义国家也需要苏联的资源与市场。同时,他还批评了关门搞建设的思想,指出无产阶级的基本的和最重要的利益就是恢复大工业和大工业巩固的经济基础。这在一定程度上打消了社会上的质疑,为苏联实行新经济政策扫除了障碍。

列宁对社会主义国家开展对外经济关系进行了第一次尝试,他主张对外贸易,与欧美资本主义强国进行贸易谈判,修复国家之间的关系,为发展经济营造良好的国际环境。列宁逝世后,斯大林在一定时期内曾继续坚持新经济政策,并发展了列宁的对外开放理论。但此后,斯大林逐渐背离了列宁的新经济政策,尤其是第二次世界大战后,其基于

社会制度和意识形态提出了"两个平行市场"的理论。这严重低估了资本主义生产力的发展，且过分夸大了资本主义的内部矛盾。这种冷对抗思想显然不利于对外开放的发展。当然，这也为我国发展开放型世界经济提供了经验和教训。列宁运用历史唯物主义的基本观点，分析了世界各国经济上相互联系的客观规律，并指出走自我孤立和闭关锁国的道路是行不通的。其成功领导苏联与资本主义国家开展联系的实践，开创了社会主义国家对外开放的先河，丰富了马克思主义开放观。

（三）马克思主义开放观的深化期：基于中国的实践

自中华人民共和国成立以来，我国历代领导人站在历史唯物主义的高度，积极推动马克思主义与中国实践相结合，尤其在对外开放方面，取得了丰硕的理论成果，发展并完善了马克思主义开放观。

在党的十一届三中全会上，我国确立了以经济建设为中心，实施改革开放的伟大战略。邓小平同志指出，关起门来搞建设是不行的，发展不起来，要对内把经济搞活，对外实行开放政策，并指出我国的对外开放是面向所有类型国家的开放，是包括政治、经济、文化等全方位的开放。同时，邓小平同志提出使用多种途径促进对外开放，包括引进先进的技术和管理经验、加强文化教育交流形式等，我国逐步形成了全方位、多层次、宽领域的对外开放格局，他重申我国要坚持在和平共处五项原则的基础上与别国发展关系，必须在对外开放过程中坚持独立自主、自力更生的原则。此外，邓小平同志提出和平与发展成为时代主题的论断，并坚决反对一切霸凌主义。这一全新的战略思维是对传统社会主义发展模式的超越，丰富了马克思主义开放观。

江泽民同志继续深化了我国的对外开放，他推动实施"引进来"与"走出去"相结合的战略，积极推动我国加入WTO，参与全球分工；继续推进经济特区和新区的建设与发展，完善我国全方位的对外开放格局。此外，他指出多个力量中心正在形成，世界多极化已经成为不可逆的潮流。随着经济全球化不断深入，我国的对外开放面临众多新的挑战，胡锦涛同志提出互利共赢、构筑和谐世界的理念，他指出："中国坚持实施互利共赢的对外开放战略，真诚愿意同各国广泛开展合作……推动建设一个持久和平、共同繁荣的和谐世界。"在党的十七大上他又提出完善开放型经济体系，提高开放型经济水平的目标，这反映了我国在对外开放中的价值观与追求。

二、开放型世界经济与马克思主义开放观

开放型世界经济是对中国对外开放思想的深刻总结，这一先进的理念为新时代中国对外开放指明了道路。习近平同志先后提出的"一带一路"倡议、构建开放型经济新体制、构建人类命运共同体的构想，都是构建开放型世界经济的积极体现。基于广泛的实践，我国在推进对外开放过程中已经形成了系统性的理论体系，这既是对马克思主义开放观的继承与发展，也是对实践的高度总结与升华。当前，"一带一路"倡议已经取得了初步成效，不仅提高了我国经济发展的质量，而且惠及沿线国家，这正是开放型世界经济理念的充分展现，也是对"中国威胁论"的有力回击。

开放型世界经济理念植根于马克思主义开放观的肥沃土壤，因此从马克思主义开放

观中可以探寻其发展的理论渊源。马克思世界市场理论贯穿于马克思主义开放观的全过程，虽然每个时期的马克思主义者所面临的国际国内形势有所差异，但依托世界市场，加强与发达国家之间的经济联系都在他们的思想中有所体现，开放型世界经济正是基于全球性市场大发展而提出的。马克思分析了经济全球化的两重性问题，虽然经济全球化在一定程度上造成了全球经济发展的不平等、不均衡，但不可否认，经济全球化也给世界各国带来了发展机遇。开放型世界经济明确提出要对经济全球化进行再平衡，目的就是希望世界能够消除不平等、不均衡的现象，实现共同发展。马克思国际分工理论为我国推动价值链提升提供了理论支撑。开放型世界经济理念指出，我国要积极发挥比较优势，发展对外贸易，培育参与国际竞争与合作的新优势，提高在全球价值链中的位置。此外，独立自主、自力更生的原则一直是我国在对外开放过程中所坚持的理念。我国坚持以和平共处五项原则来发展对外关系，积极推动国际关系民主化，争取增加新兴国家的话语权，这些思想都为开放型世界经济提供了思想基础。马克思主义开放观坚持辩证唯物主义和历史唯物主义，以辩证的思维方式来看待对外开放与对内改革的关系，以及独立自主、自力更生与引进国外设备、技术的关系，强调不仅要促进自身的发展，也要为世界经济发展做贡献，实现共同繁荣。我们应从历史的视角总结马克思主义开放观的经验，并以此来指导开放型世界经济发展。

从历史演进可以看出，马克思主义开放观坚持用发展的眼光看问题，由此可见，开放型世界经济的提出不是偶然，而是历史的必然，因为该理念是对马克思主义开放观的高度总结与升华，体现了与时俱进、不断创新的本质。开放型世界经济不仅能从马克思主义开放观中找到理论渊源，而且也是对马克思主义开放观的继承与发展。站在历史的新起点上，开放型世界经济必能带领我国走向新的高度，并不断丰富马克思主义理论。

第三节 中国开放型世界经济与历史上资本主义国家的开放型经济

一、历史上资本主义国家的崛起与世界市场的形成

生产力与生产关系的不断进步加速了西方资本主义国家的崛起，而资本主义国家的崛起史与世界市场的形成密不可分。早在新航路开辟前，国际贸易就在地中海沿岸的城邦制国家间产生，随着北海、波罗的海和地中海区域市场的形成，欧洲市场逐渐统一起来。经过资本主义国家的海外扩张，贸易的范围越来越广，各国的交流日益增多，逐步打破了世界相对封闭的状态，进一步加快了世界市场的形成。两次工业革命极大地提高了生产力，也加速了欧美资本主义国家的崛起，这些国家通过取消关税保护政策，消除贸易壁垒，形成了统一的国内市场。欧美国家对外推行自由贸易政策、积极参与世界贸易市场竞争，是世界市场形成的主要原因。第一次工业革命使人类进入"蒸汽时代"，促进了全球资本主义的大发展，并为第二次工业革命奠定了物质基础。随着资本主义经济的发展，19世纪60年代，自然科学取得了重大进展，第二次工业革命出现，并对人类产生了深远影响。但同时第二次工业革命也加剧了全球发展的不平衡，帝国主义争夺市场

和世界霸权的斗争更加激烈，促使资本主义世界体系最终确立，世界逐渐成为一个整体。

第二次世界大战后，世界市场在深层次上不断整合，朝着全球化方向迈进。西方国家主要通过以下几种方式发展开放型经济。第一，以美国为首的西方国家在第二次世界大战后先后成立了世界银行、国际货币基金组织。这极大地促进了国际金融市场的稳定，推动了生产和资本的国际化。第二，以美国为首的西方国家签订关贸总协定，建立了规则化、制度化的多边贸易体制，通过实施贸易自由化的措施，扩大了全球贸易，有效调节了资本主义世界市场，逐步建立了以规则为基础的市场经济运行机制。关贸总协定于1995年被WTO正式取代，这标志着世界经济进入更为制度化的阶段。第三，西方国家通过跨国公司进行对外直接投资，建立了全球性生产经营网络，促进了世界市场的融合。20世纪90年代，跨国公司已经成为全球化的主宰力量，并进一步加速了全球化的进程。第四，西方国家凭借雄厚的科技实力，处于国际分工的有利位置，牢牢占据全球价值链的顶端，从而保障了其自身利益。总体来说，西方国家通过发展开放型经济推动了世界市场的融合，尤其是20世纪90年代以后，跨国公司发展战略逐渐发展为全球性经营，这也使得世界市场真正具备了世界市场的性质。

二、中国开放型世界经济与历史上资本主义国家开放型经济的不同

（一）立场不同

历史上资本主义国家发展开放型经济是站在资产阶级的立场上的，是为了维护资产阶级的利益。不可否认，资产阶级通过发动资产阶级革命推翻了封建阶级，并且建立了资本主义制度，极大地促进了生产力的发展，具有一定的进步性。但随着资本主义的发展，垄断组织开始出现，资产阶级对内实行残酷剥削与镇压，对外实行疯狂掠夺，阶级矛盾严重凸显，直接威胁到资本主义制度本身。资本主义国家站在资产阶级的立场上，通过对内剥削，对外侵略扩张的方式来维护资产阶级的利益，严重损害了全世界广大人民的利益，因而必然会遭到唾弃。

而中国发展开放型世界经济则是站在广大人民的立场上、坚持"以人民为中心"的，这与资本主义国家发展开放型经济的立场明显不同。马克思和恩格斯指出，无产阶级的运动是绝大多数人的，为绝大多数人谋利益的独立的运动。坚持为人民谋利益是无产阶级政党的使命。党的十九大报告提出："党的一切工作必须以最广大人民根本利益为最高标准。"因此，要把发展开放型世界经济与坚持"以人民为中心"的立场结合起来，既要保证发展开放型世界经济是为了人民，又要充分调动人民的积极性使其参与到开放型世界经济的建设中。中国倡导的开放型世界经济具有广泛的包容性，其不只是站在广大中国人民的立场上，更是站在广大世界人民的立场上，是马克思主义政党本质的完美体现。

（二）目的不同

历史上资本主义国家发展开放型经济的主要目的是促进资本主义经济的发展。在新航路开辟后，资本主义经济尚不发达，此时发展开放型经济主要是为了垄断商道及开辟市场。17—18世纪，资本主义经济发展已初具规模，这时发展开放型经济主要是为了争

夺海外市场，获取原材料，进行资本的原始积累。第一次工业革命后，西方资本主义国家生产力大幅提升，此时发展开放型经济的主要目的是抢占商品市场和原材料产地，以及进行殖民地争夺。19世纪末至20世纪初，资本主义进入垄断资本主义阶段，发展开放型经济的目的则主要是资本输出。对此，列宁指出，资本输出的利益也同样地促进对殖民地的掠夺，因为在殖民地市场上更容易用垄断的手段排除竞争者。除此之外，转移经济危机也是资本主义国家发展开放型经济的重要原因。总体上看，资本主义国家发展开放型经济的目的是非正义性的。

中国发展开放型世界经济是为了实现各国经济的联动增长，建设一个共同繁荣的世界，具体来说，主要目的有五个。第一，维护世界的和平与稳定。以互利共赢的开放战略为指导，将合作共赢的理念深入国际关系的各个方面，坚持用对话协商的手段来解决分歧。第二，推动贸易和投资自由化便利化，积极反对各种形式的贸易保护主义，维护WTO规则，推动构建公正、合理、透明的国际经贸投资规则体系，支持多边贸易体制。第三，实现全球互联互通，重塑全球价值链。互联互通有利于要素自由流动，以及推动国际分工体系和全球价值链优化重塑。第四，推动全球经济治理体系变革，推动开放、包容、普惠、平衡、共赢的新型经济全球化；提高新兴经济体和发展中国家的发言权，确保各国权利共享、责任共担，为解决南北发展失衡、促进世界经济增长提供动力。第五，共享发展机遇，实现共同繁荣；不断提升内外联动，在开放中做大共同利益，努力实现经济全球化再平衡。

（三）方式不同

历史上资本主义国家发展开放型经济的方式主要为殖民扩张、贸易扩张、发动侵略战争等，体现了暴力性、奴役性和掠夺性。在资本主义萌芽阶段，资本主义国家主要通过商业资本进行扩张。在资本主义初具规模的17—18世纪，海外殖民地争夺、财物掠夺、贸易欺诈、奴隶贩卖等是资本主义国家重要的扩张方式。第一次工业革命后，资本主义国家主要通过武力侵略的方式进行掠夺，世界殖民主义体系开始形成，且随着资本主义价值观的形成，这些国家开始大肆宣传西方资产阶级价值观。资本主义进入帝国主义阶段后，武力侵略、直接掠夺仍是扩张的主要方式，在经济上表现为资本输出，在政治上表现为操控别国内政。资本主义国家通过奴化教育来培养自己的代言人，掀起了资本主义国家瓜分世界的狂潮。正如列宁所指出的，资本主义愈发达，原料愈缺乏，竞争和追逐世界原料来源的斗争愈尖锐，那么占据殖民地的斗争也就愈激烈。可见，资本主义国家发展开放型经济的历史就是一部殖民掠夺史。

中国发展开放型世界经济是以和平的方式进行的。坚持和平发展，促进合作共赢是中国的一贯主张。中国反对霸凌主义，倡导国际关系民主化，主张国家不论大小，一律平等，秉持亲诚惠容的周边外交理念。中国提倡摒弃传统丛林法则、零和博弈思维，主张坚持合作而不是对抗，要双赢、多赢、共赢而不是单赢。中国作为和平的倡导者，并不只是体现在理念上，1950—2016年，中国累计对外提供援款4000多亿元人民币，实施各类援助项目5000多个，为促进世界的共同发展贡献了中国力量。中国自古就有"以和为贵""和而不同"的理念，无论国家多强大也不称霸、不搞扩张、不谋求势力范围，而是以促进共同发展为目标，积极为全球发展做贡献。中国坚持多边主义的决心不会改变，主张维护以联合国为核心的国际体系，支持联合国在国际事务中的核心作用。可见，和平与发展贯穿于建设开放型世界经济的始终，这与历史上资本主义国家以殖民扩张方式发展开放型经济有着本质区别。

第四节 开放型世界经济的科学体系

一、科学的理论基础

开放型世界经济之所以是科学的，是因为其核心思想源于马克思主义开放观，并吸收和借鉴了各个时期的先进思想。马克思主义是科学的理论体系，它以整体性和时代性为逻辑前提，批判继承了人类优秀文化遗产，以可靠的科学知识和史料为依据，对世界进行了全面深刻的剖析，它坚持以实践为基础，不断研究解决在实践中遇到的新情况、新问题，并因而成为科学的理论。

开放型世界经济拥有科学的理论基础作支撑。第一，马克思在世界市场理论、国际分工理论和全球化等方面的贡献构成了开放型世界经济最重要、最深刻的思想基础。第二，列宁的新经济政策是社会主义国家对马克思主义的第一次实践，其大胆利用资本主义国家资金和技术的实践为我国改革开放提供了参考，也是构建开放型世界经济重要的思想来源。第三，党的历代领导人发展开放型经济的思想为开放型世界经济建设提供了最直接的理论来源，尤其是坚持和平共处五项原则、坚持改革开放、指明和平与发展是时代主题、推动经济全球化和世界格局多极化、倡导建设和谐世界等先进理念与实践，为发展开放型世界经济提供了重要的参考。

二、科学的理论内涵

开放型世界经济理念在国际上产生了深远影响，得到了越来越多国家的支持。其科学的内涵不仅体现在先进的理念上，还体现在科学的行动上，无论是在理念还是在行动上，我国都做了很好的示范和带头作用。

在科学的理念方面，我国的开放型世界经济理念主要体现在三个方面。第一，构建人类命运共同体理念为发展开放型世界经济指明了方向。我国呼吁各国积极参与到全球经济治理中，每个国家的发展都不能以损害他国的利益为前提，要以协商对话的方式解决各种分歧，实现利益平衡。第二，秉持"维护、发展、构建、共享"的理念来推动开放型世界经济建设。积极反对贸易保护主义，维护多边贸易体制。正确对待全球化给经济发展带来的好处，使之能惠及更多的国家和人民。第三，新发展理念贯穿开放型世界经济发展始终。具体来说，开放的思想引领我国发展更高层次的开放型世界经济；创新为开放型世界经济发展提供动力支持；协调发展为开放型世界经济建设提供方法支持；绿色发展保证了开放型世界经济的生态效应；共享发展是开放型世界经济的归宿，通过促进全球经济增长，让世界广大人民共享发展成果。

在科学的行动方面，主要分为对内和对外两方面。对内方面：第一，构建现代化经济体系,为开放型世界经济提供强劲动力;第二,加快构建开放型经济新体制,为发展开放型世界经济提供制度保障;第三,以自贸区和自贸港建设为抓手,提高开放型经济发展水平,即积极探索外资准入前国民待遇加负面清单管理模式,更广领域扩大外资市场准入,加快自贸港建设,为发展开放型世界经济提供有利的内部环境。对外方面:第一,加快"一带一路"建设,提升互联互通水平,具体而言,推动我国形成陆海内外联动、东西双向互济的开放格局,推动"一带一路"沿线国家基础设施建设,构建"一带一路"自由贸易网络;第二,充分发挥亚投行的作用,为"一带一路"建设做好资金保障;第三,搭建合作平台,强化治理主体,积极倡导发展区域性自由贸易区,充分发挥二十国集团(Group20,G20)、金砖国家及亚太经济合作组织(Asia-Pacific Economic Cooperation,APEC)等组织在推动全球经济增长中的作用,建立长效治理机制;第四,倡导多边主义,维护WTO核心作用,积极推动经济全球化。

三、科学的研究范式

库恩(Kuhn)于1962年提出了科学发展的范式理论,该理论是指在某一学科内被人们所共同接受、使用并作为思想交流的一整套概念体系和分析方法(马涛,2014)。经济学研究范式通常指两方面内容,一是世界观,二是方法论。从这个角度来看,信念与价值标准构成世界观,是研究范式的"硬核";而概念体系、研究方法及理论基础等构成方法论,是研究范式的"外围"。现代经济学研究认为,只有遵循科学的研究范式,才能把经济学带入科学的轨道。不可否认,西方经济学研究范式有历史的进步性,但也有很强的局限性。例如,在"经济人假设"中,人是完全理性和自利的,总是努力实现自身利益最大化,这种假设就太过牵强,并不能解释现实世界中的一些重大经济问题。

构建开放型世界经济要坚持新时代中国马克思主义政治经济学研究新范式。首先,要坚持"以人民为中心"的研究立场。把实现好、维护好、发展好最广大人民群众的根本利益作为研究的出发点。其次,坚持以唯物史观为核心研究方法。以历史唯物主义和辩证唯物主义方法为指导,坚持用矛盾分析法、整体分析法和理论逻辑与历史逻辑辩证统一的分析方法,再辅之以相应的数据来支持开放型世界经济的研究。再次,以马克思主义开放观作为理论指导。要深刻领会世界市场理论、国际分工理论的精髓,坚持习近平新时代中国特色社会主义思想所倡导的价值观。最后,要以开放型世界经济建设中的重大问题为研究导向。秉持开放的学术态度,吸收和借鉴西方经济学范式的合理成分,做到融会贯通,使之以我为主、为我所用,着力研究和解决中国发展中遇到的新问题,发出能够反映中国立场、智慧和价值主张的声音。

四、科学的研究方法

马克思主义哲学第一次实现了唯物主义与辩证法的统一,是科学的世界观和方法论。在进行社会科学研究时,要坚持辩证唯物主义和历史唯物主义的世界观和方法论。第一,利用唯物辩证法的思想指导开放型世界经济建设。坚持"两点论"和"重点论"的统一、当前与长远的统一、个人与集体的统一。充分尊重客观经济规律,用发展的眼光来推动开放型世界经济建设。第二,坚持一切从实际出发、理论联系实际、实事求是的方法。

通过深入的调查研究，找准国际国内存在的问题，并用科学理论找出经济发展的客观规律，以此指导实践。第三，站在人民的立场上推动建设开放型世界经济。要自觉地站在广大人民的立场上，倾听人民群众的心声，找出人民迫切需要解决的问题，实现建设开放型世界经济与为人民谋福利的统一。长期以来，马克思主义坚持用规范分析方法来研究资本主义经济发展规律，但在当今世界，仅仅依靠规范分析方法是不够的，还要加强实证方法的运用。因此，在对开放型世界经济的研究中，要坚持马克思主义研究方法的主体地位，在宏观层面，用规范的分析方法阐明开放型世界经济的内涵及如何推进开放型世界经济建设；而在微观层面，也要善于运用数理方法和计量方法解决问题，提高研究结果的精确性。

第五节 总结与展望

开放型世界经济是习近平新时代中国特色社会主义思想的组成部分，是马克思主义中国化的最新成果。一方面，它立足于中华人民共和国成立70多年来的伟大实践，在马克思主义开放观的基础上，成功总结出走开放、包容、普惠、平衡、共赢的道路；另一方面，它又积极顺应世界经济发展变化，吸收和借鉴了当今世界关于经济全球化、贸易投资自由化及国际经济治理的有益经验，丰富了开放型世界经济思想。显然，开放型世界经济是更高层次的开放型经济，它不仅强调各国要走开放型发展道路，而且还把实现各国的共同发展作为目标，在思想上更具有包容性，完美诠释了以习近平同志为核心的党中央对建设一个共同繁荣世界的愿望，并成功地实现了对马克思主义开放观的继承与发展。

当前，受中美贸易摩擦及新冠疫情的冲击，世界经济遭受重创，这给中国及全球经济发展蒙上了一层阴影。同时，单边主义、霸权主义、贸易保护主义盛行，严重破坏了全球经济治理秩序。面对这种挑战，中国没有退缩，而是采取了一系列的开放措施，以积极的行动融入全球经济发展。未来，在构建开放型世界经济过程中，在对内方面，中国要做好内功，稳定好国内经济的基本盘；而在对外方面，中国在做好主动开放的同时，也要积极防御风险，加强国际合作，增强抵御风险的能力。即要统筹好国内国外两个大局，推动国内循环和国际循环相互促进的新发展格局，从而确保中国经济能够繁荣发展，并发挥中国的引领作用。

一、立足国内市场，推动经济体制改革，促进国内国际双循环相互促进的新发展格局

随着新冠疫情的蔓延，贸易保护主义抬头、经济持续低迷、全球市场呈现萎缩之势，经济发展不确定性因素不断增多。面对这种大变局，中国发展开放型世界经济的目标没有变。在2020年全国两会期间，习近平同志再次强调要推动建设开放型世界经济。面对这种大变局，中国要着力打通生产、分配、流通、消费各个环节，逐步形成以国内大循环为主体、国内国际双循环相互促进的新发展格局，培育新形势下我国参与国际合作和竞争的新优势。当然，以国内大循环为主体，绝不是关起门来封闭运行，而是通过发挥内需潜力，使内市场和国际市场更好地联通，更好地利用国际国内两个市场、两种资

源,实现更加强劲可持续的发展。我国应进一步夯实开放型世界经济的内生动力,即练好内功,立足国内市场,推动经济体制改革,稳定国内经济发展态势,因为这有利于实现国内国际双循环格局的形成,进而为发展开放型世界经济提供更为坚实的基础。具体来看,夯实开放型世界经济的内生动力主要可以从以下几个方面来进行完善。

第一,继续推进国内经济体制改革,激发市场活力,构建高标准的市场体系。毫无疑问,中国的市场化改革已经取得了一定的成就,但仍存在一定的不足。中国应继续强化体制改革,清除阻碍经济发展的制度藩篱,激发市场经济的潜力;继续深化供给侧结构性改革,不断推进结构调整,矫正要素配置扭曲,提高有效供给水平,提高资源配置效率。当前,在要素市场上,我国并没有实现要素的自由流动,尤其是资金、土地和劳动力等要素的合理流动在不同程度上受到一定的限制;在产品市场上,目前物流成本较高,且还没有实现物流城乡全覆盖;在服务市场上,我国抵御风险的能力有待进一步加强,尤其是新冠疫情的暴发,对餐饮、旅游等行业造成了严重冲击。因此,要进一步推进要素市场化配置改革,完善社会主义市场经济体制,提高供给侧与需求侧匹配的灵活性,提高资源的配置效率;加快组建国有资本运营公司,进一步鼓励并推动民营经济发展,从而有效打通国有经济与民营经济的资金循环,推动混合所有制改革、激活经济全局;推进物流运输体制改革,促进产品和要素的自由流动。

第二,发挥大国市场优势,加快构建完整的内需体系。中国人口众多,拥有庞大的国内市场,有效激发市场需求、培育大国市场优势,对于加快构建完整的内需体系有巨大帮助。同时,中国市场具有多元化和多层次的特点,应有效地利用市场规模优势、多层次市场体系优势与多层次市场开放优势,培育国内企业成长,提高竞争新优势,进一步夯实发展开放型世界经济的内生动力。我国市场主体规模庞大,要保护和激发市场主体活力就必须充分发挥国内超大规模市场优势。在长期的发展中,我国已经建立了完整的工业体系和生产链条,通过繁荣国内经济、畅通内循环可以为我国经济发展增添动力,而内循环的建立,也有利于防御由外部市场不确定性带来的风险。确保中国的经济安全。而要想真正构建完整的内需体系,不仅仅要发挥大国的市场优势,还要稳定市场预期、提高社会资本投资积极性;要扩大就业,提高居民收入,提高中产阶级比例,激发有效需求;要更好发挥政府的作用,增加有效的政府采购和公共投资,形成有效需求。

第三,继续推动创新驱动发展战略,提升我国整体的技术水平。推动内循环不是一蹴而就的,从长期来看,科技的进步才是关键。随着多年的创新发展,我国的科技水平已有了很大的提升,但这也引起了美国等西方国家的高度关注。尤其是自中美贸易摩擦以来,美国频繁对中国的高科技企业采取打压措施,严重违反了市场公平竞争的原则,给中国的科技企业造成了一定的影响。而自新冠疫情暴发以来,美国由于抗疫不力,且出于政治性目的,频繁打压中国科技企业,实施"科技脱钩",以限制中国高科技的发展。面对这些挑战,加快创新驱动发展战略、增强科技竞争力已经成为全民共识。因而,我国要加大科技投入力度,积极鼓励社会资本参与到创新中来,充分调动科研院所及相关企业的积极性;不断加强基础理论研究,鼓励科研创新主体进行高精尖项目研究,逐步构建中国的创新链条;以新基建为引领,不断强化数字经济、智能经济等新兴经济的发展,进而引领第四次工业革命。与此同时,我国要加强知识产权保护,因为这不仅是维护内外资企业合法权益的需要,更是推进创新型国家建设、推动高质量发展的内在要求。

第四，营造良好的营商环境，增强中国市场的吸引力。营商环境是企业生存发展的土壤，优化营商环境不仅能吸引众多优秀企业进驻，而且对提升区域竞争力有很大帮助，已经成为当今世界竞争的方式之一。世界银行《2020年营商环境报告》显示，中国营商环境排名由第46位上升到第31位，这说明我国采取的一系列措施正在发挥作用。为了进一步优化营商环境，中国公布了《优化营商环境条例》，该条例包括放宽外资市场准入、继续缩减负面清单等，这有利于推动中国建设市场化、法治化、国际化的营商环境。此外，中国在知识产权保护方面也做了很多努力，如大力强化相关执法工作、增强知识产权民事和刑事司法保护力度等。当然，中国还需要进一步努力，在政务环境方面，要提高透明度，加强服务意识，提升服务的效率和水平；在产业发展环境方面，要提高企业的参与度，提高政府公共服务的效率，提高金融保险创新服务水平；在贸易投资方面，要积极与国际接轨，不断完善相关市场规则、惯例、标准，提升通关服务效率。

二、构建更高水平开放型经济新体制，推动外贸高质量发展

改革开放以来，我国坚持对外开放的基本国策，积极参与全球经济合作，融入国际生产体系，在外贸领域取得了傲人的成就。党的十八大以来，我国加快了对外开放的步伐，由要素开放向制度型开放转变，全面提高对外开放的层次与水平，并秉持合作、开放和共享的理念共同推动全球经济发展。美国单方面挑起贸易摩擦，严重违反了WTO规则，干扰了世界经济贸易的正常运行，给经济发展带来了极大的不确定性。面对复杂局势，党的十九届四中全会提出要构建更高水平开放型经济新体制，全面对接国际市场规则体系，实施更加主动的开放战略，这表明了中国进一步开放、维护全球经济及发展开放型世界经济的决心。中国坚持构建更高水平开放型经济新体制，有利于增强国内循环对国际循环的吸引力，再以国际循环充实国内循环，实现两个循环相互促进。具体来看，构建更高水平开放型经济新体制，要以下举措作为抓手。

第一，继续推进共建"一带一路"倡议，提高互联互通水平。截至2019年10月底，中国已经同137个国家和30个国际组织签署197份"一带一路"合作文件，"六廊六路多国多港"的互联互通架构基本形成。"一带一路"为国际贸易和投资搭建了新平台，有利于各国开辟经济增长新空间。为了构建更高水平的开放型经济新体制，在共建"一带一路"倡议过程中我国可以在以下几个方面作出努力：推进设施联通，提高"一带一路"沿线国家间互联互通水平，充分发挥各国资源禀赋，更好融入全球供应链、产业链、价值链，实现联动发展；构建以新亚欧大陆桥等经济走廊为引领，以中欧班列、陆海新通道和信息高速路为骨架，以铁路、港口、管网等为依托的互联互通网络；促进资金融通，充分利用丝路基金、专项贷款等资金渠道，支持多种方式融资开发与运作；引入各方普遍支持的规则标准，为企业提供公平的竞争和运营平台；继续推进贸易和投资自由化便利化，加强国家之间的沟通和对话，建立长效的沟通机制，积极与沿线国家谈判，争取签订自由贸易协定，并加强在海关、税收等方面的合作。除此之外，也要在技术、农业、卫生、气候等领域展开合作，促进共同发展。

第二，以自由贸易试验区（简称自贸区）和自由贸易港（简称自贸港）为依托，打造对外开放的新高地。自贸区和自贸港的设立是中国深化对外开放的重要举措，当前，我

国自贸区和自贸港遍布全国，这有利于形成全方位和全领域的开放新格局，通过区域经济联动，推动经济高质量发展。中国自贸区和自贸港在税收和海关政策方面有很多优惠，更加强调贸易和投资的自由化和便利化，并对标国际标准，以营造良好的商业竞争环境。自贸港是当今世界上最高水平的开放形态，高标准建设自贸港要充分借鉴国际成功经验，体现出中国特色，保证其行稳致远。要推动自贸区和自贸港建设，就要营造一流的营商环境、降低行业准入门槛、建立健全市场竞争机制、优化制度建设、创新管理方式，以更加优惠的政策吸引高端企业进驻，逐渐形成高端企业集聚区。最终，要使得自贸区和自贸港的相关成功经验可以在更大范围内推广，从而不断增强对周边地区的辐射带动作用。

第三，以举办中国进口博览会为契机，主动扩大进口。举办进口博览会是中国推动贸易自由化和经济全球化的重要举措，为世界经济合作搭建了良好的平台。中国积极主动扩大进口是中国对外开放的新举措，有利于世界各国的交流与合作，进而推动开放型世界经济发展。中国拥有庞大的市场规模，其中，中等收入群体规模最大、增长最快，具有很大的消费潜力。中国应增强消费对经济发展的基础性作用，构建完整的内需体系，通过增加商品和服务进口，更好地满足广大人民的需要，为中国经济发展提供支撑。中国非常重视进口，但并不刻意追求贸易顺差，因为进口优质的商品和服务可以促进贸易的平衡发展。中国应进一步主动降低关税水平，努力消除非关税贸易壁垒，大幅削减进口环节制度性成本。因为这些措施不但有利于降低消费者的进口成本，增强消费者福利效应，还有利于推动中国的产业升级。总而言之，增加进口高质量的产品和服务，有利于满足人民日益增长的物质文化需求，也有利于实现进出口平衡及国际收支平衡。

第四，优化负面清单制度，在更广领域扩大外资准入。外资在中国的经济发展中发挥了重要作用，而高效引进和利用外资对于中国新一轮开放也将起到重要作用。在长期的发展实践中，中国形成了准入前国民待遇和负面清单管理模式，面对中美贸易摩擦及新冠疫情造成的冲击，中国需要在更广领域开放外资准入，缩减负面清单，推动全方位的对外开放，给予外资适当的控股权和经营权。通过公平的市场竞争与合作，推动中国的供给侧结构性改革，不断淘汰落后产能，提高资源的配置效率。同时，中国也要加快相关法律制度建设，确保外资的合法利益不受侵犯。

三、积极参与全球治理，争取有利于发展开放型世界经济的国际环境

当前，经济全球化遇到一些挫折，单边主义、霸权主义、贸易保护主义纷纷抬头，严重扰乱了全球经济秩序，加大了全球治理的难度，给世界经济长远发展蒙上了一层阴影。尤其是以美国为首的西方国家，不顾全球经济发展利益，而是出于自身利益考量掀起了新一轮的贸易战，给世界经济带来了严重的不确定性。这些国家严重违反市场竞争秩序，无视国际组织的约束，单方面对中国企业实施制裁，严重违反了WTO规则。再加上新冠疫情的发生，制约了资本、商品、人员的自由流动，给世界经济的发展造成了严重的冲击。第二次世界大战以后，世界逐渐建立了以联合国为主体，包括国际货币基金组织、世界银行、WTO等组织的全球治理框架，为建立以规则化为主的治理体系打下了坚实基础。历史经验表明，规则不应该只服务于强国，而是应该由国际社会共同制定，

应该体现最广泛的利益诉求。

面对当前的挑战,中国应从以下几个方面积极参与全球经济治理,从而为发展开放型世界经济营造良好的外部环境。第一,坚持多边机制,完善多边治理体系。中国要积极推动多边机制,主动承担责任,做多边机制的拥护者。第二,维护WTO的权威,积极反对各种形式的保护主义。第三,发挥G20、金砖国家及APEC等组织在推动全球经济增长中的作用,建立长效治理机制。G20应该继续发挥引领作用,确保世界经济开放、包容、普惠、平衡、共赢发展。第四,积极推动国际货币体系改革,完善金融市场,增强全球金融的稳定性。中国应保持人民币汇率在合理均衡水平上基本稳定,促进世界经济稳定发展。第五,积极推动WTO改革,共同构建更高水平的国际经贸规则。发挥中国的大国市场优势,积极反对贸易保护主义,维护公平、开放、透明的WTO基本原则,巩固与完善以WTO为核心的多边贸易体系。

四、促进区域经济合作,加强对外经济联盟

面对中美贸易摩擦及新冠疫情冲击的影响,中国要深化区域合作,加强对外经济联盟。中国经济的快速崛起引起了美国的高度关注,它把中国当成头号竞争国家,并对中国采取了一系列的打压措施。美国通过发起贸易摩擦来遏制中国发展的意图非常明显,美国还采取非正当的手段打压中国的高科技企业,妄图阻碍中国科技发展。在全球市场方面,美国通过与主要资本主义国家签订贸易协议来孤立中国,并试图削弱中国在全球贸易和产业链中的地位。

面对美国的威胁,中国应继续加强双边和多边合作,抓住机遇,加快自由贸易协定(Free Trade Agreement,FTA)谈判,积极参与国际经贸规则谈判和制定。具体来看,在成功签署《区域全面经济伙伴关系协定》(Regional Comprehensive Economic Partnership,RCEP)的基础上,要加快推进其他重要双边和区域贸易和投资协议的谈判,适时启动加入CPTPP谈判,积极参与联合国、G20、APEC、金砖国家等机制下的合作。通过参与这类经贸规则谈判,一方面努力打破美国在世界范围内"去中国化"的图谋;另一方面将发达国家或地区的科技、产业、资本和人才通过FTA规则吸引到中国。同时,中国还应与东盟和日本、韩国合作,加速推进东亚经济一体化进程,形成深度融合的周边地区产业分工体系,避免与国际产业价值链脱钩。

第二篇 培育国际竞争新优势的内生市场动力

第三章　培育国际竞争新优势的内生市场动力Ⅰ：
　　　　多层次市场需求的生产率效应

第四章　培育国际竞争新优势的内生市场动力Ⅱ：
　　　　多层次市场需求的创新效应

第三章 培育国际竞争新优势的内生市场动力Ⅰ：多层次市场需求的生产率效应

本章基于世界银行中国企业调查数据，运用赫克曼（Heckman）两步法、倾向评分匹配（Propensity Score Matching，PSM）方法，分析了国内区域间收入差距所衍生的多层次市场需求对跨区域经营企业生产率的影响，研究发现：多层次市场需求显著提高了企业生产率，不过这一作用受到企业所有制、企业规模、市场组合等因素的影响。中介效应模型估计结果表明，多层次市场需求主要通过规模经济和研发创新两个渠道促进企业生产率提升。此外，多层次市场需求与生产率之间呈现倒 U 形的非线性关系，这说明多层次市场需求对跨区域经营企业生产率的提升作用存在阈值效应。相关政策含义是，中国区域经济发展不平衡所衍生的多层次市场需求架构是中国企业竞争优势的重要来源，有助于从内需层面培育中国经济增长的内生动力，推进以国内大循环为主体的"双循环"新发展格局。

第一节 问题的提出

党的十九届五中全会明确提出，"加快构建以国内大循环为主体、国内国际双循环相互促进的新发展格局""形成强大国内市场，构建新发展格局""坚持扩大内需这个战略基点，加快培育完整内需体系，把实施扩大内需战略同深化供给侧结构性改革有机结合起来，以创新驱动、高质量供给引领和创造新需求"。2020 年 11 月 25 日，刘鹤在《人民日报》撰文指出，"在坚持以供给侧结构性改革为主线的过程中，要高度重视需求侧管理，坚持扩大内需这个战略基点，始终把实施扩大内需战略同深化供给侧结构性改革有机结合起来"。2020 年 12 月 11 日，中共中央政治局会议提出"注重需求侧改革"，要求"要扭住供给侧结构性改革，同时注重需求侧改革，打通堵点，补齐短板，贯通生产、分配、流通、消费各环节，形成需求牵引供给、供给创造需求的更高水平动态平衡，提升国民经济体系整体效能"。2020 年 12 月 16—18 日举行的中央经济工作会议再次提出要增强产业供应链的自主可控能力，坚持扩大内需这个战略基点。以上重要会议精神及论述，是以习近平同志为核心的党中央决策层，为适应经济全球化新趋势、深刻把握国内改革发展的新要求而作出的重大战略部署。"双循环"新发展格局,不仅要求进一步扩大高水平对外开放,更强调深耕国内市场,提高国内大循环效率,挖掘高质量发展的内生动力。因此,如何进一步从需求层面寻求企业创新动力的源泉、提升企业竞争力,对于提高国内大循环效率至关重要。

在需求层面,中国拥有庞大的人口规模,这不仅意味着强大的生产力,更意味着强大的消费力。根据国家统计局数据,2020年,尽管受到新冠疫情的冲击,我国最终消费率仍然达到54.3%。2011—2019年,我国的年均消费率为53.4%,消费已成为经济增长的第一拉动力、经济稳定运行的压舱石。实际上,立足内需消费,促进形成国内大市场,也一直以来是加快推动产业转型升级、实现经济提质增效的重要战略方针。

然而,值得强调的是,中国作为发展中国家,除了具有人口众多、土地辽阔、市场范围广和国内需求巨大等规模性特征,也存在要素禀赋的异质性及区域经济发展的层次性和多元化特征(欧阳峣,2011)。中国的超大规模市场优势,不仅体现在单纯数量维度的规模层面,还体现在其由于客观存在的收入不平等而形成的多层次消费结构层面。国家统计局数据显示,2003—2017年中国居民收入的基尼系数在0.462到0.491之间,均高于0.4的警戒线。2016年,北京大学中国社会科学调查中心发布的《中国民生发展报告2015》指出,中国的财产不平等程度系数从1995年的0.45上升至2002年的0.55和2012年的0.73;顶端1%的家庭占有全国三分之一以上的财产,底端25%的家庭拥有的财产总量仅占1%左右。收入影响消费,不同收入水平的消费群体对同一产品的支付意愿和支付能力存在异质性,说明市场中存在消费者的分层偏好,即存在着多层级的市场(Murphy, Shleifer, and Vishny, 1989):一方面,我国奢侈品消费规模近年来不断增长,2016年我国成为全球最大的奢侈品消费市场;另一方面,拼多多盛行于三、四线及以下城市反映出中低收入群体对质美价廉商品的多样化需求。我国庞大的人口和财富规模衍生出的不同层级、不同类别的消费需求对微观企业的生产活动又会产生怎样的影响呢?

现有关于中国国内市场需求的研究,普遍验证了"本地市场效应"的存在性(钱学锋、梁琦,2007),并检验了"本地市场效应"促进行业出口(邱斌、尹威,2010),引致技术进步(陈丰龙、徐康宁,2012)和技能溢价(张先锋、阮文玲,2014)的作用。因此,从市场需求量的角度来看,收入差距的存在,被认为会限制中国本地市场效应的发挥,制约中国企业出口优势的升级(张亚斌、冯迪、张杨,2012;易先忠、晏维龙、李陈华,2016),并缩小新产品的市场需求规模,抑制企业的研发创新动力(Murphy, Shleifer, and Vishny, 1989;范红忠,2007)。但是,事实上,对于中国这样一个有着巨大需求规模的市场来说,适度的收入差距所衍生的多层次需求,可能反而有助于企业摆脱规模效益与充分竞争之间的冲突,支撑起某一产品的规模经济和技术创新。以汽车行业为例,大众捷达作为一款耐用经济型的汽车,自1991年被引入中国市场后,常年位列中国汽车销售排行榜前10,总销量累计超过400万辆,不仅被誉为"车坛常青树",也成为大众公司的底气,其背后可能的理论逻辑在于以下两点。

第一,从需求的"数量"来讲,收入差距的存在,为国内企业提供了一个多元化、多层次市场需求的空间,有助于企业规避单一市场需求冲击和激烈竞争导致的低价竞争,降低经营风险,扩大销售规模,并最终实现规模经济和范围经济(Grant, 1987;Corcos et al., 2012)。更为重要的是,国内不同区域间收入差距的存在,意味着企业生产的产品具有持续扩大的消费群体,这就为延长产品生命周期提供了不断扩展的需求规模,给企业长久的生产活动提供了必要的资金支持。第二,依据 Porter(1990)的竞争优势理论,收入差距所衍生的国内需求的"质量"绝对比"数量"更重要。不同消费者具有层次性偏好(Hierarchic Preferences),高收入消费者对创新型产品有更高的支付意愿和支付能力(Foellmi and Zweimüller,2006)。较小的收入差距,使得一部分人变得富有,企业可以对创新产品索取高价格,从而有效激励企业从事研发创新活动(Zweimüller,2000)。与专业、挑剔的高收入消费者之间的反馈互动更是本土企业培育高层次竞争优势的重要微观机制(Porter,1990)。据此,本章认为,中国区域间经济发展的不平衡性和收入差距,反而塑造了国内市场需求的多元性与层次化优势,有利于扩大企业的销售规模、提高企业的研发创新效率,进而促进企业生产率提升。

鉴于此,与关注国内市场需求规模的本地市场效应研究不同,本章立足于国内区域间收入差距的基本现实,考察其衍生的多层次需求对跨区域经营企业生产率的影响和作用机制。目前,国内直接讨论收入差距与生产率关系的研究较少,但是由于技术创新被视为 TFP 的核心推动力,所以收入差距对技术进步的影响受到了较为广泛的关注。学者们将研究聚焦于国家和产业层面,对收入差距与技术创新之间的关系进行了详细的讨论,并得到了正相关、负相关、倒 U 形等多种解释。例如,高帆和汪亚楠(2016)利用 1992—2013 年中国 31 个省(自治区、直辖市)的面板数据,考察了收入差距与 TFP 的关系,并验证了城乡收入差距通过市场需求和人力资本两种途径影响 TFP,导致 TFP 呈现先增后减的倒 U 形变动轨迹。

诚然,这些研究为理解收入差距塑造一国创新能力的功能给予了深刻的见解,但是关于收入差距如何影响生产率这一主题的研究乏陈可善。而且,大多数研究检验的是收入差距对省级或产业层面的技术创新或生产率的作用,并没有深入考察收入差距对微观企业生产活动的影响。据本章整理,鲜有文献关注到区域间的收入差距对构建中国大市场体系多元性与层次性优势的重要性。因此,本章试图通过研究区域间多层次市场需求和跨区域经营企业生产率之间的关系,揭示中国区域经济发展不平衡所衍生的多层次市场需求架构对塑造微观企业竞争优势的重要影响。

与现有研究相比,本章的边际贡献可能体现在以下三个方面。第一,现有研究大多从供给侧的角度展开企业生产率影响因素的探讨,本章则是从需求侧的角度进行分析,将收入差距与生产率的相关研究从宏观、中观层面延伸到微观层面,并通过中介效应模型检验了区域间收入差距衍生的多层次市场需求影响企业生产率的作用机制,扩展了该问题的研究边际和研究对象。第二,本章深化了对国内区域间收入差距的理解与认识。在收入差距短期内无法改变的情形下,企业如果能充分利用国内多层次的市场需求来促进自身成长,将为企业在国外市场扩张的最优路径选择提供可供借鉴的经验。第三,本章有助于全面解读中国市场需求特性,发掘中国大市场需求优势形成的内在机制。在众多文献从本地市场效应视角验证需求规模对塑造一国企业国际竞争力的影响之后,本章强调国内多层次市场需求结构对企业生产率的提升作用,这将为从内需层面寻求中国经济增长的新源泉、推进"双循环"经济发展模式改革提供有益的政策参考。

本章余下部分安排如下：第二节梳理了多层次市场需求影响企业生产率的内在机制，并提出研究假说；第三节为相关数据的说明与典型事实描述；第四节对多层次市场需求与跨区域经营企业生产率的关系进行经验检验和机制分析；第五节讨论了不同国家的国内、国外市场扩张选择对企业生产率的影响；第六节为结论与政策建议。

第二节　理论分析与研究假说

中国地区间经济发展的不平衡性与多层次性导致区域间居民收入存在较大的差异，这就决定了不同市场上的消费者对同一产品的支付意愿和支付能力存在异质性。低收入地区的消费者更多地购买满足生活需求的一般型产品，他们追求消费品的基本功能和性价比，而高收入地区的消费者对创新型产品有较强的支付意愿和支付能力。在国内进行跨地区经营时，充分利用国内不同区域间差异化的需求结构和消费层次是企业的重要成长战略之一。具体来说，国内不同区域间的收入差距形成的多层次需求会通过规模经济和研发创新渠道来影响企业生产率。

一、规模经济渠道

20世纪80年代，"新贸易理论"已经证明，追求"规模经济"是企业进行国内外市场扩张的重要原因（Krugman，1980；Helpman，1985）。中国区域间收入差距带来的异质性需求，与市场分割、省际贸易壁垒等因素共同强化了国内市场的多元性，为企业提供了一个类似于国际贸易的空间结构，有利于企业实现地域多元化经营带来的规模经济和范围经济，从而构成企业的一种独特竞争优势。首先，Corcos等（2012）对欧洲各地区间贸易与生产率关系的研究显示，随着新市场的开辟，企业可以在充分利用现有生产能力的同时，避免采取扩大原市场销售时不得不采取的降价等促销策略，实现企业生产率的提升。因此，国内区域间收入差距越大，越有助于跨区域经营企业充分利用各地区市场的需求差异，实施"价格歧视"策略，扩大销售规模，降低生产成本，增加营业利润（Grant，1987）。其次，出口市场多元化的贸易扩展边际被证实不易受外部需求冲击和产出波动的影响（钱学锋、熊平，2010）。类似地，区域间收入差距带来的多层次市场需求，更有利于跨区域经营企业规避单一市场需求冲击和激烈竞争导致的低价竞争、平抑收益的波动性、降低经营风险，有利于加强企业在市场中的稳健性（Tallman and Li，1996）。

二、研发创新渠道

技术创新被视为TFP的核心推动力，因此有众多学者研究了收入差距是如何通过市场需求影响技术进步的。早在20世纪60年代，Schmookler（1968）研究发现了市场需求激发企业创新和促进技术进步的作用，从而提出"需求引致创新"理论。此后，随着消费者层次性偏好的揭示，收入分配被广泛证实会影响市场需求的水平和动态演化，因而成为影响技术进步的关键因素（Zweimüller，2000）。因此，区域间的收入差距带来的多层次需求也会对跨区域经营企业的研发创新活动产生深刻的影响。

一方面，区域间收入差距的存在，会增强不同市场间的异质性需求，尤其是高收入地区消费群体的需求对跨区域经营企业技术创新存在引致作用。国内需求可以诱发企业技术创新，持续、挑剔的本土需求更是会不断刺激企业进行技术革新。Zweimüller（2000）指出，收入差距扩大，会使一部分人变得更加富有，企业可以对新产品收取更高的价格，进而有更强的研发创新动力，这被称为收入差距的"价格效应"，对技术创新有正向影响。在产品价格和提价能力外生给定的情形下，较小的收入差距能够为创新型产品提供一个更大的消费需求市场，从而促进企业自主创新能力的提高。尤其是当发展中国家总体收入水平较低时，居民对高档产品的消费能力有限。因收入差距扩大而产生的部分高消费群体能够激励企业进行技术创新（王俊、刘东，2009）。因此，区域间收入差距扩大，意味着企业能够在高收入地区对创新型产品收取较高的价格，从而有更强的研发创新动力。进入高收入消费市场后，挑剔的消费者对企业销售产品的质量和性能的反馈，有利于企业对产品结构、质量、性能作出改进，提高生产效率（Porter，1990；Hitt，Hoskisson，and Kim，1997）。此外，与"出口学习效应"的发挥受到出口目的地市场收入水平的影响，高收入地区有着先进的技术、激烈的竞争环境和更高的质量标准，企业跨区域出口到高收入地区更容易接触到先进的技术和管理经验，从而获得显著而稳定的"学习效应"，促进企业生产率提升。

另一方面，区域间的收入差距过大，也会因限制市场需求规模而抑制跨区域经营企业的研发创新动力。只有当市场需求规模达到能够分摊企业前期投入的研发成本，提高企业研发的盈利水平时，企业才会有足够的动力投资高风险的研发创新活动以提高生产率。但是，收入差距扩大会使一部分人变得更为贫穷，进而导致新产品的市场需求不足和规模狭小，这就是收入差距的"市场规模效应"，它对技术创新有负向影响。Murphy 等（1989）较早研究了消费者具有分层偏好条件下的收入分配对现代技术的影响，并发现由于采用先进技术需要一个比较大的产品市场规模，财富的集中可能会阻碍新技术的广泛应用。特别是，高收入阶层更倾向于追求个性化的定制产品，而只有中等收入阶层才是标准化工业创新产品的中坚消费力量。市场间收入差距过大，会导致新产品的市场需求不足和规模狭小，并抑制居民消费结构的优化和升级，使得中低收入阶层对创新产品难以形成有效需求，从而降低企业自主研发创新的动力（李平、李淑云、许家云，2012），给企业生产率带来负向影响。然而，值得强调的是，在中国大市场规模的前提下，国内不同区域间收入差距的存在，更多地意味着企业生产的产品具有持续扩大的消费群体，能够为延长产品周期提供不断扩展的需求规模，给企业长久的研发创新活动提供必要的资金支持。这也是"产品生命周期"理论（Vernon，1966）强调的企业跨市场贸易的重要理论基础。

总体而言，国内区域间收入差距带来的多层次市场需求，主要会通过规模经济和研发创新两个渠道影响跨区域经营企业的生产率。多层次市场需求有利于扩大企业销售规模，提升跨区域经营企业生产率。但是，多层次市场需求与企业研发创新活动之间的关系还会受到"价格效应"与"市场规模效应"相互博弈的影响。

基于上述分析，本章提出以下假说。

假说1：在其他条件不变的情形下，多层次国内市场需求有利于提升企业生产率。

假说2：多层次国内市场需求会通过规模经济和研发创新两个渠道来影响跨区域经营企业的生产率。

假说 3：由于收入差距与研发创新之间的关系依赖于"价格效应"与"市场规模效应"的相互博弈，多层次国内市场需求与跨区域经营企业的生产率之间可能存在倒 U 形的非线性关系。

第三节 数据说明与典型事实分析

一、数据说明

本章数据来自 2003 年世界银行中国企业调查，被调查企业共计 2400 家。鉴于影响服务业产品销售的因素较为复杂，本章只选取了 1616 家制造业企业进行考察。每家企业的问卷有两份：第一份问卷为企业高级经理人设计，要求其填写企业在 2002 年的总体情况；第二份问卷为企业会计或人事经理设计，要求其填写企业 1999—2002 年财务、股权结构和融资结构等相关信息。空间上，这些企业分布在中国的 18 个城市。其中，6 个东部城市为本溪、大连、杭州、江门、深圳、温州；6 个中部城市为长春、长沙、哈尔滨、南昌、武汉、郑州；6 个西部城市为重庆、贵阳、昆明、兰州、南宁、西安。

采用 2003 年世界银行企业调查数据的关键在于，问卷中的销售数据具有较强的针对性，并且提供了 2002 年样本企业所在地和企业销售目的地的配对信息。对应的调查问卷上的问题是"贵公司产品销售至外省吗"。如果填"是"，则要求进一步标识出目标省市。这样，本章就能识别出某一城市的企业是否进入特定目标市场，如南昌的 X 企业是否进入广东市场？据本章整理，目前暂无其他年份的数据库记录企业是否在国内各省份销售的详细信息。此外，该调查数据涵盖了丰富的企业特征以及财务经营信息，使本章能够在控制企业特征的基础上，识别区域间多层次市场需求对跨区域经营企业生产率的影响。

二、典型事实分析

（一）中国 2002 年各省区市收入分布状况

中国自 1978 年开始实行改革开放以来，经济和社会发展都取得了巨大成就，但是受地理位置限制，以及渐进式改革开放战略和市场分割等因素影响，各地区经济发展水平存在较大的不平衡性。这导致国民收入在得到快速、普遍提高的同时，地区之间、城乡之间、不同群体之间的收入差距呈现出快速扩大的趋势。国家统计局数据显示，2002 年，中国城镇单位在岗职工年平均工资为 12422 元，人均年工资水平最高的是西藏自治区，高达 24766 元[①]，而人均年工资水平最低的是河南省，仅为 9174 元，两者相差 15592 元，高者约是低者的 2.7 倍。为了直观展示中国各省区市的人均收入差异，图 3.1 分别展示了 2002 年中国 31 个省区市城镇单位在岗职工平均工资和城镇居民人均可支配收入情况，

---

① 西部省份工资较高可能与中央政府大量的财政补贴和直接投资、其他省份对西部省份的对口援助以及西部省份人口较少相关。以西藏为例，2002 年，中央对西藏的财政补贴是 131 亿元，占当年当地财政支出的 95%，而当年西藏总人口仅有 270 万人，因而人均工资水平最高。

数据来源于国家统计局,单位统一为"元"。图3.1(a)显示,中国省级行政区域工资水平空间差异十分显著,呈现出明显的聚集性、梯级分布特征,东部沿海和西部省区市工资水平总体上高于中部省区市。

考虑到各省区市的物价水平差异,本章根据2002年城镇居民人均可支配收入水平[图3.1(b)],将31个省区市分为高、中、低收入三个层次市场①。其中,上海、北京、浙江、广东、天津、福建、江苏、西藏、山东、广西为高收入市场,城镇居民人均可支配收入为7315～13250元。中收入市场分别是云南、重庆、湖南、新疆、海南、湖北、河北、四川、辽宁,城镇居民人均可支配收入为6624～7241元。余下的省区市则划为低收入市场,城镇居民人均可支配收入为5900～6350元。可以看到,中国城镇居民人均可支配收入水平在空间上同样存在较大的差异,东北部、中部省区市大多被划入低收入市场,收入水平远低于东部沿海和西部省区市。

总体来看,中国国内区域间经济发展的不平衡性,导致各省区市居民收入差异显著,同时各省区市间存在贸易壁垒,这为本章提供了一个类似国际贸易的空间结构。国内各省区市之间收入差异带来的多元化与层次性消费需求对在国内市场上跨区域经营企业的生产率的影响,是本章重点讨论的内容。

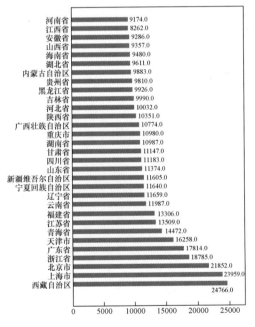

(a)城镇单位在岗职工平均工资(元)

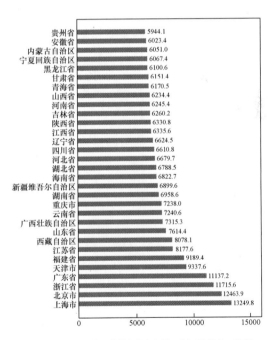

(b)城镇居民人均可支配收入(元)

图3.1 2002年中国31个省区市城镇单位在岗职工平均工资和城镇居民人均可支配收入

---

① 世界银行从1987年起按照人均国民收入把世界各国分成低收入国家、中等偏下收入国家、中等偏上收入国家和高收入国家四组。依据2002年世界银行划分标准,中国各省区市中仅有北京和上海进入中等偏上收入层级,无法凸显出中国市场的收入层级性。考虑到本章旨在刻画中国地区间的相对需求差异,因而本章依据城镇居民人均可支配收入水平对各省区市进行了简单的划分。

（二）企业生产率与目的地市场特征

将国内各省区市划分为高、中、低收入三个层次后，就可以初步观察企业在国内不同收入水平市场上的贸易是否会给企业生产率带来影响。基于研究目的，本章将1616家制造业企业按其销售目的地市场进行分类，比较了各类企业在TFP、人均销售额、主营业务收入比重、研发投入比重、新产品销售比重上的差异，见表3.1。本章根据企业的出口额是否大于0，将企业分为出口企业与非出口企业。随后，本章还将出口企业按其是否在国内销售分为纯出口企业、出口－内销企业，其中，出口－内销企业又划分为出口－本省销售企业、出口－跨省销售企业。同样地，非出口企业也划分为本省销售企业与跨省销售企业。依据企业目标省区市收入水平和跨不同收入层次市场的组合，将跨省销售企业细分为跨高－中－低收入市场、跨高－低收入市场、跨高－中收入市场、跨中－低收入市场、跨高收入市场、跨中收入市场和跨低收入市场销售企业。

表3.1 企业绩效特征与销售目的地市场

制造业企业类型和数目			TFP（%）	人均销售额/千元	主营业务收入比重	研发投入比重	新产品销售比重
出口企业（379）	出口－内销企业（303）	出口－本省销售企业（74）	3.8165	4.7608	0.9049	0.0136	0.4379
		出口－跨省销售企业（229）	4.0679	5.1483	0.8483	0.0195	0.3648
	纯出口企业（76）	—	3.6682	4.5316	0.9291	0.0184	0.4547
非出口企业（1237）	本省销售企业（387）	—	2.9496	3.6275	0.8495	0.0032	0.4284
	跨省销售企业（850）	跨高－中－低收入市场销售企业（515）	3.5673	4.4915	0.8469	0.0331	0.3783
		跨高－低收入市场销售企业（42）	3.5354	4.3100	0.8834	0.0019	0.2350
		跨高－中收入市场销售企业（74）	3.3128	4.2519	0.8247	0.0210	0.2293
		跨中－低收入市场销售企业（78）	3.1107	4.0764	0.8249	0.0283	0.3049

续表

制造业企业类型和数目			TFP（%）	人均销售额/千元	主营业务收入比重	研发投入比重	新产品销售比重
非出口企业（1237）	跨省销售企业（850）	跨高收入市场销售企业（60）	3.2888	4.1949	0.8345	0.2486	0.2834
		跨中收入市场销售企业（33）	3.2773	4.1303	0.8349	0.0167	0.3410
		跨低收入市场销售企业（48）	2.9954	3.6361	0.7895	0.0113	0.4769
总体			1616	3.4173	4.2872	0.8519	0.0378

资料来源：根据世界银行调查数据库数据计算得到。

从表3.1中可以看出，在生产率测度指标方面，不论是TFP还是人均销售额，出口企业总体上都高于非出口企业，符合异质性企业贸易理论的论断，未发现"出口－生产率悖论"现象。尤其是出口－跨省销售企业的生产率最高，TFP高达4.0679%，人均销售额高达51.483万元，远高于其他类型的企业。对于非出口企业而言，跨省销售企业的生产率整体上高于本省销售企业。从平均意义上来看，企业在国内扩张所跨层次市场的数量越多，企业生产率越高。例如，跨1个层次市场、跨2个层次市场、跨3个层次市场进行销售的企业的平均TFP分别是3.1872%、3.3197%、3.5673%。

在主营业务收入比重上，出口企业的主营业务收入比重整体上高于非出口企业，尤其是纯出口企业的主营业务收入比重最高，达到0.9291，远高于跨低收入市场销售企业的0.7895。这说明，在海外市场上的扩张使中国企业获得了巨大的规模经济效应。非出口企业中，尽管跨高－低收入市场销售企业的主营业务收入比重最高（0.8834），但是其他跨省销售企业的主营业务收入比重甚至低于本省销售企业。这表明，规模经济效应并非企业跨省经营的唯一动力，也不是跨省销售企业生产率高于本省销售企业的主要原因。

与此形成鲜明对比的是各类企业在研发创新指标上所表现出的差异。①出口企业的研发投入比重（均值为0.0172）总体上低于跨省销售企业的研发投入比重（均值为0.0515），这说明企业在海外市场上的扩张并不能激发自身的研发创新投入，而是更多地停留在一个简单再生产的初级阶段（叶宁华、张伯伟，2017）。不过，从研发产出来看，海外市场为企业新产品销售提供了广阔的市场空间。②从跨单一收入层次市场销售企业来看，进入低、中、高收入市场销售的企业研发投入比重分别为0.0113、0.0167、0.2486，新产品销售比重分别为0.4769、0.3410、0.2834，表明企业进入的目标市场收入越高，研发投入比重越高，但是新产品销售比重反而越低。③在跨省销售企业中，跨高－低收入市场销售企业的研发投入比重最低，仅有0.0019，甚至低于本省销售企业（0.0032）。然而，跨高－低收入市场销售企业的主营业务收入比重最高，生产率也较高，这说明当企业选择不同收入水平的目标市场组合时，规模经济和研发投入渠道会给企业生产率带来异质性影响。

第四节 估计结果与分析

一、模型设定与变量选取

本章旨在考察中国区域间收入差距所导致的多层次需求对企业生产率的影响。基于跨区域经营企业样本，本章将采用以下公式来进行相关性检验：

$$y_i = \beta_0 + \beta_1 \ln swage_i + \beta_2 Control_i + \gamma_s + \mu_j + \delta_k + \varepsilon_i \tag{3-1}$$

其中，i、j、k、s 分别表示企业、企业所在城市、目标市场和行业。y_i 为企业生产率，$\ln swage_i$ 为跨区域经营企业面临的多层次市场需求，$Control_i$ 为其他控制变量，γ_s、μ_j、δ_k 分别为不可观测的行业固定效应、企业所在城市固定效应、目标市场固定效应，ε_i 为随机误差项。

对式（3-1）所包含变量的具体解释如下。

（1）被解释变量

被解释变量为企业生产率水平，通过对采用LP方法测算的全要素生产率（$\ln tfp$）取对数得到。

（2）核心解释变量

$\ln swage_i$ 定义为跨区域经营企业面临的多层次市场需求，本章基于国家统计局记录的2002年各省区市在岗职工平均工资数据，用每一个跨区域经营企业所有目标市场间平均工资的标准差对该变量进行度量。收入是消费的来源和基础，是影响消费最重要的因素，它会直接影响需求偏好与结构。边际消费理论、绝对收入假说和持久收入假说，均强调了收入对消费的决定性作用。不同收入水平的消费群体对同一产品的支付意愿和支付能力存在异质性，说明市场中存在消费者的分层偏好，即存在着多层次的市场（Murphy, Shleifer, and Vishny, 1989）。对跨区域经营企业而言，区域间不同市场的收入差距越大，说明企业产品面临的市场需求越多元化。现实中，每一家企业的市场数量和组合都是不同的，导致其实际面临的多层次市场需求存在差异。因此，本章构建了每一个企业所有目标市场间平均工资的标准差，并分别采用企业所有目标市场间经济发展水平的标准差与基尼系数的标准差作为稳健性指标，来考察企业面临的多层次市场需求对其生产率的影响。

（3）控制变量

式（3-1）还控制了影响跨省销售企业生产率的企业层面的主要特征变量，具体包括以下几个变量。①企业规模（$\ln scale$）。通过对企业总雇员人数取对数来进行衡量。企业规模越大，相对来说越具有跨区域经营的实力。②企业年龄（age）。以2002年与企业成立年份的差值取对数得到。成立时间越长的企业在跨区域市场进入方面具有的优势和经验越多,但是新成立的企业也可能有更强的动机开拓外部市场。③资本劳动比(klr),由企业固定资产账面价值除以雇员人数后再取对数得到。④企业信贷状况(loanline)。根据企业是否获得贷款来衡量,企业信贷状况越好,越能克服国内市场扩张所需的固定成本。⑤广告(ad),用企业选择的广告形式的数量来进行衡量。广告支出对企业树立声誉和品牌,以及在国内市场进行扩张都有重要影响。

二、基准回归结果

本章利用所有跨区域经营的企业样本数据,检验了区域间多层次的市场需求对跨区域经营企业生产率的影响,回归结果见表3.2。其中,(1)列未加入企业层面控制变量,(2)列加入企业层面控制变量,(3)~(5)列依次加入行业固定效应、企业所在城市固定效应、目标市场固定效应。

回归结果显示,各列中 ln swage$_i$ 的估计系数为正,并且在1%的显著性水平上通过了检验,说明区域间多层次市场需求显著地提高了跨区域经营企业的生产率。以(5)列回归结果为例进行分析,区域市场间需求差异每扩大1%,将促进跨区域经营企业生产率增长0.2956%。这说明企业在国内跨区域经营时,可以利用国内不同区域间差异性的需求结构和消费层次,扩大产品销售规模,增强异质性需求对研发创新的引致作用,从而提升企业生产率,初步验证了假说1。当然,这还有待于后文更加严格的检验。此外,回归结果表明,企业规模越大,资本劳动比越高,信贷状况越好,广告投入越多,成立时间越短,跨区域销售企业的生产率就越高。

表3.2 基准回归结果

	(1)	(2)	(3)	(4)	(5)
	tfp	tfp	tfp	tfp	tfp
ln swage	0.8408*** (0.043)	0.3736*** (0.036)	0.2823*** (0.036)	0.2928*** (0.037)	0.2956*** (0.038)
ln scale		0.3072*** (0.006)	0.3280*** (0.007)	0.3238*** (0.007)	0.3239*** (0.007)
ln age		−0.3470*** (0.009)	−0.3353*** (0.009)	−0.3391*** (0.009)	−0.3391*** (0.009)
klr		0.0511*** (0.006)	0.0404*** (0.006)	0.0156** (0.006)	0.0157** (0.006)
ad		0.0963*** (0.014)	0.0658*** (0.014)	0.0680*** (0.014)	0.0672*** (0.014)
loanline		0.2482*** (0.016)	0.2107*** (0.016)	0.2034*** (0.016)	0.2031*** (0.016)
Constant	2.9424*** (0.047)	2.1096*** (0.052)	1.9405*** (0.054)	1.9923*** (0.078)	1.9819*** (0.087)
行业固定效应	NO	NO	YES	YES	YES

续表

	(1)	(2)	(3)	(4)	(5)
	tfp	tfp	tfp	tfp	tfp
企业所在城市固定效应	NO	NO	NO	YES	YES
目标市场固定效应	NO	NO	NO	NO	YES
样本量	11569	11428	11428	11428	11428
R^2	0.032	0.332	0.359	0.386	0.387

注：***、**、* 分别表示1%、5%、10%的显著性水平；括号中的数值为稳健标准误。

资料来源：作者计算得出，下同。

三、内生性问题讨论

（一）Heckman 两步法

本章想要考察的是多层次市场需求对跨区域经营企业生产率的影响，但是由于企业参与跨区域经营的决策可能不是随机的，所以存在样本选择偏差问题。为了检验是否存在样本选择偏差，本章进行了似然比检验（所得 P 值为 0.000），说明样本选择偏差问题确实存在。据此，本章借鉴 Heckman 两步法选择模型对该问题进行处理：第一步，采用 Probit 模型估计企业进行跨区域经营的概率，得到逆米尔斯比（lambda）；第二步，将逆米尔斯比的估计值加入多层次市场需求影响企业生产率的估计方程。为避免内生性，本章在第一步估计中选用了上一年的企业特征变量，包括企业规模、人均资本劳动比、企业利润率、企业出口额占销售额比重，并同时控制企业所在地和目的地的市场特征变量，以及行业固定效应。通过第一步估计得到逆米尔斯比后，将其加入式（3-1）进行估计，具体估计结果见表3.3。同样地，（1）列未加入企业层面控制变量，（2）列加入企业层面控制变量，（3）～（5）列依次加入行业固定效应、企业所在城市固定效应、目标市场固定效应。

表3.3 Heckman 两步法估计结果

	(1)	(2)	(3)	(4)	(5)
	tfp	tfp	tfp	tfp	tfp
ln swage	0.4093*** (0.044)	0.2495*** (0.041)	0.2585*** (0.041)	0.2837*** (0.042)	0.2836*** (0.043)
ln scale		0.2031*** (0.008)	0.1412*** (0.011)	0.1448*** (0.011)	0.1449*** (0.011)
ln age		−0.2628*** (0.010)	−0.2741*** (0.010)	−0.2824*** (0.010)	−0.2827*** (0.010)

续表

	（1）	（2）	（3）	（4）	（5）
	tfp	tfp	tfp	tfp	tfp
klr		0.1044*** (0.007)	0.0949*** (0.007)	0.0741*** (0.007)	0.0743*** (0.007)
ad		0.0246* (0.015)	0.0043 (0.015)	0.0238 (0.015)	0.0228 (0.015)
loanline		0.0547*** (0.017)	0.0704*** (0.017)	0.0686*** (0.017)	0.0684*** (0.017)
lambda	−1.6235*** (0.031)	−0.8662*** (0.038)	−1.3260*** (0.063)	−1.3231*** (0.065)	−1.3215*** (0.065)
Constant	4.9870*** (0.059)	3.5046*** (0.084)	4.3878*** (0.131)	4.7305*** (0.152)	4.7465*** (0.159)
行业固定效应	NO	NO	YES	YES	YES
企业所在城市固定效应	NO	NO	NO	YES	YES
目标省份固定效应	NO	NO	NO	NO	YES
样本量	8114	8023	8023	8023	8023
R^2	0.273	0.391	0.413	0.440	0.441

注：***、**、* 分别表示 1%、5%、10% 的显著性水平；括号中的数值为稳健标准误。

从表3.3中可以得到如下结论。第一，各回归中逆米尔斯比的回归系数均在1%的统计水平上显著，证实了存在样本选择偏差问题，也说明选取 Heckman 两步法对该问题进行处理是非常必要的。第二，多层次市场需求的估计系数依旧显著为正，且在1%水平上显著，这与前文估计结果一致。同样以（5）列估计结果进行分析，与表3.2相比，多层次市场需求的估计系数绝对值由0.2956下降到0.2836。由此可见，存在样本选择偏差，基准回归结果高估了多层次市场需求对生产率的提升作用。

（二）PSM 方法

对于国内进行区域贸易的企业而言，跨省销售企业的生产率之所以高于本省销售企业，可能是因为企业自身的"自我选择"效应（黄玖立、冼国明，2012）。因此，为了更好地解决内生性问题，本章还采用 PSM 方法进行检验，以便排除企业生产率与跨区域进入行为之间存在的反向因果关系，以及其他可能影响跨区域经营企业与非跨区域经营企业之间生产率差异的因素。同样地，本章使用企业在跨区域进入上年的特征变量作为匹配变量来估计倾向得分，主要包括企业规模、资本劳动比、利润率、出口密集度变量。这里，处理组为2002年跨区域经营的企业，对照组为2002年未进行跨区域经营的企业。为避免损失样本，采用1:4最近邻居匹配法进行匹配，得到两组企业之间的 tfp 为0.103，值为4.10。为了确保匹配结果的可靠性，本章还进行了匹配平衡性检验，匹配平衡性条件要求企业是否实际进行跨区域经营行为与其特征向量之间是相互独立的。检验结果发现，在进行匹配之后，处理组企业与对照组企业在匹配变量上没有显著差异，匹配后各匹配变量的标准偏差的绝对值均不到10%，并且所有变量匹配后的值也不显著。这说明，匹配满足了平衡性假设，本章对匹配变量和匹配方法的选取是恰当的。

进行得分匹配后，本章通过在基准回归基础上控制相应的匹配权重，进一步估计了区域间多层次市场需求对企业生产率差异的影响，回归结果见表3.4。结果显示，在各列回归中，变量 ln swage 回归系数显著为正，再次验证了多层次市场需求对企业生产率的提升作用。

表3.4 PSM 方法估计结果

	（1）tfp	（2）tfp	（3）tfp	（4）tfp	（5）tfp
ln swage	0.5062*** （0.010）	0.2262*** （0.009）	0.1908*** （0.009）	0.1488*** （0.010）	0.1256*** （0.011）
ln scale		0.2812*** （0.003）	0.2794*** （0.003）	0.2447*** （0.003）	0.2426*** （0.003）
ln age		−0.2667*** （0.005）	−0.2606*** （0.005）	−0.2505*** （0.005）	−0.2536*** （0.005）
klr		0.0946*** （0.003）	0.0928*** （0.003）	0.0632*** （0.003）	0.0648*** （0.003）
ad		0.0122* （0.006）	0.0207*** （0.006）	0.0353*** （0.006）	0.0398*** （0.006）
loanline		0.1311*** （0.008）	0.1051*** （0.008）	0.1316*** （0.008）	0.1351*** （0.008）
Constant	3.2097*** （0.010）	2.2172*** （0.018）	2.0552*** （0.020）	2.3582*** （0.035）	2.4406*** （0.039）
行业固定效应	NO	NO	YES	YES	YES
企业所在城市固定效应	NO	NO	NO	YES	YES
目标市场固定效应	NO	NO	NO	NO	YES
R^2	0.065	0.305	0.333	0.369	0.378
样本量	37707	37054	37054	37054	37054

注：***、**、*分别表示1%、5%、10%的显著性水平；括号中的数值为稳健标准误。

四、影响机制分析——规模经济和研发创新渠道

通过前文分析，本章得到的重要结论是，利用区域间收入差距所衍生的多层次市场需求，企业在跨区域经营时能显著提高其生产率。由此需要进一步探讨的问题是，多层次市场需求通过何种渠道提高了企业的生产率。对这一问题进行深入研究，不仅可以深

化理解多层次市场需求与企业生产率之间的关系，也可以更好地评估区域间收入差距所带来的经济效应。本章试图通过构建中介效应模型对其可能的传导机制进行检验。结合第二部分的理论分析，在这里引入企业规模经济效应和研发创新效率变量来构造中介效应模型。企业规模经济变量以企业的主营业务收入占总销售额的比重（ln main）来衡量。考虑到企业研发创新活动包含研发投入与研发产出两方面，因此，本章分别采用企业的研发投入量（ln rd）和专利申请数量（ln patents）来衡量企业的研发投入和研发产出情况，以便更加全面地考察多层次市场需求对企业研发活动的影响。表3.5汇报了多层次市场需求对跨区域经营企业生产率的机制检验结果。

表3.5（1）～（3）列报告了中介变量对自变量的回归结果。从（1）列可以看出，多层次市场需求对企业研发创新投入的影响显著为正，说明区域间多层次市场需求为企业创新提供了更加广阔的市场需求空间，激发了企业研发创新的动力。同时，（2）列专利申请数量对基本自变量的回归系数显著为正，说明国内多层次市场需求提升了企业研发创新的产出效率，为培育本土企业高层次竞争优势提供了重要的微观基础。（4）列主营业务收入比重对基本自变量的回归结果表明，多层次市场需求为企业产品提供了不断扩大的需求规模，有利于企业实现跨区域经营的规模经济和范围经济。

表3.5（4）～（6）列报告了因变量对基本自变量和中介变量的回归结果，可以看到中介变量 ln rd、ln patents、ln main 的系数均显著，并且与表3.5（1）～（3）列的符号相同。此外，与基准回归结果相比，分别加入中介变量之后，多层次市场需求（ln swage）的估计系数或显著性水平出现了下降，这初步表明了"规模经济""研发创新投入""研发创新产出"中介效应的存在。此外，本章还进行了Sobel检验（Sobel，1987），得到"规模经济""研发创新投入"和"研发创新产出"统计量的相伴随概率均小于0.005，即通过了检验。这进一步验证了"规模经济""研发创新投入""研发创新产出"中介效应的存在，并且是多层次市场需求提升企业生产率的重要渠道。

表3.5 多层次市场需求对跨区域经营企业生产率的机制检验

	（1）	（2）	（3）	（4）	（5）	（6）
	ln rd	ln patents	ln main	tfp	tfp	tfp
ln swage	0.4854*** （0.125）	0.5783*** （0.161）	0.0170** （0.007）	0.1926*** （0.053）	0.1441 （0.116）	0.2722*** （0.043）
ln rd				0.0962*** （0.006）		
ln patents					0.0245* （0.014）	
ln main						0.6468*** （0.065）
ln scale	0.5677*** （0.030）	0.1081*** （0.026）	-0.0077*** （0.002）	0.1213*** （0.013）	0.1375*** （0.019）	0.1498*** （0.011）

续表

	(1) ln rd	(2) ln patents	(3) ln main	(4) tfp	(5) tfp	(6) tfp
ln age	−0.2943*** (0.026)	−0.1338*** (0.024)	−0.0136*** (0.002)	−0.2241*** (0.011)	−0.3291*** (0.017)	−0.2739*** (0.010)
klr	0.5088*** (0.019)	0.1112*** (0.019)	−0.0028** (0.001)	0.0487*** (0.009)	−0.0225* (0.014)	0.0761*** (0.007)
ad	0.3466*** (0.041)	0.3669*** (0.044)	0.0021 (0.003)	0.0158 (0.018)	0.0239 (0.032)	0.0214 (0.015)
loanline	−0.1187*** (0.043)	0.0231 (0.040)	0.0088*** (0.003)	−0.0665*** (0.018)	−0.1092*** (0.029)	0.0627*** (0.017)
lambda	−2.1634*** (0.176)	−0.2199 (0.170)	0.0098 (0.011)	−0.9166*** (0.076)	−1.2416*** (0.123)	−1.3279*** (0.064)
Constant	3.6016*** (0.417)	−1.6374*** (0.413)	0.7613*** (0.027)	4.0476*** (0.179)	4.8446*** (0.299)	4.2546*** (0.165)
行业固定效应	YES	YES	YES	YES	YES	YES
企业所在城市固定效应	YES	YES	YES	YES	YES	YES
目标市场固定效应	YES	YES	YES	YES	YES	YES
样本量	5658	2643	8021	5658	2643	8021
R^2	0.598	0.332	0.135	0.494	0.507	0.448

注：***、**、* 分别表示 1%、5%、10% 的显著性水平；括号中的数值为稳健标准误。

五、稳健性检验：更换变量定义与剔除异观测值

本部分分别采用每一个企业所有目标市场间经济发展水平的标准差（ln sgdp）与基尼系数的标准差（lsgini）来度量多层次市场需求。同时，本部分还使用企业人均销售额（ln salepc）来度量企业的生产率，并进行稳健性检验。最后，本部分保留跨 3~29 个省区市经营的企业样本并对其进行稳健性回归，以剔除相关异常值的影响，具体回归结果见表 3.6（1）~（4）列所示。可以看到，表 3.6 各列结果与基准回归结果保持一致，未发生改变，说明了本章回归结果的稳健性。

表 3.6 更换变量定义和计量模型的稳健性检验

	（1）使用经济发展水平标准差	（2）使用基尼系数标准差	（3）人均销售额作为因变量	（4）跨3～29个省区市经营样本
	tfp	tfp	ln salepc	tfp
ln sgdp	0.2111*** (0.026)			
lsgini		6.3400*** (0.920)		
ln swage			0.2734*** (0.058)	0.3916*** (0.047)
ln scale	0.1427*** (0.011)	0.1455*** (0.011)	−0.2434*** (0.015)	0.1206*** (0.012)
ln age	−0.2820*** (0.010)	−0.2818*** (0.010)	−0.3497*** (0.014)	−0.2531*** (0.011)
klr	0.0736*** (0.007)	0.0756*** (0.007)	0.3465*** (0.009)	0.0142* (0.008)
ad	0.0181 (0.015)	0.0163 (0.015)	0.0857*** (0.020)	0.0542*** (0.017)
loanline	0.0674*** (0.017)	0.0679*** (0.017)	0.0594*** (0.023)	0.1292*** (0.019)
lambda	−1.3253*** (0.065)	−1.3030*** (0.065)	−2.4909*** (0.088)	−1.2574*** (0.069)
Constant	4.6264*** (0.160)	4.6903*** (0.160)	8.3635*** (0.214)	4.5920*** (0.166)
行业固定效应	YES	YES	YES	YES
企业所在城市固定效应	YES	YES	YES	YES
目标市场固定效应	YES	YES	YES	YES
行业固定效应	YES	YES	YES	YES
样本量	8023	8006	8023	5506
R^2	0.442	0.440	0.473	0.413

注：***、**、* 分别表示 1%、5%、10% 的显著性水平；括号中的数值为稳健标准误。

六、异质性讨论

(一) 分企业所有制类型的估计结果

由于国内市场是本土企业的"主场",因此本土企业对国内文化、习俗和消费者偏好更加了解。但是,国内的地方保护主义显著降低了本土企业跨区域销售的概率(叶宁华、张伯伟,2017)。与此同时,得益于跨国经营背景、母公司在国际市场销售网络、出口信息搜索等方面的支持与帮助,以及中国长期的招商引资政策,外资企业在国内跨区域市场上的扩张表现甚至优于本土企业。根据样本统计数据,所有外资企业中跨区域销售企业的比例高达30.19%,高于本土企业的跨区域销售比例(27.3%)。基于上述分析,本章预期多层次市场需求对跨区域企业生产率的影响也可能存在所有权属性的差异。在识别企业所有制类型时,将外资控股比重大于或等于25%的企业定义为外资企业,国有实收资本比例超过50%的企业定义为国有企业(叶宁华、张伯伟,2017),其余企业为私营企业,使用Heckman两步法①分别对外资企业、国有企业和私营企业进行子样本回归,具体估计结果见表3.7(1)~(3)列。

可以看到,多层次市场需求对国有企业生产率的提升作用最大,对外资企业与私营企业生产率的影响效应不显著。可能的原因在于,国有企业在市场扩张过程中,得到的相关政策支持较多,规模较大,因此利用多层次市场需求提高生产率的效果也显著高于私营企业。外资企业在中国市场跨区域经营实践中可能更多的是为了扩大其销售规模,获得规模经济效应,但是依赖中国市场需求提升生产率的动力较低。

表3.7 分所有制和企业规模类型的估计结果

	(1) 外资企业 tfp	(2) 国有企业 tfp	(3) 私营企业 tfp	(4) 小型企业 tfp	(5) 中型企业 tfp	(6) 大型企业 tfp
ln swage	0.0550 (0.100)	0.4428*** (0.077)	0.0277 (0.058)	-0.0888 (0.064)	0.5672*** (0.054)	0.0237 (0.111)
ln scale	0.1521*** (0.024)	0.2066*** (0.027)	0.2520*** (0.014)	-0.3490*** (0.048)	-0.0425 (0.027)	0.2849*** (0.022)
ln age	-0.4348*** (0.054)	-0.1206*** (0.019)	-0.2919*** (0.015)	-0.1141*** (0.029)	-0.2340*** (0.015)	-0.3174*** (0.015)
klr	0.1098*** (0.015)	0.0003 (0.018)	0.0324*** (0.010)	0.0713*** (0.013)	0.0460*** (0.009)	0.1642*** (0.013)
ad	0.1216*** (0.034)	-0.0368 (0.026)	0.0685*** (0.021)	0.1607*** (0.035)	0.0568*** (0.021)	-0.1132*** (0.022)
loanline	0.1731*** (0.038)	0.0747*** (0.029)	0.0239 (0.022)	0.3642*** (0.044)	-0.0056 (0.022)	0.1223*** (0.026)

---

① 异质性分析部分均通过使用Heckman两步法控制内生性来进行考察。

续表

	（1） 外资企业	（2） 国有企业	（3） 私营企业	（4） 小型企业	（5） 中型企业	（6） 大型企业
	tfp	tfp	tfp	tfp	tfp	tfp
lambda	-1.7944*** （0.166）	-0.6856*** （0.166）	-1.2079*** （0.081）	-4.0650*** （0.166）	-1.2496*** （0.084）	-0.5289*** （0.099）
Constant	6.5160*** （0.366）	4.0791*** （0.422）	4.6299*** （0.204）	9.7695*** （0.408）	5.7589*** （0.313）	3.4456*** （0.292）
行业固定效应	YES	YES	YES	YES	YES	YES
企业所在城市固定效应	YES	YES	YES	YES	YES	YES
目标市场固定效应	YES	YES	YES	YES	YES	YES
样本量	1541	1796	4361	1566	3290	3167
R^2	0.669	0.603	0.508	0.587	0.386	0.508

注：***、**、* 分别表示 1%、5%、10% 的显著性水平；括号中的数值为稳健标准误。

（二）分企业规模大小的估计结果

企业规模可以反映劳动力、生产资料和产品在企业内的集中程度，但其对生产率的提升路径是不一致的。企业规模往往通过两种机制来促进生产率，一是纯规模经济效应，二是技术创新活动。对小型企业来说，市场扩张更主要是为了增加市场份额，以实现规模增长。与小型企业相比，大型企业有较低的生产成本、盈利能力和较强的市场竞争力，会更多地通过采用先进技术设备、从事高风险研发创新活动来提升生产率（孙晓华、王昀，2014）。本章依据企业的就业人数来细分企业规模，将全部职工人数为 10～99、100～499、大于 500 的企业分别定义为小型企业、中型企业和大型企业（邱斌、刘修岩、赵伟，2012）。表3.7（4）～（6）列报告了多层次市场需求对不同规模企业生产率的异质性影响。估计结果表明，国内多层次市场需求显著提高了中型企业的生产率，但是对小型企业、大型企业生产率的影响不显著。这可能是因为，小型企业在克服国内地方保护主义、地区销售成本以及研发投入成本上没有显著的优势[①]。此外，受企业规模与生产率之间的倒 U 形关系影响（孙晓华、王昀，2014），当企业规模达到一定程度时，多层次市场需求引致的规模经济效应与创新效应有所减弱，因而对大型企业生产率的提升作用不显著。

（三）分市场"合作"类型的估计结果

前文特征性事实与理论分析结果表明，企业出口的"学习效应"受到目标市场收入

---

① 样本中小型企业的研发投入最低可以反映这一点。

水平的影响。据此，本章依据城镇居民可支配收入的中位数，将企业所在城市和目标市场分为高收入市场和低收入市场，并将跨区域经营企业样本划分为"高高""高低""低高""低低"子样本，以探究区域间多层次市场需求对企业生产率的提升作用是否会受到市场"合作"类型的影响。回归结果见表3.8，其中，"高高"表示企业所在城市为高收入市场，并进入高收入目标市场销售，"高低""低高""低低"也遵循类似的逻辑解释。

表3.8 分市场"合作"类型的估计结果

	（1）高高	（2）高低	（3）低高	（4）低低
	tfp	tfp	tfp	tfp
ln swage	0.0843 （0.106）	0.1525* （0.091）	0.4885*** （0.073）	0.3169*** （0.067）
ln scale	0.2382*** （0.018）	0.2497*** （0.021）	−0.0225 （0.024）	−0.0616** （0.026）
ln age	−0.3310*** （0.020）	−0.3282*** （0.020）	−0.1920*** （0.020）	−0.1609*** （0.020）
klr	0.1372*** （0.012）	0.1317*** （0.013）	0.0195 （0.015）	0.0280* （0.014）
ad	−0.0784*** （0.027）	−0.0450 （0.028）	0.1247*** （0.032）	0.1639*** （0.032）
loanline	−0.0274 （0.031）	−0.0700** （0.032）	0.2006*** （0.035）	0.1512*** （0.035）
lambda	−1.0283*** （0.107）	−1.0787*** （0.129）	−1.7784*** （0.132）	−2.1749*** （0.149）
Constant	3.7889*** （0.243）	3.6516*** （0.263）	5.5586*** （0.270）	6.0946*** （0.289）
行业固定效应	YES	YES	YES	YES
企业所在城市固定效应	YES	YES	YES	YES
目标市场固定效应	YES	YES	YES	YES
样本量	2395	2182	1751	1695
R^2	0.412	0.447	0.456	0.481

注：***、**、*分别表示1%、5%、10%的显著性水平；括号中的数值为稳健标准误。

整体而言，区域间多层次市场需求提高了不同市场"合作"类型企业的生产率，尽管对"高高"企业生产率的促进效应在统计上不显著,但是对"低高"企业生产率的促进效应非常显著。背后的理论逻辑可能在于:当企业进入高收入目标市场时,挑剔的消费者群体会激励企业积极从事研发创新,生产更高质量的差异化产品,同时,企业也会面临更加激烈的竞争环境;而当企业进入低收入目标市场时,异质性需求引致创新的作用可能并不显著,但是有利于延长产品生命周期,扩大企业的产品销售规模。

第五节 扩展分析

到目前为止,本章已经从经验上检验了收入差距所衍生的多层次市场需求对跨区域经营企业生产率的影响及其机制。下面将进一步讨论二者之间的非线性关系,以及企业选择不同的国内、国外市场组合时对生产率的影响,以便更全面深入地理解国内多层次市场需求对微观企业生产活动的影响。

一、多层次市场需求与企业生产率之间的非线性关系检验

如前所述,本章已经在多层次市场需求对跨区域经营企业生产率的正向提升作用方面进行了较为广泛的验证。这是否意味着,基于多层次市场需求的视角,企业经营所跨的市场层级越多越好?为此,本章画出了企业生产率与其面临的多层次市场需求之间的散点图,如图3.2所示。在图3.2中,横轴表示多层次市场需求(ln swage),纵轴为企业生产率(tfp)。可以看到,多层次市场需求与企业生产率之间的一次拟合,呈现出明显的正向关系,而二次拟合呈现出比较清晰的倒U形关系。

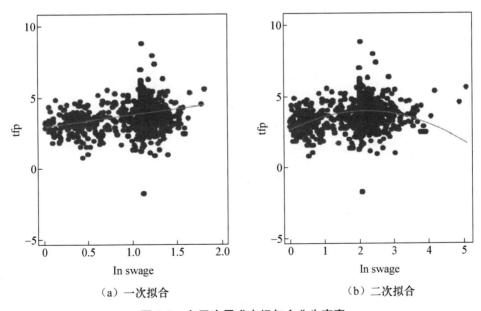

（a）一次拟合　　　　　　　　　　（b）二次拟合

图3.2　多层次需求市场与企业生产率

由此,本章进一步验证了企业实际面临的多层次市场需求与企业生产率之间的非线性关系,估计结果见表3.9(1)列。可以看到,多层次市场需求变量的一次项显著为

正,二次项显著为负。进一步地,本章还借鉴Lind和Mehlum(2010)对二者之间的倒U形关系进行了严格的检验,发现多层次市场需求与企业生产率之间确实存在显著的倒U形关系。显然,对于跨区域经营企业而言,不同市场间收入差距带来的异质性需求能有效促进企业生产率的提升,但是当跨过一个门槛值后,企业面临的市场间收入差距过大,反而会抑制其生产率的提升。这一结果同王俊、刘东(2009),Foellmi、Zweimuller(2006)发现的收入差距与企业技术创新之间的倒U形关系,以及高帆、汪亚楠(2016)得到的收入差距与TFP之间的倒U形关系的结论比较吻合。

另外,表3.9(2)~(4)列使用"研发创新投入""研发创新产出""规模经济"作为因变量的回归结果显示,多层次市场需求与企业研发创新活动之间也存在显著的倒U形关系,而多层次市场需求与"规模经济"变量的非线性关系在统计上不显著。这一结果与理论假说3的预期保持一致,即多层次市场需求与企业生产率之间的倒U形关系,主要是由多层次市场需求对企业研发创新的非线性影响所致。

据此,本章从利用多层次市场需求的角度,为企业的市场多元化路径选择提供了一种新的视角,即面向国内外市场扩张时,企业不应单纯地追求市场数量的增加,而应重视市场组合的多元化,有效利用不同收入层级市场的异质性需求,因为这更有利于提升企业生产率,培育企业高层次的竞争优势。

表3.9 多层次市场需求与企业生产率之间的非线性关系检验结果

	(1)	(2)	(3)	(4)
	tfp	ln rd	ln patents	ln main
ln swage	1.1759*** (0.194)	1.2197** (0.568)	2.3615*** (0.639)	0.0578* (0.034)
c.ln swage × c.ln swage	−0.5350*** (0.114)	−0.4292 (0.324)	−1.0069*** (0.349)	−0.0244 (0.020)
ln scale	0.1453*** (0.011)	0.5669*** (0.030)	0.1070*** (0.026)	−0.0076*** (0.002)
ln age	−0.2872*** (0.010)	−0.2968*** (0.026)	−0.1360*** (0.024)	−0.0138*** (0.002)
klr	0.0773*** (0.007)	0.5111*** (0.020)	0.1236*** (0.019)	−0.0027** (0.001)
ad	0.0118 (0.015)	0.3384*** (0.042)	0.3492*** (0.044)	0.0016 (0.003)
loanline	0.0675*** (0.017)	−0.1192*** (0.043)	0.0195 (0.040)	0.0087*** (0.003)
lambda	−1.2977*** (0.065)	−2.1620*** (0.176)	−0.1918 (0.170)	0.0109 (0.011)
Constant	4.4369*** (0.171)	3.3452*** (0.459)	−2.3331*** (0.478)	0.7471*** (0.030)
行业固定效应	YES	YES	YES	YES

续表

	(1)	(2)	(3)	(4)
	tfp	ln rd	ln patents	ln main
企业所在城市固定效应	YES	YES	YES	YES
目标市场固定效应	YES	YES	YES	YES
样本量	8023	5658	2643	8021
R^2	0.442	0.598	0.334	0.136

注：***、**、* 分别表示1%、5%、10%的显著性水平；括号中的数值为稳健标准误。

二、企业国内外市场扩张选择与生产率

理论上，无论是出口，还是在国内的跨区域经营，都能为企业带来更大的市场规模，并提高企业的销售额。然而，中国企业具有明显的出口偏好，在国内跨区域经营方面表现较差，呈现出国外市场销售大于国内销售的"市场倒挂"（李春顶，2015）。这说明，企业两种不同类型的外部市场扩张选择对企业生产率的影响可能存在差异。因此，这里将企业分为非出口、纯出口、出口且本省销售、出口且跨省销售，以及出口且跨高－中－低多层次收入市场销售企业这5组样本，并分别使用企业的国内跨省销售比重和出口比重来考察不同外部市场拓展对企业生产率的影响。结果见表3.10。

表3.10（1）列显示，对于非出口企业而言，国内市场的销售比重增加，企业生产率随之提升。与此形成鲜明对比的是，对于纯出口企业及出口且本省销售企业来说，企业在国际市场上的拓展并不能提升企业生产率，反而对企业生产率产生负向影响［见表3.10（2）、（3）列］，并且这一负向效应对立足本省需求的出口企业的影响，远低于纯出口企业。（4）、（5）列结果表明，只有当企业同时在国内区域间市场和国外市场销售时，企业在国外市场上的销售才能有效促进生产率提升。尤其对于在国内跨多层级市场经营的企业而言，国内市场扩张意味着企业面临的异质性需求更大，给企业带来的规模经济效应和创新互动效应也更强，因而企业在国内市场上的扩张对其生产率的提升作用也就更大。正如前文典型事实所分析的，尽管国内外市场扩张都能给企业带来规模经济，但是在国内区域间市场规模扩张的企业能通过规模经济效应获得研发创新投资能力，而在国际市场上的规模扩张对企业并没有类似作用。这与叶宁华、张伯伟（2017）的研究发现一致，即在外部市场扩张培育本土企业高层次竞争优势这点上，国际贸易并不能完全替代国内贸易。

总体来看，表3.10的回归结果强调了两个重要事实。第一，国内本土市场是外贸发展的立足点和外贸优势的重要来源（Krugman，1980；Crozet and Trionfetti，2008）。国内企业的成立与发展最初都是立足于本土需求的，出口扩张是企业在开放条件下对其国内竞争优势的一个延伸。脱离本土需求的出口，由于割裂了出口部门与国内产业部门的关联，使得出口贸易对促进本土企业能力提升的作用有限，因此难以夯实经济持续增长的基础，更偏离了外贸发展作为"增长引擎"的本质作用（易先忠、高凌云，2018）。第二，国内需求差异的多样性一方面能支撑起众多产品的规模经济，使企业摆脱规模效益

与充分竞争的两难冲突，另一方面会塑造出更加拥挤的产品空间和激烈的市场竞争，从而迫使企业寻求更高层次的竞争优势（易先忠、欧阳峣，2018）。因此，立足于本土需求，重视并充分利用国内收入差距所带来的多层次市场需求，将成为构建中国企业出口比较优势的一个新渠道。

表 3.10 外部市场拓展对企业生产率的影响

	（1）非出口企业	（2）纯出口企业	（3）出口且本省销售企业	（4）出口且跨省销售企业	（5）出口且跨多层次市场销售企业
domshare	0.0931*** (0.014)			0.3166*** (0.048)	0.3821*** (0.042)
exshare		-0.5067*** (0.039)	-0.2080*** (0.067)	0.2990*** (0.054)	0.2820*** (0.046)
样本量	30659	1922	1829	3358	4650
R^2	0.318	0.638	0.361	0.517	0.483

注：所有回归的被解释变量均为 ln tfp，所有回归均控制企业特征变量、本地市场特征变量和行业固定效应。***、**、*分别表示1%、5%、10%的显著性水平；括号中的数值为稳健标准误。

第六节 结论与政策启示

自改革开放以来，中国经济的高速增长，消费者收入水平的大幅提升及收入差距的不断扩大，对微观企业活动产生了复杂而深刻的影响。本章利用2003年世界银行中国企业调查数据，考察了中国区域间收入差距所衍生的多层次市场需求及其对跨区域经营企业生产率的影响。根据基准回归和各种稳健性检验，本章得出的主要结论有四个。第一，中国区域间收入差距所衍生的多层次市场需求显著提升了跨区域经营企业的生产率，收入差距越大，对企业生产率的提升作用越显著。同时，区域间多层次市场需求对企业生产率的提升作用具有明显异质性，受到企业所有制、企业规模和企业所在城市收入水平等因素的影响。第二，影响机制稳健性检验结果表明，不同市场间收入差距产生的异质性需求会通过规模经济与研发创新两个渠道来促进生产率的提升。区域间收入差距带来的多层次市场需求，一方面有利于企业扩大产品销售规模，实现规模经济；另一方面有利于企业提高研发创新的效率，从而从总体上提升企业的生产率。第三，多层次市场需求与生产率之间呈现的倒U形非线性关系表明，从利用多层次市场需求的角度来看，企业国内市场拓展的多元化程度对其生产率的提升存在阈值效应。当企业所跨的市场组合间收入差异较小时，不同市场间的异质性需求能有效促进企业生产率的提升，但是当市场组合间的收入差异跨过一个门槛值后，企业面临的市场组合间收入差距过大，反而会抑制其生产率的提升。第四，只有立足本土需求的企业的出口拓展才能有效促进企业生产率的提升，而纯出口企业的海外拓展会对企业生产率产生负向影响。因此，深耕国内市场，积极利用国内区域间的异质性需求，对培育本土企业高层次竞争优势和推动出口转型升级具有重要意义。

本章研究表明,中国区域间经济发展的不平衡性,反而塑造了国内市场需求的多元化与层级化优势,有利于扩大企业的销售规模,提高企业的研发创新效率,助力企业的成长和出口。这说明中国大市场下的多层次市场需求具有孵化国际竞争新优势的内生机制,从而为当前从内需层面培育中国新的竞争比较优势和推动出口结构升级提供了一种新的视角。鉴于此,本章的研究具有丰富的政策启示意义。当前国内外环境均发生了深刻变化,立足国内市场,大力发展省内贸易和省际贸易,通过扩大内需促进经济高质量发展,摆脱对外需的过度依赖从而降低外需波动风险,实现内需与外需的再平衡,可能会为中国经济找到新的增长"引擎"。此外,对于中国市场的消费潜力,除了应利用大国市场规模带来的本地市场效应,还应正确理解并高度重视国内收入差距带来的多元化和多层次市场需求引致企业研发创新的功能。因此,在合理控制区域间收入差距的基础上,进一步消除区域贸易壁垒,鼓励企业在国内市场跨区域销售,充分利用需求的多样性来涵养本土企业高层次竞争优势的内生动力,对形成以国内大循环为主的双循环新发展格局具有重要的实践意义。

第四章　培育国际竞争新优势的内生市场动力Ⅱ：多层次市场需求的创新效应[①]

本章将在第三章的基础上，继续讨论多层次市场需求的创新效应。虽然企业创新问题已受到广泛的关注，但是同时从需求结构和需求规模角度，探讨多层次市场需求对企业创新的异质性影响却未有研究。本章构建包含 0-1 类型需求结构的一般均衡模型，同时考虑消费者异质性和企业异质性，推导出收入分布隐含的多层次需求结构、市场规模，以及二者的交互对不同生产率企业创新的影响，刻画出内涵更加丰富的"新的价格效应"和"新的市场规模效应"。通过理论和经验研究发现：收入分布的右移以及市场规模的扩大都会促进高生产率企业的创新，并且市场规模的扩大会进一步强化收入分布的创新效应；而对于低生产率企业来说，收入分布的变化对其创新没有显著影响，仅存在市场规模的创新效应。本章的政策含义是，在当前构建以国内大循环为主体、国内国际双循环相互促进的新发展格局下，应该认识到中国所拥有的超大国内市场及其存在的多层次需求结构的优势，从而从"需求结构引致创新"和"需求规模引致创新"两个方面激发多层次市场需求的创新效应，培育国际竞争新优势。

第一节　问题的提出

党的十九大报告明确提出，创新是引领发展的第一动力，是建设现代化经济体系的战略支撑。毋庸置疑，创新对国家和企业的发展都是至关重要的。然而，对于中国这样的发展中国家，其自身所具有的独特经济特征，如存在的多层次需求结构、超大市场规模等，是否会对企业的创新产生重要影响？本章的主要目的是基于中国客观存在的多层次需求结构及超大市场规模的特征性事实，探讨多层次市场需求下的收入分布和市场规模对企业创新的影响，以期为当前推进以国内大循环为主体、国内国际双循环相互促进的新发展格局，实施创新驱动的发展战略提供微观理论基础。

改革开放以来，伴随着中国经济的高速增长，居民人均可支配收入也有很大的提高。

[①] 本章主体内容已发表在《经济学动态》期刊（钱学锋、刘钊、陈清目，2021）。

根据国家统计局数据，2019年，全国居民人均可支配收入达到30733元，比2000年实际增长4.4倍，年均增长9.2%。根据中国家庭收入调查数据，虽然从整体上看，中国的收入差距仍然处在一个较大的水平，但是从收入分布来看，城镇居民收入呈现出一定程度的"右偏"分布特征，并且1985—2009年，全国总体以及城乡的收入分布都显著向右移动（王亚峰，2012）。这从一个具体的角度说明了目前中国的收入分布状况。与此同时，我们也观察到，中国的企业创新能力正不断增强，并逐渐发展成创新型国家。根据国家统计局数据，2011—2018年，规模以上工业企业的专利申请数增长了近2.5倍，研发经费支出增长了近2.2倍[①]。世界知识产权组织（World Intellectual Property Organization，WIPO）的数据显示，2019年，中国在《专利合作条约》框架下提交了近5.9万件国际专利申请，研发经费支出接近2万亿元。总体来看，不论是研发成果还是研发投入，都体现出中国的国家创新能力和企业创新能力正在不断提高。从理论上来说，收入分布变化会影响需求结构，进而对企业的创新产生影响（Foellmi and Zweimüller，2006）。多层次收入分布的存在，意味着市场中存在不同收入水平的消费群体，他们对产品有不同的需求偏好，且支付意愿和支付能力也存在差异，即存在着多层次的市场（Murphy，Shleifer，and Vishny，1989）；由于有着较高收入的消费群体对产品要求更高，往往更偏爱个性化的创新产品，因此当收入分布向右偏移时，即中高收入群体的比例或者收入份额增加，对创新产品的需求就会增加，因而会促进高生产率企业的创新。因此，收入分布隐含着的多层次需求结构可能对创新产生重要的影响。那么，中国当前存在的多层次需求结构，或者说客观存在的收入分布状况是否会对企业的创新产生重要影响？这是本章所关心和要解决的第一个理论与经验问题。

本章所关心和要解决的第二个理论与经验问题，是中国的超大市场规模是否也会对企业创新产生重要影响。值得注意的是，中国不仅是世界上人口最多的国家，而且土地辽阔，国土面积仅次于俄罗斯和加拿大；从经济体量上看，中国是世界第二大经济体，2019年，中国的GDP总量达到99.1万亿元，人均GDP首次突破1万美元大关；并且，与欧盟等组织不同，中国的国内市场高度统一。因此，从人口规模、国土面积、经济规模及市场统一四个方面来看，中国已形成了独特的超大市场规模优势（国务院发展研究中心课题组，2020）。毫无疑问，发挥好超大市场规模优势，对于经济发展具有重大意义，2018年中央经济工作会议就明确指出，要持续释放内需潜力，促进形成强大国内市场。超大的市场规模会引发对技术的超大需求，从而推动技术的进步，形成技术创新比较优势（欧阳峣、汤凌霄，2017）。然而，中国的超大市场规模，不仅体现在单纯的数量维度上，还体现在由于客观存在的收入分布情况而形成的多层次需求结构上，因为收入分布的变化会直接影响需求结构（Jackson，1984；Choi，Hummels，and Xiang，2009；Fajgelbaum，Grossman，and Helpman，2011）。这意味着，超大市场规模及其由于收入分布而内含的多层次需求结构，以及需求规模与需求结构的交互作用，都可能会对企业的创新产生重要影响，这是本章所期望证实的。

本章基于消费者异质性和企业异质性的理论框架，结合中国特有的多层次需求结构和超大市场规模的事实，从需求结构和需求规模的角度出发，探讨了收入分布、市场规

---

① 根据国家统计局规模以上工业企业的专利数据计算得出。

模及二者的交互对不同生产率企业创新的影响。

与以往研究收入差距对企业创新影响的文献不同，本章不仅考虑了收入分布对企业创新的影响，而且考虑了市场规模对企业创新的影响，即同时从需求结构和需求规模的角度出发，发现了具有更加丰富内涵的"新的市场规模效应"和"新的价格效应"。本章通过理论和经验分析发现，收入分布的"价格效应"对不同生产率企业创新的影响是不同的。具体来说，收入分布右移，只会促进高生产率企业的创新，而对低生产率企业创新没有显著影响。上述即为本章所说的"新的价格效应"。此外，收入分布右移，并不会缩小创新产品的市场规模，因为低收入消费者本身对于创新产品的需求很小，甚至没有足够收入消费创新产品，所以收入分布右移不会产生缩小新产品市场规模的效应，即不具有以往文献中所说的"市场规模效应"；但是，本章通过进一步研究超大市场规模的重要作用，发现市场规模的扩大，也即人口规模的增加，会促进高、低生产率企业的创新，这体现了需求规模对企业创新的促进作用。因此，本章刻画出内涵更加丰富的"新的价格效应"和"新的市场规模效应"。本章的另一个重要发现是，收入分布和市场规模对企业创新具有互动效应，市场规模的扩大，会强化收入分布右移对高生产率企业的创新效应。本章为企业创新的研究提供了新的视角，具有重要的现实意义。在当前构建以国内大循环为主体、国内国际双循环相互促进的新发展格局背景下，应该充分认识到中国独特的多层次超大规模市场的重要性，注重从"需求结构引致创新"和"需求规模引致创新"两个方面双管齐下，激发多层次市场需求的企业创新效应，培育国际竞争新优势。

本章余下部分结构安排如下：第二节是文献综述；第三节是理论模型；第四节是经验研究；第五节是结论与启示。

第二节　文献综述

本章同时从需求结构和需求规模的角度，研究多层次市场需求对企业创新的影响。与本章相关的研究主题主要有两个：一是收入分布对企业创新的影响；二是市场规模对企业创新的影响。

本章的研究与收入分布对企业创新影响的相关研究紧密相关。客观存在的收入分布状况导致市场中存在着不同收入水平的消费群体，他们对产品有不同的需求偏好，这意味着市场中存在消费者的分层偏好，这种多层次的需求偏好会影响企业对新技术的使用。早在1989年，Murphy等（1989）就提出市场中存在多层次需求结构，并研究了收入分布对企业技术升级的影响。此后，很多学者都关注到消费群体的收入分布对企业创新的重要影响。其中，大多数研究收入分布对企业创新影响的文献，都是强调收入差距扩大所带来的"市场规模效应"和"价格效应"对企业创新影响的。Foellmi和Zweimüller（2006）的研究发现，当收入差距扩大时，它一方面会通过"价格效应"促进企业创新；另一方面会通过"市场规模效应"抑制企业创新。最终，收入差距对企业创新的影响效果取决于这两种效应的力量角逐。结合中国的现实收入状况，安同良和千慧雄（2014）同样从收入差距变化产生的"价格效应"和"市场规模效应"的角度，阐述了其对企业创新的影响。此外，还有一些文献从产品质量及企业生产率的角度，研究收入分布变化对企业创新的影响,如 Fajgelbaum 等(2011)研究了收入分布对出口产品质量的影响。可以看出,上述文献都只是单一地考察了收入分布变化对企业创新的影响,而没有考虑不同生产率企业在面对收入分布变化时的异质性反应,也没有综合考虑收入分布与市场规模的互动对企业创新的影响。

此外,本章的研究还与市场规模对企业创新影响的相关研究紧密相关。超大市场规模会产生对技术的超大需求,有利于降低技术创新成本、提高创新效率,且超大市场规模意味着市场中拥有较多技术人才,有利于推动技术进步(欧阳峣、汤凌霄,2017)。现有的市场规模对企业创新影响的文献主要是从以下两个方面进行研究的。一方面是单纯考虑市场规模大小对企业创新的影响。Acemoglu 和 Linn(2004)研究药物市场发现,一种药物的市场规模增加,会显著促进该类别药物新品种的研发。Beerli 等(2020)在经验上验证了需求的增加会带来企业全要素生产率的提升,进而带动企业的技术升级。另一方面是验证了本地市场效应的存在所引致的创新。Cosar 等(2018)研究发现消费者更加偏好本国的产品,对本国产品的偏好成为发展本地市场优势最重要的驱动力,而当市场规模足够大时,会进一步带动本国企业的发展。此外,国内也有一些学者关注到中国所具有的超大市场规模优势,并研究了中国的超大市场规模对企业创新的影响。范红忠(2007)指出,一国市场需求规模对一国技术创新有着决定性影响,国内市场规模越大,技术的创新效率就会越高。尽管很多文献注意到市场规模对创新的重要影响,但是对于中国来说,独特的市场优势不仅体现在数量维度上,还体现在多层次需求结构上,这一点却鲜有文献关注。

与现有文献相比,本章的边际贡献主要体现在以下两个方面。第一,现有文献大多是从供给侧角度研究其对企业创新的影响,本章则重点关注需求侧对企业创新的影响,不仅考虑需求规模的重要作用,还考虑存在的多层次需求结构对企业创新的影响,为企业创新的研究提供了新的视角和方向。第二,本章构建了一个同时包含消费者异质性和企业异质性的理论模型,刻画出多层次市场需求下的收入分布和市场规模对企业创新的影响,研究发现了收入分布、市场规模及二者的交互对不同生产率企业创新的影响是不同的,由此,本章提出多层次市场需求下蕴含着一种"新的价格效应"和"新的市场规模效应",并且进一步在经验上验证了收入分布、市场规模及二者的交互对企业创新的影响。

第三节 理论模型

在一个封闭经济体中[①],有 N 个消费者,将所有的消费者分为两种类型:高收入消费者(R)、低收入消费者(P),这两种类型消费者的劳动效率是不同的(同一类型消费者的劳动效率相同),即高收入消费者对应高的劳动效率,低收入消费者对应低的劳动效率,假定单位劳动力供给的工资相等,标准化为1,那么消费者的劳动力供给总量就等于其收入。在非位似偏好的假定下,收入分布将会直接影响经济体内的需求结构。因此,我们基于 Latzer、Mayneris(2021)的方法刻画一个经济体内部的收入分布,假定经济体

---
① 本节的模型可以由封闭条件拓展到开放条件。

内部的收入分布为 θ，定义 θ 为高收入消费者的劳动力供给 l_R 相对于人均劳动力供给 $\frac{L}{N}$ 的比率，即：$\theta = \frac{l_R}{L/N}$，$\theta \in (1, \infty)$，根据定义可以看出，θ 是大于 1 的，并且 θ 值越大，表示经济体内部收入分布向右偏移程度越大，即一个经济体中高收入消费者的相对收入水平越高。给定 θ 和高收入消费者的份额 α，我们可以分别计算出单个高收入消费者和低收入消费者的劳动力供给：$l_R = \theta \frac{L}{N}$，$l_P = \frac{1-\alpha\theta}{1-\alpha}\frac{L}{N}$（$l_R > l_P$）。因此，高收入消费者的总劳动力供给为：$\alpha N l_R = \alpha \theta L$，低收入消费者的总劳动力供给为：$L - \alpha\theta L = (1-\alpha) N l_P$。

一、需求

根据 Tarasov（2013）的方法，在需求侧，我们使用 0-1 类型的效用函数[①]，假定所有产品都是不可分的，消费者对每种产品最多购买一个单位。消费者 i（$i=P, R$）选择需求 $\{q_i(\omega) \in (0,1)\}_{\omega \in \Omega}$ 去最大化其效用：

$$U_i = \int_{\omega \in \Omega} \gamma(\omega) q_i(\omega) \mathrm{d}\omega \tag{4-1}$$

消费者 i 的预算约束为：

$$\int_{\omega \in \Omega} p(\omega) q_i(\omega) \mathrm{d}\omega \leqslant l_i \tag{4-2}$$

其中，$q_i(\omega)$ 表示对产品 ω 的消费，$\gamma(\omega)$ 表示对产品 ω 的质量偏好，$p(\omega)$ 表示产品价格，l_i 表示单个消费者 i 的收入，Ω 表示连续产品种类 ω 的集合。并且假定 $\gamma(\omega)$ 对于任意消费者 i 和产品 ω，独立于共同的分布，即为 $Pr(\gamma(\omega) \leqslant \gamma) = F(\gamma)$。消费者效用最大化问题意味着：

$$q_i(\omega) = 1 \Leftrightarrow \frac{\gamma(\omega)}{p(\omega)} \geqslant \lambda_i \tag{4-3}$$

λ_i 表示消费者 i 的收入的边际效用。由式（4-3）可以看出，只有当消费者对产品的质量偏好与价格的比值 $\frac{\gamma(\omega)}{p(\omega)}$ 足够高时，消费者才会购买产品 ω，即高收入消费者有更高的质量偏好。由于 $\gamma(\omega)$ 服从独立分布，所以购买产品 ω 的消费者比例为 $1 - F(p(\omega)\lambda_i)$，因此，对产品 ω 的需求可以表示为：

[①] 0-1 类型的效用函数是一种非位似效用函数，主要强调消费者购买产品的种类数，并没有考虑购买量的问题，目前被广泛运用于需求侧的研究。

$$Q(p) = \begin{cases} N, & \text{若 } p(\omega) \leqslant \dfrac{\gamma(\omega)}{\lambda_P} \\ [1-F(p(\omega)\lambda_R)]N, & \text{若 } \dfrac{\gamma(\omega)}{\lambda_P} < p(\omega) \leqslant \dfrac{\gamma(\omega)}{\lambda_R} \\ 0, & \text{若 } \dfrac{\gamma(\omega)}{\lambda_R} < p(\omega) \end{cases} \quad (4\text{-}4)$$

当我们加总所有的高收入消费者时可以得到：

$$\int_{\omega \in \Omega} p(\omega) \left[\int q_R(\omega) \mathrm{d}R \right] \mathrm{d}\omega = \alpha N l_R \quad (4\text{-}5)$$

然后，根据大数定律可以得到：$\int q_R(\omega) \mathrm{d}R = \alpha N E q_R(\omega) = \alpha N [1 - F(p(\omega)\lambda_R)]$，将其代入式（4-5）得到：

$$\int_{\omega \in \Omega} p(\omega) [1 - F(p(\omega)\lambda_R)] \mathrm{d}\omega = l_R \quad (4\text{-}6)$$

假定对产品 ω 的偏好 $\gamma(\omega)$ 服从帕累托分布，则，$F(\gamma) = 1 - \left(\dfrac{\gamma_L}{\gamma}\right)^\sigma$，其中，$\sigma > 1$，$\gamma \in [\gamma_L, \infty)$，结合式（4-6），可以得到高收入消费者收入的边际效用为 $\lambda_R = \gamma_L \left\{ \dfrac{\int_{\omega \in \Omega} [p(\omega)]^{1-\sigma} \mathrm{d}\omega}{l_R} \right\}^{\frac{1}{\sigma}}$，需求函数可以被重新写为：

$$Q(p) = \begin{cases} N, & \text{若 } p(\omega) \leqslant \dfrac{\gamma_L}{\lambda_P} \\ \dfrac{[p(\omega)]^{-\sigma} N l_R}{P}, & \text{若 } \dfrac{\gamma_L}{\lambda_P} < p(\omega) \end{cases} \quad (4\text{-}7)$$

其中，$P = \int_{\omega \in \Omega} [p(\omega)]^{1-\sigma} \mathrm{d}\omega$。

二、生产

劳动是唯一的生产要素，在垄断竞争条件下，每个企业都只生产和销售一种产品 ω，为了进入市场，企业支付固定的进入成本 f_e（以有效的劳动力单位计）。如果企业支付了进入成本，将获得一个生产率 ϕ，ϕ 服从帕累托分布。我们考虑的是所有生产率为 ϕ 的企业都选择相同的最优定价规则下的对称均衡，因此，我们可以用企业的生产率 ϕ 对每个产品 ω 进行表示。假定成功进入市场的企业数量为 M，企业选择价格 $p(\phi)$ 去最大化其利润，即 $\pi(\phi) = [p(\phi) - c]Q(p)$，由于本章的效用函数采用的是 0-1 形式，因此，利润函数可以写为式（4-8）。

$$\max_p \pi(\phi) \begin{cases} \left(\dfrac{\gamma_L}{\lambda_P} - \dfrac{1}{\phi}\right)N, \text{若 } p(\phi) \leq \dfrac{\gamma_L}{\lambda_P} \\ \dfrac{\left(\dfrac{\gamma_L}{\lambda_R} - \dfrac{1}{\phi}\right)\{[p(\omega)]^{-\sigma} Nl_R\}}{P}, \text{若 } \dfrac{\gamma_L}{\lambda_P} < p(\phi) \end{cases} \qquad (4\text{-}8)$$

我们定义 π_{PR} 表示企业同时向两类消费者销售产品时的利润，而 π_R 表示企业只面向高收入消费者销售产品时的利润。对于一个企业来说，选择将产品价格定在 $\dfrac{\gamma_L}{\lambda_P}$，当且仅当 $\pi_{PR} \geq \pi_R$ 时，即满足：$\left(\dfrac{\gamma_L}{\lambda_P} - \dfrac{1}{\phi}\right)N \geq \left(\dfrac{\gamma_L}{\lambda_R} - \dfrac{1}{\phi}\right)\dfrac{\left(\dfrac{\gamma_L}{\lambda_R}\right)^{-\sigma} Nl_R}{P}$，由此可以得出企业同时向两类消费者销售产品时的临界生产率：

$$\hat{\phi} \equiv \dfrac{\left(\dfrac{\gamma_L}{\lambda_R}\right)^{-\sigma} l_R - P}{\dfrac{\gamma_L}{\lambda_R}\left(\dfrac{\gamma_L}{\lambda_R}\right)^{-\sigma} l_R - \dfrac{\gamma_L}{\lambda_P} P} \qquad (4\text{-}9)$$

当企业的生产率 $\phi \leq \hat{\phi}$ 时，企业会将产品最优价格设定在 $\dfrac{\gamma_L}{\lambda_P}$，此时，低生产率的企业生产的产品主要是低质量的基本品，对于这类产品，低收入消费者和高收入消费者都可以购买；当企业的生产率 $\phi > \hat{\phi}$ 时，为了追求利润最大化，企业会将产品最优价格设定在 $\dfrac{\gamma_L}{\lambda_R}$，此时，高生产率的企业只愿意生产高质量的产品，只有高收入消费者有能力购买。

因此，企业的利润函数可以重新写为：

$$\pi(\phi, \lambda_i) = \begin{cases} \left(\dfrac{\gamma_L}{\lambda_P} - \dfrac{1}{\phi}\right)N, \text{若 } \phi \leq \hat{\phi} \\ \dfrac{\left(\dfrac{\gamma_L}{\lambda_R} - \dfrac{1}{\phi}\right)\{[p(\omega)]^{-\sigma} Nl_R\}}{P}, \text{若 } \phi > \hat{\phi} \end{cases} \qquad (4\text{-}10)$$

三、创新行为

当企业进行创新投入后，会产生两方面的效果，即：一方面会降低企业的边际成本；另一方面会有创新成本。假定企业的边际成本为 $c = \dfrac{1}{\phi}$，在创新投资 k 之后，企业的边际成本变为：$c - \xi k$，创新成本为 $\left(c_1 k + \frac{1}{2} c_{12} k^2\right)$，其中，$\xi > 0$，$c_1$、$c_{12}$ 是参数，创新成本是 k 的二次方。因此，此时的成本函数可以写为 $TC = (c - \xi k)q + c_1 k + \frac{1}{2} c_{12} k^2$。

创新企业的利润函数可以写为：

$$\pi(\phi, k, \lambda_i) = \begin{cases} \left(\dfrac{\gamma_L}{\lambda_P} - \dfrac{1}{\phi} + \xi k\right) N - c_1 k - \dfrac{1}{2} c_{12} k^2, & \text{若 } \phi \leqslant \hat{\phi} \\ \dfrac{\left(\dfrac{\gamma_L}{\lambda_P} - \dfrac{1}{\phi} + \xi k\right)\left(\dfrac{\gamma_L}{\lambda_R}\right)^{-\sigma} N l_R}{P} - c_1 k - \dfrac{1}{2} c_{12} k^2, & \text{若 } \phi > \hat{\phi} \end{cases} \quad (4-11)$$

因此，企业选择其创新的投入为 k，并最大化总利润，通过利润最大化的一阶条件，我们可以求得企业的最优创新投入 k，进而也可以求出收入分布向右偏移程度、人口规模等对企业创新的影响。下面我们将分两种情况进行分析。

当企业只服务于高收入消费者时，即对高生产率的企业来说，$\phi > \hat{\phi}$ 时，企业的利润函数为 $\pi_R = \left(\dfrac{\gamma_L}{\lambda_R} - \dfrac{1}{\phi} + \xi k\right) \dfrac{\left(\dfrac{\gamma_L}{\lambda_R}\right)^{-\sigma} N l_R}{P} - c_1 k - \dfrac{1}{2} c_{12} k^2$，最大化一阶条件，并将 $l_R = \theta \dfrac{L}{N}$ 代入得到：

$$k = \dfrac{\xi \dfrac{\left(\dfrac{\gamma_L}{\lambda_R}\right)^{-\sigma} \theta L}{P} - c_1}{c_{12}} \quad (4-12)$$

此时，式（4-12）即为求出的最优创新投入，由此我们可以看出收入分布向右偏移程度、人口规模等对最优创新投入的影响。

首先，用式（4-12）对 θ 求偏导，我们可以得到：$\dfrac{\partial k}{\partial \theta} > 0$；接下来我们可以求得对 L 的偏导，得到 $\dfrac{\partial k}{\partial L} > 0$，最后，同时对 θ 和 L 求偏导，可以得到 $\dfrac{\partial^2 k}{\partial \theta \partial L} > 0$。因此，我们可以得出命题 1。

命题 1：一个国家收入分布越向右偏移，越有利于高生产率企业创新；总有效劳动力越多，即人口规模越大，越有利于高生产率企业创新；并且人口规模大，会进一步增强收入分布向右偏移对高生产率企业创新的促进作用。

一个国家的收入分布向右偏移，表明这个国家高消费者的比例或者所占的收入份额较高，对创新产品的支付意愿更高，对高生产率企业生产的高质量创新产品需求更大，进而促进高生产率企业的创新，这就是收入分布的"价格效应"。人口规模较大时，企业可以投入更多的生产要素进行研发创新；并且，人口规模的增加不但会促使整个市场规模扩大,还会带来高消费者人数的增加、对创新产品需求的增加,企业由此可以获得更多利润用以支持进一步的创新,因此人口规模扩大会增强收入分布右移对企业创新的促进作用。本章的研究和安同良、千慧雄(2014)的研究相似,都验证了收入分布的"价格效应",不同之处在于本章从企业异质性的角度出发,发现收入分布的"价格效应"对高生产率企业的作用较明显,而对低生产率企业创新没有显著影响。命题 1 具有重要的经济意义。政府应该认识到中国所具有的庞大人口规模和多层次需求结构等现实状况所蕴含的优势,扩大中高消费者的比例,提升消费者收入,优化需求结构,扩大有效需求规模,进而促进企业创新,实现经济的高质量发展。

当企业既服务于高收入消费者,又服务于低收入消费者时,也就是对低生产率的企业来说,当 $\phi \leq \hat{\phi}$ 时,企业的利润函数为 $\pi_{PR} = \left(\frac{\gamma_L}{\lambda_P} - \frac{1}{\phi} + \xi k \right) N - c_1 k - \frac{1}{2} c_{12} k^2$,最大化一阶条件得到:

$$k = \frac{\xi N - c_1}{c_{12}} \tag{4-13}$$

用式(4-13)对 N 求偏导,我们可以得到 $\frac{\partial k}{\partial N} = \frac{\xi}{c_{12}} > 0$,并且从式(4-13)可以看出最优创新与收入分布的偏移程度没有关系。因此,我们可以得出命题 2。

命题 2:一个国家收入分布的变化,对低生产率企业的创新没有显著影响;人口规模越大,越有利于低生产率企业的创新。

由于低生产率企业销售的产品类似于基本品,低收入和高收入消费者都可以消费,所以对低生产率企业来说,产品的需求对应整个人口的需求,保持人口规模不变,无论收入分布如何变化,对创新都没有影响;但是当人口规模增大时,对这类产品的需求会增加,企业的利润也会增加,此时,企业可以通过创新降低边际成本,所以,人口规模增大有利于低生产率企业的创新。现阶段,面对复杂多变的内外部环境,中国应该大力促进形成强大的国内市场,重视对国内市场的培育,通过内部大循环提供强劲的内生创新动力,带动经济可持续发展。

现有文献一般认为收入差距主要是通过"价格效应"和"市场规模效应"这两种渠道共同对企业创新产生影响的。目前,大多数文献强调的"价格效应"是指,收入差距的扩大会使一部分人变得更富有,这部分消费者更加偏好新产品,愿意为新产品支付更高的价格,导致新产品需求增加,进而促进企业创新。而本章研究发现,收入分布的"价格效应"对不同生产率企业的创新的影响是不同的。具体来说,收入分布右移,表明高收入消费者的比例或者所占收入份额增加,这类消费者更加偏好高质量产品,对高质量产品有更高的支付意愿,企业为满足其对高质量产品的需求,会进行研发创新,而这类产品是由高生产率企业生产的,因此,会促进高生产率企业的创新。此外,由于低生产率企业生产的产品为低质量基本品,无论收入分布是否发生变化,基本品的需求都不会发生变化,即收入分布的变化对低生产率企业的创新没有影响。上述内容即为本章所说的"新的价格效应"。传统的"价格效应"没有体现收入分布变化对不同生产率企业创新的异质性影响,而本章的"新的价格效应"能够捕捉收入分布的变化对不同生产率企业创新的异质性影响。

收入差距的扩大也会使一部分人变穷,从而缩小新产品的市场规模,进而抑制企业的创新,此即以往文献所说的"市场规模效应"。而本章研究发现,收入分布的右移并不会缩小高质量创新产品的市场规模。其原因在于,一方面,高收入消费者比例的增加,会导致高质量产品需求增加,进而促进高生产率企业创新;另一方面,低收入消费者本身对于高质量产品的需求很小,甚至没有足够收入进行消费,这意味着低收入消费者比例的下降,不会通过缩小高质量产品的市场规模对企业创新产生影响。因此,本章理论模型刻画出的市场规模扩大,会导致高质量产品和基本品需求增加,企业因而可以获得足够利润以支持进一步创新,即市场规模的扩大会同时促进高、低生产率企业的创新,体现了需求规模对企业创新的促进作用,此即本章所说的"新的市场规模效应"。传统的"市场规模效应"所揭示的是收入差距扩大对企业创新的抑制作用,而本章的"新的市场规模效应"不仅揭示了收入分布变化对创新的影响,还揭示了市场规模对企业创新的影响。因此,本章刻画出内涵更加丰富的"新的价格效应"和"新的市场规模效应"。

我们进一步考虑收入分布变化对临界生产率 $\hat{\varphi}$ 的影响。将 $l_R = \theta \dfrac{L}{N}$ 代入式(4-9),得到 $\hat{\varphi} \equiv \dfrac{\left(\dfrac{\gamma_L}{\lambda_R}\right)^{-\sigma} \theta \dfrac{L}{N} - P}{\dfrac{\gamma_L}{\lambda_R}\left(\dfrac{\gamma_L}{\lambda_R}\right)^{-\sigma} \theta \dfrac{L}{N} - \dfrac{\gamma_L}{\lambda_P} P}$,我们对 $\hat{\varphi}$ 求 θ 的偏导得到 $\dfrac{\partial \hat{\varphi}}{\partial \theta} > 0$,进而我们得到命题3。

命题3:收入分布的右移,会促进高生产率企业的创新,导致其生产率进一步提升,因而会提高划分高生产率企业和低生产率企业的临界生产率。

收入分布的右移,说明高收入消费者的收入份额占比较高,由命题1可知这会促进高生产率企业的创新,而企业创新会导致高生产率企业的生产率进一步提升。此时,如果低生产率企业想向高收入消费者销售创新产品,其生产率就必须达到更高的水平,即两类企业之间的临界生产率提高了。因此,政府应该努力提升城乡居民的可支配收入,扩大中高收入消费者在人口中的比例,从而提高整个社会的生产效率,培育国家竞争优势。

第四节 经 验 研 究

一、计量模型的构建

根据经验检验多层次市场需求对企业创新影响这一研究主题,得出的核心结论是:收入分布的右移、人口规模的扩大会促进高生产率企业的创新,并且人口规模的扩大会强化收入分布对高生产率企业的创新效应;而对于低生产率的企业来说,收入分布的变化对其创新没有显著影响,但是人口规模的扩大会促进其创新。

根据理论推导,企业的创新会受到需求结构和需求规模的影响,即会受到收入分布

和人口规模的影响。因此,本章构建如下形式的实证基准模型:

$$\text{innovation}_{ft} = \beta_0 + \beta_1 \text{distri}_{it} + \beta_2 \text{pop}_{it} + \beta_3 X_{fst} + \gamma_s + \lambda_i + \delta_t + \eta_f + \varepsilon_{ft} \tag{4-14}$$

其中,下标 f、i、s、t 分别表示企业、省份、行业、年份。innovation 代表企业创新水平,distri 表示各省的收入分布情况,pop 表示各省的人口规模,X 表示控制变量,是除收入分布、人口规模外影响企业创新的各种因素。此外,γ_s 为行业固定效应,λ_i 为省份固定效应,δ_t 为年份固定效应,η_f 为企业固定效应,ε_{ft} 为随机误差项。

二、变量说明及来源

本章的被解释变量为企业创新水平,在实证分析中,为了和理论部分对企业创新的刻画更加贴合,本章用中国工业企业数据库中的企业研发经营支出的对数(ln rdl)作为企业创新水平的代理变量,并使用上市公司的研发投入数据进行稳健性检验。

收入分布和人口规模是本章的两个核心解释变量。已有研究从收入差距的视角研究了需求结构对企业创新的影响(Zweimüller, 2000;Foellmi and Zweimüller, 2006)。收入差距的存在意味着市场中存在不同收入水平的消费者,收入分布状况是有差异的。收入分布会直接影响需求结构,因为收入分布的存在意味着市场中存在不同收入水平的消费群体,不同收入水平的消费群体对产品有不同的需求偏好,从而形成了多层次的需求结构。因此,本章使用收入分布来刻画多层次的需求结构。在检验收入分布对企业创新的影响时,很多文献使用收入差距作为企业创新水平的代理变量(阚大学、吕连菊,2014;毛艳华、李敬子,2015),但考虑到数据的可得性等问题,我们选取泰尔指数(theil)作为收入分布的代理变量,泰尔指数不仅考虑了城乡间的收入差距,还考虑了城乡间的人口结构,因此较为精确。此外,在下文的稳健性分析中,为了进一步验证理论上对收入分布的刻画,我们取企业所在省份的城镇人均收入与这个省份总体人均收入之比的对数(ln pave)[①],以及城乡收入比的对数(ln ur_ratio)来作为收入分布的代理变量。

泰尔指数的计算式为 $\text{theil}_i = \sum_j (y_{ij}) \ln \left(\dfrac{y_{ij}}{z_{ij}} \right)$,$j=1$,2 分别表示城镇、农村,$z_{ij}$ 表示 i 地区城镇或农村人口占该地区人口的比重,y_{ij} 表示 i 地区城镇或农村居民的人均收入占该地区总体人均收入的比重;对于城乡收入比的计算,我们使用各省份城镇人均收入与农村人均收入的比值(取对数)来表示。

关于另外一个核心解释变量人口规模,在经典的研究企业层面的贸易理论的文献中,一般是以消费者数量来衡量人口规模或者市场规模和需求规模的。本章借鉴前人的研究,使用各省的人口总数作为人口规模的代理变量,对其取对数后(ln pop)代入计量模型,以刻画需求规模的影响。此外,为了使经验研究更为稳健,我们在稳健性检验部分增加了各省份的"人均收入水准"来作为人口规模的代理变量。

考虑到在经验研究中存在遗漏变量的问题,本章借鉴毛其淋(2019)对企业创新

[①] 各省份的城镇人均收入与这个省份总体人均收入的比值越大,表示收入分布向右偏移程度越大。

研究的文献，引入了以下指标作为控制变量，具体为：贸易成本（ln TR_indus4，四位数），使用行业关税率取对数得到，主要是控制贸易成本的变化对企业创新的影响；企业规模（ln labor_av），用企业就业人员数的对数来衡量，主要是控制企业规模效应对企业创新的影响；资本密集度（kl），用固定资产与从业人员数的比值的对数来衡量，以控制企业禀赋的影响；企业年龄（ln age），用当年的年份与企业成立年份的差值的对数衡量；行业新产品比重（newbz），用行业新产品产值与工业总产值的比重来衡量，以减少行业性质导致的新产品差异对企业创新的影响；企业总资产的对数（ln asset_tot），企业总资产越多，越可能有更大的创新动力；流动比率（fl），用（流动资产－流动负债）÷总资产来衡量；地区人均生产总值的对数（ln gdp_rl），主要是控制地区发展状况对企业创新的影响。

由于中国工业企业数据库中研发费用的数据只更新到 2007 年，因此，本章研究所用的有关企业的样本数据主要是 1999—2007 年的数据。本章主要使用制造业企业的数据来进行分析，对于数据库中存在的一些异常值，参考聂辉华等（2012）的方法进行了处理；各省份的人均收入、城镇人均收入、农村人均收入、人口规模及专利申请数等原始数据主要来源于国家统计局和《新中国六十年统计资料汇编》；关税的数据来源于 WITS 数据库。另外，本章涉及的所有名义值都是在被剔除物价因素得到实际值后参与回归分析的。本章所用的生产率是根据 Olley-Pakes（OP）方法（Olley and Pakes, 1996）计算得到的。主要变量的描述性统计如表 4.1 所示。

表 4.1 主要变量的描述性统计

	样本量	均值	标准差	最小值	最大值
ln rd1	353764	0.2921	0.7941	0	11.6283
theil	353764	0.1087	0.0533	0.0128	0.3191
ln pop	353764	8.5483	0.6541	5.5452	9.1816
ln labor_av	353764	4.7854	1.1106	2.3026	12.1450
tfp	353764	2.8467	1.1576	-8.8097	10.5939
newbz	353764	0.0332	0.2798	0	123.44
ln gdp_rl	353764	7.6620	1.3265	4.1957	10.9862
ln TR_indus4	353764	2.4151	0.5645	-0.02105	4.1743
kl	353764	3.4259	1.3348	-6.9767	10.4407
ln age	353764	1.8805	0.9665	0	7.6039
ln asset	353764	9.6965	1.4199	0.6931	18.8525
fl	353764	0.0569	0.3611	-104.0461	5.5048

三、基准回归结果分析

首先,根据式(4-14)对整个样本进行 OLS 估计。其次,为了更精确地验证本章的理论,我们根据企业生产率的均值将样本分为两部分,高于生产率均值的为高生产率企业,低于均值的为低生产率企业。最后,对不同生产率的企业的样本进行回归分析,基准回归结果见表 4.2。从整个样本的回归结果可以发现,收入分布对企业创新的回归系数都是显著为正的,说明收入分布向右偏移程度扩大,会对企业的创新有一定程度的促进作用,这一结论与 Tselios(2011)的研究发现相似;人口规模对企业创新的回归系数值也都是显著为正的,表明人口规模越大,越会促进企业创新,在 Beerli 等(2020)的分析中,也得出了类似的结论。此外,从回归结果来看,对于高生产率的企业来说,收入分布的回归系数都为正值,且显著,说明收入分布向右偏移程度越大,越会促进高生产率企业的创新;从低生产率企业样本的回归结果可以看出,收入分布的偏移对其创新没有显著的影响。因此,本章对高、低生产率企业样本的回归分析,验证了收入分布的"新的价格效应"。此外,从回归分析中也可以看出,对高生产率企业和低生产率企业来说,人口规模扩大会显著促进企业的创新,从经验上验证了本章理论中的"新的市场规模效应"。

下面,以表 4.2(4)列的计量回归结果为例,对回归结果进行具体的分析。从(4)列可以看出收入分布(theil)的回归系数为 0.864,并且在 5%的水平上显著,表明收入分布右偏程度每增加一个单位,企业的研发费用将会增加 0.864%,即收入分布向右偏移程度越大,越能促进企业创新;人口规模(ln pop)的回归系数为 3.565,在 1%的水平上显著,说明人口规模每增加 1%,企业的研发费用将会增加 3.565%。此外,从(4)列的回归结果中也可以看出,贸易成本(ln TR_indus4)的回归系数是显著为负的,说明贸易自由化程度越高,越有利于企业的创新;企业规模(ln labor_av)的回归系数是显著为正的,表明企业规模越大,企业越有可能进行研发创新;资本密集度的(kl)的回归系数也是显著为正的,说明与劳动密集型企业相比,资本密集型企业更有可能进行研发创新;企业年龄(ln age)的回归系数显著为负,表明初创企业更具有创新意愿;流动比率(fl)的回归系数显著为正,意味着流动性越强的企业越有意愿进行研发创新;地区人均生产总值(ln gdp_r1)的回归系数也是显著为正的,意味着一个地区的人均生产总值越大,越有利于这个地区企业的创新。

表 4.2 基准回归结果

	被解释变量:ln rdl					
	(1)	(2)高	(3)低	(4)	(5)高	(6)低
theil	0.647 (0.406)	0.856*** (0.027)	−0.802 (0.573)	0.864** (0.415)	2.104** (0.724)	−0.843 (0.583)
ln pop	2.875*** (0.193)	2.585*** (0.300)	2.183*** (0.330)	3.565*** (0.198)	3.818*** (0.313)	2.078*** (0.337)

续表

	（1）	（2）高	（3）低	（4）	（5）高	（6）低
	被解释变量：ln rdl					
ln TR_indus4				-0.097*** (0.014)	-0.074*** (0.019)	-0.107*** (0.024)
ln labor_av				0.320*** (0.012)	0.310*** (0.019)	0.343*** (0.021)
kl				0.037*** (0.007)	0.041*** (0.010)	0.069*** (0.014)
ln age				-0.0201** (0.009)	-0.057** (0.016)	-0.022* (0.0127)
newbz				0.112*** (0.009)	0.788*** (0.039)	0.045*** (0.009)
ln asset_tot				0.297*** (0.011)	0.236*** (0.016)	0.314*** (0.020)
fl				0.064*** (0.016)	0.046* (0.028)	0.042 (0.026)
ln gdp_rl				0.981*** (0.051)	1.270*** (0.083)	0.347*** (0.082)
常数项	-19.761*** (2.511)	-19.717*** (2.546)	-17.524*** (2.889)	-42.344*** (1.797)	-45.998*** (2.865)	-24.193*** (3.107)
行业固定效应	是	是	是	是	是	是
年份固定效应	是	是	是	是	是	是
省份固定效应	是	是	是	是	是	是
企业固定效应	是	是	是	是	是	是
样本量	353764	167626	186138	340287	160917	119370
R^2	0.077	0.112	0.052	0.099	0.151	0.070

注：***、**、* 分别表示在1%、5%、10%的统计水平上显著；括号中的数值为稳健标准误，表中的高、低分别表示高生产率企业、低生产率企业。

四、稳健性分析

在稳健性分析这部分，本章首先对内生性问题进行处理；其次，通过更换被解释变量和解释变量的指标,以及使用上市公司研发投入数据拓展样本时间范围来进行回归分析;再次考虑了收入分布和人口规模的交互影响,并验证了二者交互项在对不同生产率企业创新影响的边际效果中的作用;最后本章通过门槛效应分析进一步验证多层次市场需求对企业创新的影响。

(一)内生性问题的处理

对于本章的分析而言,内生性问题可能来源于遗漏变量及变量之间的因果关系,即企业创新可能会反过来影响收入分布。因此,为了解决遗漏变量的问题,以及可能存在的内生性问题,我们运用 GMM 对样本进行回归分析。因为工具变量必须与解释变量相关,与残差项不相关,即工具变量不会直接影响被解释变量,所以本章选取解释变量收入分布的滞后一期和各省份的年降雨量(ln jyl)作为工具变量。之所以选择各省份的年降雨量作为工具变量,是因为一个地区的降雨量在很大程度上会影响农村居民的收入,而对城镇居民的收入几乎没有影响,所以降雨量会对一个地区的收入分布产生影响,但是对该地区企业的创新并没有直接影响。因此,本章认为一个地区的降雨量可以作为该地区收入分布的工具变量。从表 4.3 可以看出,第一阶段 F 值都大于 10,说明工具变量和内生解释变量是高度相关的。此外,LM statistic、Wald F statistic 值都较大,说明不存在不可识别和弱工具变量的问题,我们也可以看到 Sargan 检验的 P 值都是大于 0.1 的,说明不存在工具变量的过度识别问题。这表明工具变量的选取是合适的,也是有效的。从第一阶段回归可以看出,工具变量的回归系数值都是正值,并且是显著的,说明降雨量对收入分布具有正向的影响,原因可能是降雨量过高会对农村居民的收入产生不利影响,进而导致收入分布发生变化。从回归结果来看,对于高生产率企业,收入分布的回归系数是显著为正的,说明收入分布向右偏移程度越高,越会促进高生产率企业的创新,而对于低生产率企业,收入分布的回归结果不显著,表明收入分布偏移程度的变化不会影响其创新;对两类企业来说,人口规模的回归结果都显著为正。回归结果与理论上的结论是吻合的。

表 4.3 工具变量的 GMM 回归结果

	(1)	(2)	(1)	(2)	(1)	(2)
	theil	ln rdl	theil(高)	ln rdl(高)	theil(低)	ln rdl(低)
L.theil	0.357*** (0.002)		0.331*** (0.004)		0.351*** (0.004)	
ln jyl	0.015*** (0.0001)		0.014*** (0.0001)		0.016*** (0.0001)	
theil		1.983** (0.263)		6.272*** (1.543)		-2.109 (1.390)
ln pop		2.123*** (0.564)		4.656*** (0.424)		1.657** (0.739)

续表

	（1）	（2）	（1）	（2）	（1）	（2）
	theil	ln rdl	theil（高）	ln rdl（高）	theil（低）	ln rdl（低）
控制变量	是	是	是	是	是	是
行业固定效应	是	是	是	是	是	是
年份固定效应	是	是	是	是	是	是
省份固定效应	是	是	是	是	是	是
企业固定效应	是	是	是	是	是	是
样本量	237673	237673	68456	68456	125437	125437
Centered R^2		0.102		0.153		0.065
第一阶段 F 值	23580.72		8545.83		9722.16	
LM statistic		32e+04		1.2e+04		1.3e+04
Wald F statistic		2.4e+04		8545.829		9722.161
Sargan 检验的 P 值		0.899		0.156		0.116

注：***、**、*分别表示在1%、5%、10%的统计水平上显著；括号中的数值为稳健标准误，表中的（1）表示第一阶段回归结果，（2）表示第二阶段回归结果。

（二）改变企业创新指标

在这一部分，我们将更换被解释变量的代理指标，使用专利申请数（ln zls）作为企业创新的代理指标，以检验收入分布、人口规模对企业创新的影响是否发生变化，具体回归结果见表4.4。从表4.4（1）、（2）列的回归结果中可以看出，收入分布的回归系数都是显著为正的，并且人口规模的回归系数也显著为正，与前面使用研发费用作为代理变量所得的回归结果基本上是一致的。（3）列是对高生产率企业样本进行的回归分析，从回归结果可以看出，收入分布的回归系数在1%的统计水平上显著为正，说明收入分布向右偏移程度越大，越会促进高生产率企业的创新，而（4）列收入分布的回归系数是不显著的，意味着收入分布的向右偏移程度，不会显著影响低生产率企业的创新。另外，不论是高生产率企业，还是低生产率企业，人口规模对其创新的影响与基准回归分析得到的结果都一致，即人口规模大不仅有利于高生产率企业的创新，也有利于低生产率企业的创新。

表 4.4 改变企业创新指标的回归结果

	（1）	（2）	（3）	（4）
	ln zls	ln zls	ln zls（高）	ln zls（低）
theil	22.784*** （0.049）	1.728*** （0.041）	4.205*** （0.139）	−0.041 （0.102）
ln pop	9.649*** （0.015）	2.338*** （0.013）	2.417*** （0.034）	2.297*** （0.040）
常数项	−63.483*** （0.033）	−18.721*** （0.172）	−21.175*** （0.166）	−18.415*** （0.183）
控制变量	否	是	是	是
行业固定效应	是	是	是	是
年份固定效应	是	是	是	是
省份固定效应	是	是	是	是
企业固定效应	是	是	是	是
样本量	865262	842952	455383	387569
R^2	0.550	0.856	0.862	0.845

注：***、**、*分别表示在1%、5%、10%的统计水平上显著；括号中的数值为稳健标准误，表中的高、低分别表示高生产率企业、低生产率企业。

（三）改变收入分布指标

为了验证收入分布对企业创新的影响是否稳健，我们更换收入分布指标，分别使用城乡收入比的对数（ln ur_ratio）、各省份城镇人均收入与各省份总体人均收入之比的对数①（ln pave）进行回归分析，具体回归结果见表4.5。表4.5（1）、（2）列用城乡收入比作为收入分布的代理变量，（3）、（4）列使用各省份城镇人均收入与各省份人均收入之比来表示收入分布。从整个（1）、（3）列回归结果可以看出，不论是城乡收入比，还是各省份城镇人均收入与各省份人均收入之比，收入分布的回归系数都为正，而且都是显著的，说明收入分布向右偏移程度增加，会在一定程度上促进高生产率企业的创新。从（2）、（4）列对低生产率企业的回归分析可以看出，收入分布的回归系数都是不显著的，表明收入分布向右偏移程度的变化对低生产率企业的创新是没有显著影响的。从整个回归结果可以看出，不论是高生产率企业，还是低生产率企业，人口规模的回归系数都是显著为正的，表明人口规模越大，越有利于企业创新。

---

① 与前面理论相对应，在这里衡量收入分布的指标越大，说明中高收入群体的相对收入水平越高，相反，指标越小则表示中高收入群体的相对收入水平越低，因此，当这里的回归结果为正值时，即说明收入分布越向右偏移，越有利于企业的创新。

表4.5 不同收入分布指标的回归结果

	被解释变量：ln rdl			
	（1）高	（2）低	（3）高	（4）低
ln ur_ratio	1.816*** （0.443）	−0.416 （0.358）		
ln pave			2.686*** （0.816）	0.689 （0.779）
ln pop	4.393*** （0.616）	1.876*** （0.691）	2.987*** （0.619）	1.845*** （0.692）
常数项	−50.943*** （5.756）	−22.355*** （6.342）	−40.317*** （5.626）	−22.592*** （6.272）
控制变量	是	是	是	是
行业固定效应	是	是	是	是
年份固定效应	是	是	是	是
省份固定效应	是	是	是	是
企业固定效应	是	是	是	是
样本量	112227	125431	112236	125431
R^2	0.171	0.079	0.171	0.079

注：***、**、*分别表示在1%、5%、10%的统计水平上显著；括号中的数值为稳健标准误，表中的高、低分别表示高生产率企业、低生产率企业。

（四）使用上市公司数据

在这一部分，我们将使用来自国泰安数据库2007—2019年的上市公司数据，通过使用上市公司研发费用的对数（ln RD）作为企业创新的代理变量，进一步验证多层次市场需求对企业创新的影响。具体回归结果见表4.6。从整个样本的回归结果可以看出，收入分布的回归系数是显著为正的，人口规模的回归系数也是显著为正的，与使用工业企业数据库中的研发费用数据所得出的结论一致。从对高生产率企业的回归分析可以看出，收入分布的回归系数是显著为正的，说明收入分布向右偏移程度越大，越会促进高生产率企业的创新；而低生产率企业的回归系数是不显著的，说明收入分布对低生产率企业创新没有显著影响；不论是对高生产率企业，还是低生产率企业来说，人口规模的回归系数都是显著为正的。从回归结果来看，使用上市公司数据与使用工业企业数据库数据所得结果相同，说明本章的结论在拓展时间范围后，其回归结果依然是稳健的。

表 4.6 使用上市公司研发费用数据的回归结果

	（1）	（2）	（3）	（4）
	ln RD	ln RD	ln RD（高）	ln RD（低）
theil	0.816 （0.757）	2.628*** （0.823）	4.898*** （0.151）	−1.338 （0.933）
ln pop	0.750** （0.368）	0.894** （0.371）	1.127* （0.617）	0.810* （0.418）
常数项	11.278*** （3.148）	1.339 （3.689）	−0.545 （6.125）	−18.415*** （0.183）
控制变量	否	是	是	是
行业固定效应	是	是	是	是
年份固定效应	是	是	是	是
省份固定效应	是	是	是	是
企业固定效应	是	是	是	是
样本量	17272	17270	8123	8811
R^2	0.855	0.832	0.838	0.828

注：***、**、*分别表示在1%、5%、10%的统计水平上显著；括号中的数值为稳健标准误，表中的高、低分别表示高生产率企业、低生产率企业。

（五）考虑交互项

在理论模型的分析中，我们可以看到收入分布和人口规模对不同生产率企业的创新有影响，并且二者之间的交互作用也会对不同生产率企业产生异质性影响。因此，我们进一步考虑收入分布和人口规模的交互项（theil × ln pop）对企业创新的影响，以验证收入分布和人口规模对企业创新的协同作用，具体的回归结果见表4.7。从表4.7（1）、（3）列我们可以看到，对高生产率企业来说，不仅收入分布、人口规模的回归系数都是显著为正的，而且收入分布和人口规模的交互项的回归系数也都是显著为正的，这表明人口规模越大，越会显著增强收入分布向右偏移对企业创新的促进作用。相应地，从表4.7（2）、（4）列可以看出，对低生产率企业来说，收入分布的回归系数为负，而且收入分布和人口规模的交互项的回归结果是不显著的，说明对低生产率企业来说，人口规模的变化不会影响收入分布对企业创新的作用，即人口规模的变化会促进低生产率企业的创新，但收入分布和人口规模之间并无协同作用。总体来看，表4.7的回归结果和前面的理论分析是一致的。

表 4.7 考虑交互项的回归结果

	（1） ln rdl（高）	（2） ln rdl（低）	（3） ln rdl（高）	（4） ln rdl（低）
theil	6.339*** （1.127）	−2.567** （1.305）	9.123*** （1.047）	−1.762 （1.326）
ln pop	5.969*** （0.293）	1.599*** （0.453）	5.251*** （0.272）	1.723*** （0.453）
theil × ln pop	0.926* （0.541）	0.031 （0.574）	1.855*** （0.501）	0.577 （0.445）
常数项	−45.405*** （2.228）	−11.774*** （3.904）	−43.769*** （2.063）	−20.883*** （4.049）
控制变量	否	否	是	是
行业固定效应	是	是	是	是
年份固定效应	是	是	是	是
省份固定效应	是	是	是	是
企业固定效应	是	是	是	是
样本量	114436	127199	112236	125437
R^2	0.321	0.060	0.437	0.079

注：***、**、* 分别表示在1%、5%、10%的统计水平上显著；括号中的数值为稳健标准误，表中的高、低分别表示高生产率企业、低生产率企业。

五、门槛回归

根据按照生产率均值划分企业样本的分析可以发现，收入分布向右偏移程度对不同生产率企业创新的影响是不同的。因此，我们可以推断变量间存在非线性关系，即在不同的生产率水平下，收入分布对企业的创新有不同的影响。为了进一步验证收入分布、人口规模对企业创新的影响是否存在非线性关系，下面采用 Hansen（1999）提出的面板门槛回归模型进行检验。门槛回归主要是通过样本内生决定门槛值，使用渐进分布原理及自助法（Bootstrap），对门槛值的显著性进行检验，同时计算出门槛值的估计量，从而验证变量间是否存在非线性关系。

根据本章的分析，我们建立如下形式的面板门槛回归模型：

$$\text{innovation}_{ft} = \beta_0 + \beta_1 \text{distri}_{it} I(\text{tfp} \leq \varphi) + \beta_2 \text{distri}_{it} I(\text{tfp} > \varphi) + \beta_3 \text{pop}_{it} + \beta_4 X_{fst} + \gamma_s + \lambda_i + \delta_t + \varepsilon_{ft} \tag{4-15}$$

其中，φ 值是待确定的门槛值；$I(\cdot)$ 为示性函数，当括号中的表达式为真时，取值为1，反之，表达式为假时，取值为0。从式（4-15）中，我们可以看出整个样本被分成两个区间，类似地，在一门槛模型的基础上，我们可以考虑多个门槛的模型。下面以两门槛为例，设定面板门槛回归模型为式（4-16）。

$$\text{innovation}_{ft} = \beta_0 + \beta_1 \text{distri}_{it} I(\text{tfp} \leq \varphi_1) + \beta_2 \text{idistri}_{it} I(\varphi_1 < \text{tfp} < \varphi_2) + \\ \beta_3 \text{distri}_{it} I(\text{tfp} \leq \varphi_2) + \beta_4 \text{pop}_{it} + \beta_5 X_{fst} + \gamma_s + \lambda_i + \delta_t + \varepsilon_{ft}$$

（4-16）

其中，$\varphi_1 < \varphi_2$。两门槛模型的估计过程是在第一个门槛值固定的情形下，估计第二个门槛值，下面将对面板门槛回归模型进行回归分析。

为了防止面板门槛值的设定不足，我们在使用 Bootstrap 检验时设定三门槛，具体检验结果见表4.8。从表4.8中可以看出，一门槛和两门槛的 P 值均为 0.0000，是非常显著的，而三门槛的 P 值大于0.1，因此，我们可以判断模型中存在两个门槛值。

表 4.8　门槛检验结果

门槛类别	门槛值	F值	P值	10%临界值水平	5%临界值水平
一门槛	2.563	50.83	0.0000	16.3593	18.9156
二门槛	3.669	33.88	0.0000	10.4726	16.8131
三门槛	1.816	19.61	0.4000	24.0229	25.3631

注：P 值为采用 Bootstrap 方法反复抽样 500 次得到的概率值，用该值判断 F 统计量在多大的显著性水平上通过门槛检验。

门槛回归结果见表4.9。从表4.9中我们可以看出，当设定门槛变量为企业生产率时，对不同生产率企业来说，收入分布对其创新的回归结果是不同的。当企业的生产率较低时（tfp≤2.563），收入分布对企业创新的回归系数不显著，即说明收入分布右移对低生产率企业的创新没有显著影响；当企业的生产率为 2.563<tfp≤3.669 时，收入分布对企业创新的回归系数也是不显著的，说明收入分布右移对这一生产率范围内的企业的创新也没有显著影响；最后，我们可以看到，对那些高生产率（tfp>3.669）企业来说，收入分布对企业创新的回归系数是显著为正的，具体来说，收入分布向右偏移的程度每增加 1 个单位，企业的研发费用将会增加 2.767%。同时，从具体的回归系数值中我们也可以看到，随着生产率的提高，样本企业收入分布的回归系数值也在增加，这说明对生产率高的企业来说，收入分布的右移对企业创新的促进作用会更强。结合中国的现实状况来看，各省份之间存在的收入分布差异，意味着区域间存在多层次需求结构。在当前以国内大循环为主体的新发展格局下，政府不仅要关注中国超大市场规模的优势，也应该重视各省份之间收入分布的差异，将中国庞大的人口规模转化为真正的有效需求，激发国内大循环的内需潜力，为经济的高质量发展提供强劲内生动力。各省份应该努力提升城乡居民的可支配收入，增加高收入消费群体在人口中的比例，因为高收入消费群体比重的增加会带来有效需求规模的扩大，进而激发出多层次市场需求的企业创新效应，培育国际竞争新优势，实现经济的高质量发展。

表 4.9　门槛回归结果

	回归系数
theil 0（tfp≤2.563）	0.407 （1.232）
theil 1（2.563<tfp≤3.669）	1.423 （1.233）
theil 2（tfp>3.669）	2.767** （1.251）
ln pop	1.862*** （0.387）
控制变量	是
常数项	−27.928*** （3.116）
样本量	33273
R^2	0.071

注：***、**、* 分别表示在 1%、5%、10% 的统计水平上显著；括号中的数值为稳健标准误。

第五节　结论与启示

近年来，中国居民的人均可支配收入持续增加，中等收入群体的比重也在不断上升，全国收入分布呈现明显向右偏移的趋势，对拥有世界上最多人口的中国来说，收入分布的向右偏移和超大国内市场规模对企业的创新活动具有重要影响。本章通过理论建模与经验分析相结合的方式，从多层次市场需求所蕴含的需求结构和需求规模的角度出发，分析收入分布、市场规模对企业创新的异质性影响。本章通过理论模型推导出收入分布、人口规模及二者的交互对不同生产率企业创新的影响；并利用中国工业企业数据库、各省统计年鉴等数据库，使用基准回归、稳健性检验及门槛回归等计量方法，对理论进行了验证。本章主要有以下几点发现：第一，收入分布的向右偏移对不同生产率企业创新的影响不同，对高生产率企业来说，收入分布的向右偏移会促进其进行研发创新，相反，对低生产率企业来说，收入分布的向右偏移程度并不会影响其创新；第二，不论是对高生产率企业，还是对低生产率企业来说，人口规模的扩大都会显著促进企业的创新；第三，人口规模的扩大，会强化收入分布向右偏移对高生产率企业创新的促进作用。

本章揭示了多层次市场需求条件下的收入分布、人口规模与企业创新之间的关系，对当前构建以国内大循环为主体、国内国际双循环相互促进的新发展格局来说，蕴含着丰富的政策含义。第一，从"需求结构引致创新"来看，政府应注重提高低收入群体的收入，扩大中高收入群体在人口中的比重。具体而言，一方面，政府应积极推动收入分配制度改革，完善社会保障制度，优化收入再分配政策，以提高中低收入群体的可支配收入，进而增强其对创新产品的消费能力，使企业能够获取更多利润以支持研发创新；另一方面，政府应持续推进新型城镇化战略，加快农业转移人口市民化，吸收农村剩余劳动力，提高贫困地区发展水平，缩小城乡收入差距，增强农村居民的购买力，进而增加企业利润，促进企业创新。第二，从"需求规模引致创新"来看，政府应该重视人口规模所蕴含的巨大优势，大力促进形成强大的国内市场，重视对国内市场的培育。具体来说，一方面，政府应该加大生育政策调整力度，鼓励生育，以应对当前生育率下滑可能造成的未来需求规模减小；另一方面，重视对国内市场的培育，不仅要从构建国内统一大市场和培育完整内需体系等需求侧层面促进消费，同时也应继续深化供给侧结构性改革，通过优化供给结构、提高供给质量来提升供给体系适配性，创造适应新需求的有效供给，进而形成以需求为导向的创新机制，激发社会创新活力，为促进形成强大的国内市场和国际竞争新优势提供动力支持。

第三篇 培育国际竞争新优势的产业支撑作用

第五章 培育国际竞争新优势的产业支撑作用Ⅰ：制造业动态生产率视角

第六章 培育国际竞争新优势的产业支撑作用Ⅱ：制造业服务化的出口效应

第七章 培育国际竞争新优势的产业支撑作用Ⅲ：服务业全要素生产率视角

第五章 培育国际竞争新优势的产业支撑作用Ⅰ：制造业动态生产率视角[①]

本章首先从制造业动态生产率的视角，讨论培育国际竞争新优势的产业支撑作用。制造业动态生产率的变化，不仅影响制造业本身的国际竞争力，也影响宏观经济的可持续增长。借鉴 Melitz、Polanec（2015）的方法，本章计算了 2000—2014 年中国制造业动态全要素生产率，将其分解为生存企业内效应、生存企业间效应和净进入效应，并基于资源配置的视角研究了进口竞争对中国制造业动态全要素生产率的影响。研究发现，进口竞争主要通过提升各行业生存企业内效率和净进入效应来提高动态全要素生产率。分样本回归结果显示，不同行业的资源配置效率和动态全要素生产率因受到进口竞争的影响而有所不同。本章进一步发现：上游进口竞争对各行业的资源配置效率和动态全要素生产率存在正向影响；资本品进口竞争对行业效率的正向影响大于消费品和中间品；来自发达国家的进口竞争对行业效率的影响大于来自发展中国家的进口竞争影响。本章的研究表明，为了建设更高水平开放型经济新体制，政府可以通过进口竞争来促进制造业资源配置效率的改善和动态全要素生产率的提高，从而为中国经济的高质量发展注入新动能。继续坚持对外开放、建设开放型世界经济、推进进口贸易自由化，可以有效提升制造业动态生产率，从而培育制造业产业层面的国际竞争新优势。

第一节 问题的提出

自 2001 年加入 WTO 后，中国进口规模迅速扩大。根据国家统计局和《中国服务进口报告 2020》的数据，2019 年，中国货物进口额为 207.84 万亿美元，是 2002 年的 7.04 倍；中国服务进口额为 5006.80 亿美元，是 2002 年的 10.81 倍。如此高速的进口增长引发了国内学者的热烈讨论，开展了如进口增长带来的竞争效应对中国制造业的影响等方面研究（简泽、张涛、伏玉林，2014；钱学锋、范冬梅、黄汉民，2016；陈维涛、王永进、

[①] 本章主体内容已发表在《国际经贸探索》期刊（钱学锋、高婉，2021）。

孙文远，2017）。但是到目前为止，鲜有文献从资源配置的角度研究进口竞争对中国制造业动态 TFP 的影响。

改革开放 40 多年以来，中国经济发展取得了巨大成就，但其中由 TFP 增长所带来的贡献与发达国家相差甚远。发达国家的成功经验表明，如果一国在中等收入阶段能保持较高的 TFP 水平并持续改善，就能快速迈过高收入门槛实现经济的稳定增长，否则将会面临经济结构长期调整的风险。事实上，受限于之前的发展路径，中国 TFP 增速自 2008 年全球金融危机后一直处于较低水平。毫无疑问，TFP 增速持续下降意味着之前粗放投入模式带来的增长动能，已经很难支撑体量庞大的中国经济的高速增长。中国经济亟须寻找新的增长动能，以保证新常态下 TFP 长期持续的增长，并为跨越"中等收入陷阱"和实现经济高质量发展提供必要条件。在此背景下，本章将研究聚焦于进口竞争与中国制造业动态 TFP 之间的关系显然具有十分重要的现实意义。

当然，促使本章将研究聚焦于进口竞争与制造业动态 TFP 之间的关系还有以下几方面重要原因。第一，相比于静态 TFP，衡量跨期变化的动态 TFP 显然更具有指向性，能更好地测度 TFP 增长效率。第二，借助动态 TFP 分解，本章能深入资源配置层面分析进口竞争对制造业效率的影响。第三，研究基于目前可观察到的重要事实，即中国制造业进口渗透率与其动态 TFP 存在明显的相关性[①]。如图 5.1 所示，中国制造业动态 TFP 与进口渗透率呈现明显的正相关关系，这种可观察到的正向相关性促使本章试图探究其背后是否存在某种直接的因果关系。

毫无疑问，本章的研究有着坚实而广泛的文献基础，与本章相关的文献主要有两支。

一支探讨的是进口贸易自由化带来的经济效应，包括进口贸易自由化对 TFP 的影响（Amiti and Konings，2007；余淼杰，2010；简泽、张涛、伏玉林，2014）、进口贸易自由化对出口技术复杂度的影响（盛斌、毛其淋，2017）、进口贸易自由化对创新的影响（田巍、余淼杰，2014；Liu and Qiu，2016）、进口贸易自由化对成本加成的影响（Konings，Cayseele，and Warzynski，2005；钱学锋、范冬梅、黄汉民，2016；Brandt et al.，2017），以及进口贸易自由化对出口产品质量的影响（张杰、郑文平、翟福昕，2014；马述忠、吴国杰，2016）等。然而，目前很少有文献讨论进口贸易自由化导致的竞争加剧对制造业资源配置和动态 TFP 的影响，考虑到资源配置效率改善和动态 TFP 提升对于宏观经济增长和跨越"中等收入陷阱"的重要性，本章的研究显然是对现有进口贸易相关研究的有益补充。

另一支研究的是资源配置与中国制造业 TFP 增长的关系。这支文献又可以细分为两类：一类是以 Restuccia、Rogerson（2008）和 Hsieh、Klenow（2009）等的研究为基础，测度中国的资源误置程度及 TFP 提升空间（龚关、胡关亮，2013；盖庆恩等，2015；陈诗一、陈登科，2017；文东伟，2019；尹恒、李世刚，2019）；另一类是以 Baily 等（1992）、Griliches、Regev（1995），以及 Melitz、Polanec（2015）的研究为基础，通过分解动态 TFP 来分析资源配置效率的跨期变化，并将其与中国制造业 TFP 增长相关联（聂辉华、贾瑞雪，2011；毛其淋、盛斌，2013；杨汝岱，2015；孙元元、张建清，2015）。以上文献清楚地揭示了资源配置效率改善对中国制造业 TFP 增长的重要作用，充分证实了将

---

① 关于中国制造业进口渗透率与动态 TFP 的具体测算方法在后文给出。

改善资源配置效率作为当今中国 TFP 增长新动能的可行性,为本章的研究提供了理论与实证依据。

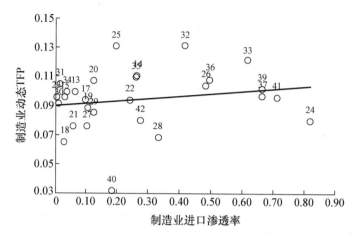

图 5.1 中国制造业动态 TFP 与进口渗透率

注:本图为 28 个两位数制造业行业 2000—2014 年的平均进口渗透率和动态 TFP 之间的散点图,标签值为 GB/T 4754—2002 版本的两位数行业代码,代码对应的具体行业名称见《国民经济行业分类》。两位数制造业行业原本共计 29 个,但由于烟草制造业平均动态 TFP 的值较为极端,因此散点图中未包含烟草制造业,其对应的两位数行业代码为 16。

现有文献对本章研究具有十分重要的借鉴意义,但仍需意识到,目前国内研究进口竞争对中国制造业资源配置与动态 TFP 影响的文献较为匮乏。中国作为世界第二大进口国及世界第一制造业大国,其进口贸易与制造业发展之间的关系显然具有较大的挖掘空间。基于此,本章借鉴 Melitz、Polanec(2015)的方法,利用 1999—2014 年中国工业企业微观数据,测算制造业历年动态 TFP,并将其分解为生存企业内效应、生存企业间效应和净进入效应,同时结合 CEPII-BACI 数据库的进口数据,研究进口竞争对中国制造业三个维度的资源配置效率及动态 TFP 的影响。本章研究发现,进口竞争主要通过促进生存企业内部和净进入企业间的资源配置优化,提升行业的动态 TFP。在分样本回归中,本章发现:进口竞争对高外资占比行业的生存企业内效应的正向作用小于对低外资占比行业的,而对净进入效应的正向作用则与此正好相反;对于产业链上游行业,进口竞争主要促进其净进入效应的提升,对于产业链下游行业,进口竞争同时作用于其生存企业内效应和净进入效应。本章进一步发现,上游进口竞争对各行业生存企业内效应和净进入效应具有正向作用,对生存企业间效应具有负向作用,但整体来看,其对各行业动态 TFP 起促进作用。本章在对进口贸易结构进行深入分析时发现,消费品和资本品进口竞争可以同时促进生存企业内效应和净进入效应,从而提升行业动态 TFP;中间品进口竞争只对生存企业内效应产生正向作用且强度不大;来自发达国家和发展中国家的进口竞争皆会对中国制造业资源配置效率产生正向作用,从而提升行业动态 TFP。

综上所述,本章可能的边际贡献体现在以下几点。①现有文献大多将研究视角放在中国制造业静态 TFP 增长上,而本章则聚焦于中国制造业动态 TFP 增长。相比于以往文献的静态 TFP，本章的动态 TFP 能够更好地测度中国制造业 TFP 增长效率，进而更好地反映进口竞争对整个经济发展质量的影响。②现有关于进口竞争影响中国制造业资源配置的文献较为匮乏。本章借助制造业动态 TFP 的结构分解，从三个维度的资源配置效率这一新视角，研究进口竞争对中国制造业 TFP 增长的重要作用，无论是从进口竞争的角度还是从资源配置的角度，本章的研究都是对相关文献的有益补充。③在"双循环"新发展格局的背景下，本章从进口贸易的角度为中国制造业转型升级提供了新的思路。近年来，中国经济增速持续下滑，从前依赖高投入和高出口的经济增长已经很难维持，此时可以通过深入推进进口贸易自由化来加剧市场竞争，从而促进制造业资源配置效率改善和动态 TFP 增长，为中国经济的高质量发展注入新动能，使中国在这个关键时期能够顺利跨越"中等收入陷阱"。

本章余下部分安排如下：第二节为动态 TFP 分解及资源配置效率测算；第三节为中国制造业资源配置及动态 TFP 的特征性事实；第四节研究的是进口竞争对中国制造业资源配置效率和动态 TFP 影响的基准回归；第五节研究的是进口竞争对中国制造业资源配置效率和动态 TFP 影响的拓展回归；第六节为结论与政策建议。

第二节 动态 TFP 分解及资源配置效率测算

一、动态 TFP 分解

现有文献对动态 TFP 的分解大多基于几篇较为经典的文献（Baily et al., 1992；Griliches and Regev, 1995；Melitz and Polanec, 2015）。鉴于 Melitz 和 Polanec（2015）在前两种方法的基础上进行了改进，具有较高的精确性，因此，本章采用 Melitz 和 Polanec（2015）的方法对中国制造业各行业的动态 TFP 进行分解，见式（5-1）。

$$\Delta \Phi = (\Phi_{S2} - \Phi_{S1}) + S_{E2}(\Phi_{E2} - \Phi_{S2}) + S_{X2}(\Phi_{S1} - \Phi_{X1})$$
$$= \underbrace{\Delta \bar{\phi}_S}_{\text{SUR（生存企业内效应）}} + \underbrace{\Delta \text{COV}_S}_{\text{SBE（生存企业间效应）}} + \underbrace{S_{E2}(\Phi_{E2} - \Phi_{S1}) + S_{X2}(\Phi_{S1} - \Phi_{X1})}_{\text{NET（净进入效应）}} \quad (5\text{-}1)$$

其中，$\Delta \Phi$ 代表动态 TFP，衡量的是整体 TFP 的跨期变化。$\Delta \bar{\phi}_S = \bar{\phi}_{S2} - \bar{\phi}_{S1}$，是生存企业两个时期平均 TFP 之差，衡量的是生存企业自身效率提升对动态 TFP 的贡献。$\Delta \text{COV}_S = \text{COV}_{S2} - \text{COV}_{S1}$，其中 $\text{COV}_{St} = \sum_{i \in S}(s_{it} - \bar{s}_t)(\Phi_{it} - \bar{\Phi}_t)$，这一项近似于生存企业两个时期 TFP 与市场份额的协方差之差。$S_{Gt} = \sum_{i \in G} s_{it}$，是 G 组企业在时期 t 的市场份额总和，$\Phi_{Gt} = \sum_{i \in G}(s_{it}/S_{Gt})\Phi_{it}$，是 G 组企业在时期 t 的加权平均 TFP。式（5-1）第 2 行的第 3 项衡量的是新进入企业对动态 TFP 的贡献，第 4 项衡量的是退出企业对动态 TFP 的贡献。

二、资源配置效率测算

张元元和孙建清（2015）对资源配置效率改善给出了进一步解释，他们认为资源配置效率改善包含两方面的含义：一方面是生产率不变的情况下，资源流向生产率更高的企业；另一方面是企业所占的份额不变，但是份额较大的企业生产率得到相对显著的提高。无论哪方面的含义，都意味着现有的资源得到了更好的利用，资源配置效率得到了改善，事实上两者分别是集约边际与扩展边际下的资源配置效率优化。从这个角度来看，Melitz 和 Polanec（2015）动态 TFP 分解的 4 项实质上是从三个维度测算了行业内资源配置效率的改善情况，即式（5-1）第 2 行第 1 项测算了行业内生存企业内部资源配置效率的改善情况，代表生存企业对自身资源进行重新配置所引起的行业效率提升，通常表现为生存企业平均 TFP 的提高；第 2 项测算了行业内生存企业间资源配置效率的改善情况，代表因效率较高的生存企业能配置到更多的市场资源而导致的行业效率提升；第 3 项和第 4 项之和测算了行业内净进入企业的资源配置效率改善情况，代表低效率企业退出市场以及高效率企业进入市场所导致的行业效率提升。这三个维度资源配置效率的跨期变化解释了行业动态 TFP 的变化，本章分别将这三个维度的资源配置效率改善情况称为生存企业内效应、生存企业间效应及净进入效应。

第三节 中国制造业资源配置及动态 TFP 的特征事实

一、数据来源及处理

本章测算 TFP[①] 时主要采用的是 1999—2014 年中国工业企业数据库中的制造业行业数据。参考陈林（2018）的建议，本章未对数据进行过度剔除，仅做了以下异常剔除：剔除关键指标缺失的样本，剔除关键指标前后各 0.5% 的极端值，剔除职工人数少于 8 人的样本。参考王贵东（2017）的做法，修复企业的开业年份，将所有年份的两位数行业代码统一为 GB/T 4754—2002 版本的两位数行业代码。对企业层面的固定资本及固定资产投资的核算，参考了鲁晓东和连玉君（2012）的做法。为了从经济学角度客观地研究进口竞争对中国制造业动态 TFP 和资源配置的影响，本章将所有名义变量都以 1999 年为基期进行平减。本章使用的平减指数为企业所在省份当年的平减指数，当年平减指数缺失的则用全国当年平减指数替代，所有平减指数均来自国家统计局。

二、中国制造业资源配置与动态 TFP

借鉴 Brandt 等（2012）的做法，本章以工业总产值占比为权重，对企业层面的 TFP 进行加权求和得到制造业整体 TFP，并基于 Melitz 和 Polanec（2015）的分解方法对动态 TFP 进行分解，以此分析 2000—2014 年中国制造业行业资源配置效率的变化情况，

[①] 由于 2008 年以后中国工业企业数据库的数据缺少工业中间投入指标，因此本章使用 OP 方法估计企业 TFP。

深入探究近年来中国制造业动态 TFP 变化的原因[①]。

本章对 2000—2014 年中国制造业整体层面的动态 TFP 进行了分解,如图 5.2 所示。图 5.2 中,TOT 代表制造业整体 TFP 的跨期变化,即动态 TFP;SUR 代表生存企业内效应;SBE 代表生存企业间效应;NET 代表净进入效应。从图 5.2 可以看出,2008 年以前,生存企业内效应发生较大改善,生存企业间效应虽然有所改善,但是幅度不大,而净进入效应基本未发生改善,甚至在 2004 年后有所恶化。2008 年以前,中国制造业动态 TFP 的增长主要源于生存企业内效应,在图 5.2 中表现为 TOT 与 SUR 的变化趋势基本一致。可能的原因是,中国很多制造业行业对民营企业设置了较高的进入壁垒,以至于一些潜在的高效率民营企业无法轻易进入市场,同时很多低效率的国有企业又难以退出市场,所以市场的优胜劣汰机制并没有发挥较大作用。生存企业内部资源配置效率很高的原因是当企业和市场成为两种可替代的资源配置机制时,企业不得不通过内部重置资源来替代市场重置资源,以规避市场上高昂的交易费用,在管制型行业和不完善的市场体系中这是企业替代市场的一种特殊机制(聂辉华、贾瑞雪,2011)。

2008 年以后,生存企业间效应逐渐改善,而净进入效应却从 2013 年才开始有所改善。由此可见,2008 年以后中国制造业动态 TFP 的提升主要源于生存企业内效应与生存企业间效应,这也表明中国制造业的市场失灵情况得到了一定程度的缓解。

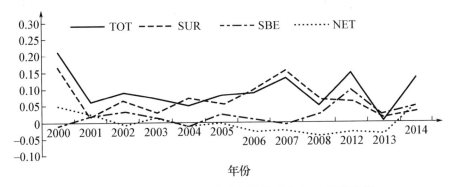

图 5.2　2000—2014 年中国制造业动态 TFP 及其分解

注:测度年份不含 2009 年、2010 年和 2011 年。

同时,为了观察各行业 2000—2014 年资源配置效率的整体变化趋势,本章计算了中国制造业各行业 2000—2014 年三个维度的资源配置效率的均值,以及行业动态 TFP 的均值,如表 5.1 所示。首先,从资源配置效率来看,2000—2014 年,各行业生存企业内效应与生存企业间效应的均值基本大于 0,且生存企业内效应一般大于生存企业间效应。同时,大多数行业净进入效应的均值小于 0,极少数行业净进入效应的均值大于 0。这说明中国大多数制造业行业的企业进入和退出市场的自由度不高,导致行业内资源不能实

---

① 由于 2009 年数据中的法人代码这个识别企业身份的关键变量有大量缺失值,会对企业进入、退出行为的判断产生比较严重的影响,再加上现有文献大多不建议使用 2010 年数据计算企业 TFP,为确保研究结论的准确性,本章计算的动态 TFP 的数据不包含 2009 年及 2010 年。此外,1999 年与 2011 年的数据分别用于计算 2000 年与 2012 年的动态 TFP,因此本章实际测算的动态 TFP 的时间跨度为 2000—2014 年,且不包含 2009 年、2010 年和 2011 年。

现有效的配置。因此，可以认为中国制造业 TFP 增速下降主要是由于行业内企业无法在市场竞争机制下实现自由进入和退出市场，从而引起资源配置恶化所造成的。

表 5.1 2000—2014 年中国制造业各行业资源配置效率及动态 TFP 均值

行业代码	行业名称	TOT	SUR	SBE	NET
13	农副食品	0.0997	0.0660	0.0389	-0.0070
14	食品制造	0.1107	0.0693	0.0489	-0.0065
15	饮料制造	0.0960	0.0442	0.0612	-0.0064
16	烟草制品	-0.0283	0.0483	0.0103	-0.0561
17	纺织业	0.0939	0.0437	0.0236	0.0159
18	服装鞋帽	0.0649	0.0386	0.0339	-0.0101
19	皮革羽绒	0.0885	0.0675	0.0207	-0.0126
20	木材加工	0.1075	0.0737	0.0197	0.0093
21	家具制造	0.0761	0.0559	0.0312	-0.0182
22	造纸业	0.0942	0.0518	0.0391	0.0018
23	印刷记录媒介	0.0962	0.0362	0.0508	0.0026
24	文体用品	0.0798	0.0272	0.0134	0.0113
25	石油加工	0.1311	0.1098	0.0339	-0.0151
26	化学原料及制品	0.1040	0.0639	0.0422	-0.0016
27	医药制造	0.0760	0.0445	0.0325	-0.0032
28	化学纤维	0.0685	0.0463	-0.0003	0.0309
29	橡胶制品	0.0852	0.0533	0.0294	-0.0064
30	塑料制品	0.0915	0.0586	0.0390	-0.0120
31	非金属矿物制品	0.1050	0.0646	0.0436	-0.0032
32	黑色金属加工	0.1315	0.1124	0.0352	-0.0215
33	有色金属加工	0.1219	0.0828	0.0614	-0.0245
34	金属制品	0.0996	0.0566	0.0286	0.0125
35	通用设备	0.1097	0.0573	0.0454	-0.0044
36	专用设备	0.1080	0.0546	0.0337	0.0146
37	交通运输设备	0.0969	0.0411	0.0412	0.0124
39	电气机械	0.1018	0.0581	0.0454	-0.0051
40	电子设备	0.0316	0.0402	0.0195	-0.0214
41	仪器办公	0.0959	0.0399	0.0343	0.0239
42	工艺品及其他	0.0800	0.0537	0.0392	-0.0136

第四节 经 验 研 究

本章第三节已经对进口竞争与中国制造业资源配置及动态 TFP 之间的关系和特征事实进行了初步分析，接下来，本章将通过实证回归对二者之间可能存在的因果关系进行识别。

一、模型设定与变量说明

为了从更加微观的层面对中国制造业资源配置与动态 TFP 进行研究，本章以省份为单位，对 31 个省区市的 29 个两位数制造业的动态 TFP 进行分解。因此，本章设定了以下计量模型。

$$Y_{pit} = \alpha + \beta \cdot IMCOM_{pit} + \gamma \cdot X_{pit} + CONTROL + \varepsilon \tag{5-2}$$

其中，Y_{pit} 代表省份 p 的行业 i 在时期 t 的资源配置情况以及动态 TFP，在具体回归中包括行业动态 TFP（即 TOT），生存企业内效应（SUR），生存企业间效应（SBE）以及净进入效应（NET）。$IMCOM_{pit}$ 代表省份 p 的行业 i 在时期 t 面临的进口竞争。X_{pit} 为其他可能影响回归结果的控制变量，CONTROL 为时间、两位数行业以及省份固定效应，ε 为随机误差项。

被解释变量的数据来源及处理过程在第二节已做详细说明，这里不再赘述。模型的核心解释变量为省份 p 的行业 i 在时期 t 面临的进口竞争，本章采用省份行业的加权进口渗透率来衡量。需要说明的是，现有部分文献使用加权进口关税来衡量进口竞争程度，但本章认为使用进口关税衡量进口竞争程度并不准确。首先，从理论角度来看，影响进口竞争程度最主要的因素就是进口贸易成本，但进口贸易成本包括运输成本、政策壁垒、信息成本、法律法规成本、汇率成本等（Anderson and Van Wincoop，2004；Chen and Novy，2012；Novy，2013），而进口关税作为政策壁垒中一个较小的组成部分，不足以衡量整体进口贸易成本。其次，从事实角度来看，制造业进口关税下降不一定导致进口渗透率上升，图 5.3 为 2000—2014 年中国制造业进口渗透率与平均进口关税的变化趋势图。可以看到，虽然 2004 年之前制造业进口渗透率与平均进口关税呈反向变化，但 2004—2012 年，二者呈现同向变化，这进一步证实了进口关税下降不一定导致进口竞争加剧。

综上所述，无论从理论角度还是事实角度来看，仅使用进口关税衡量进口竞争程度显然存在较大缺陷。相比之下，进口渗透率是多种因素共同作用的结果，能更加客观地反映行业直接面临的进口竞争程度，本章认为使用进口渗透率衡量进口竞争程度更为合理。

本章用行业进口额与总产出之比衡量该行业的进口渗透率，行业总产出用行业总产值表示，行业进口额来源于 CEPII-BACI 数据库中国 1999—2014 年的进口数据。由于从 CEPII-BACI 数据库下载的进口数据是基于《商品名称及编码协调制度》（Harmonized Commodity Description and Coding System，HS）六位数水平的，而本章使用的制造业行业数据是根据国民经济行业分类（GB/T 4754—2002）划分的，因此本章根据联合国提供的行业分类转换表及中国国家统计局提供的国民经济行业分类（GB/T 4754—2002）与国际标准产业分类（ISIC/Rev.3）对照表，将HS96版本的六位数商品代码转换为2002年国民经济分类两位数行业代码，由此获得1999—2014年中国两位数行业层面的进口数据。本章以省份行业工业总产值与国内该行业当年总产值之比为权重，对该行业进口渗透率进行加权，从而刻画省份行业层面的进口竞争程度 $IMCOM_{pit}$。此外，为了避免省份行业的工业总产值与其动态TFP以及资源配置效率之间可能存在的反向因果关系，本章使用省份行业滞后一期的工业总产值占比作为权重，因此本章衡量进口竞争程度的指标见式（5-3）。

$$IMCOM_{pit} = \frac{X_{pit-1}}{X_{it-1}} IMPOR_{it} \qquad (5-3)$$

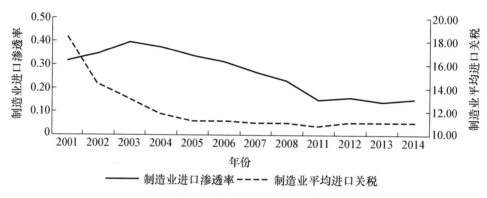

图5.3 中国制造业进口平均关税与进口渗透率

其中，X_{pit-1}为省份 p 的行业 i 在时期 $t-1$ 的工业总产值，X_{it-1}为整个行业 i 在时期 $t-1$ 的工业总产值，$IMPOR_{it}$为行业 i 在时期 t 的进口渗透率。式（5-3）表达的经济含义是，若行业 i 在时期 t 的进口渗透率较高，且省份 p 的行业 i 在时期 $t-1$ 的工业总产值在整个行业 i 中所占份额较大，那么省份 p 的行业 i 面临的进口竞争程度也会相应较大。由于全国两位数行业进口渗透率不会轻易受到某个省份行业效率的影响，因此全国两位数行业的进口渗透率是相对外生的。本章用相对外生的进口渗透率与滞后一期的工业总产值占比作权重，使得衡量进口竞争的指标能够较好地缓解由因果识别中的反向因果造成的内生性问题。

本章的其他控制变量为时期 t 可能影响资源配置效率和动态TFP的一些因素，包括：行业规模SIZE，用行业固定资产价值总和来衡量；行业主营业务收入REVENUE，用行业主营业务收入总和来衡量；行业受补贴程度SUBSIDY，用行业受到国家补贴额总和来衡量；行业平均年龄AGE，用行业内企业平均年龄来衡量；行业赫芬达尔指数HHI，用行业中各企业收入占行业总收入的百分比的平方和来衡量。CONTROL为时间、两位数行业以及省份固定效应，用来控制不可观测的时间因素、行业因素和省份因素对被解释变量的影响。控制变量中的价值变量均以 1999 年为基期进行平减。另外，为了更好地缓解内生性问题，避免可能存在的遗漏变量对回归结果的影响，本章使用的回归方式若无特别说明皆为面板数据的固定效应回归。

二、基准回归

本章首先根据式（5-2）对整体样本进行面板数据的固定效应回归，回归结果见表 5.2。表 5.2（1）列报告的被解释变量为行业动态 TFP（TOT）；（2）列报告的被解释变量为生存企业内效应（SUR）；（3）列报告的被解释变量为生存企业间效应（SBE）；（4）列报告的被解释变量为净进入效应（NET）。

表 5.2 进口竞争与资源配置效率和动态 TFP 的基准回归结果

	（1）	（2）	（3）	（4）
	TOT	SUR	SBE	NET
ln IMCOM	0.0526*** (0.0088)	0.0314*** (0.0064)	−0.0054 (0.0046)	0.0321*** (0.0078)
样本量	8324	8623	8623	8324
R^2	0.1571	0.0984	0.1244	0.0762
控制变量	控制	控制	控制	控制
时间效应	控制	控制	控制	控制
省份效应	控制	控制	控制	控制
行业效应	控制	控制	控制	控制

注：***、**、* 分别代表在 1%、5%、10% 的统计水平下显著，系数下方括号中的值为聚类到省份层面的稳健标准误，核心解释变量与其他控制变量均取对数形式，若无特别说明，本章后文表格含义与表 5.2 相同。

根据表 5.2 可知，进口竞争对生存企业内效应和净进入效应具有促进作用，对生存企业间效应作用不明显，整体而言，进口竞争对行业动态 TFP 的提升具有促进作用。具体来说，进口竞争上升 1 个百分点，生存企业内效应上升 0.0314 单位，净进入效应上升 0.0321 单位，行业动态 TFP 上升 0.0526 单位，且都在 1% 的统计水平显著。

因此，可以认为进口竞争对中国制造业动态 TFP 的促进作用，主要是通过促进生存企业自身资源配置优化和更替企业间资源再配置来实现的。首先，从企业间资源再配置来看，基于 Melitz（2003）、Bernard 等（2003），以及 Melitz、Ottaviano（2008）的文献，扩大进口引发的竞争效应可以通过两种机制影响行业内资源再配置：产品竞争和要素竞争。无论通过哪种机制，进口竞争导致的选择效应都会促使行业内的低效率企业退出市场，促使部分潜在的高效率企业进入市场，并且资源在行业内的高效率企业间重新配置。事实上，这个资源重新配置的过程本应体现为进口竞争同时促进生存企业间效应和净进入效应增强，然而根据表 5.1，进口竞争只对净进入效应产生了显著的正向影响，而对生存企业间效应的促进作用并不显著。一方面，这表明进口竞争导致低效率企业退出市场后，这些企业释放的市场资源更多地流向了新进入的高效率企业而不是已有的高效率企业；另一方面，这表明进口竞争加剧后，市场资源也没有显著地从低效率的生存企业流向高效率的生存企业，其本质原因在于中国制造业市场自主配置资源的功能并不完善。因此，从企业自身资源配置优化来看，由于市场存在不完全性，扩大进口带来的竞争效应不会总是使资源流向行业内的高效率企业，在这种情况下，企业只能通过优化内部资源配置来提高市场表现，进而实现利润最大化，即最终表现为进口竞争对生存企业内效应产生了显著的正向影响。

整体来说，进口竞争加剧对中国制造业资源配置效率产生了显著的正向影响，行业资源配置效率改善最终通过动态 TFP 上升得以体现。

三、稳健性检验

在充分考虑反向因果以及遗漏变量导致的内生性问题后，本章拟通过更换解释变量测度方式及剔除变量极端值对基准回归结果的稳健性进行检验。

（一）改变解释变量测度方式

考虑到用不同方式测度进口竞争程度可能会产生不同的结果，本章拟更换进口竞争的测度方式以检验基准回归结果的稳健性。由于本章在基准回归中采用加权后的进口渗透率来衡量行业面临的进口竞争程度，所以可以认为进口渗透率是从相对的角度刻画一个行业所面临的进口竞争程度。现将进口渗透率更换为水平的进口价值①，从绝对的角度刻画行业所面临的进口竞争程度，同样根据式（5-2）进行回归。表5.3报告了改变解释变量测度方式后的回归结果。

从表5.3可以看出，即使更换了测度方式，进口竞争对中国制造业资源配置效率的影响依旧稳健，系数方向与基准回归相同，系数大小与基准回归差别不大。结果显示，进口竞争能够促进生存企业内效应和净进入效应，进而促进行业动态 TFP 的提升。该结果证实，更换进口竞争的测度方式并不影响进口竞争与中国制造业资源配置效率之间的稳健关系。

表 5.3 改变解释变量测度方式的进口竞争与资源配置效率和动态 TFP 的回归结果

	（1）	（2）	（3）	（4）
	TOT	SUR	SBE	NET
ln IMCOM	0.0614*** （0.0105）	0.0345*** （0.0072）	−0.0072 （0.0047）	0.0289*** （0.0102）
样本量	8882	8623	9457	8882
R^2	0.1555	0.0968	0.1024	0.0809
控制变量	控制	控制	控制	控制
时间效应	控制	控制	控制	控制
省份效应	控制	控制	控制	控制
行业效应	控制	控制	控制	控制

---

① 由于 CEPII-BACI 数据库中的进口价值是以美元现价表示的价值，因此本章首先将进口价值按当年平均汇率转换为以人民币表示的价值，再将其平减到以 1999 年为基期表示的价值。历年平均汇率数据来自中国国家统计局。

（二）改变被解释变量测度方式

同样，为了降低被解释变量的测度方式对回归结果的影响，本章更换被解释变量的测算方式以验证基准回归结果的稳健性。本章在基准回归中使用企业的工业总产值来衡量企业产出，而现有部分文献在计算企业 TFP 时采用工业增加值来衡量企业产出，所以本部分将使用工业增加值衡量企业产出，并用工业增加值占比衡量企业的市场份额。表 5.4 报告了更换被解释变量测度方式的回归结果。根据表 5.4，进口竞争对行业动态 TFP 以及资源配置效率的影响方向依旧不变，但是影响幅度有所下降，产生这一差异的主要原因在于用工业总产值计算的 TFP 与用工业增加值计算的 TFP 在数值上有所不同。然而，这并不影响基准回归结果的稳健性，根据表 5.4，进口竞争依旧通过促进生存企业内效应和净进入效应，进而促进行业动态 TFP 的提升。显然，被解释变量的测度方式也不影响进口竞争与中国制造业行业资源配置效率及动态 TFP 之间的关系。

表 5.4 改变被解释变量测度方式的进口竞争与资源配置效率和动态 TFP 的回归结果

	（1）	（2）	（3）	（4）
	TOT	SUR	SBE	NET
ln IMCOM	0.0359*** （0.0098）	0.0188** （0.0084）	−0.0052 （0.0054）	0.0312*** （0.0097）
样本量	8323	8623	8623	8323
R^2	0.1612	0.0879	0.0927	0.0403
控制变量	控制	控制	控制	控制
时间效应	控制	控制	控制	控制
省份效应	控制	控制	控制	控制
行业效应	控制	控制	控制	控制

（三）剔除变量极端值和特殊行业

为了排除变量极端值对回归结果产生的影响，本章分别将解释变量和被解释变量剔除前后各 0.5% 的极端值后再进行回归，结果见表 5.5。根据表 5.5，剔除解释变量前后各 0.5% 的极端值后，进口竞争对行业动态 TFP 和资源配置效率的影响与基准回归结果基本一致。剔除被解释变量前后各 0.5% 的极端值后，进口竞争对行业动态 TFP 和资源配置效率的影响方向与基准回归结果一致，但是整体影响程度小于基准回归结果。产生这种差异的最主要的原因在于，被解释变量本身数值和标准差都较小，剔除前后各 0.5% 的极端值后，其标准差进一步减小，而被解释变量离散度下降导致回归得出的系数也下降，但这并不影响本章基准回归结果的稳健性。所以，整体而言，即使剔除解释变量和被解释变量前后各 0.5% 的极端值，进口竞争对行业动态 TFP 和资源配置效率的影响依旧稳健。

此外，根据第二节的特征事实分析，2000—2014 年烟草制造业的动态 TFP 均值为负，与其他行业存在一定差异，为了排除烟草制造业可能产生的影响，本章在将其剔除后进行回归以检验基准回归结果的稳健性。根据表 5.5 可知，即使剔除烟草制造业，基准回归结果依旧稳健。

表 5.5 剔除极端值和烟草制造业的进口竞争与资源配置效率和动态 TFP 回归结果

	(1)	(2)	(3)	(4)
	TOT	SUR	SBE	NET
Panel A：剔除解释变量前后各 0.5% 极端值				
ln IMCOM	0.0513*** (0.0087)	0.0286*** (0.0055)	−0.0068 (0.0047)	0.0310*** (0.0077)
样本量	8272	8564	8564	8272
R^2	0.1557	0.0995	0.1266	0.0755
Panel B：剔除被解释变量前后各 0.5% 极端值				
ln IMCOM	0.0422*** (0.0070)	0.0254*** (0.0046)	−0.0035 (0.0037)	0.0183*** (0.0064)
样本量	8267	8569	8553	8266
R^2	0.1492	0.1241	0.1324	0.0626
Panel C：剔除烟草制造业				
ln IMCOM	0.0585*** (0.0092)	0.0299*** (0.0069)	−0.0027 (0.0047)	0.0342*** (0.0082)
样本量	8279	8533	8533	8279
R^2	0.1589	0.0971	0.1271	0.0761
控制变量	控制	控制	控制	控制
时间效应	控制	控制	控制	控制
省份效应	控制	控制	控制	控制
行业效应	控制	控制	控制	控制

（四）对解释变量取滞后一期

鉴于进口竞争对行业动态 TFP 以及资源配置效率的影响有可能存在滞后性，本章对核心解释变量——进口竞争程度和其他控制变量取滞后一期处理，并进行回归，回归结果见表 5.6。根据表 5.6，即使对核心解释变量和其他控制变量取滞后一期，本章的回归结果依旧稳健，进口竞争主要通过促进行业生存企业内效应和净进入效应对行业动态 TFP 产生正向影响，其未对行业生存企业间效应产生明显影响。

综上所述，可以认为，本章基准回归结果较为稳健。

表 5.6 解释变量取滞后一期的进口竞争与资源配置效率和动态 TFP 的回归结果

	（1）	（2）	（3）	（4）
	TOT	SUR	SBE	NET
Lln IMCOM	0.0896*** （0.0123）	0.0459*** （0.0084）	−0.0034 （0.0057）	0.0987*** （0.0129）
样本量	6906	7105	7105	6906
R^2	0.1485	0.0901	0.0665	0.1204
控制变量	控制	控制	控制	控制
时间效应	控制	控制	控制	控制
省份效应	控制	控制	控制	控制
行业效应	控制	控制	控制	控制

注：Lln IMCOM 代表核心解释变量——进口竞争程度的滞后一期，表中控制变量皆取了滞后一期。

四、分样本回归

根据特征事实分析可知，不同行业的资源配置效率其实是存在差异的，因此下文按行业类别进行分样本回归。

（一）分外资占比

外资占比较高的行业相对来说有更强的资产自主配置权，资源配置效率改善可能更为容易，因此本章将样本划分为外资占比较高行业和外资占比较低行业。具体做法是用每个企业港澳台资本与外商资本之和除以该企业的实收资本来计算该企业的外资占比，并在两位数行业层面上计算该行业的平均外资占比，最后根据平均外资占比将各行业划分为外资占比均值低于中位数以及外资占比均值高于中位数的行业。表 5.7 同时报告了高外资占比行业和低外资占比行业的回归结果。

表 5.7 分外资占比行业进口竞争与资源配置效率和动态 TFP 的回归结果

	（1）	（2）	（3）	（4）
	TOT	SUR	SBE	NET
Panel A：高外资占比行业				
ln IMCOM	0.0776*** （0.0178）	0.0352** （0.0146）	0.0137 （0.0084）	0.0453*** （0.0167）
样本量	4130	4299	4299	4130
R^2	0.1843	0.0736	0.1212	0.0966
Panel B：低外资占比行业				
ln IMCOM	0.0390*** （0.0103）	0.0412*** （0.0072）	−0.0224*** （0.0067）	0.0253*** （0.0085）

续表

	(1)	(2)	(3)	(4)
	TOT	SUR	SBE	NET
样本量	4386	4526	4526	4386
R^2	0.1525	0.1399	0.1396	0.0712
控制变量	控制	控制	控制	控制
时间效应	控制	控制	控制	控制
省份效应	控制	控制	控制	控制
行业效应	控制	控制	控制	控制

对比可知，进口竞争对高外资占比行业的生存企业内效应具有更大的促进作用，而对净进入效应的影响则正好相反。产生这一结果的原因是高外资占比行业主要存在的是外资企业间的资源竞争，而低外资占比行业主要是国有企业和民营企业间的资源竞争。中国多数制造业行业对国有企业的偏向性政策及对民营企业设置的进入壁垒，使得低外资占比行业的进口竞争对净进入效应的促进作用较小，对生存企业内效应的促进作用作用较大。而高外资占比行业的情况正好相反，较为自由的市场进入和退出机制使得进口竞争对净进入效应产生了更大的影响。此外，外资企业可以通过进口产品这一方式加强与母国公司的联系，进而提升自己的市场表现，因此进口竞争对其动态 TFP 的提升作用强于外资占比较低行业。

根据表 5.7 可知，进口竞争加剧对低外资占比行业的生存企业间效应产生了负向影响。这是因为低外资占比行业的存活企业多为国有企业和民营企业，进口竞争使得存活企业中的民营企业效率得到显著提升，但市场不完全性使其未能匹配到与之相应的市场资源。高效率的生存企业未能匹配到高份额的市场资源，导致行业内生存企业间效应出现恶化。

（二）分产业链位置

当前中国制造业的一个重要特点是，民营企业集中在竞争性强的下游行业，而国有企业集中在垄断性强的上游行业。王永进和刘灿雷（2016）指出，国有企业在价值链中呈现出明显的上游化攀登态势，这一行为挤出了高效率的非国有企业，阻碍了整体的技术进步，恶化了资源配置效率。因此，本章按照行业上游度①将制造业行业分为上游行业和下游行业，以此探究处于产业链不同位置的行业的效率与进口竞争之间的关系。具体来说，本章将上游度高于中位数的行业定义为上游行业，低于中位数的行业定义为下游行业。表 5.8 同时报告了上游行业和下游行业进口竞争与资源配置效率和动态 TFP 的回归结果。

---

① 行业上游度的测算数据来源于对外经济贸易大学全球价值链研究院数据库（http：//rigvc.uibe.edu.cn/english/D_E/database_database/index.htm）。

表5.8　分产业链位置行业进口竞争与资源配置和动态TFP回归结果

	(1)	(2)	(3)	(4)
	TOT	SUR	SBE	NET
Panel A：上游行业				
ln IMCOM	0.0286** (0.0138)	0.0183 (0.0121)	−0.0038 (0.0064)	0.0249* (0.0130)
样本量	4737	4850	4850	4737
R^2	0.1756	0.1129	0.1364	0.0672
Panel B：下游行业				
ln IMCOM	0.0607*** (0.0137)	0.0411*** (0.0085)	−0.0106 (0.0071)	0.0317** (0.0124)
样本量	3587	3773	3773	3587
R^2	0.1595	0.1074	0.1326	0.1104
控制变量	控制	控制	控制	控制
时间效应	控制	控制	控制	控制
省份效应	控制	控制	控制	控制
行业效应	控制	控制	控制	控制

根据表5.8可知，进口竞争只对上游行业的净进入效应具有显著的促进作用，但进口竞争对下游行业的生存企业内效应和净进入效应均具有显著的促进作用。并且，进口竞争对下游行业净进入效应和动态TFP的促进作用显著高于上游行业。刘瑞明和石磊（2011）指出，国有企业借助政策在上游行业获得超额的垄断利润，使得其进行自身技术升级的动机减弱。因此，即使面临不断加剧的进口竞争，上游行业的生存企业内效应也没有受到显著的正向作用。而下游的民营企业在面临不断加剧的进口竞争时，努力优化自身资源配置效率，通过技术升级等多种方式提高自身市场表现以防止被市场淘汰，所以进口竞争对下游行业的生存企业内效应有显著的正向作用。相应地，当进口竞争加剧时，上游行业的国有企业出于政策原因不会轻易地退出市场，而下游行业则通过优胜劣汰的市场竞争机制实现高效率民营企业的进入与低效率民营企业的退出，因而进口竞争对下游行业的净进入效应具有更大的促进作用。

第五节　进一步的拓展研究

一、上游进口竞争与中国制造业资源配置效率和动态TFP

本章的基准回归研究了某一行业自身的进口竞争对其资源配置效率和动态TFP的影响，即从行业自身扩大进口的角度探究其中的贸易利得。事实上，不仅行业自身的进口竞争会对其市场表现产生影响，该行业的上游进口竞争也会影响其市场表现（Amiti and

Konings, 2007; Brandt et al., 2017)。由于一个行业的上游是该行业在生产时所使用的投入品所在的领域,因此上游竞争也可称为行业投入品进口竞争。借鉴 Amiti、Konings (2007)等学者构造上游关税的做法,本章基于 WIOD 数据库 2002 年《中国投入产出表》构造各行业的上游进口渗透率,见式(5-4)。

$$UPIMPORT_{it} = \sum_{m \neq i} \delta_{im} IMPORT_{mt} \quad (5-4)$$

其中,$UPIMPORT_{it}$ 是行业 i 在时期 t 的上游进口渗透率。δ_{im} 是行业 i 中来自行业 m 的投入系数,可根据《中国投入产出表》计算。$IMPORT_{mt}$ 是行业 m 在时期 t 的进口渗透率。本章将式(5-4)代入式(5-3)中计算出各省份行业的上游进口竞争,并结合各行业动态 TFP 和资源配置效率进行式(5-2)的回归,回归结果见表 5.9。

根据表 5.9 可知,上游行业进口竞争对资源配置效率和动态 TFP 具有显著的促进作用,上游进口竞争每上升 1 个百分点,生存企业内效应上升 0.0410 单位,净进入效应上升 0.0725 单位,行业动态 TFP 上升 0.0882 单位。对比可知,上游进口竞争对行业效率的促进作用甚至大于行业本身的进口竞争,这可能是因为上游行业直接受益于更高质量、多样化的中间投入品及其蕴含的先进技术(Amiti and Konings, 2007)。此外,Brandt 等(2017)研究发现,上游行业贸易自由化对中间投入品有很强的价格削减效应。这意味着,上游进口竞争能够降低行业生产成本进而对各行业效率产生正向作用,即通过成本节约效应提升行业效率。无论是通过直接效应还是间接效应,上游进口竞争都能够提升本行业企业效率,加剧市场竞争,促使市场资源配置进一步优化。然而,根据表 5.9 还可以发现,上游进口竞争对生存企业间效应产生了负向作用,这与低外资占比行业的原因一致。相比于行业直接面临的进口竞争,上游进口竞争能给企业效率带来更大的促进作用,而市场的不完全性使得资源并不总是流向高效率的生存企业。在生存企业效率得到更大提升的情况下,由于市场资源没有显著从低效率生存企业流向高效率生存企业,所以生存企业间效应反而会下降。但整体而言,上游进口竞争对行业动态 TFP 还是呈正向影响。

表 5.9 上游行业进口竞争与资源配置效率和动态 TFP 的回归结果

	(1)	(2)	(3)	(4)
	TOT	SUR	SBE	NET
ln UPIMCOM	0.0882*** (0.0185)	0.0410*** (0.0132)	−0.0147* (0.0076)	0.0725*** (0.0175)
样本量	8324	8623	8623	8324
R^2	0.1572	0.0959	0.1248	0.0787
控制变量	控制	控制	控制	控制
时间效应	控制	控制	控制	控制
省份效应	控制	控制	控制	控制
行业效应	控制	控制	控制	控制

二、进口贸易结构与中国制造业资源配置效率和动态 TFP

对一国来说,区分进口产品类型以及进口来源地对其经济长期发展具有十分重要的意义,经济增长与进口贸易结构变化存在着明确的正向关联性(裴长洪,2013)。因此,本节分别从进口产品类型与进口来源地两方面探究进口竞争与中国制造业效率的关系,以期为现阶段中国合理调整进口贸易结构提供实证支撑。

(一)进口产品类型

本章按照国民核算体系(System of National Accounts,SNA)中的基本货物类别将进口产品划分为消费品、资本品及中间品。具体做法是,先将从 CEPII-BACI 数据库下载的进口数据中的 HS 六位数编码与第 4 次修订版本《按大类经济类别分类》(Classification by Broad Economic Categories,BEC)编码对应。再按照 BEC 的 19 个基本类别[①]与 SNA 的基本货物类别的对应关系将进口数据分为消费品、资本品和中间品。本章将分类后的进口数据对应到中国制造业两位数行业,在两位数行业层面计算出各行业的消费品、资本品和中间品的进口渗透率,按照式(5-3)计算了各省份行业消费品、资本品和中间品进口竞争程度。最后,本章分别将三类产品进口竞争与行业资源配置效率和动态 TFP 按式(5-2)进行回归,对应回归结果见表 5.10。

表 5.10 各类进口产品类型进口竞争与行业资源配置效率和动态 TFP 的回归结果

	(1) TOT	(2) SUR	(3) SBE	(4) NET
Panel A:消费品				
ln IMCOM	0.0492*** (0.0061)	0.0209*** (0.0039)	−0.0018 (0.0035)	0.0339*** (0.0060)
样本量	7984	8276	8276	7984
R^2	0.1585	0.0924	0.1226	0.077
Panel B:资本品				
ln IMCOM	0.0740*** (0.0119)	0.0320*** (0.0077)	0.0088 (0.0073)	0.0490*** (0.0119)
样本量	2835	2934	2934	2835
R^2	0.1587	0.0779	0.1229	0.0883
Panel C:中间品				
ln IMCOM	0.0022 (0.0031)	0.0037* (0.0022)	0.0005 (0.0018)	−0.0013 (0.0031)

---

① 由于 BEC 的 19 个基本类别中,321(汽油)、51(载客汽车)和 7(未归类的货物)与 SNA 的基本货物类别的对应关系并不唯一,为了避免分类有交叉,本章未将这 3 类纳入研究范围。

续表

	（1）	（2）	（3）	（4）
	TOT	SUR	SBE	NET
样本量	6643	7011	6398	6642
R^2	0.1486	0.0767	0.1309	0.0800
控制变量	控制	控制	控制	控制
时间效应	控制	控制	控制	控制
省份效应	控制	控制	控制	控制
行业效应	控制	控制	控制	控制

根据表 5.10 可知，消费品进口竞争主要通过促进生存企业内效应和净进入效应来促进行业动态 TFP 提升。资本品进口竞争加剧对各行业资源配置效率的影响与消费品相同，但作用强度更大，因而其对行业动态 TFP 的促进作用更为明显。进口的资本品本身嵌入了先进的技术以及较为密集的资本，因此，在资本品进口扩大导致市场竞争加剧时，其本身所蕴含的先进技术也可以通过技术溢出效应对企业市场表现产生正向作用。

根据表 5.10 可知，中间品进口竞争对生存企业内效应具有正向作用，但与消费品和资本品相比，其作用强度不大。并且，中间品进口竞争对生存企业间效应和净进入效应都无显著影响，这可能是多方面原因导致的。一方面，作为发展中国家，中国从发达国家进口关键零配件等投入品时往往需要支付较高的费用，面临高价剥削的风险（沈国兵、于欢，2017），这显然不利于企业自身发展。另一方面，企业进口的中间投入品要与自身的资本和劳动力相结合才能进行生产，这就要求企业必须进口与自身吸收能力相匹配的中间品（沈国兵、于欢，2019）。所以，若企业大规模进口发达国家的中间品进行加工贸易，自身却没有与之相配的吸收能力，那么长期来看这必定会阻碍企业自身发展。当企业自身发展受到限制时，即使扩大中间品进口使市场竞争加剧，市场也无法通过正常的机制优化各行业的资源配置。

（二）进口来源地

本章从 CEPII-BACI 数据库下载了中国 2000—2014 年来自 60 个不同国家的进口贸易数据，其中包括 30 个发达国家和 30 个发展中国家。按照计算不同进口产品渗透率的做法，计算出各省份行业来自发达国家和发展中国家的进口渗透率，并按式（5-2）进行回归。表 5.11 报告了不同来源地进口竞争与资源配置效率和动态 TFP 的回归结果。

表 5.11　不同来源地进口竞争与资源配置效率和动态 TFP 回归结果

	（1） TOT	（2） SUR	（3） SBE	（4） NET
Panel A：发达国家				
ln IMCOM	0.0471*** （0.0065）	0.0396*** （0.0040）	−0.0031 （0.0030）	0.0329*** （0.0064）
样本量	8325	9455	9457	8882
R^2	0.1534	0.0840	0.1020	0.0821
Panel B：发展中国家				
ln IMCOM	0.0313*** （0.0049）	0.0287*** （0.0034）	−0.001 （0.0025）	0.0160*** （0.0050）
样本量	8325	9455	9457	8882
R^2	0.1521	0.0813	0.1019	0.0802
控制变量	控制	控制	控制	控制
时间效应	控制	控制	控制	控制
省份效应	控制	控制	控制	控制
行业效应	控制	控制	控制	控制

根据表 5.11 可知，无论进口来源地是发达国家还是发展中国家，进口竞争都能通过促进生存企业内效应和净进入效应来促进行业动态 TFP 的提升，只是来自发达国家的进口竞争的作用力度更大。中国通常从发达国家进口高技术含量的中间投入品和成套的资本制成品，从发展中国家进口初级产品和资源型制成品，来自发达国家的进口竞争通过生产互补机制对中国制造业资源配置效率和动态 TFP 产生促进作用，来自发展中国家的进口竞争通过成本节约机制对中国制造业资源配置效率和动态 TFP 产生促进作用。总而言之，来自发达国家和发展中国家的进口竞争，都能对中国制造业资源配置效率产生显著的正向作用。所以，中国在选择进口来源地时，不必过分追求发达国家的高技术进口品，或是发展中国家的低成本进口品。而且，进口高技术产品的企业必须具有与之相匹配的吸收能力，但显然并不是每个企业都具备这种能力的，这就要求企业适当扩大从发展中国家进口的规模。

第六节　结论与政策建议

本章利用中国 1999—2014 年工业企业数据与进口数据，借鉴 Melitz、Polanec（2015）的方法，计算了中国制造业 2000—2014 年动态 TFP，并将其分解为生存企业内效应、生存企业间效应和净进入效应这三个维度的资源配置效率，分析了进口竞争对各行业资源配置效率及动态 TFP 的影响。本章研究发现，进口竞争主要通过促进生存企业内效应和净进入效应来提升行业动态 TFP。按外资占比和产业链位置进行分样本回归后发现，虽然进口竞争对不同行业动态 TFP 都能产生正向作用，但外资占比较高行业受到的正向促进作用大于外资占比较低行业，产业链下游行业受到的正向促进作用大于产业链上游行业。本章通过进一步研究发现：①上游进口竞争对行业资源配置效率和动态 TFP 有显著的正向作用，且作用强度大于行业本身所面临的进口竞争；②资本品和消费品进口竞争对生存企业内效应和净进入效应具有显著正向作用，从而可以提升行业动态 TFP，而中间品进口竞争仅对生存企业内效应具有正向作用，对行业动态 TFP 并无显著作用；③来自发达国家和发展中国家的进口竞争都能对行业资源配置效率和动态 TFP 产生正向作用。

综上所述，在"双循环"新发展格局背景下，深入发展进口贸易应是构建更高水平开放型经济新体制的题中之义。进口增长带来的竞争效应能够优化中国制造业资源配置，提高各行业动态 TFP，为中国经济高质量发展注入新动能，并有利于培育制造业国际竞争新优势，为中国顺利跨越"中等收入陷阱"奠定坚实的产业基础。因此，利用进口竞争效应促进制造业资源配置效率和动态 TFP 提升的着力点主要在于两点。①对于资源误置程度较大的行业，可以通过加强其上游进口竞争来改善资源配置效率，最终提升行业整体效率。但是，在加强上游进口竞争的同时，也要不断加快市场经济体制改革，如通过降低各行业对民营企业设置的进入壁垒等措施，促进市场自主配置资源功能的完善。②继续优化进口贸易结构。从进口产品结构来看，在保持适度的中间品进口占比的同时，也要合理扩大资本品和消费品的进口占比。若企业盲目进口高质量的中间品，却没有与之匹配的吸收能力，反而可能会阻碍整个行业效率的提升。并且，就本章现有结论而言，适当加强资本品和消费品的进口竞争对行业效率的提升作用明显大于加强中间品的进口竞争。从进口来源地结构来看，要平衡好与发达国家和发展中国家的进口贸易关系，充分利用来自发达国家和发展中国家的不同的进口竞争效应。

第六章 培育国际竞争新优势的产业支撑作用Ⅱ：制造业服务化的出口效应

制造业服务化的本质是以高技术为依托，更加注重发展高附加值的制造业，从而构建具有持续竞争优势的新工业体系。因此，我国亟须培育制造业服务化这一国际竞争新优势，从产业层面激发构建开放型世界经济的内生动力。本章基于2000—2014年的中国制造业17个细分行业的数据，以制造业服务化为线索，定量分析了制造业和服务业深度融合对出口的影响。研究发现，中国的制造业服务化与出口呈U形关系，伴随制造业服务化水平的提升，目前二者的关系已位于转折点的右侧，即制造业服务化对出口产生积极的促进作用，体现了制造业服务化对出口影响的阶段性特征。本章利用工具变量和双重差分模型进行了稳健性检验，均得到稳健的结果。且分行业的回归结果进一步显示了行业之间影响的差异性。本章通过构建中介效应模型探讨制造业服务化影响出口的作用机制，发现生产率和交易成本是制造业服务化水平影响出口规模的中介变量。整体面板的回归结果显示，伴随制造业服务化水平的进一步提升，中国已然通过提升生产率和降低交易成本两种途径实现出口规模的扩大，并逐步进入制造业服务化的红利阶段。在中国全面提升开放型经济发展水平、培育开放型世界经济发展新优势的关键时期，顺应服务全球化发展的大趋势，坚持服务业与制造业的融合共生发展是一种理性选择。

第一节 问题的提出

据统计，2015年中国服务业占国内生产总值比重达到50%以上，成为拉动经济增长的重要引擎。2019年的《政府工作报告》指出，要推动服务业加快发展，促进先进制造业和现代服务业融合发展，加快建设制造强国。而制造业服务化正是制造业与服务业融合发展的直接表现形式，它通过将专业服务嵌入制造业的各个环节，从而实现制造业的转型升级。近年来，世界经济增长缓慢，货物贸易层层受阻，国家统计局数据显示，自2008年全球金融危机爆发以来，中国出口增速出现波动式下降，环比增长率从2007年的20.657%下降到2008年的7.228%，并于2009年骤降

至 −18.293%。近几年，受中美贸易摩擦以及新冠疫情的影响，中国的出口增长面临着更为严峻的挑战。出口是衡量一国国际竞争力的重要指标，因此，促进出口增长成为各国提高国际市场占有率及竞争力的重要抓手。而要从根本上促进出口规模扩大、建立中国制造业贸易强国的着力点之一就是制造业服务化。本章研究发现，在一国创新能力增强、交易成本下降的背景下，该国的制造业服务化程度越高，企业参与国际贸易的能力就越强。中国制造业企业通过提高自身的服务中间投入，可以有效提升企业的出口能力，这对于中国制造业合理利用服务要素、顺应全球服务化趋势及提升制造业企业的出口竞争优势，无疑具有重要的理论和现实意义，同时也应成为建设现代化经济体系的题中之义。

目前，与本章研究相关的文献有两类。第一类聚焦于制造业服务化发展阶段。江小涓（2008a）认为，制造业与服务业之间的关系是互相推动又各自独立发展的。制造业中服务投入水平的波动取决于各国经济发展状况和全球化进程。Park（1994）和江小涓（2008b）认为，经济总量的发展阶段和社会产业的结构布局都会影响制造业和服务业之间的关系，继而使制造业服务化表现出阶段性特征。回顾1978—2008年中国经济发展历程可以发现，制造业服务化水平低是中国制造业产出效率低的重要原因，尽管制造过程中的技术水平已接近世界领先水平，但生产中服务投入的质量和数量偏低，使得制造业的行业竞争力增长乏力。第二类聚焦于制造业服务化与企业出口，刘斌和王乃嘉（2016）对2000—2011年中国规模以上工业企业的研究发现，制造业服务化提升了企业出口产品的价格，实现了企业出口从量变到质变的过程。吕越和吕云龙（2016）对世界投入产出数据库（World Input-Output Database，WIOD）中1995—2009年40个国家的样本进行检验，发现制造业服务化对企业国际竞争力的提升具有行业差异性，其中电信、金融等服务行业的投入对企业国际竞争力的促进作用较强，而交通运输、零售业等服务行业的投入的促进作用则较弱。

上述两类文献梳理了制造业服务化的阶段性特征，也研究了制造业服务化与出口的关系，但鲜有研究将二者纳入一个分析框架进行考虑，并发现制造业服务化与出口之间的关系存在转折点。本章聚焦于制造业服务化与出口之间的关系，通过分行业回归，寻找及论证红利转折点的存在。

第二节　制造业服务化影响出口的理论机制

Vandermerwe 和 Rada（1988）提出，制造业服务化是指制造业企业将服务以某种形式整合到企业的核心产品中去，并逐渐扩大服务在企业产出中的占比，最终实现以制造为中心到以服务为中心的转变过程。王永进等（2010）研究发现，制造业服务化对出口可以产生直接的影响，其作用机制在于较高的制造业服务化水平意味着制造业在生产过程中与其他服务业建立了服务联系，服务中所使用的高级要素提升了企业的产品质量，从而促使企业出口增加。将制造业服务化促进出口的机制进一步细分，可以分离出两种间接效应，分别是生产率效应和交易成本效应。

一、生产率效应

王永进等（2010）研究发现，制造业运输服务化可有效提升出口产品的附加值和制造业企业的生产效率，并通过缩短出口产品的交货时间、减少出口不确定性和相关风险，从而达到内部要素的最佳配置。Grossman、Rossi-Hansberg（2008）通过理论建模发现，企业将任务分块的外包行为可以有效提升企业的生产率。在此基础上，Unel（2018）建立了一个包含服务外包、出口和信贷约束的框架模型，得到信贷约束越小，企业越倾向于将服务外包，从而进一步提升其资源配置效率的结论。张艳、唐宜红、周默涵（2013）对1998—2007年中国制造业企业进行分析，发现服务贸易自由化显著提升了企业的自主研发能力。陈启斐、刘志彪（2014）对2003—2011年的中国数据进行动态面板GMM估计，发现生产性服务进口存在技术外溢效应，从而提升了制造业企业的出口竞争力，并且生产性服务进口对出口的促进作用与进口国的技术水平有关。

同时，制造业服务化水平的提高也会降低行业生产率。Sasaki（2007）在探讨服务业的"成本病"成因中，根据服务部门的产出动向，进一步把服务产品划分成生产过程中的中间投入品与作为成品的消耗品，且着重探究了社会经济的发展与制造业、服务业就业状况的相互影响，他指出，社会劳动人口在转向服务业的同时，制造业部门的就业份额和国民经济的整体增速都会随之下降。Fernandez、Palazuelos（2012）在研究服务业各细分行业对欧盟整体服务部门生产率的影响时，得到了与Sasaki（2007）大致相同的结论，除了教育行业的就业份额增加会对社会整体服务业生产率有促进作用，其他各细分服务行业就业份额的增加均会对社会总服务业生产率产生阻碍作用。

二、交易成本效应

一方面，Daniels（1991）分析发现，制造业中的服务投入可以有效降低交易成本，具体表现为减少社会分工深化带来的交易费用。还有研究发现，本国生产者服务的种类越多，越会吸引国外直接投资，从而减少制造业生产的交易成本，增强制造业的竞争优势。江静、刘志彪、于明超（2007）在迪克西特－斯蒂格利茨垄断竞争框架下对柯布－道格拉斯生产函数进行拓展，利用实际使用的劳动数量来衡量生产者服务，并将其作为一种生产要素加入生产模型，研究表明，生产者服务专业化分工和规模的扩大在提高自身生产效率的同时，降低了制造业产品的单位生产成本。此外，国际先进的生产性服务业可以解决国内生产性服务的供给问题，它们通过"示范效应"与"本地化效应"来促进生产性服务部门效率提升与质量改善。刘志彪（2006）研究制造业与服务业的互动关系时认为，生产性服务业可以在有效降低投入成本的同时提高服务投入质量，从而达到提升制造业出口竞争力的目的。冯泰文（2009）通过中介模型发现，生产者服务主要通过降低交易成本影响制造业效率。

另一方面，制造业服务化水平的提高也会促使行业的交易成本上升。程大中（2004）在深入探究并进一步拓展鲍莫尔－富克斯假说后，利用中国1978—2000年的数据进行研究发现，仅科学研究和综合科技服务业的劳动生产率增长不存在滞后问题。哈特维希利用18个经济合作与发展组织（Organization for Economic Cooperation and Development, OECD）国家的经济数据探索鲍莫尔－富克斯假说的真实性，发现随着经济的发展，制造业服务化水平的提升会带来行业交易成本的上升。

根据上述分析，本章认为，制造业服务化对出口的影响不是一种单调的关系，二者的关系存在一个转折点，此转折点的位置决定了制造业服务化对出口的影响是促进作用还是抑制作用。

第三节 数据说明和计量模型

一、数据说明

本章通过匹配 WIOD 数据库的《世界投入产出表》《中国投入产出表》《中国科技统计年鉴》《中国统计年鉴》《中国劳动统计年鉴》，以 2000—2014 年中国制造业 17 个细分行业的数据为样本，就制造业服务化对出口的影响进行分析。首先将《中国统计年鉴》《中国科技统计年鉴》《中国劳动统计年鉴》的行业口径统一，先将 2000—2002 年、2003—2011 年及 2012—2014 年三个阶段的行业统一为《国民经济行业分类》（GB/T 4754—2002）后，再与 WIOD 的《中国投入产出表》数据进行匹配合并。为了保证数据的准确性和一致性，最终确定了 17 个制造业细分行业的面板数据。

本章选取的 17 个行业分别是：食品饮料及烟草制造业、纺织品及皮革制造业、木材产品及软木制造业、造纸及纸浆制造业、印刷和出版制造业、焦炭和精炼石油制造业、化学品及化学制品制造业、基础医药制造业、橡胶和塑料制造业、非金属矿物制造业、黑色金属制造业、有色金属制造业、电子和光学设备制造业、电气设备制造业、机械设备制造业、交通运输设备制造业、家具及其他制造业。

二、核心变量测度

（一）制造业服务化指标

本章的核心解释变量为制造业服务化水平，该变量可根据 WIOD 的《中国投入产出表》制造业细分行业的完全消耗系数计算得到。从现有文献来看，对于制造业服务化的衡量可分为两种类型，一种是制造业投入服务化，另一种是制造业产出服务化。目前，学术界主要运用制造业投入服务化来衡量制造业服务化水平。本章在顾乃华和夏杰长（2010）的测量方法的基础上，利用 WIOD 的《中国投入产出表》数据，使用制造行业中服务业投入占该制造业细分行业总产出的比值来衡量该制造业服务化水平。具体而言，投入产出法又可分为直接消耗系数法和完全消耗系数法。其中，直接消耗系数法是指在《中国投入产出表》中，某一行业直接消耗的其他部门的投入数量，由此计算的制造业服务化水平具体公式如下：

$$S_i = \text{Service}_{ij} / T_i \tag{6-1}$$

其中，S_i 代表了制造业 i 行业的服务化水平，Service_{ij} 表示服务业 j 行业对制造业 i 行业的投入，T_i 表示制造业 i 行业的总产出。

然而，在现实的国民经济体系中，各个行业之间的相互投入与消耗并不是一次性的。一个行业对其他行业除了直接消耗，还存在延伸而来的间接消耗。以食品制造业使用运输服务为例，食品制造业需要直接使用运输服务业运送所需的生产要素，即构成了食品制造业对运输服务业的直接消耗，也称作依赖度。在食品制造过程中，还需要投入各类食品添加剂等，这些食品添加剂等也需要运输服务，这就构成了食品制造业对运输服务业的第一轮间接消耗。每一种上游产品都有可能使用运输服务，并会构成食品制造业对运输服务业的第 n 轮间接消耗。那么，食品制造业对运输服务业的直接消耗与所有间接消耗之和就构成了食品制造业对运输服务业的完全消耗。完全消耗矩阵可以根据式（6-2）得到，

$$B = (I - A)^{-1} - I \quad (6\text{-}2)$$

其中，B 为完全消耗矩阵，I 为单位矩阵，A 是根据《中国投入产出表》计算得到的直接消耗矩阵，因此，先定义完全消耗矩阵 B 的每一列，即每个服务行业对制造业的投入 $Service_{ij}$。然后，即可由完全消耗矩阵得到某一制造业行业对服务业的完全消耗系数。在当前条件下，制造业的投入服务化是可计算的，而制造业的产出服务化是不可计算的。这是因为，《中国投入产出表》的纵向代表了要素投入，而横向代表了产出的最终使用情况，但这并不是制造业的产出服务化。

（二）制造业服务化的特征描述

2000—2014 年，中国制造业服务化水平如图 6.1 所示。从图 6.1 中可以看出，制造业服务化水平总体上呈现出先下降后上升的趋势，从 2000 年的 0.298 下降到 2007 年的 0.179，然后又逐步上升到 2014 年的 0.535。图 6.1 中的散点为 17 个行业的散点，绝大多数行业的制造业服务化水平都在 2000—2007 年呈现下降态势，并在 2008—2014 年呈现上升态势。

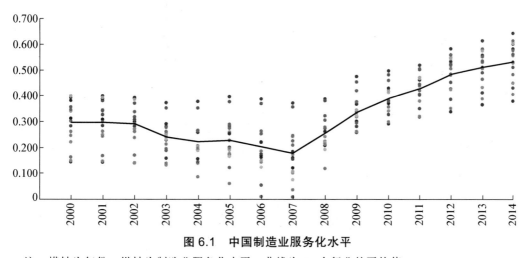

图 6.1 中国制造业服务化水平

注：横轴为年份，纵轴为制造业服务化水平；曲线为 17 个行业的平均值。

本章选取了2000年、2003年、2007年、2011年和2014年来分析制造业细分行业的服务化水平在观察期内的波动情况，见表6.1。从各细分行业来看，2000年，食品饮料及烟草制造业的服务化水平仅为0.147，在17个对比行业中处于最低水平；而电气设备制造业的服务化水平最高，为0.402。在观察年份内，化学品及化学制品制造业的服务化水平较高，这主要是由于该行业属于资本和技术密集型行业，对于交通、金融、研发和信息等服务要素的投入较高。相对来说，食品饮料及烟草制造业主要涉及农产品生产，该行业可能使用的服务要素仅为运输服务，因此其服务化水平偏低也就不难理解了。图6.1和表6.1都显示出，在2007年出现了制造业服务化水平的转折点，当年该指标的最低值出现在交通运输设备制造业，为0.012。

表6.1 主要年份制造业细分行业服务化水平对比

行业	2000年	2003年	2007年	2011年	2014年
食品饮料及烟草制造业	0.147	0.161	0.163	0.321	0.382
纺织品及皮革制造业	0.166	0.198	0.212	0.405	0.485
木材产品及软木制造业	0.286	0.232	0.158	0.353	0.433
造纸及纸浆制造业	0.315	0.244	0.124	0.424	0.533
印刷和出版制造业	0.343	0.284	0.228	0.408	0.513
焦炭和精炼石油制造业	0.224	0.256	0.245	0.382	0.452
化学品及化学制品制造业	0.396	0.375	0.374	0.521	0.644
基础医药制造业	0.152	0.135	0.104	0.441	0.530
橡胶和塑料制造业	0.384	0.355	0.359	0.504	0.602
非金属矿物制造业	0.384	0.294	0.187	0.464	0.584
黑色金属制造业	0.304	0.264	0.249	0.445	0.578
有色金属制造业	0.345	0.235	0.078	0.470	0.608
电子和光学设备制造业	0.348	0.280	0.228	0.507	0.615
电气设备制造业	0.402	0.253	0.110	0.474	0.605
机械设备制造业	0.264	0.142	0.039	0.423	0.558
交通运输设备制造业	0.359	0.191	0.012	0.447	0.563
家具及其他制造业	0.249	0.216	0.176	0.323	0.408
均值	0.298	0.242	0.179	0.430	0.535

（三）中国与世界平均制造业服务化水平的对比分析

着眼于全球范围来看，制造业服务化已使不少跨国公司成功转型，由产品销售转变为销售服务。熟知的例子有国际商业机器公司（IBM）、通用电气（GE）、苹果（Apple）、西门子（Siemens）等大型跨国公司，这些公司从传统的制造业企业升级为依靠研发设计、市场营销等的多元化企业。根据2014年WIOD数据计算发现，中国制造业服务化水平为53%，与世界平均制造业服务化水平（69%）有着明显差距。图6.2和图6.3分别显示了 2000 年和 2014 年中国和世界平均的 17 个制造业细分行业服务化水平。

从图 6.2 与图 6.3 可以看出，首先，2000—2014 年，中国和世界平均制造业服务化水平呈现上升趋势。其中，世界各细分行业平均制造业服务化水平上升约 10 百分点，而中国制造业服务化水平上升幅度与增速相比于世界平均水平来讲更大、更快，大概为世界平均水平的两倍，约为 20 百分点；中国制造业中服务化水平升幅最大的是基础医药制造业，为 37.78 百分点。其次，2000 年，中国细分行业制造业服务化水平与世界水平存在显著差距，特别是食品饮料及烟草制造业、纺织品及皮革制造业和基础医药制造业，这些行业通常被视为低技术行业，因此制造业服务化水平较低也不难理解。但令人惊讶的是，这三个行业的制造业服务化在世界范围内的平均水平非常高，深入考察这三个行业的特征就会发现，虽然这三个行业所涉及的技术含量并不高，但这三个行业的产品与生活密切相关，且生命周期较短，在产业链中最接近消费者，因此需要大量的研发设计、物流运输、营销及售后等服务要素的投入。最后，世界平均制造业服务化水平在 2000 年和 2014 年排名前三位的行业分别为黑色金属制造业、造纸及纸浆制造业和化学品及化学制品制造业。

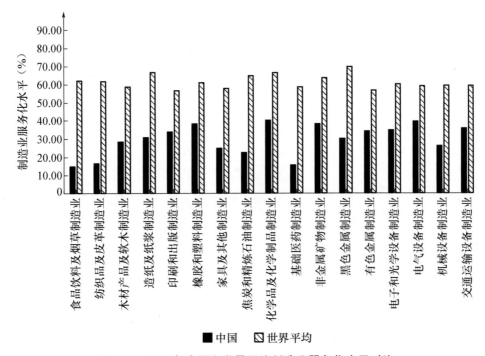

图 6.2 2000 年中国和世界平均制造业服务化水平对比

数据来源：根据 WIOD 数据整理得到。

（四）模型设定

本章旨在考察制造业的服务投入对其出口的影响，根据图 6.4 中制造业服务化与出口的散点图和拟合图可以直观地看出二者之间的非线性关系。图 6.4 中典型的 U 形关系说明，当中国的制造业服务化水平越过转折点后，就会呈现出服务投入和出口规模的正向关系。

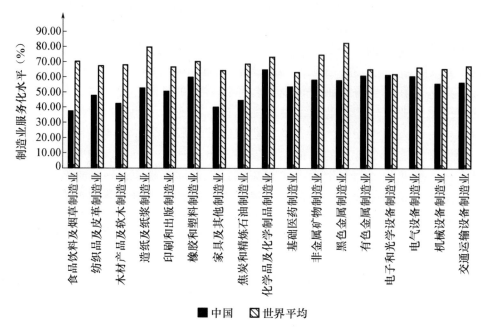

图 6.3　2014 年中国和世界平均制造业服务化水平对比

数据来源：根据 WIOD 数据整理得到。

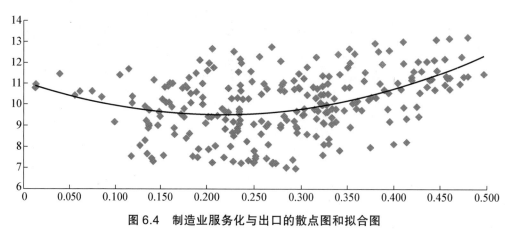

图 6.4　制造业服务化与出口的散点图和拟合图

注：图中横坐标为制造业服务化水平加 1（取对数），纵轴为出口额（取对数），曲线为二次项的趋势线，散点为具体数值。

结合理论分析，本章构建如下模型：

$$\ln \text{Export}_{it} = \beta_0 + \beta_1 \ln S_{it} + \beta_2 (\ln S_{it})^2 + \gamma Z + \delta_i + \xi_t + \varepsilon_{it} \quad (6\text{-}3)$$

其中，i 表示行业，t 表示年份。$\ln \text{Export}_{it}$ 表示出口规模，为 i 行业在 t 年出口额的自然对数；$\ln S_{it}$ 表示制造业服务化水平，为 i 行业在 t 年制造业服务化水平加 1 的自然对数，由 WIOD 数据计算得出。本章借鉴了伍德里奇（2015）的方法，式（6-3）中 i 行业制造业服务化水平对出口规模的弹性为 $\beta_1+2\beta_2\ln S_{it}$，说明该弹性取决于制造业服务化水平。$Z$ 表示其他的控制变量，具体包括：①新产品产值（newpr_{it}），为新产品产值与工业总产值之比，数据来源于《中国科技统计年鉴》；②营业费用比值（opcost_{it}），为行业的主营业务成本与收入之比，反映了行业的相对制造成本，数据来源于《中国统计年鉴》；③销售费用比值（sellcost_{it}），为行业的销售费用与主营业务收入之比，反映行业的相对交易费用，数据来源于《中国统计年鉴》；④资本投入密度（k_{it}），为固定资产与主营业务收入的比值，数据来源于《中国统计年鉴》；⑤劳动人数自然对数（l_{it}），数据来源于《中国科技统计年鉴》《中国劳动统计年鉴》。δ_i、ξ_t 代表控制的行业、年份的固定效应。ε_{it} 表示随机误差项。变量的描述性特征结果，见表 6.2。

表 6.2 变量的描述性特征结果（样本量 N=255）

	均值	标准差	最小值	最大值
ln Export	10.031	1.475	6.955	13.221
ln S	0.278	0.102	0.012	0.497
k	0.332	0.154	0.155	0.914
l	14.521	1.021	11.455	16.524
newpr	0.215	0.124	0.022	0.569
opcost	0.841	0.053	0.631	0.981
sellcost	0.035	0.027	0.008	0.161

第四节 回归分析

一、中国制造业服务化与出口的经验检验

本章模型采用高维固定效应模型以控制无法观测的行业、年份因素。中国制造业服务化水平对出口规模的估计结果见表 6.3。表 6.3 的（1）列和（2）列都显示出制造业服务化对出口的非线性影响，其中，制造业服务化水平的一次项系数为负，二次项系数为正，表现出 U 形关系。对（2）列的系数进行计算，得出位于转折点的制造业服务化水平为 0.181，即当制造业服务化水平大于 0.181 时，中国制造业的服务投入可以促进其出口规模的扩大。分两个时间段来看结果就会更加明显，（3）列的结果显示，2000—2007 年，中国的制造业服务化水平对出口规模的弹性（-1.577）显著小于 0，这说明，2000—2007 年，较低的服务参与水平导致中国制造业生产中的服务投入比例也较低，进而抑制了制造业的出口规模。而从（4）列可以看到，2008—2014 年，中国制造业服务化水平对出口规模的弹性（0.904）显著为正。原因在于，这个阶段正是国家提出转变经济增长

方式，引导服务行业发展的关键时期。国务院印发的《服务业发展"十二五"规划》中提到，围绕促进工业转型升级和加快农业现代化进程，推动生产性服务业向中、高端发展，深化产业融合，不断提高我国产业综合竞争力。随着服务化水平的提升，服务的投入和参与使得制造业行业的出口水平也有所提升，但由于发展的阶段性，这种促进作用在统计上不显著。

表 6.3 中国制造业服务化水平对出口规模的估计结果

	（1）	（2）	（3）	（4）
$\ln S$	−1.122 （0.798）	−1.312* （0.769）	−1.577*** （0.419）	0.904 （0.765）
$(\ln S)^2$	4.082*** （1.483）	3.629*** （1.389）		
k		0.035 （0.264）	0.370 （0.367）	−3.098*** （0.902）
l		−0.245*** （0.085）	−0.224** （0.109）	−0.095 （0.076）
newpr		−1.126*** （0.356）	−0.141 （0.496）	0.028 （0.311）
opcost		−0.837 （1.314）	−0.383 （2.028）	−1.574 （2.247）
sellcost		−14.371*** （3.668）	−9.942** （4.765）	1.550 （7.933）
Constant	9.985*** （0.123）	15.081*** （1.817）	13.532*** （2.428）	13.871*** （2.589）
行业固定效应	控制	控制	控制	控制
年份固定效应	控制	控制	控制	控制
样本量	255	255	136	119
R^2	0.977	0.980	0.981	0.993

注：（2）列加入了其他的控制变量，（3）列的时间范围是 2000—2007 年，（4）列的时间范围是 2008—2014 年。*、**、*** 分别表示在 10%、5%、1% 水平上显著，括号内的数值为标准误。

值得说明的是，本章研究结果与刘斌、王乃嘉（2016）对 2000—2011 年中国工业企业数据库的研究结果有所不同，他们的研究结果表明，中国的制造业服务化水平显著地提高了企业的出口效率、出口范围和产品价格，抑制了出口的产品数量。本章认为是样本选择导致研究结果不同。中国工业企业数据库选取的是规模以上企业及国有企业的样本，而本章是全样本数据，包含小规模的民营和外资企业，这也侧面证明了非线性影响的意义。本章认为，只有全社会制造业服务化水平普遍提升，才能有效促进制造业出口规模扩大。

二、稳健性检验

（一）工具变量方法

上述基准回归模型中因自变量与因变量之间的交互作用而存在内生性问题，以及反向因果的存在会导致计算偏误，鉴于此，本章拟选择核心解释变量的工具变量做稳健性检验。考虑到各方面的因素，本章选用的工具变量为制造业服务化水平的滞后一期。如表6.4（1）列和（2）列所示，使用制造业服务化水平及其二次项的滞后一期作为工具变量，得到的结果依然是U形曲线，证明结果是稳健的。

表6.4 两阶段最小二乘法和替换服务化指标的估计结果

	（1）	（2）	（3）	（4）
$\ln S$	-11.590*** (2.568)	-4.915*** (1.308)		
$(\ln S)^2$	27.190*** (4.343)	10.870*** (2.269)		
$\ln S_{world}$			38.470*** (2.007)	6.856*** (2.220)
k		-2.992*** (0.289)		-2.727*** (0.310)
l		0.272*** (0.052)		0.342*** (0.054)
newpr		-0.607 (0.439)		-0.761 (0.464)
opcost		-4.371*** (1.291)		-4.167*** (1.362)
sellcost		-30.110*** (4.632)		-29.620*** (4.556)
Constant	10.950*** (0.346)	12.360*** (1.512)	-9.386*** (1.014)	7.221*** (1.788)
行业固定效应	是	是	是	是
年份固定效应	是	是	是	是
样本量	238	238	255	255
R^2			0.608	0.850

注：本章将整个世界看成一个组织，用 $\ln S_{world}$ 表示，利用完全消耗系数计算公式，并根据中国制造业服务化水平算法，得到世界制造业服务化水平。（1）列和（2）列的工具变量是制造业服务化水平的滞后一期及其二次项的滞后一期，（3）列和（4）列的工具变量是世界制造业服务化水平。*、**、*** 分别表示在10%、5%、1%水平上显著，括号内数值为标准误。

（二）世界制造业服务化水平的影响

根据 WIOD 的数据计算得到中国制造业服务化水平均值为 0.328，其中最小值为 0.012，最大值为 0.644；而世界制造业服务化水平均值为 0.657，其中最小值为 0.568，最大值为 0.817。如表 6.4 的（3）列和（4）列所示，世界制造业服务化水平显著提高了出口规模。这里之所以没有放入世界制造业服务化水平的二次项，是因为观察世界制造业服务化水平及出口规模的图形时并没有发现曲线形式，并且 2000—2014 年世界制造业服务化水平整体变化趋势平缓，没有出现中国制造业服务化的阶段性特征。

（三）安慰剂检验

由于中国制造业服务化数据具有阶段性特征，我们尝试分析是否存在导致这种阶段性表现的某个事件。2008 年爆发的全球金融危机席卷全球，对中国制造业和服务业造成了冲击。那么，到底是全球金融危机导致了阶段性特征，还是制造业服务化内在的原因？本章以 2008 年为节点，考察制造业服务化水平变动与出口规模的平行趋势关系。设定如下计量模型：

$$\ln Export_{it} = \alpha_0 + \alpha_1 i \times year_t + \gamma Z + \varepsilon_{it} \tag{6-4}$$

其中，$year_t$ 是表示 t 年的虚拟变量，$i \times year_t$ 表示 2000—2014 年所有年份虚拟变量。根据双重差分模型的设计原理，大于 2007 年制造业服务化水平均值的样本为高制造业服务化行业（处理组），其他为低制造业服务化行业（控制组），可以看到处理组和控制组具有相似的发展趋势，如图 6.5 所示。这意味着，处理组和控制组的变动不满足平行趋势性假设，即 2008 年的全球金融危机并没有对处于不同制造业服务化水平的企业出口产生根本性影响。

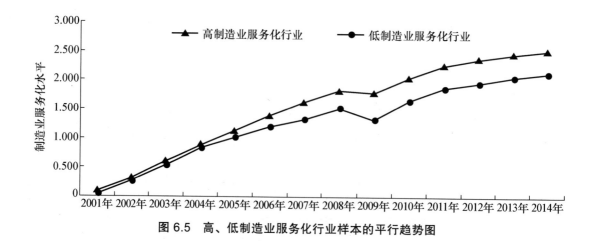

图 6.5　高、低制造业服务化行业样本的平行趋势图

上述结果在美国也得到了研究证实，Borchert、Mattoo（2010）对美国的研究显示，

2008年的全球金融危机并未对其服务贸易造成显著的负面影响。可见，制造业服务化对出口影响的阶段性特征不是由外部冲击造成的，因此需要从内在寻找其影响机制。

第五节 扩展分析

一、分行业结果

利用式（6-3），本章对中国17个制造业行业分别进行回归，结果见表6.5。从表6.5中可以看到，2000—2014年制造业服务化水平与出口规模之间呈现U形关系的行业有15个。以食品饮料及烟草制造业为例，制造业服务化水平的一次项系数显著为负，二次项系数显著为正，代入其制造业服务化水平的平均值（0.205），得到制造业服务化水平对出口规模的影响系数是0.650，这显示此行业制造业服务化水平对出口规模存在显著的促进作用。因此，通过观察影响系数，就可以得到制造业服务化水平影响出口规模的行业差异性。存在促进作用的行业有12个，其中3个行业［食品饮料及烟草制造业（0.650）、纺织品及皮革制造业（14.875）和造纸及纸浆制造业（4.991）］有显著的促进作用；存在抑制作用的行业有5个，其中有2个行业［木材产品及软木制造业（-0.610）和家具及其他制造业（-4.084）］有显著的抑制作用。此外，焦炭和精炼石油制造业、黑色金属制造业中出现了制造业服务化水平和出口规模的倒U形关系，这体现出了行业之间的异质性，但是这种关系在统计上并不显著。

表6.5中给出了制造业服务化影响出口的转折点，通过比较制造业服务化水平的均值和转折点可以看出，除了2个具有倒U形关系的行业，在均值大于转折点的行业中，均出现了影响系数为正的结果。这说明制造业服务化水平须高于转折点才可以提高行业的出口规模。

二、影响渠道检验

为了更深入地揭示制造业服务化水平与出口规模之间的内在关系，本章借鉴Baron和Kenny（1986）、许和连等（2018）的方法构建中介效应模型，对内在的传导机制进行检验。具体回归模型如下：

$$M_{it} = \alpha_1 + \beta_1 \ln S_{it} + \gamma_1 Z_{it} + \delta_i + \delta_t + \varepsilon_{it} \quad (6\text{-}5)$$

$$\ln \text{Export}_{it} = \alpha_2 + \beta_2 \ln S_{it} + \gamma_2 Z_{it} + \delta_i + \delta_t + \varepsilon_{it} \quad (6\text{-}6)$$

$$\ln \text{Export}_{it} = \alpha_3 + \beta_3 \ln S_{it} + \beta_4 M_{it} + \gamma_3 Z_{it} + \delta_i + \delta_t + \varepsilon_{it} \quad (6\text{-}7)$$

其中，M为中介变量。结合前文的机制分析，选取生产率和交易成本作为中介变量。借鉴Head和Ries（2003）的计算方法，生产率由人均产值与人均资本共同计算得出，其中，人均资本$\ln(k/l)$的贡献度δ设定为1/3，生产率$tfp = \ln(y/l) - \delta\ln(k/l)$。行业的交易成本用行业的销售费用比值sellcost表示。机制检验结果见表6.6。

表 6.5 分行业的制造业服务化水平与出口规模的回归结果

行业	ln S	(ln S)²	均值	转折点	影响系数
食品饮料及烟草制造业	-9.611*** (1.437)	25.070*** (2.982)	0.205	0.192	0.650
纺织品及皮革制造业	-7.944* (3.994)	13.870* (6.141)	0.250	-0.286	14.875
木材产品及软木制造业	-25.550** (10.560)	50.500* (23.010)	0.247	0.253	-0.610
造纸及纸浆制造业	-0.862 (1.312)	10.88*** (2.417)	0.269	0.040	4.991
印刷和出版制造业	-2.060 (4.493)	7.850 (7.708)	0.294	0.131	2.557
焦炭和精炼石油制造业	18.640 (35.550)	-18.550 (62.750)	0.268	0.502	8.708
化学品及化学制品制造业	-5.842 (11.060)	7.687 (13.170)	0.374	0.380	-0.094
基础医药制造业	-3.036 (1.933)	8.242 (5.807)	0.232	0.184	0.794
橡胶和塑料制造业	-13.740 (11.790)	20.290 (15.480)	0.359	0.339	0.826
非金属矿物制造业	-5.863 (3.760)	13.930** (5.16)	0.313	0.210	2.865
黑色金属制造业	6.236 (11.970)	-11.510 (18.290)	0.305	0.271	-0.775
有色金属制造业	-3.392 (2.689)	8.101 (4.440)	0.300	0.209	1.469
电子和光学设备制造业	-8.985 (9.391)	12.710 (14.530)	0.324	0.353	-0.754
电气设备制造业	-3.986 (2.431)	9.288** (3.484)	0.296	0.215	1.508
机械设备制造业	-2.176* (1.054)	6.248** (2.067)	0.221	0.174	0.591
交通运输设备制造业	-1.880 (2.540)	6.625 (6.717)	0.261	0.142	1.576
家具及其他制造业	-24.310** (9.129)	43.290** (18.150)	0.234	0.281	-4.084

注：为了表格的简洁性，本章省略报告了计量模型中其他控制变量的系数，留存备索。表中每个行业的样本量均为 15，且 R^2 大于 0.900。*、**、*** 分别表示在 10%、5%、1% 水平上显著，括号内数值为标准误。

表 6.6 机制检验结果

	（1）ln Export	（2）tfp	（3）ln Export	（4）sellcost	（5）ln Export
\multicolumn{6}{c}{2000—2007 年}
ln S	−3.320*** (0.642)	−0.166*** (0.049)	−1.968*** (0.532)	−1.670*** (0.420)	−1.408*** (0.456)
tfp			8.158*** (0.969)		
sellcost					1.145*** (0.095)
样本量	136	136	136	136	136
R^2	0.756	0.708	0.849	0.827	0.893

	（6）ln Export	（7）tfp	（8）ln Export	（9）sellcost	（10）ln Export
\multicolumn{6}{c}{2008—2014 年}
ln S	2.377*** (0.262)	0.216*** (0.018)	0.879*** (0.359)	2.716*** (0.195)	1.763*** (0.446)
tfp			6.946*** (1.273)		
sellcost					0.226* (0.134)
样本量	119	119	119	119	119
R^2	0.758	0.824	0.815	0.873	0.765

注：为了表格的简洁性，省略报告了计量模型中其他控制变量的系数，留存备索。括号内数值为标准误，*、**、***分别表示在10%、5%、1%水平上显著。

表 6.6 包含两个时间段：（1）~（5）列为 2000—2007 年，（6）~（10）列为 2008—2014 年。（1）列给出了式（6-6）的检验结果，结果与表 6.3 中 2000—2007 年的回归结果的方向一致，且在1%的水平上显著为负。（2）列和（4）列分别显示 tfp 和 sellcost 作为中介变量时式（6-5）的估计结果，可以发现制造业服务化水平的影响系数均在1%的水平上显著为负，表明在 2000—2007 年中国制造业服务化水平对其生产率提升和交易成本下降具有抑制作用。（3）列和（5）列分别显示 tfp 和 sellcost 作为中介变量时式（6-7）的估计结果，可以发现，在（3）列中制造业服务化水平的系数的绝对值从

3.320 下降到 1.968，（5）列中该系数的绝对值从 3.320 下降到 1.408，tfp 和 sellcost 的估计系数在 1% 水平上显著。2008—2014 年的检验结果也与表 6.3 中 2008—2014 年的回归结果基本一致。上述结果均说明，生产率和交易成本是中国制造业服务化水平影响出口规模的中介变量。

第六节　研究结论与政策建议

本章从制造业服务化水平与出口规模之间的关系出发，借助 2000—2014 年中国 17 个制造业细分行业的数据开展经验研究。首先，本章研究发现，中国制造业服务化水平总体上呈现先下降后上升的趋势，具体来说，2000—2007 年 17 个制造业细分行业的服务化水平呈现下降趋势，而 2008—2014 年则呈现上升趋势。在此基础之上，中国的制造业服务化水平对出口规模的促进作用存在转折点，两者之间整体而言呈现 U 形关系，这一结论在考虑了可能存在的内生性后依然稳健。而采用世界制造业服务化指标进行替换之后则不再存在 U 形关系，这说明了中国经济的特殊性。同时，安慰剂检验证明，2008 年爆发的全球金融危机不是造成中国制造业服务化水平与出口规模呈 U 形关系的原因，这进一步证实了中国制造业服务化对出口规模的内生影响机制的存在。其次，本章研究发现，17 个制造业细分行业的服务化水平对其出口规模的影响存在异质性，通过观察行业的制造业服务化平均值与转折点的关系，可以看到制造业服务化水平对其出口规模具有促进作用的行业有 12 个，其中，在食品饮料及烟草制造业、纺织品及皮革制造业、造纸及纸浆制造业中存在显著的促进作用；而具有抑制作用的行业有 5 个，其中，在木材产品及软木制造业、家具及其他制造业中存在显著的抑制作用。最后，通过构建中介效应模型探讨制造业服务化水平对出口规模的影响机制发现，生产率提升和交易成本下降是一国制造业服务化水平影响其出口规模的中介变量。整体面板的结果显示，伴随中国制造业服务化水平跨越转折点，制造业服务化有效地促进了行业生产率提升和交易成本下降，并显著促进出口规模扩大，从而使中国进入制造业服务化的红利阶段。

针对中国如何全面提升制造业服务化水平的问题，本章提出如下政策建议。首先，积极营造服务产品的配套环境，提升制造业企业的服务化水平。一方面，促使服务产品与要素的自由流动，有效提升制造业中的服务投入数量和质量。围绕《中共中央、国务院关于构建更加完善的要素市场化配置体制机制的意见》的要求，认真贯彻落实中央提出的完善要素市场化配置，形成生产要素从低质低效领域向优质高效领域流动的机制，提高要素质量和市场的配置效率。另一方面，鼓励中小型制造业企业的发展，健全多层次服务业市场体系，使得全社会充分汲取制造业服务化的红利，提升中国制造业的国际竞争力。其次，培育创新土壤，充分发挥制造业服务化的生产率中介效应。围绕国务院《关于推动创新创业高质量发展打造"双创"升级版的意见》，加强知识产权保护力度，提高企业创新动力，发掘培育一批可复制、可推广的新业态、新模式和新产业，打造现代特色产业集群，积极推进新技术在实际中的应用，创新服务内容和模式，构建完善的创新体系，促进先进制造业和现代服务业深度融合，有效发挥服务投入在促进制造业出口扩张中的积极作用。最后，进一步降低企业交易成本，优化行业发展环境。全面落实《中共中央关于深化党和国家机构改革的决定》，深入推进简政放权，提高资源配置效率和公平性，大幅降低制度性交易成本，营造良好的营商环境，提升制造业服务化的正面效应。我国应通过提升制造业服务化水平使全社会各行业融合升级，夯实实体经济基础，从而提升制造业的国际竞争力。

第七章 培育国际竞争新优势的产业支撑作用Ⅲ：服务业全要素生产率视角[①]

本章将在第五、第六章的基础上，从服务业 TFP 的角度，讨论培育国际竞争新优势的产业支撑作用。本章采用兼具赫克歇尔-俄林模型和李嘉图模型特征的测度框架，使用双边服务贸易数据，测度包括中国在内的主要经济体服务业及其分部门 TFP，分别从横向和纵向角度比较中国与全球主要经济体服务业及其分部门之间的 TFP 差异。研究发现，服务业 TFP 与人均收入显著正相关，且与劳动密集度呈正相关关系，但后者只在低收入国家中成立；中国服务业 TFP 水平与印度接近，但与俄罗斯、巴西等金砖国家及法国、德国、英国和日本等发达国家相比仍存在较大差距；服务业 TFP 世界排名变化趋势显示，中国具有相对优势的服务行业为管理咨询服务业和教育业，与世界水平相比，较落后的行业包括运输仓储支持服务、金融服务及行政支助服务。本章研究有助于科学掌握中国服务业 TFP 状况及其在世界上的位置，为提升服务业竞争力和国际竞争新优势提供决策依据。

第一节 问题的提出

随着经济的快速发展和人均收入的不断提高，服务业在国民经济中占据的地位越来越重要，这已成为经济发展过程中的一个客观事实（Eichengreen and Gupta，2013）。根据《中国统计年鉴》，2018 年，中国服务业增加值占 GDP 比重达到 52.2%，已成为中国经济的第一大产业；同时，中国服务业也是吸纳就业的主要渠道，当年服务业就业人数占全社会总就业人数的比重达到 46.3%，中国已经迈入服务经济时代（陈明、魏作磊，2018）。与提高服务业增加值占 GDP 的比重相比，促进服务业 TFP 增长更为重要。《中华人民共和国国民经济和社会发展第十三个五年规划纲要》（以下简称"十三五"规划）明确提出，加快推动服务业优质高效发展是国民经济发展远景的重要组成部分。随着中国经济发展水平的上升，单纯依靠资源要素推动经济

[①] 本章已发表在《数量经济技术经济研究》期刊（胡宗彪、周佳，2020）。

增长的方式已经不再具有可持续性，只有依靠自主知识产权的核心技术创新等，才能够掌握产业发展的主导权。根据新增长理论，效率的提高和技术的进步是推动经济增长的动力源泉，服务业 TFP 对推动中国经济长期增长具有重要意义。尤其是大力提升 TFP 也是供给侧结构性改革的本质要求。在此背景下，对中国服务业 TFP 进行准确测度并与全球主要经济体进行比较，对于认识和把握中国服务业 TFP 的现状及其在世界上的位置显得尤为必要。因此，本章的研究将为从服务业层面培育国际竞争新优势提供决策依据。

由于数据所限，目前关于不同经济体 TFP 的国际比较研究通常是从总体产业或制造业展开的，对服务业 TFP 展开国际比较研究的文献极其匮乏，尤其是基于双边服务贸易视角对服务业 TFP 进行国际比较研究的文献。鉴于此，本章采用兼具赫克歇尔-俄林模型和李嘉图模型特征的测度框架，使用双边服务贸易数据测度包括中国在内的主要经济体服务业及其分部门 TFP，为服务业 TFP 的国际比较研究提供新的视角和分析框架。本章采用的测度框架具有以下优势：一是利用双边服务贸易等数据，能够克服传统研究方法对数据的严格限制，在一定程度上减少了服务业 TFP 测度的基础数据质量问题；二是有助于扩大可供研究的经济体数量，能够更加全面地评估和比较处于不同发展阶段的经济体服务业 TFP 的差异；三是能够为科学掌握中国服务业 TFP 状况及其在世界上的位置提供一种新的研究思路和方法，且研究结论可以为相关政策制定提供理论支撑。

本章研究有着较为广泛的文献基础，特别是关于 TFP 测算方面的文献非常丰富。TFP 的测算方法主要是根据具体研究对象和相应数据的可得性来确定的。目前关于行业 TFP 的研究中，学者们主要运用常与曼奎斯特（Malmquist）指数配合使用的非参数的数据包络分析（Data Envelopment Analysis，DEA）模型及参数的随机前沿方法（Stochastic Frontier Approch，SFA），来测算某一国家总体或区域中分行业或某特定行业的 TFP（王恕立、胡宗彪，2012；滕泽伟、胡宗彪、蒋西艳，2017）。然而，DEA-Malmquist 生产率指数反映的只是 TFP 的变动情况，而非其实际水平。此外，有些研究基于企业视角来估算 TFP，并多采用半参数的 OP 等方法，这些方法相比于参数方法和非参数方法具有一定的优势。不过这些方法倾向于高估微观企业的 TFP，不能对企业生产率进行准确衡量（张志强，2015）。由此可见，不论是行业层面还是企业层面的测算方法，都存在一定的局限性，学者们会在研究中基于研究目标和数据获取情况进行适当选择。由于测算方法以及数据方面的限制，很少有研究对不同经济体的服务业 TFP 进行测度与比较。在此情况下，寻找合理测度服务业 TFP 的新方法显得十分必要。事实上，就算在非服务业领域，目前对行业 TFP 进行国际比较研究的文献也不多，现有文献主要是通过以下三种方法实现对各国行业生产率差异的比较。

第一种方法是就行业层面构建部门生产可能性边界，通过部门投入产出数据对行业生产率指数进行测算与比较，如 Acemoglu、Zilibotti（2001）的研究。由于一些发展中国家统计的行业相关指标并不全面，所以这种方法能够涵盖的国家十分有限。第二种方法是通过建立部门价格指数来进行行业生产率的跨国比较，但这种方法能够涵盖的国家范围更狭窄。Harrigan（1999）曾构建 8 个 OECD 国家制造业部门的行业价格指数，发现即使是严格限制在 OECD 国家中，行业价格指数差异仍然十分显著。第三种方法是将贸易信息引入模型，以比较不同国家的生产率差异。如 Eaton、Kortum（2002）构建的李嘉图贸易模型，能够校准、比较多个 OECD 国家的生产率。菲尼切利等在此模型基础上，校准了 18 个 OECD 国家的制造业总体生产率。Fadinger、Fleiss（2011）进一步作出改进，通过构建赫克歇尔－俄林贸易理论和李嘉图贸易理论相结合的模型，比较了涵盖发展中国家在内的研究样本的行业层面生产率差异。

遗憾的是，采用上述三种方法进行的行业生产率的跨国比较研究主要集中在制造业领域。目前，鲜有文献从国际比较的视角，对不同经济体的服务业生产率差异进行测算和分析。从现有研究来看，不同的服务业 TFP 测算方法依赖于不同的假设，在估算生产函数、进行经验检验时会遇到不同的挑战。之所以缺乏对全球主要经济体服务业及其分部门 TFP 进行跨国比较的研究，主要是因为现有测算方法所需要的指标数据无法得到满足。事实上，服务业 TFP 测算的基础数据质量问题也一直是学术界关注的重要问题。因此，本章尝试对传统 TFP 的测度方法进行拓展，通过采用兼具赫克歇尔－俄林模型和李嘉图模型特征的测度框架，使用双边服务贸易数据，测度包括中国在内的主要经济体服务业及其分部门 TFP，为科学掌握中国服务业 TFP 状况及其在世界上的位置提供一种新的研究思路和方法。

第二节 服务业 TFP 的测度框架与指标数据

一、测度框架

借鉴 Krugman（1979）的研究思路与方法，假设不同部门的服务业企业使用不同的要素比例，存在双边服务贸易成本，部门间 TFP 存在差异。这些假设使得双边贸易同时具有赫克歇尔－俄林模型和李嘉图模型的特征。

（1）需求方面。假设国家 i 的所有消费者具有相同的位似偏好（Homothetic Preferences），可由两层（Two-tiered）效用函数表示，第一层为 K 个部门子效用函数（Sub-utility Functions）的加总，即 $U_i = \prod_{k=0}^{K} u_{ik}^{\sigma_{ik}}$。子效用函数是 CES 效用函数：$u_{ik} = \left(\sum_{b \in B_{ik}} x_b^{\frac{\varepsilon_k - 1}{\varepsilon_k}} \right)^{\varepsilon_k/(\varepsilon_k - 1)}$，其中，$\varepsilon_k$ 表示部门 k 的替代弹性，B_{ik} 表示服务种类集合。国家 j 出口到国家 i 存在贸易成本 τ_{ijk}，效用函数形式意味着 i 国消费者对 j 国 k 部门的需求函数具有不变的弹性 ε_k，由式（7-1）决定，

$$x_{ijk} = \frac{\hat{p}_{ijk}^{-\varepsilon_k} \sigma_{ik} Y_i}{P_{ik}^{1-\varepsilon_k}} \tag{7-1}$$

式（7-1）中，$\hat{p}_{ijk} = \tau_{ijk} p_{jk}$ 表示 j 国提供的服务部门 k 在进口国 i 的市场价格，P_{ik} 是 i 国 k 部门的最优价格指数，可表示为 $P_{ik} = \left(\sum_{b \in B_{ik}} \hat{p}_b^{1-\varepsilon_k} \right)^{1/(1-\varepsilon_k)}$。

（2）供给方面。假设不同服务部门的生产技术不同，生产属于垄断竞争性质。j 国服务企业的生产要素投入包括物质资本和劳动力，j 国 k 部门的企业生产可能性曲线可由总成本函数 $TC(q_{jk}) = (f_{jk} + q_{jk}) \frac{1}{A_{jk}} \prod_{f \in F} \left(\frac{w_{fj}}{\alpha_{fk}} \right)^{\alpha_{fk}}$ 刻画，其中，w 表示要素价格，F 表示劳动力或资本，A_{jk} 表示 TFP，α 为要素收入份额（$\sum_{f \in F} \alpha_{fk} = 1$），$f_{jk}$ 和 q_{jk} 分别表示固定成本和企业规模。基于总成本函数和式（7-1），最优价格是边际成本的固定加成（Mark-up），即

$$p_{jk} = \frac{\varepsilon_k}{\varepsilon_k - 1} \frac{1}{A_{jk}} \prod_{f \in F} \left(\frac{w_{fj}}{\alpha_{fk}} \right)^{\alpha_{fk}} \quad (7\text{-}2)$$

（3）部门生产率估计。对于部门 k，i 国从 j 国的进口可表示为定价 p_{jk}、贸易成本 τ_{ijk}、i 国对种类的需求数量 x_{ijk} 及种类数量 N_{jk} 的乘积，$M_{ijk} = \hat{p}_{ijk} x_{ijk} N_{jk} = p_{jk} \tau_{ijk} x_{ijk} N_{jk}$。将式（7-1）和式（7-2）代入，得到：

$$M_{ijk} = \left\{ \frac{[\varepsilon_k / (\varepsilon_k - 1)] \tau_{ijk} \prod_{f \in F} (w_{fj} / \alpha_{fk})^{\alpha_{fk}}}{A_{jk} P_{ik}} \right\}^{1-\varepsilon_k} \sigma_{ik} Y_i N_{jk} \quad (7\text{-}3)$$

式（7-3）表明，双边贸易与进口国消费者的支出份额 σ_{ik}、总收入 Y_i 正相关。由于替代弹性大于 1，双边贸易与 j 国的定价 p_{jk} 负相关，这是因为密集使用相对便宜要素的出口企业具有成本优势。同样地，如果 j 国 k 部门的生产率 A_{jk} 高于其他国家，则该国的定价降低，出口扩大。从式（7-3）也可以看出，双边贸易依赖于出口国部门 k 中的企业数量，鉴于这一数据在众多经济体中较难获取，可以通过设定 j 国部门 k 的总生产 $\tilde{Q}_{jk}$ 等于每个企业的生产乘以企业数量（$\tilde{Q}_{jk} = p_{jk} q_{jk} N_{jk}$）来进行求解。结合式（7-2），均衡时的企业规模为 $q_{jk} = f_{jk}(\varepsilon_k - 1)$，与固定成本和替代弹性正相关，将其代入部门总生产公式即可求得 $N_{jk} = \tilde{Q}_{jk} / [p_{jk}(\varepsilon_k - 1) f_{jk}]$，再将 N_{jk} 代入式（7-3），得到：

$$M_{ijk} = \left\{ \frac{[\varepsilon_k / (\varepsilon_k - 1)] \prod_{f \in F} (w_{fj} / \alpha_{fk})^{\alpha_{fk}}}{A_{jk}} \right\}^{-\varepsilon_k} \left(\frac{\tau_{ijk}}{P_{ik}} \right)^{1-\varepsilon_k} \sigma_{ik} Y_i \frac{\tilde{Q}_{jk}}{(\varepsilon_k - 1) f_{jk}} \quad (7\text{-}4)$$

对式（7-4）进行变换可得 A_{jk}。测算和比较各经济体的服务业生产率可以通过将一个出口国设为基准国来实现，由此得到的相对生产率具有传递性。由于美国出口的服务产品所覆盖的经济体数量众多，且其属于高收入和技术领先国家，因此将美国设为基准国。[①] 此外，选择基准国还可以将不涉及出口国 j 的所有项（如 σ_{ik}，Y_i，P_{ik}）从方程中约分掉。对于进口国 i，可以将 j 国部门 k 相对于美国的原始生产率（Raw Productivity）表示如下。

$$\frac{\tilde{A}_{ijk}}{\tilde{A}_{iUSk}} \equiv \frac{A_{jk}}{A_{USk}} \left(\frac{f_{jk}}{f_{USk}}\right)^{-\frac{1}{\varepsilon_k}} \left(\frac{\tau_{ijk}}{\tau_{iUSk}}\right)^{\frac{1-\varepsilon_k}{\varepsilon_k}} = \left(\frac{M_{ijk}}{M_{iUSk}} \frac{\tilde{Q}_{USk}}{\tilde{Q}_{jk}}\right)^{\frac{1}{\varepsilon_k}} \prod_{f \in F} \left(\frac{w_{fj}}{w_{fUS}}\right)^{\alpha_{fk}} \quad (7-5)$$

可以看出，原始生产率取决于可变生产（Variable Production）的相对生产率、相对固定成本和相对贸易成本。直觉上，在控制相对要素成本后，如果 j 国产出中的更大比例被出口，就意味着 j 国相对于美国的生产率要高。根据式（7-5），只要有双边贸易、出口国的生产和要素价格数据就可得到原始生产率。尽管贸易成本会随进口国的变化而变化，但出口国的可变生产的相对生产率和固定成本不会变化。可以将相对生产率（Relative Productivity）定义为可变生产的相对生产率与加权相对固定成本的乘积，即：

$$\frac{\check{A}_{jk}}{\check{A}_{USk}} = \left(\frac{A_{jk}}{A_{USk}}\right)\left(\frac{f_{jk}}{f_{USk}}\right)^{-\frac{1}{\varepsilon_k}} \quad (7-6)$$

这里需要说明的是为什么相对生产率的定义需要考虑相对固定成本。可以看出，当相对固定成本大于1时，$(\check{A}_{jk}/\check{A}_{USk}) < (A_{jk}/A_{USk})$。在此情况下，将相对较少的企业分配给国家 j，原因是企业数量依赖于部门生产和固定成本。较高的固定成本意味着较大的企业规模，且在部门生产一定时，生产的种类数量也会较低。由于存在多样性偏好，在给定部门生产时，双边贸易将会增加生产者数量。因此，对于给定的出口-生产比率，相对较高的固定成本需要可变生产的相对较高生产率。同时，替代弹性 ε_k 决定了相对双边贸易对相对价格差异的敏感程度。因此观察到的出口相对于部门生产的差异一定是源于可变生产率的较大差异。同时，控制这种影响所需做出的调整（通过弹性倒数加权）增加了相对固定成本在降低相对生产率（相对于可变生产相对生产率）时所起的作用。将式（7-6）代入式（7-5），取对数并做相应变换得到，

$$\frac{\check{A}_{jk}}{\check{A}_{USk}} = \exp\left[\log\left(\frac{\bar{A}_{jk}}{\bar{A}_{USk}}\right) - \frac{1-\varepsilon_k}{\varepsilon_k}\log\left(\frac{\tau_{ijk}}{\tau_{iUSk}}\right)\right] \quad (7-7)$$

[①] 同时，我们将英国作为基准国进行稳健性检验，结果显示本章的主要研究结论依然成立，说明基准国选取不会对本章结论造成实质性影响。限于篇幅，结果未报告，感兴趣的读者可向作者索要。

式（7-7）中，等号右侧括号中第一项表示所有从 j 国进口的国家 i 的原始生产率均值，由此便可计算得到出口国 j 相对于美国的部门生产率。

二、指标与数据来源

本章研究的样本主要来自 WIOD 数据库，覆盖了 2000—2014 年含中国在内的 42 个经济体的数据。由于广告市场研究服务和境外组织机构活动服务的相关数据大量缺失，因此本章没有将其纳入研究范围，最终选取的服务部门共计 27 个。原始数据主要来源于国家统计局、WIOD、世界银行数据库、佩恩表（PWT 9.0）、联合国教科文组织、国际劳工组织等。根据式（7-5）和式（7-7），计算相对生产率需要先获取或通过计算得到以下指标的相关数据。

（1）服务贸易进口 M_{ijk} 与服务业总产出 Q_{jk}。数据来源于 WIOD 中的《世界投入产出表》（2016 版）。

（2）服务贸易成本 τ_{ijk}。由于服务贸易相关数据极其匮乏，服务贸易成本的测算相比商品贸易成本更加困难，因此本章主要基于 Novy（2013）的方法进行计算。该方法是在 Anderson、van Wincoop（2003）的模型基础上，考虑到两国间的贸易成本可以是非对称的且各国的国内贸易成本也可以是不同的，而提出的一种测算方法。将其用于服务贸易成本测算的最大优势是该方法对相关数据的要求较低，只需要双边服务贸易和服务部门生产总值数据即可。

$$\tau_{ijk} = \left(\frac{x_{iik} x_{jjk}}{x_{ijk} x_{jik}} \right)^{1/2(\sigma-1)} - 1 \qquad (7\text{-}8)$$

式（7-8）中，$x_{ijk}(x_{jik})$ 表示 $j(i)$ 国向 $i(j)$ 国的出口，$x_{iik}(x_{jjk})$ 表示 $i(j)$ 国的国内贸易。可以看出，双边贸易成本是两个方向上的几何平均值，减去 1 表明这是以从价等值条件表示的贸易成本。对于替代弹性 σ，遵循 Anderson、van Wincoop（2004）及 Novy（2013）的方法，本章将其设为 8。

（3）生产要素价格 w_{fj}。我们将生产要素划分为资本和劳动力。资本要素价格（$w_{j,\mathrm{cap}}$）由出口国总体资本要素收入份额（$\alpha_{j,\mathrm{cap}}$）、国内生产总值（GDP_j）和资本存量（K_j）共同决定。由于国内生产总值和资本存量都以 2000—2014 年各经济体自身货币为单位，因此直接求比值可以抵消不同货币单位带来的影响，具体计算方法见式（7-9）。

$$w_{j,\mathrm{cap}} = \alpha_{j,\mathrm{cap}} \frac{\mathrm{GDP}_j}{K_j} \qquad (7\text{-}9)$$

类似地，劳动要素价格（$w_{j,\text{lab}}$）由出口国总体劳动要素收入份额（$\alpha_{j,\text{lab}}$）、国内生产总值（GDP_j）和从业人员年均工时（L_j）共同决定。具体计算方法见式（7-10）。

$$w_{j,\text{lab}} = \alpha_{j,\text{lab}} \frac{\text{GDP}_j}{L_j} \qquad (7\text{-}10)$$

（4）行业要素收入份额 α_{fk}。行业要素收入份额是各行业资本、劳动力在生产要素收入中的占比，原始数据来自 WIOD 中的社会经济账户（Socio-Economic Accounts，SEA）表。

三、指标数据的比较分析

本章基于各指标的计算方法及相应数据来源，整理数据并计算出相关指标结果，如图 7.1 所示。需要说明的是，由于本章样本是"国家—伙伴国—部门—时间"的四维结构，包括 42 个经济体、27 个服务业部门、15 年、近 70 万个样本的数据，所以，图 7.1 所示为测度框架中各指标（服务业总产出、服务贸易进口、服务贸易成本、资本要素价格、劳动要素价格和服务业劳动要素收入份额）数据的汇总结果。通过图 7.1 既可以实现国家之间在不同指标上的纵向比较，也可以实现时间上的横向比较。图 7.1（a）至图 7.1（f）中的虚线上方表示所选取的中国、巴西、俄罗斯、印度 4 个新兴经济体（南非不在本章样本之列），虚线下方表示所选取的美国、日本、英国、法国、德国 5 个发达国家；左侧和右侧则分别表示 2000 年和 2014 年的数据。

由图 7.1 可知，不论是 2000 年还是 2014 年，对于每个指标，新兴经济体和发达国家之间都存在差异。服务业总产出方面，所有国家均呈增长趋势，其中以中国最为明显；2000 年，新兴经济体的服务总产出明显低于发达国家，并且 2014 年除中国外依然如此。服务贸易进口方面，所有国家同样呈增长趋势，其中以中国最为明显，说明中国自加入 WTO 以来，服务进口取得了快速发展；2014 年，除中国外，巴西、俄罗斯和印度的服务贸易进口总体上都远远低于发达国家。服务贸易成本方面，随着服务全球化的推进，各国都实现了贸易成本的总体下降，且以新兴经济体更为明显；横向对比来看，2000 年，新兴经济体服务贸易成本明显高于发达国家，但到 2014 年，这种差异已经明显缩小，尤其是中国和印度。资本要素价格方面，所有国家均呈下降趋势，以中国和法国更为明显；到 2014 年，新兴经济体的资本要素价格与发达国家已基本接近。劳动要素价格方面，各国总体上都在增长；但无论是 2000 年还是 2014 年，新兴经济体的劳动要素价格都要明显低于发达国家。服务业劳动要素收入份额方面，2000 年，新兴经济体低于发达国家，但到 2014 年两者之间的差异已经大幅缩小。

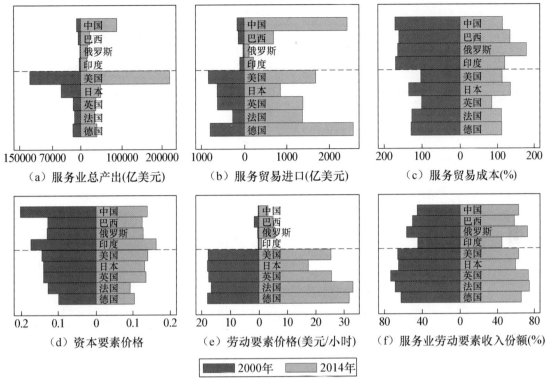

图 7.1 指标数据在主要经济体之间的比较（2000 年和 2014 年）

注：我们同时绘制了指标数据在 2000—2014 年的均值图形，结果显示新兴经济体与发达国家之间的横向对比结论依然成立，感兴趣的读者可向作者索要。

第三节 描述性统计与相关性分析

一、各国服务业 TFP 描述性统计

表 7.1 报告了 2000—2014 年各个国家服务业 TFP 的均值、标准差、最大值和最小值及其分别对应的行业。就均值而言，中国、巴西、印度、印度尼西亚、俄罗斯这几个发展中国家的服务业 TFP 相对较低，挪威、卢森堡、法国、丹麦、爱尔兰等国家的服务业 TFP 明显较其他国家高。2000—2014 年，除了塞浦路斯、卢森堡和拉脱维亚这 3 个国家，其他国家服务业 TFP 水平均比国家总体 TFP 水平高。对于大部分国家来说，TFP 高的服务业集中在出版业（J58）、金融保险服务（K66）（都是发达国家）及房地产业（L68）（以发展中国家为主），而 TFP 低的服务业在不同国家表现不同。

表 7.1 各国服务业 TFP 描述性统计

国家	国家代码	均值	标准差	最小值及对应行业		最大值及对应行业	
澳大利亚	AUS	1.794	0.904	0.983	I	4.437	J58
奥地利	AUT	1.828	1.229	1.089	I	6.335	K66
比利时	BEL	1.888	1.216	1.090	H52	6.242	J58
保加利亚	BGR	0.605	0.364	0.218	P85	1.477	L68
巴西	BRA	0.582	0.381	0.210	P85	1.641	J58
加拿大	CAN	1.563	1.074	0.807	G45	6.409	J58
瑞士	CHE	1.904	1.050	1.187	K64	6.605	J58
中国	CHN	0.450	0.740	0.0798	M69_70	3.567	L68
塞浦路斯	CYP	1.774	0.874	0.943	G47	5.185	J58
捷克	CZE	0.896	0.312	0.502	R_S	1.594	J58
德国	DEU	1.727	1.545	0.452	H50	8.690	K66
丹麦	DNK	2.208	1.652	0.482	H50	8.582	K66
西班牙	ESP	1.296	0.608	0.743	R_S	3.648	J58
爱沙尼亚	EST	1.031	0.511	0.528	R_S	2.572	J58
芬兰	FIN	2.029	1.274	1.129	M72	6.266	K66
法国	FRA	2.384	3.568	0.817	H50	19.18	K66
英国	GBR	1.433	0.798	0.661	M74_75	5.005	J58
希腊	GRC	1.582	0.893	0.712	G47	4.712	J58
克罗地亚	HRV	0.943	0.426	0.386	T	2.182	K66
匈牙利	HUN	0.782	0.330	0.420	M74_75	1.578	J58
印度尼西亚	IDN	0.560	0.452	0.120	P85	1.802	G46
印度	IND	0.445	0.786	0.0590	J62_63	3.552	L68
爱尔兰	IRL	2.154	1.018	1.112	M74_75	5.164	L68
意大利	ITA	1.640	0.785	0.949	M74_75	4.687	J58
日本	JPN	1.427	1.240	0.466	T	6.994	J58
韩国	KOR	0.882	0.609	0.360	M74_75	3.550	J58
立陶宛	LTU	0.891	0.414	0.395	P85	1.986	K65
卢森堡	LUX	3.038	1.968	1.310	G47	10.95	J58
拉脱维亚	LVA	0.992	0.506	0.462	P85	2.322	L68
墨西哥	MEX	1.696	2.114	0.435	G47	11.49	J58
马耳他	MLT	1.602	0.903	0.712	R_S	5.526	J58
荷兰	NLD	1.802	1.260	1.020	H50	6.538	K66
挪威	NOR	3.072	1.800	1.463	H50	9.633	J58

续表

国家	国家代码	均值	标准差	最小值及对应行业		最大值及对应行业	
波兰	POL	0.975	0.550	0.376	P85	2.706	L68
葡萄牙	PRT	1.277	0.709	0.596	T	4.318	J58
罗马尼亚	ROU	0.632	0.366	0.263	Q	1.564	L68
俄罗斯	RUS	0.505	0.362	0.220	P85	1.679	L68
斯洛伐克	SVK	0.959	0.404	0.466	R_S	1.945	J58
斯洛文尼亚	SVN	1.496	0.807	0.818	G47	4.205	K66
瑞典	SWE	1.903	1.190	1.021	G47	5.886	J58
土耳其	TUR	0.915	0.713	0.338	P85	3.420	L68
美国	USA	1	0	1		1	

二、服务业 TFP 与总体 TFP 之间的关系

图 7.2 显示了各国服务业 TFP 与其总体 TFP 之间的关系，纵轴表示服务业 TFP，即各国服务业 2000—2014 年的 TFP 均值，横轴表示各国总体 TFP，即各国总体生产率按照自身各年度增加值取权重的均值，其中各国总体 TFP 是在购买力平价现价的基础上计算的。虚线表示各国服务业 TFP 与国家总体 TFP 之间的线性拟合曲线（Fitted values）；实线表示 $y=x$，在实线之上的点表示对应的该国服务业 TFP 比总体 TFP 更高，此时服务业 TFP 的增长能够带动总体 TFP 的增长。

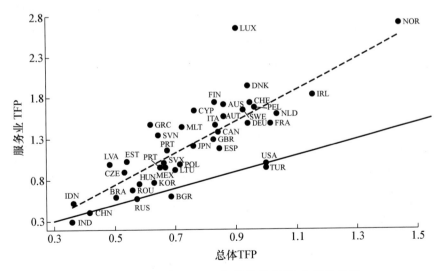

图 7.2　各国服务业 TFP 与其总体 TFP 之间的关系

如图 7.2 所示，各国服务业 TFP 与其总体 TFP 呈正相关关系，且大部分国家在 $y=x$

线上方,说明这些国家服务业 TFP 对总体 TFP 的贡献大于非服务业 TFP,或者说非服务业 TFP 相对于服务业 TFP 来说居于劣势。这在一定程度上也否定了鲍莫尔的"成本病"假说,即对这些国家而言,服务业并没有拖累国家整体的生产率增长。从图 7.2 中可以看出,中国的服务业 TFP 和总体 TFP 都处于一个较低水平,且两者数值较为接近。

三、服务业 TFP 与人均收入之间的关系

(一)服务业分行业 TFP 与人均收入对数显著正相关

通过分析服务业 TFP 与人均收入对数的回归结果,可以发现,在总体层面上,两者显著正相关,并且绝大部分服务业行业都符合这一发现。表 7.2 报告了服务业细分行业 TFP 与人均收入对数的回归结果,可以看出,绝大部分服务业行业(除水运、音像制作及出版、房地产和家庭自用服务外)TFP 与人均收入对数也呈显著正相关关系,但相关程度和系数大小在各行业中表现出较大的异质性。

表 7.2 服务业细分行业 TFP 与人均收入对数的回归结果

服务业细分行业	行业代码	回归系数	标准误差	P 值	R^2
汽车、摩托车的批发与零售贸易	G45	0.3981	0.0738	0.0000	0.4273
除汽车、摩托车外的批发贸易	G46	0.4171	0.0823	0.0000	0.3907
除汽车、摩托车外的零售贸易	G47	0.4440	0.0519	0.0000	0.6464
陆路和管道运输	H49	0.5315	0.0742	0.0000	0.5618
水运	H50	0.1076	0.0798	0.1850	0.0435
航空运输	H51	0.4003	0.0876	0.0000	0.3432
运输仓储支持	H52	0.4620	0.0690	0.0000	0.5285
邮政快递服务	H53	0.8090	0.1179	0.0000	0.5737
住宿餐饮服务	I	0.5499	0.0619	0.0000	0.6637
出版	J58	1.4101	0.3481	0.0003	0.3131
音像制作及出版	J59_J60	0.1106	0.1256	0.3846	0.0217
电信	J61	0.2294	0.0463	0.0000	0.3803
计算机编程及咨询相关	J62_J63	0.7286	0.0903	0.0000	0.6251
金融服务活动	K64	0.4049	0.0586	0.0000	0.544
保险与养老基金	K65	0.4878	0.1010	0.0000	0.3806
金融及保险辅助	K66	1.2337	0.5478	0.0313	0.1368
房地产	L68	−0.0719	0.0708	0.3158	0.0258
管理咨询服务	M69_70	0.5547	0.0758	0.0000	0.5911
建筑工程技术测试分析	M71	0.6787	0.1158	0.0000	0.5098
科学研究与发展	M72	0.3260	0.1177	0.0088	0.1756

续表

服务业细分行业	行业代码	回归系数	标准误差	P值	R^2
其他专业科学技术活动	M74_75	0.3625	0.0919	0.0004	0.3076
行政支助服务	N	0.4500	0.0837	0.0000	0.4195
公共行政与国防	O84	0.7025	0.0755	0.0000	0.6839
教育	P85	0.7025	0.0755	0.0000	0.6839
健康和社会工作服务	Q	0.5760	0.0644	0.0000	0.6666
其他服务活动	R_S	0.4359	0.0471	0.0000	0.6814
家庭自用服务	T	0.1386	0.1785	0.4436	0.0204

（二）服务业 TFP 与各收入组别国家之间的关系

基于相关研究，通过构建一国与美国或者 OECD 国家的收入比（赶超指数，Catch-up Index）可以确定其属于低收入、中等收入，还是高收入国家（Ye and Robertson，2016）。比如，赶超指数可以表示为一国或地区人均 GDP 占美国人均 GDP 的比重，当该比重高于 55% 时为高收入国家，介于 20%～55% 为中等收入国家，低于 20% 则为低收入国家（Ozturk，2016）。借鉴该方法，通过构建各国相对于美国的赶超指数来对 42 个国家进行分类，以分析不同组别的变化趋势，如图 7.3 所示。

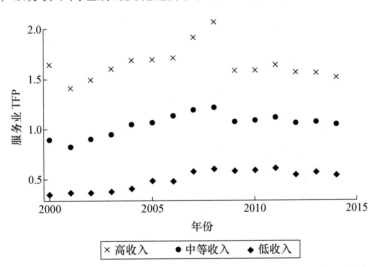

图 7.3　高、中、低收入国家 2000—2014 年服务业 TFP 变化趋势

从图 7.3 可以看出，不同收入组别国家服务业 TFP（Services TFP）的变化趋势基本一致。2001—2008 年，各组服务业 TFP 都有一个较稳定的增长趋势；2009 年，各组服务业 TFP 均较前一年明显下降，且下降程度在不同组别之间表现出差异。不难推测，2008 年全球金融危机对各国服务业 TFP 的冲击程度与各国收入水平有关，收入水平更高的国家受到的负面冲击也更大。

此外，通过分析发现，在不同收入水平国家中，服务业 TFP 水平与劳动密集度的关系并不一致。具体而言，低收入国家的服务业分行业 TFP 水平与劳动密集度呈明显的正相关关系，但这一现象在中、高收入国家中并不显著（以英国作为基准国的结论依然如此），这一结论与 Fadinger、Fleiss（2011）的研究发现一致。

第四节 服务业全要素生产率的比较分析

一、中国服务业 TFP 的分阶段特征及行业异质性表现

（一）中国服务业 TFP 的分阶段特征

图 7.4 是 2000—2014 年中国服务业 TFP 的核密度分布动态演进图。为便于阅读，本节选取几个关键年份来展示。可以发现，样本期内中国服务业 TFP 的分布趋势具有阶段性特征：2000—2003 年，服务业总体发展还处于比较初级的阶段，低 TFP（0～0.2）的服务业开始增加；2004—2007 年，服务业发展水平持续提升，TFP 明显提高，服务业从以低 TFP（0～0.2）为主向较低 TFP（0.4～0.6）过渡；2008—2014 年，TFP 为 0.4～0.6 区间的服务业成为主流，低水平间的差距缩小程度十分显著，低 TFP 服务业显著减少，0.6～0.8 区间的服务业显著增加。服务业 TFP 增加的原因可能有以下几个。一是现代信息技术快速发展，网络零售等具有典型信息化特征的服务业效率得到明显提升。二是持续推进的服务业体制机制改革激发了服务业市场主体的积极性。三是随着中国加入 WTO，服务业通过进出口贸易、利用外资和对外投资等渠道产生了正向或逆向生产率溢出效应。

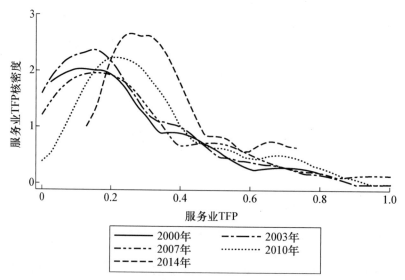

图 7.4 2000—2014 年中国服务业 TFP 核密度分布动态演进图

（二）中国服务业细分行业 TFP 变化的异质性表现

图 7.5 显示了中国服务业细分行业 2000 年、2014 年 TFP 及 2000—2014 年平均增长率。可以看出，与 2000 年相比，2014 年中国大部分服务业行业 TFP 显著提高，按平均增长率排序，样本期内生产率增长最快的前 3 个行业分别是计算机编程及咨询相关（16.67%）、教育（9.77%）和邮政快递服务（9.31%）；而行政支助服务的 TFP 却降低了（-2.1%）。

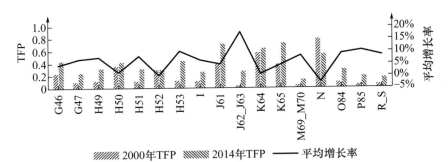

图 7.5　中国服务业细分行业 2000 年、2014 年 TFP 及 2000—2014 年平均增长率

注：中国的 G45、J58、J59_J60、K66、M71、M73、T、U 等行业存在数据缺失，无法计算 TFP，L68、M72、M74_75 的 TFP 存在部分年度数据缺失，无法计算平均增长率。

二、服务业 TFP 的国际比较：中国细分行业排名

表 7.3 报告了中国服务业分行业 TFP 在 42 个国家中的排名变化情况。2000—2014 年，中国排名上升较明显的行业有管理咨询服务和教育；排名下降较明显的行业有运输仓储支持、金融服务活动和行政支助服务。2004 年以后，中国教育行业的 TFP 增长率一直高于世界平均增长率[①]，且保持上升趋势，并在 2008 年达到最高（31.53%）。2008 年，各国教育行业 TFP 平均增长率为 11.1%，此后明显下降，随后保持平稳态势。中国管理咨询服务增长速度从 2010 年开始放缓，但相对 TFP 持续提高，因此世界排名上升。

表 7.3　中国服务业分行业 TFP 在 42 个国家中的排名变化（部分年份）

行业	行业代码	2000 年	2001 年	2008 年	2013 年	2014 年
除汽车、摩托车外的批发贸易	G46	41	42	40	41	41
除汽车、摩托车外的零售贸易	G47	40	41	41	41	40
陆路和管道运输	H49	40	40	41	41	41
水路运输	H50	40	41	39	40	40
航空运输	H51	42	42	41	41	41
运输仓储支持	H52	33	35	41	41	40

---

① 世界平均增长率是指 42 个国家在相应服务业部门的 TFP 的平均增长率。

续表

行业	行业代码	2000年	2001年	2008年	2013年	2014年
邮政快递服务	H53	36	36	36	35	35
住宿餐饮服务	I	40	40	41	39	39
电信	J61	40	41	41	41	41
计算机编程及咨询相关	J62_J63	40	40	39	40	39
金融服务活动	K64	37	38	41	41	41
保险与养老基金	K65	39	39	39	39	39
房地产	L68		1	1	4	
管理咨询服务	M69_M70	39	39	39	38	37
科学研究与发展	M72			38	38	38
其他专业科学技术活动	M74_M75			34	35	34
行政支助服务	N	28	27	33	40	40
公共行政与国防	O84	41	42	40	38	39
教育	P85	42	42	41	40	39
健康和社会工作服务	Q			40	40	40
其他服务活动	R_S	38	37	41	40	41

注：空格表示该年度中国数据缺失，无法参与排名。"其他服务活动"在2000年、2001年的排名之所以高于其他年份，是因为其他国家的数据缺失，总体来看并无明显的领先趋势或落后趋势。中国有些行业排名较好同样是由于其他国家数据缺失，如"邮政快递服务""其他专业科学技术活动"缺失5个，"保险与养老基金"缺失2个，"科学研究与发展"缺失4个。由于中国房地产数据在样本期内的缺失年份较多，且后期的生产率变化方向不明确，故没有对其进行相对趋势判断。

中国较世界水平落后的服务业行业主要有运输仓储支持、金融服务活动和行政支助服务。其中，行政支助服务行业TFP在2013年出现大幅下降，导致世界排名下降；运输仓储支持和金融服务活动两个行业的相对TFP增长速度未达到世界平均水平，因此世界排名同样出现明显下降。对于世界排名呈下降趋势的行业，我国应该在市场和政府两个方面增加举措，使其获得相较于其他国家更快的增长速度，进而提高世界排名，使其由相对落后的行业变为相对领先的行业。需要强调的是，此处相对落后或相对领先主要是从时间维度上进行的判断，如果从绝对排名来看，中国在绝大多数服务业行业的排名中都是靠后的。

三、服务业 TFP 的国际比较：与金砖国家

图 7.6 显示了 2000—2014 年金砖国家（中国、俄罗斯、巴西、印度）服务业 TFP 的总体变化趋势。从总体水平来看，巴西和俄罗斯的服务业 TFP 要明显高于中国；中国与印度的服务业 TFP 较为接近但略高于印度。从总体的变化趋势来看，2000—2014 年，巴西和俄罗斯的服务业 TFP 较为接近，且基本保持上升趋势，但俄罗斯在 2008 年有明显的下降。中国和印度的服务业 TFP 变化趋势相似，总体呈现出先波动上升再下降的变化轨迹。

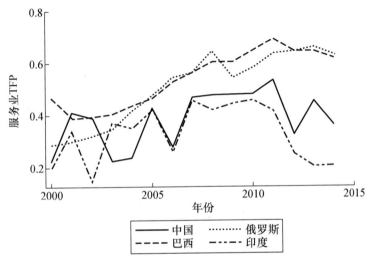

图 7.6　2000—2014 年金砖国家总体服务业 TFP 比较

图 7.7 显示了金砖国家不同类型服务业 TFP 的变化趋势。巴西和俄罗斯的资本密集型和劳动密集型服务业 TFP 明显高于中国和印度。中国的资本密集型和劳动密集型服务业 TFP 均高于印度，2008 年后二者的差距更加明显。公共服务业 TFP 相对更高的依然是巴西和俄罗斯，但 2012 年巴西、印度出现明显下降，俄罗斯增速放缓，中国则一直保持稳定的增长态势，2012 年中国公共服务业 TFP 开始高于印度。2014 年，知识密集型服务业 TFP 从高到低依次为俄罗斯、巴西、中国和印度。总体来看，中国知识密集型服务业 TFP 与其他类型服务业 TFP 相比，具有一定的相对优势。

图 7.8 显示了 2014 年服务业分行业 TFP 在金砖国家之间的比较情况。我们主要选取房地产、电信、金融服务活动三个行业进行讨论。俄罗斯服务业 TFP 较高且保持在相对稳定水平的行业主要是房地产，巴西的房地产行业 TFP 水平也较高。巴西和俄罗斯的电信行业 TFP 相对较高，中国电信行业 TFP 在 2008 年之前保持良好的增长态势，但之后增速放缓。中国金融服务活动行业 TFP 在 2008 年出现显著上升态势，自 2010 年突破 0.6 之后保持平稳增长态势，但仍比俄罗斯要低得多。随着经济的稳步发展，中国金融服务活动行业 TFP 将逐步提高。

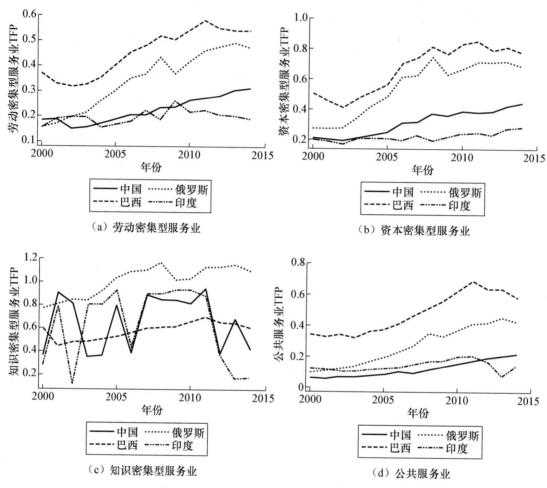

图 7.7 金砖国家不同类型服务业 TFP 比较

四、服务业 TFP 的国际比较：中国与发达国家

图 7.9 显示了中国与部分发达国家（英国、法国、德国、日本）服务业 TFP 的总体变化趋势。可以发现，中国服务业 TFP 相对于美国服务业 TFP 的水平基本在 0.5 以下，而发达国家服务业 TFP 相对于美国的水平均不低于 1.1，可见中国与英国、法国、德国和日本的 TFP 仍存在较大差距，但中国与各国的差距有缩小的趋势。从变化趋势来看，法国、德国和英国服务业 TFP 在 2008 年均存在一个明显的下降，此后大致保持在一个相对稳定的水平。日本服务业 TFP 在 2007 年之前一直小幅下降，2008 年开始略微回升，大致在 1.2～1.3 这个区间波动。

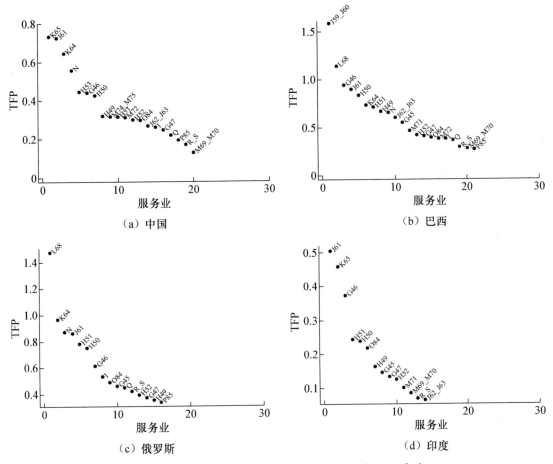

图7.8 金砖国家服务业分行业TFP比较（2014年）

注：由于数据缺失，部分行业在2014年无计算结果。

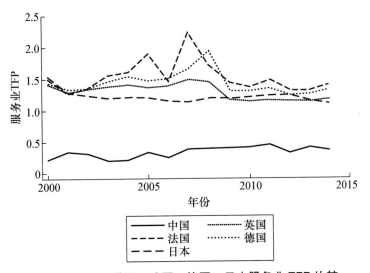

图7.9 中国与英国、法国、德国、日本服务业TFP比较

图 7.10 显示了中国与部分发达国家不同类型服务业 TFP 的变化趋势。就劳动密集型服务业而言，法国相对于其他国家更具优势，法国、英国劳动密集型服务业受 2008 年全球金融危机的冲击相对更大。德国、英国、法国和日本资本密集型服务业 TFP 在 2000—2014 年的均值为 1.26，而中国为 0.32，说明中国与发达国家之间还存在明显差距。从知识密集型服务业来看，中国与发达国家 TFP 的差距相比其他类型服务业的差距要小，说明中国知识密集型服务业 TFP 相对于其他类型服务业 TFP 具有比较优势。2009 年以来，法国和德国的公共服务业 TFP 变化趋势十分相近，2008 年开始，除日本外的其他发达国家的 TFP 均明显下降，而中国公共服务业 TFP 逐渐上升，与发达国家的差距有进一步缩减的趋势。

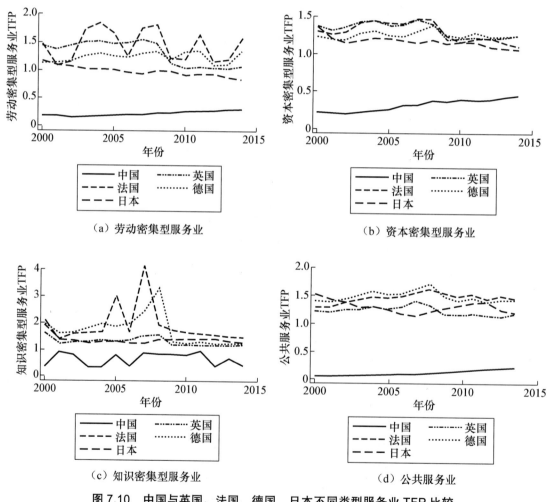

图 7.10　中国与英国、法国、德国、日本不同类型服务业 TFP 比较

图 7.11 显示了 2014 年服务业分行业 TFP 在部分发达国家之间的比较情况。从比较优势的角度来看，英国 TFP 相对较高的服务业行业有陆路和管道运输、邮政快递服务和计算机编程及咨询相关等；德国 TFP 在 4 个国家中比较优势较明显的是家庭自用服务与除汽车、摩托车外的零售贸易；法国的住宿餐饮服务行业 TFP 水平位居第一，此外，法

国的其他专业科学技术活动与教育行业也处于世界前列；日本的 TFP 优势产业主要为汽车、摩托车的批发与零售贸易，音像制作及出版和行政支助服务。从 TFP 优势产业综合排名来看，这 4 个国家的优势服务业集中在住宿餐饮服务、计算机编程及咨询相关、公共行政与国防、教育、健康和社会工作服务及陆路和管道运输等。

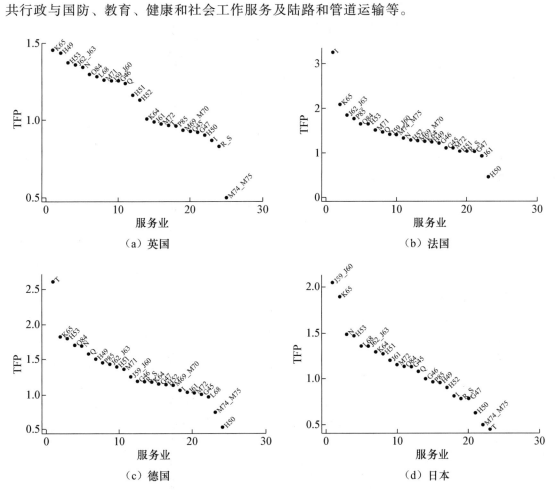

图 7.11　英国、法国、德国、日本服务业分行业 TFP 比较（2014 年）

注：由于数据缺失，部分行业在 2014 年无计算结果。

第五节　结论与政策含义

本章基于双边服务贸易视角，拓展传统 TFP 的测度框架，首次测算包括中国在内 42 个国家 2000—2014 年的服务业 TFP，考察中国服务业细分行业 TFP 在样本期内的世界排名变化，并对中国与巴西、俄罗斯、印度等新兴经济体，以及中国与英国、法国、德国、日本等发达国家进行国际比较，主要结论如下。

第一，从服务业 TFP 均值来看，发达国家 TFP 相对较高的行业通常集中在音像制作及出版、金融服务活动、金融及保险辅助等行业，发展中国家则一般集中在房地产行业。

第二，服务业 TFP 与国家总体 TFP 呈正相关关系，且大部分国家服务业 TFP 对总体 TFP 的贡献大于非服务业。第三，服务业 TFP 与人均收入对数显著正相关，收入越高的国家服务业 TFP 相对越高；同时，服务业分行业 TFP 与劳动密集度呈明显的正相关关系，且主要体现在低收入国家中。第四，样本期内中国排名上升较明显的行业有管理咨询服务和教育；排名下降较明显的行业有运输仓储支持、金融服务活动及行政支助服务。第五，通过中国与巴西、俄罗斯和印度等新兴经济体的国际比较研究发现，巴西和俄罗斯的服务业总体 TFP 较为接近，且上升速度较快。中国服务业 TFP 总体呈上升趋势，但仍低于巴西和俄罗斯。按要素密集度来看，中国公共服务业 TFP 相对较低，在 2012 年以前一直是最后一名，但 2012 年开始超过印度。第六，通过中国与英国、法国、德国、日本等发达国家的国际比较研究发现，发达国家总体服务业 TFP 的变化呈现倒 V 形，在 2007 年前后达到高峰后开始下降，甚至 2014 年已经下降到低于 2000 年的水平。尽管如此，中国服务业的 TFP 与发达国家相比仍存在较大差距，其中公共服务业的 TFP 差距最大，相对而言差距最小的是知识密集型服务业。

上述研究结论蕴含丰富的政策含义。首先，全面贯彻新发展理念、大力提升中国服务业 TFP，既是供给侧结构性改革的本质要求，也是《关于新时代服务业高质量发展的指导意见》的精神体现。一方面，研究表明服务业 TFP 能够推动国家总体 TFP 增长，因此需要科学地认识鲍莫尔－富克斯假说，尤其是在信息技术飞速发展的新时代背景下。国家提出的"新型基础设施建设"（以下简称新基建）正是以新发展理念为引领，以技术创新为驱动，以信息网络为基础，面向高质量发展需要，提供数字转型、智能升级、融合创新等服务的基础设施体系。新基建将突破服务贸易时空限制，提高服务业可贸易程度，有效促进服务业 TFP 增长。另一方面，研究显示服务业 TFP 与人均收入显著正相关，这就要求我们必须坚持以人为本，切实提高国民收入水平。因为从理论上讲，在一个国家进入中高收入阶段以后，如果经济增长动力不能适时转换，就会有落入"中等收入陷阱"的风险。因此，对中国而言，必须开拓发展动力新空间，培育发展新动能，以避开"中等收入陷阱"，稳步提高国民收入水平。

其次，既要充分发挥市场在服务业资源配置中的决定性作用，又要更好发挥政府在引导服务业发展中的作用。研究显示，服务业 TFP 在不同国家、不同部门之间都存在较大异质性。因此，一方面，中国服务业发展应尊重市场规律，结合各行业自身特性，让市场发挥达尔文式的优胜劣汰效应。而对于世界排名呈下降趋势的运输仓储支持服务和金融服务活动等行业，可以在符合中国市场环境的原则下借鉴法国、德国等国家的成功经验，如行业技术支撑和管理经验等，充分利用后发优势促进中国服务业 TFP 增长。另一方面，政府在制定服务业发展政策时应坚持量体裁衣的原则，对发展薄弱的服务业要加大在金融等方面的支持力度；对 TFP 较高的服务业如房地产、教育等也要适当给予正确引导，从而实现中国服务业总体发展的动态平衡，以此全面提高服务业 TFP。

再次，稳步推动中国公共服务业发展，促进公共服务业 TFP 增长。本章结果显示，与巴西、俄罗斯、印度及英国、法国、德国、日本等国家相比，中国公共服务业 TFP 相对较低。而发达国家公共服务业之所以能成为推动服务业乃至整个国民经济发展的重要行业，与其较高的公共服务业 TFP 是密不可分的。随着中国经济的快速发展，人们对公共服务业的需求必将持续上升，而目前严重偏低的公共服务业 TFP 显然不能满足未来人们对公共服务业的需求。党的十九届四中全会指出，必须健全幼有所育、学有所教、劳有所得、病有所医、老有所养、住有所居、弱有所扶的国家基本公共服务制度体系。《关于新时代服务业高质量发展的指导意见》也将改进公共服务作为重点任务之一。因此，虽然政府加大公共服务业投入在短期内有助于行业发展，但结合本章研究结论，长期来看，国家更应该重视公共服务业 TFP 的增长，通过 TFP 增长加快实现公共服务业现代化，从而推动其可持续发展。

最后，进一步有序扩大中国服务业领域对外开放，获取正向或逆向生产率溢出效应。党的十九大报告明确提出要放宽服务业准入限制，扩大服务业对外开放。党的十九届四中全会进一步指出要建设更高水平开放型经济新体制。而更高水平开放型经济新体制的建设必然离不开服务业的对外开放。理论上，服务业对外开放能够通过行业内资源再配置效应、内生技术选择效应和竞争效应等提高国内服务业 TFP，还可以在行业内企业生产率保持不变的情况下，通过达尔文式的优胜劣汰机制促进服务业 TFP 增长。本章研究显示，中国大部分服务业细分行业 TFP 并不具备优势。对此，在保证政治、经济、文化等安全的前提下，可以通过对外开放获取生产率溢出效应。但在此基础上，需要进一步解决新时代扩大服务业对外开放需要"走什么路"的问题，这就需要兼顾各部门开放的时序性、分区域开放的协调性及开放模式选择的合理性，以实现中国服务业渐进有序的分行业、分区域、分模式对外开放新格局。

第四篇 培育国际竞争新优势的企业主体地位

第八章 培育国际竞争新优势的企业主体地位Ⅰ：中国企业国际竞争力

第九章 培育国际竞争新优势的企业主体地位Ⅱ：服务企业的绩效

第八章 培育国际竞争新优势的企业主体地位Ⅰ：中国企业国际竞争力[①]

中华人民共和国成立70多年以来，中国企业的国际竞争力实现了跨越式发展。伴随着不同时期的制度环境、技术水平、管理模式、要素禀赋、经营战略等内外部因素和条件的显著变化，中国企业的国际竞争力经历了由孕育、初步形成和发展到竞争力初显、加速提升，再到趋于强大的历史性演变，并在宏观和微观层面呈现出阶段性发展特征。这在某种程度上折射出中国经济转型发展和制度变革的轨迹，同时也体现出中国经济深嵌于复杂的国际政治经济环境，以及其与国家战略调整周期的契合性。中国企业国际竞争力的成长历程和演变路径，既是过去数十年中国持续深化改革开放实践所带来的必然结果，也在很大程度上得益于中国对外贸易与投资发展所引致的诸多微观经济效应。面对日益增加的外部性风险和客观存在的内在需求，我国需要从宏观的国家层面和微观的企业层面考量持续提升中国企业国际竞争力的政策选项。

国家竞争优势理论指出，一个国家的竞争优势往往是由内部企业或行业的竞争优势所承载的，其关键在于取得国际竞争优势（Porter，1990）。在过去的数十年里，伴随着融入经济全球化进程的速度加快及对外开放战略的持续深入推进，中国经济的发展取得了一系列举世瞩目的成就。在中国经济繁荣增长"奇迹"的背后，也折射出中国企业的国际竞争力由弱变强的演变轨迹和特征事实。随着全球产业价值链的动态延伸和重塑，各国的国际分工与利益分配格局，也更多地取决于其企业国际竞争优势的强弱。党的十九大报告明确提出，要"建设现代化经济体系""推动形成全面开放新格局""加快培育国际经济合作和竞争新优势"，并将"深化国有企业改革，发展混合所有制经济，培育具有全球竞争力的世界一流企业""支持民营企业发展，激发各类市场主体活力"等作为中国企业转型发展的重要目标。随着当前全球经济发展的不确定性风险和挑战与日俱增，中国经济开始步入"稳增长、调结构"的新常态阶段，实施创新驱动发展战略，构筑开放型经济新优势，增强企业创新能力和国际竞争力，实现向全球价值链的高端跃升，是全面提升经济增长的质量和效益、加快培育和形成国际竞争新优势及增强发展的长期

[①] 本章主体部分已发表在《北京工商大学学报》（钱学锋、王备，2020）。

动力的关键要义。从这个角度来看，系统地对中国企业国际竞争力的发展历程进行回顾并对现实特征进行梳理，探究企业国际竞争力的提升机制与路径，将有助于我们更深入地认识和理解中国经济发展的内在微观动力与优势的源泉。由此可见，制定和实施适应企业国际竞争力发展需要的政策，从而为提升中国企业的国际竞争力和国际经营水平提供良好的制度环境，是深入贯彻新时期对外开放战略和推动建设开放型世界经济的题中之义。

企业竞争力通常表现为企业相对竞争者而言在生产经营能力或机会上具有的价格和质量优势，在经济学意义上，其本质是经营效率（金碚，2003）。而企业的国际竞争力则通常是产出效率、经营管理、制度环境、要素获取及跨国经营等多方面能力的综合体现（杨永胜，2019）。其在某种程度上可视作企业竞争力内涵的外延和扩展，是竞争优势和比较优势、竞争资源和竞争过程、竞争环境和竞争主体的有机融合和统一。相应地，关于企业国际竞争力评估体系的构建和量化分析，主要集中在对相关竞争力的内外部要素构成和权重、企业经营绩效指标选取与国际参照标准以及衡量的合理有效性等问题的辨析和探讨方面。

基于现有的理论逻辑与量化评估体系，本章主要从企业内部的经营绩效水平和外部国际市场的竞争能力两方面，围绕70多年以来中国政治经济发展与社会制度变革的历史轨迹，以及宏微观视角下中国企业参与全球贸易、对外直接投资和跨国竞争力排名等方面的动态演变的现实特征，对中国企业国际竞争力的发展历程进行回顾性评价和经验总结，以期为推动新时代中国特色社会主义经济高质量发展和建设开放型经济提供政策借鉴。

第一节　中国企业国际竞争力的发展历程与阶段特征：回顾与评价

在过去的70多年里，从中国企业参与国际竞争的贸易表现、开展对外直接投资与跨国并购的态势、在全球价值链中所处的位置以及在全球范围内的排名等宏观视角来看，中国企业的国际竞争力实现了跨越式发展，经历了由弱变强的历史性变迁，其演变历程大致可分为五个阶段。在这五个阶段，企业国际竞争力的形成所分别对应的制度环境、技术水平、管理模式、要素禀赋、经营战略等内外部因素或条件也都发生了显著变化。当然，中国企业国际竞争力的演变历程，也同时折射出中国经济转型发展和变革的轨迹，且由于其身处国际政治风云变幻的大背景中，所以在一定程度上与中国的国际战略导向与方针政策调整方向具有历史必然的同步性和契合性。

一、第一阶段（1949—1978年）：准备时期

中华人民共和国成立至改革开放前，通过社会主义国有化、社会主义改造和建设而逐步建立和发展起来的社会主义公有制经济，由主要以行政手段来实施资源配置的计划经济体制所主导。当时复杂的内外部环境，特别是冷战格局下西方国家的封锁遏制等，都在一定程度上影响和制约了中国企业国际竞争力的形成和发展。一方面，按需供给的

指令性经济体制在一定程度上抑制了国内市场的企业竞争与效率提升，公有制企业的竞争力因平均主义与激励机制缺失而在整体上呈现出缺乏经济效益的特征。而资本主义企业经济效益的提高，很大程度上依赖以竞争为主要形式的市场调节机制。竞争形势迫使企业改善经营状况，采用或发展新的技术、降低成本、增加盈利；或者另辟蹊径（厉以宁，2018）。另一方面，当时所遵循的"独立自主、自力更生"的政策方针和对外贸易发展格局，在相当长的时期内使得中国的经济发展隔绝于现代意义上的开放型世界经济。同时，由于缺乏应有的基准参照和横向比较，中国企业的国际竞争优势更是无从谈起。然而，不可否认的是，尽管这一阶段中国开放型经济的发展缓慢而曲折，但事实上以企业为载体，积极开展对外经贸交流、推动技术引进与合作及探索自主创新的进程从未停止，这些都为随后中国企业国际竞争力的形成和跨越式发展奠定了坚实而有力的基础。

二、第二阶段（1979—1992年）：初步形成和发展时期

按照改革的进程，可将这一阶段进一步划分为两个时期。

一是市场取向改革的起步探索时期（1979—1984年），对应着中国企业国际竞争力的初步形成阶段，该时期中国企业国际竞争力的塑造主要围绕其自身生产经营效率的不断改善而展开。党的十一届三中全会的召开与改革开放战略的实施，对之后几十年中国经济社会发展的重要意义不言而喻。这一时期推行的对内经济体制改革与对外开放政策，在某种程度上为中国企业国际竞争力的初步形成和发展提供了制度保障和外部条件。随着市场闸门的逐步开启，国有企业、民营企业与外资企业这三股主要力量，共同推动了这一时期中国企业国际竞争力的形成和发展。

一方面，对内经济体制改革有步骤地承认和确立市场经济的重要作用，实现了国有企业所有权和经营权的分离及经营自主权的下放，探索了非公有制经济成分作为经营主体方式存在的合理性。中国先后出台了《关于扩大国营工业企业经营管理自主权的若干规定》《国营工业企业利润留成试行办法》《关于扩大企业自主权试点工作情况和今后意见的报告》《关于国营企业利改税试行办法》《关于进一步扩大国营工业企业自主权的暂行规定》等一系列改革经营管理体制的措施，通过扩大国营工业企业的经营自主权，探索出了提升企业经营效率的有效政策路径。而事实也证明，该时期针对管理体制的改革措施在一定程度上提高了企业的生产活力与经济效益。1979年在上海成立的中国首家民营企业及《国务院关于发展社队企业若干问题的规定（试行草案）》，标志着民营企业开始重返历史舞台。但这一时期的民营企业主要还是以小规模个体经营形式存在，面临着基础薄弱和政策约束等诸多先天劣势，因此其整体竞争力水平相对较低。

另一方面，外部国际政治环境的转变与国内对外开放战略的逐步推进为中国企业国际竞争力的形成提供了有利的条件。中日、中美关系恢复正常化等外交成就使得这一时期中国所面临的国际政治环境大为改善。与此同时，中国通过设立经济特区、开展对外经济合作及吸引外来投资等开放性经济建设实践，为国内相关基础产业的发展提供了急需的资金、先进技术和管理经验。在此期间，《中华人民共和国中外合资经营企业法实施条例》《中华人民共和国中外合资经营企业所得税法》《中华人民共和国外国企业所得税法》等法律法规的陆续实施，外资企业的出现及来自行业内企业间竞争力的横向比较，

使得国内企业原有的粗放经营管理方式与技术落后的弊端日益凸显,当然这也促使中国企业加快走上引进国外资金和先进技术、学习现代化的企业管理与运营机制、树立国际竞争战略意识的发展新阶段。在此期间,宝山钢铁公司和上海大众汽车等企业的建立都比较有代表性。

二是市场取向改革的全面展开时期(1985—1992年),在此期间中国企业的国际竞争力得到进一步发展,主要表现为参与国际竞争的形式和规模日益扩大。经济体制的目标经历了由"发展有计划的商品经济"到"计划指令同市场相结合的社会主义商品经济"的转变。针对国营企业的管理体制变革,国家先后发布了《关于增强大中型国营工业企业活力若干问题的暂行规定》《关于深化企业改革增强企业活力的若干规定》《中华人民共和国全民所有制工业企业法》《全民所有制工业企业转换经营机制条例》等。与此同时,国家还逐步放松和取消了对企业部分生产经营活动定价权的限制。对于国有企业而言,尽管企业权责归属的逐步明晰与激励机制的纳入,在一定程度上有助于部门内盈利企业经营绩效的改善。但随着市场化改革进程的推进,市场竞争格局的变化与垄断地位的动摇也使得引致国有企业亏损和盈利能力结构性恶化的"侵蚀效应"逐步显现(张军,2001)。随着《关于鼓励外商投资的规定》《中华人民共和国私营企业暂行条例》《农民股份合作企业暂行规定》等一系列法律法规的出台及对外开放格局的全面展开,民营企业和外资企业等非公有制企业发展迅速,并逐渐成为推动中国企业国际竞争力发展的重要力量。特别是在此期间,国家各部委也陆续发布《关于在国外开设合营企业的暂行规定》《关于在境外开办非贸易性企业的审批程序和管理办法》《关于加强海外投资项目管理的意见》等,鼓励和推动国内企业的出口创汇和海外投资经营活动。中国通过积极参与国际市场的竞争,学习国外先进技术和管理经验,深入了解国际经贸投资制度规则和政策法令,为促进中国企业全方位开展国际贸易、对外直接投资或海外并购等有助于直接体现和提升其国际竞争力的跨国经营活动,为加快实现"走出去"奠定了基础。

这一时期中国企业的国际竞争力状况具有如下特点。第一,得益于对内改革与对外开放战略的持续推进,中国企业的生产经营效率和国际竞争优势有所提升,但这一阶段中国企业的国际化经营尚处于萌芽期或小规模的萌发状态,总体实力相对较弱。这体现在以企业为载体的出口贸易规模仍然较小,且出口主要以初级产品和轻纺产品、橡胶制品等低附加值产品为主(图8.1)。中国对外直接投资(Outward Foreign Direct Investment,OFDI)也处于起步阶段,据统计,到1984年中国OFDI流量才刚刚突破1亿美元,OFDI存量占GDP的比重也远低于其他经济体,且投资主体也以贸易企业为主,投资领域较为集中。同时,少数大型国有企业尝试开展以先进技术获取为目标导向的跨国并购。第二,受到相关外贸经营权制度与宏观政策环境的约束,这一阶段中国企业国际竞争力的形成和发展主要由国有企业与合资企业推动,而规模普遍较小的非公有制企业的经营国际化进程则相对缓慢。第三,这一时期中国缺乏较为完善的外贸、外汇和对外投融资体制,以及与国际经贸规则相适应的制度性安排,这在一定程度上制约了中国企业更为广泛地参与全球市场竞争的进程。

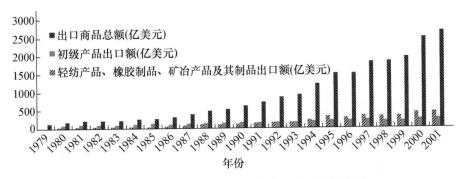

图 8.1 1979—2001 年中国的出口贸易发展状况

数据来源：国家统计局。

三、第三阶段（1993—2001 年）：竞争力初显时期

自 1993 年以来，中国的改革开放进程加速，具有中国特色的社会主义市场经济体制逐步建立，相关企业法律制度陆续出台和完善，国有企业开始全面推进现代企业制度的建设和经营机制的转换，集体所有制企业异军突起、发展迅速，而在国有企业改革施行"抓大放小"等政策背景下，民营企业也进一步发展壮大。这一阶段中国企业的技术效率和竞争力水平整体上得到显著提升。与此同时，对外开放开始朝着深化外贸体制和汇率改革，积极参与多边贸易谈判和区域经济合作及发展开放型经济等更高层次的方向推进。党的十四大报告和十五大报告及《中共中央关于制定国民经济和社会发展第十个五年计划的建议》等都提出要积极扩大我国企业的对外投资和跨国经营，更好地利用国内外两个市场、两种资源，鼓励能够发挥我国比较优势的对外投资。我国开始着手制定国内企业在海外投资的相关监管制度和规范，加强对在海外的中国企业的管理和投资业务的协调。随着这一阶段"走出去"战略的初步实施，中国企业的国际市场开拓能力与国际化经营水平进一步增强。这主要表现在出口商品总额由 1993 年的 917.44 亿美元增加至 2001 年的 2660.98 亿美元（图 8.1），年均增速高达 14%。其中，机械及运输设备等附加值较高的产品比重持续上升，贸易竞争力与比较优势日益突显。并且，对外直接投资和并购业务发展迅速，根据《中国统计年鉴》数据，1993—2001 年，中国 OFDI 的流量和存量分别从 44 亿美元和 275.15 亿美元增加至 68.85 亿美元和 468.78 亿美元。二者所占的世界份额也逐步上升，分别于 2001 年达到 1.86% 和 0.47%（图 8.2）。需要指出的是，在此期间中国企业的国际化经营战略在一定程度上受到了国内宏观经济调控政策与亚洲金融危机的影响，因此具有阶段性调整的特征。与此同时，有相当数量的中国企业陆续成为具有全球影响力和行业领先优势的代表性企业。从 1989 年中国企业首次入选《财富》世界 500 强，到 2001 年，中国已有 12 家企业入选，表明中国企业的国际竞争力开始逐渐在全球性的综合商业评价体系中体现。

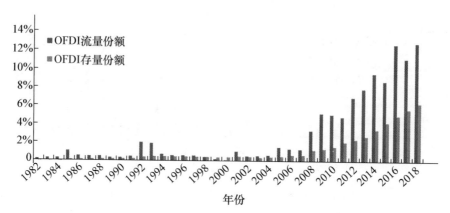

图 8.2　1982—2018 年中国 OFDI 所占世界份额的变化趋势

数据来源：联合国贸发会议。

纵观这一阶段中国企业国际竞争力的发展，可见其具有以下几个显著特征。第一，中国企业国际竞争力的提升在一定程度上是前期"引进来"战略与后期"走出去"战略共同推动的结果：一方面通过鼓励外商直接投资、引进技术设备和管理经验及形成市场化的竞争格局，推动了国内企业生产技术与经营效率的提升；另一方面得益于外商直接投资而迅速发展的进出口贸易与"走出去"战略，为中国企业的国际化经营与竞争力提升提供了较为有利的契机。2000 年外商投资企业出口在中国出口额中所占的比重达到了 48%，作为中国加工贸易的主导者，外商投资企业在很大程度上影响和带动了中国企业的生产和出口决策（盛斌等，2011）。第二，推动企业国际竞争力提升的主体力量趋于多元化。随着非公有制经济的不断发展壮大，私营企业、股份有限公司、股份合作制企业、有限责任公司等其他类型经营主体在推动中国企业国际竞争力发展中所发挥的作用逐渐增强。据统计，1993—2001 年，规模以上其他经营类型工业企业的数量先后超过了集体工业企业和国有工业企业，其工业总产值在中国企业全部工业总产值中所占的比重也增长至近 50%。第三，参与多边贸易体系与国际经济规则的需求日益迫切。随着在参与国际市场竞争时相关产业比较优势的逐步显现，中国企业也开始面临诸多贸易争端并遭受歧视性待遇。根据世界银行全球反倾销数据库（Global Antidumping Database）的数据，1995—2001 年，中国企业所出口的产品共遭受 264 起反倾销调查，对中国实施反倾销调查和限制措施的国家和地区范围及所涉及的产品种类范围都呈现扩大趋势。此外，因反补贴调查和特别保障措施等引发的贸易摩擦也不断增加。因此，在这一阶段积极寻求加入多边贸易组织 WTO，有助于进一步增强中国同世界的经济合作与联系，改善中国的国际贸易环境，同时也有助于推动中国经济体制的完善及其与国际规则的协调，为中国企业更加全面充分地参与国际分工和全球竞争提供了良好的机遇和体制保障。

四、第四阶段（2002—2011 年）：加速提升时期

2001 年中国成功加入 WTO，这进一步推动了具有规则导向的市场化改革进程，以及相关经贸法规和政策管理体系透明度的提升。随着《中华人民共和国政府采购法》《中华人民共和国行政许可法》《中华人民共和国对外贸易法》《中华人民共和国反倾销和反

补贴条例》《中华人民共和国保障措施条例》《对外贸易壁垒调查规则》《中华人民共和国反垄断法》等一系列同入世承诺和相关国际经贸规则相适应、相协调的制度措施的先后实施，中国全面开放了外贸经营权，取消了相关贸易与投资的限制措施和要求，加强了对知识产权的保护力度。在此基础上，中国企业依靠国内要素禀赋和比较优势，积极实施出口扩张和对外投资并购，国际竞争力日益凸显。

根据《中国统计年鉴》数据，从宏观层面来看，2002—2011年，中国的出口商品总额由3255.96亿美元增加至18983.81亿美元，年均增速高达21.6%。中国贸易结构持续优化，出口产品的技术复杂度和国内附加值显著增加。企业赴海外投资管制的逐步放松和投资便利化也使得企业投资决策权真正得到落实。国内经济过热和市场趋于饱和导致市场出现投资过剩和产能过剩等现象，同时外汇储备规模日益扩大，企业国际竞争力增强，这些都使得中国企业加快"走出去"步伐，进行资本输出和开拓海外市场成为必然趋势。在此期间，中国企业OFDI增长迅速，OFDI流量和存量规模的世界排名大幅提升，分别从第25位和第26位跃升至第6位和第13位（图8.3）。并且，投资经营主体和投资地区分布更加多元化。据统计，2011年，中国参与对外直接投资的企业数量达1.8万家，在非金融类的对外直接投资企业构成中，有限公司、股份有限公司、股份合作制企业等其他类型企业的占比上升至44.9%。在中国对外直接投资的地域分布中，欧洲、非洲、北美洲、大洋洲等的比重不断上升。中国对外直接投资覆盖面进一步扩大，投资重心由采矿业、制造业、批发零售业逐步向租赁和商业服务业、金融业、房地产业、科学研究和技术服务业等方面延伸。企业的投资并购活动越发频繁，跨境并购逐渐成为中国企业迅速拓展国外市场、获取资源技术及提高国际化水平的重要途径。《2011年度中国对外直接投资统计公报》数据显示，中国企业直接投资并购金额由2004年的30亿美元增加至2011年的272亿美元。特别是2008年全球金融危机的爆发为中国企业进行海外并购提供了契机。这一时期，中国企业宣布和实际完成的跨国并购的项目数量和交易规模经历了跨越式增长。此外，越来越多的企业开始成长为具有行业领先优势和全球影响力的国际企业，在2011年的《财富》世界500强企业排名中，有近69家企业来自中国。

从微观层面的经验证据来看，这一阶段中国企业国际竞争力的变化具有如下特征。

第一，企业的经营行为和绩效得到持续改善和提升。一方面，国内的市场化改革与资源配置效率演变使得中国制造业企业的整体生产率呈现稳步增长态势，相比于国有企业，民营企业的效率要更高（Brandt, van Biesebroeck, and Zhang, 2012；杨汝岱，2015）。企业出口的国内附加值率逐渐上升，这主要源于民营企业和以加工贸易为主的外资企业的成长及对新兴国家市场出口的增长（张杰、陈志远、刘元春，2013）。政府对知识产权保护的加强和创新补贴政策、相关金融服务体系和司法制度的完善、公司治理结构的变革和激励制度及协同研发模式等也在一定程度上推动了中国企业的技术创新（吴超鹏、唐菂，2016；周开国、卢允之、杨海生，2017）。同时，得益于产业结构的逐步升级和企业效率的提升，中国企业的出口强度、市场多元化程度、产品质量及技术复杂度不断增强，对外投资的"出口促进效应"亦日渐显现（蒋冠宏、蒋殿春，2014；钱学锋、余弋，2014；刘斌、王杰、魏倩，2015；许家云、毛其淋、胡鞍钢，2017）。另一方面，贸易自由化与投资便利化等对外开放举措也有效地促进和提升了中国企业的出口表现和国际竞争优势，对企业的成长和规模分布、全要素生产率、成本加成、利润率、创新能力与技术选择、出口国内附加值、工资率、要素禀赋结构及在全球价值链中的位置等绩效水平都产生了较为积极的影响（余淼杰，2010；盛斌、毛其淋，2015；余淼杰、智琨，2016；钱学锋、范冬梅、黄汉民，2016）。

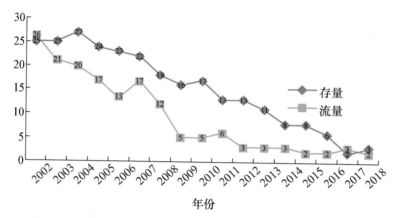

图 8.3　2002—2018 年中国 OFDI 流量和存量的全球排名趋势

数据来源：《2018 年度中国对外直接投资统计公报》。

第二，中国企业国际竞争力的发展仍然存在不足且面临诸多约束。尽管在这一阶段，通过广泛参与国际垂直专业化分工和加入全球价值链体系，中国迅速崛起并成为贸易大国和"世界工厂"，但这一阶段持续的贸易增长是以规模扩张和低廉价格为主要竞争优势的，由外资和加工贸易主导的粗放外延模式、较低的技术附加值、过度依赖集约边际的驱动及贸易条件趋于恶化等一系列特征化事实，都使得中国企业的国际竞争力成长和演进面临着结构性缺陷。以附加值贸易为例，基于国际比较发现，中国出口的国内附加值比重还处于中下游水平，远低于美国、日本、德国等发达国家，行业自身创造附加值的能力偏弱，从而使得实际的利益增长有限（罗长远、张军，2014）。根据世界经济论坛（World Economic Forum，WEF）发布的《2010—2011 年全球竞争力报告》，2011 年中国的全球竞争力排在第 27 位，这与中国的经济规模和贸易地位形成较为鲜明的对比。与此同时，始终存在着的外部融资约束及资源配置效率等问题也在一定程度上制约了中国企业国际竞争力的发展。中国企业的跨国经营水平与国际相比还存在较大差距。根据中国企业联合会和中国企业家协会发布的"中国跨国公司 100 大及跨国指数"，2011 年，中国 100 大跨国公司的平均跨国指数为 13.37%，这一水平仅为世界 100 大跨国公司平均跨国指数的 1/5 和发展中国家 100 大跨国公司平均跨国指数的 1/3。

第三，中国企业受外部环境变化的影响尤为强烈。长期以来所形成的靠出口驱动的外向型经济增长模式，使得中国始终面临着"浮萍经济"和"低端锁定"的双重风险。根据《中国统计年鉴》数据，这一时期中国的外贸依存度和出口依存度总体呈上升趋势（图 8.4），二者年均增长率分别高达 53.8% 和 28.9%，较其他国家而言处于较高水平。在外部冲击和不确定性风险与日俱增及内部动能转换的背景下，这种弊端逐渐显露。尤其是在 2009—2011 年，受全球金融危机所引发的全球经济衰退、贸易主义抬头及国内要素成本上升等的影响，中国企业的出口和总体经营状况面临巨大冲击，低价竞争的优势空间逐步缩小，劳动密集型加工贸易企业及中小企业的效益普遍下滑，甚至大量倒闭。这促使中国企业的国际竞争力开始由要素禀赋、低价优势逐步向技术升级、自主研发创新及向高端价值链攀升的方向转变。

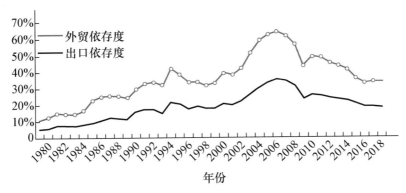

图 8.4　1979—2018 年中国对外贸易依存度的变化趋势

数据来源：国家统计局。

五、第五阶段（2012 年至今）：趋于强大时期

这一时期随着全球经济持续低迷，以及中国经济开始步入"稳增长"和"调结构"的新常态，为实现新旧动能的转换和大力推动结构性改革，2013 年，党的十八届三中全会通过《中共中央关于全面深化改革若干重大问题的决定》，提出关于进一步深化经济体制改革，完善现代市场运行体系和宏观调控体系，加快转变经济发展方式，构建开放型经济体系的总体纲要方略。而对作为开放型经济体系建设与培育和形成国际竞争新优势的微观载体和重要驱动力量的企业来说，进一步促进和提升企业国际竞争力无疑是至关重要的。同时，在国内能源供需矛盾凸显、融资渠道与资本市场进一步完善、企业对海外优质品牌和技术引进的需求增加，以及人民币国际化进程加快的背景下，随着"走出去"战略、"自由贸易试验区"建设和"一带一路"倡议等的实施和深入推进，越来越多的中国企业迈向全球市场谋发展。据统计，2018 年，中国境内共有 2.7 万家投资主体在 188 个国家或地区设立了 4.3 万家对外直接投资企业，2018 年末海外总资产高达 6.6 万亿美元，累计净额中的收益再投资占比为 36.5%，企业海外投资盈利能力不断改善。根据联合国贸发会议《2019 世界投资报告》与《2018 年度中国对外直接投资统计公报》的数据，2018 年中国 OFDI 流量和存量占世界份额进一步跃升至 14.1% 和 6.4%，其全球排名分别为第 2 位和第 3 位。2019 年进入《财富》世界 500 强排名的中国企业数量进一步增加至 129 家（图 8.5），中国企业营收门槛和利润规模逐渐攀升，并开始在众多领域居于头部地位，在 23 个行业①龙头中，中国企业占据 10 家，上榜数量与美国相当，这反映了中国跨国企业竞争力强劲的发展势头。与此同时，得益于创新驱动发展战略的支撑，

---

① 上述行业主要包括商业贸易、能源矿产、电力燃气、汽车、信息技术、金融、医药生物、工程建筑、电信、食品饮料、机械、航天军工、化工、交通运输物流、金属产品、房地产、休闲娱乐、纺织服装、建材、船务、家电、烟草、人力资源服务。

相关产业完成转型升级且自主研发创新能力大幅提升，中国企业国际竞争优势的覆盖范围进一步扩大。伴随着新能源和新材料及以智能化、网络化和数字化为核心特征的新一代信息技术的大规模开发应用，中国在先进轨道交通、信息通信、能源电力、数控机床、智能机器人、航空航天领域和海洋工程设备等高端装备制造业领域迅速崛起，并逐步处于世界领先水平。以装备制造业为例，中国装备制造业企业的出口，经历了由中低端的机械零部件产品向高铁、核电等高技术附加值的核心装备转换的阶段，"一带一路"倡议的推进及国际工程承包、对外直接投资并购规模的不断扩大，亦为中国装备制造企业国际竞争力的提高提供了良好的契机。

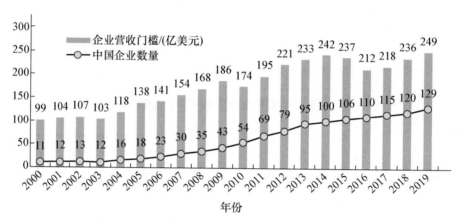

图 8.5　2000—2019 年世界 500 强企业中的中国企业数量

数据来源：《财富》世界 500 强数据。

虽然这一时期中国企业国际竞争力取得了长足发展，但仍然面临着一些问题。

第一，中国企业与世界跨国公司相比仍然存在较大差距。随着"一带一路"倡议和开放型经济体系建设的深入推进，中国企业的经营效率显著提升、国际化步伐显著加快，企业的海外资产、营收及雇员比重不断上升，规模优势日益凸显。参与国际竞争的优势也逐步朝着自主研发和技术创新方向转变，部分企业在相关行业领域甚至处于领先地位。但总体而言，中国企业的国际竞争力质量仍然有待提升。一方面，与世界跨国公司相比，中国企业在经营绩效水平、跨国程度和品牌影响力等方面仍存在较大差距。根据 2019 年《财富》世界 500 强数据，2019 年，中国上榜企业的平均利润仅为世界 500 强平均利润的 81.4%，平均销售收益率和净资产收益率等绩效指标也远低于美国企业和世界 500 强企业的平均水平。2012—2019 年，中国企业平均跨国指数虽然在总体上呈现出平稳上升趋势（图 8.6），但同发达国家的跨国公司和发展中国家的跨国公司相比，中国跨国企业的综合国际化程度仍偏低。此外，根据世界品牌实验室（World Brand Lab，WBL）发布的数据，中国在 2018 年共有 38 个品牌进入世界品牌 500 强排行榜，虽在新兴经济体中表现较为突出，但与美国等发达经济体或世界品牌强国相比还存在一定差距。另一方面，中国企业国际竞争实力在不同行业和不同所有制部门间存在着较大差异。大型跨国企业主要集中在具有较强的寡占特性或资源垄断优势的行业及传统制造业领域，如金融、能源、矿产冶炼、建筑工程、交通运输、纺织和家电制造等，且国有企业始终占据较大份额,而高技术领域和高端服务业领域的跨国公司和国际品牌相对较少。虽然也有如华为等新兴科技创新型企业,但整体上中国跨国企业的核心技术竞争力相对较弱,品牌国际影响力不足,高端要素缺乏。

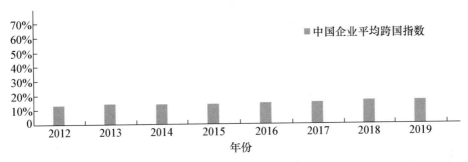

图 8.6　2012—2019 年中国 100 大跨国公司平均跨国指数变化趋势

数据来源：根据中国企业联合会和中国企业家协会每年发布的"中国跨国公司 100 大及跨国指数报告"数据整理得到。

第二,企业谋划全球布局的战略意识与整合跨国资源的能力有待提升。中国跨国公司的迅速崛起,普遍得益于规模庞大的国内需求和本地市场效应,这也使得多数企业的经营发展过度依赖本地市场和资源条件,而缺乏在全球进行资源调配和要素整合的能力,因此相比于世界跨国巨头,中国企业在参与国际竞争时并无先天优势。另外,在中国企业对外直接投资的需求和形式日益多元化的背景下,部分企业的国际化战略动机是通过外延式并购实现公司市值增长或投资套利,而非战略性经营布局。特别是随着"一带一路"倡议的逐步推进,大量中国企业的海外投资流向房地产、文化和体育娱乐业等高度资本化的领域,并往往采取叠加杠杆的对外激进式收购策略,这在一定程度上与国家互利共赢和培育国际竞争新优势的战略导向不符,同时也使得跨国经营对于提升企业核心竞争力的作用非常有限。

第三,企业面临的不确定性风险大大增强。世界经济增长的不确定性因素明显增加,如逆全球化等都有可能加剧这一趋势,这就使得中国企业的国际化进程遭受的风险和挑战与日俱增。特别是自特朗普就任美国总统之后,美国对中国的战略基调转为全面竞争和强硬遏制,中美贸易摩擦逐步升级。面对中国的迅速崛起和国际竞争力的不断增强,特别是在高尖端制造业和前沿科技创新领域所呈现出的加快赶超态势,美国开始将中国视为其主要的战略竞争对手和国家利益威胁。针对中国企业以技术或平台获取为导向的跨国经营活动与双边合作交流,美国政府采取了非常严格的政策审查和干预措施,对中国实施技术溢出限制和经济遏制,这在一定程度上制约了中国企业国际化战略的深入推进。同时,中国企业在响应"一带一路"倡议布局海外市场的同时,也面临着"一带一路"沿线相关国家或地区的经济基础和设施条件薄弱,社会宗教文化认知存在差异,东道国制度环境不稳定,存在地缘政治风险及大国间的利益博弈和制衡等问题,这些都使得中国企业面临的风险大大增加。此外,所有制背景与意识形态差异亦使得中国企业在进行涉及能源和技术等敏感领域的跨国经营活动时,频繁遭受东道国以国家安全或行业垄断为由设置的投资壁垒或政策干预。

因此，进一步开拓全球化视野，准确把握和驾驭国内外复杂的经济形势和政策环境，构建科学的跨国管控体系和制定国际化经营战略，提升整合全球资源的能力，更深层次地融入全球价值链，是中国企业国际竞争力发展持续演进的方向。

第二节　中国企业国际竞争力的提升机制和路径：理论解释与经验总结

企业国际竞争力的提升，是外部客观形势变化和内生战略需求共同推动的结果。一方面，企业是一系列资源束组成的集合，外部基础条件和竞争环境因素会对企业的国际竞争力造成重要影响。另一方面，企业自身的技术、管理效率和影响力等是决定国际竞争力的关键要素。随着知识经济和信息技术的快速发展，市场自由化和开放化的趋势及企业组织形式演化动态性日益加强，企业经营所面临的内外部环境日趋复杂，通过提升国际竞争力来谋求生存和发展成为企业的客观需求和战略手段。纵观中国企业的国际竞争力演变历程，从初步形成到加速发展再到逐步强大，既是过去70多年来中国不断深化改革开放实践的必然结果，也在很大程度上得益于对外贸易与投资发展所引致的诸多微观经济效应。

一、出口学习效应

出口作为企业进行国际化经营的基本途径，是企业参与国际市场竞争的能力的重要体现。通过出口创汇，学习和获取国外先进的技术和管理经验，促进经济增长是早期中国参与国际分工的初衷。出口学习效应对于中国企业生产效率和国际经营表现的作用，已为众多研究所证实（张杰、李勇、刘志彪，2009；钱学锋等，2011）。出口学习效应的理论机制和实际影响主要表现在以下几个方面。首先，市场规模扩大和规模经济效应所带来的收益增加会促使企业作出出口决策，但同时这也给企业带来提高效率的压力。原因在于，国外消费者的需求与国内消费者不同，他们可能对产品的质量、设计、环保标准等有更高的要求。为迎合其需求，出口企业需要改进生产工艺和制作流程及技术标准，甚至更新机器设备和进行员工再培训。同时，进入国际市场将使企业面临的竞争更为激烈，企业必须保证产品质量，及时处理订单以满足国外客户的需求，因而企业需要学习新的技能或管理方法，这最终将进一步提升企业生产率。另外，创新所具有的规避竞争效应亦会对出口企业的创新行为产生正向的激励作用。其次，出口学习效应的影响存在异质性特征。从出口时间来看，长期出口企业的出口学习效应更为显著，这可能是源于较高的出口固定成本及学习溢出效应所显现的时滞性。就企业所有制性质而言，效率相对较低且具有较大提升空间的国有企业和集体企业及规模较小的私有企业、民营企业的出口学习效应更加显著，而外资企业并不明显。从贸易类型来看，相比于加工贸易企业，出口学习效应更多地存在于一般贸易企业。最后，国内市场分割或出口退税、生产补贴等政策因素亦可能会导致出口市场价格竞争趋于恶化，削弱甚至侵蚀出口学习效应带来的影响，使企业面临"低加成率陷阱"（刘啟仁、黄建忠，2015）。

二、本地市场效应

源于新贸易理论的本地市场效应指出，由于规模报酬递增和贸易成本的存在，超常需求会促使企业进入规模相对较大的市场，这可能使得一国因规模经济效应而获得国际竞争优势，成为净出口国（钱学锋、黄云湖，2013）。这意味着对于拥有可观市场规模的中国而言，其国内企业出口持续增长的动力，除了源于第一性的先天要素禀赋优势，还源于第二性的基于规模经济效益的内生化本地市场效应的比较优势。一国所拥有的要素禀赋状况及其优势地位终会随时间变化而逐步减弱甚至消失，而通过利用国内市场所具有的规模经济培育本地市场效应，进而形成新的出口竞争力，才是推动企业国际竞争力持续提升的有效机制和路径。经验事实表明，过去数十年中国对外贸易的繁荣发展与企业出口的稳定增长，在很大程度上得益于制造业或服务业中普遍发挥作用的本地市场效应。此外，本地市场效应能够以产业聚集的形式来优化要素组合和资源配置，能够根据国内企业的需求探寻类似市场间的互动机制，促进企业技术研发和产品创新能力的提升，并进一步产生技术扩散效应，推动国内高新技术产业发展，实现产业结构转型升级，从而为中国企业国际竞争力的快速发展提供内部支撑。

三、中间投入品进口

在中国企业的国际竞争力发展过程中，相关中间投入品贸易的重要作用不容忽视。一方面，对中国而言，长期以来实行的出口导向型发展战略及其带来的经济繁荣和贸易增长，在很大程度上归功于为促进出口而服务的进口加工贸易。中国企业通过外商直接投资主导的加工贸易模式，逐步融入国际分工体系和全球价值链，并凭借要素禀赋和价格的比较优势积极实行出口扩张，广泛参与全球市场竞争，从而使中国企业国际竞争力得到初步发展。

另一方面，随着中间投入品贸易自由化的推进和企业投入产出需求结构的多元化，中间投入品进口对企业国际竞争力提升的影响日益显著，并主要体现在对企业生产效率和出口绩效的促进作用方面。具体而言，第一，进口的中间投入品往往比国内的质量高，因而通过质量替代效应可以帮助企业提升全要素生产率、出口产品质量和技术复杂程度。而从要素的配置效率角度来看，由于进口的中间投入品和国内中间投入品之间存在着不完全替代性，企业进口和使用不同类型的差异化中间投入品会产生相应的"互补效应"和"价格效应"，从而增强企业的产出效率，提升企业的盈利能力，改善企业的出口表现。第二，进口的中间投入品通常蕴含国外企业的产品研发技术和生产流程创新，而由于创新知识具有较强的溢出特性，因此通过进口国外的中间投入品，并在对其技术和工艺进行消化吸收的基础上予以模仿和自主创新，能够对国内企业的技术进步和产品创新产生较强的正向外部溢出效应。同时，中间投入品进口还会对国内进口竞争部门产生"竞争效应"，促进国内中间投入品生产企业的研发创新和生产效率提升。第三，企业通过进口或外包自身不具备生产技术优势的中间投入品，将有限的资源集中到所擅长的创新环节，能够强化企业的核心创新能力。第四，外部冲击与内部需求会促进企业的中间投入品进口转换行为，即企业通过以更高质量的进口的中间投入品替换质量较低的国内中间投入品，最终改善自身的要素禀赋结构（钱学锋、王备，2017）。

四、外商直接投资与对外直接投资

中国企业国际竞争力的提升，是"引进来"战略和"走出去"战略共同驱动的结果。一方面，体现在外国直接投资（Foreign Direct Investment，FDI）对中国企业对外直接投资发展的"溢出效应"。从水平 FDI 的角度来看，跨国企业拥有国内企业对外投资所需的跨国经营经验、企业管理组织模式及营销和信息网络，因而能够通过"示范效应"降低中国企业跨国投资的沉没成本和运营成本。与此同时，跨国企业的进入还会引发"竞争效应"，促使中国企业谋划海外布局或实施国际化战略，以应对日益加剧的国内市场竞争。而从垂直 FDI 的角度来看，中国企业可以凭借跨国企业的上下游供应链关系，融入国际分工网络和全球价值链，并通过长期合作和分包合作渠道产生知识溢出或技术转移效应，从而促进自身生产技术和管理效率的提升，并逐步获得对外直接投资或跨国经营的能力，最终成为跨国企业（李磊、冼国明、包群，2018）。类似地，跨国企业还能通过水平和垂直的技术溢出效应，促使东道国企业生产率提升，从而对东道国企业国际竞争力产生间接效应。

另一方面，中国企业的对外直接投资与其国际竞争力的成长之间存在较为密切的联系。在理论逻辑上，跨国企业往往是由母国企业通过对外直接投资演变而来的，因而对外直接投资是企业自身探寻和实现国际竞争优势的重要途径和形式。换言之，国际竞争优势是企业开展跨国经营活动的基础和前提。企业的对外直接投资行为，通常是获取竞争力资源和提升竞争力过程的互动统一，因而能通过区位、产业和模式选择，改善其竞争力要素配置状况，使其国际竞争力得到进一步强化。经验研究的观点主要有以下几种。第一，对外直接投资是国际技术溢出的重要渠道，企业通过对外直接投资过程中的技术溢出、模仿学习、合作创新、人才流动及信息平台等作用机制，获取国外先进技术、人力资源、管理经验和国际品牌等特定要素或战略动态，从而产生"逆向技术溢出效应"，促进企业的技术创新，进而提高企业的全要素生产率与产能利用率（蒋冠宏、蒋殿春、蒋昕桐，2013；蒋冠宏、蒋殿春，2014；李雪松、赵宸宇、聂菁，2017）。与此同时，对外直接投资还可以通过"边际产业转移效应"，在一定程度上释放国内稀缺要素，推动国内的技术研发和创新，从而实现国内产业结构的升级。第二，企业的对外直接投资会引致"出口促进效应"。原因在于，跨国企业在东道国的投资会产生对母国或母公司的生产设备、原料及中间投入品等的相应进口需求，从而带动母国或母公司对东道国的出口。同时，对外直接投资还会通过"生产率效应"和"市场竞争效应"提升企业的经营绩效、产品质量及加成率，增强企业的出口竞争力（毛其淋、许家云，2016）。第三，企业通过对外直接投资可以深化与国外产业的关联，并且通过对跨国资源进行调配和整合，提高其在全球产业链分工中的价值创造能力，从而实现价值链的位置攀升。

五、全球价值链

中国是参与当前全球价值链体系最为深入的新兴经济体之一，全球价值链网络及其分工模式对中国企业国际竞争力的演变产生了深远影响。在理论上，发展中国家企业的创新能力提升及价值链升级模式，通常会遵循由工艺创新到产品创新与功能创新，再到价值链攀升的梯级演化路径。长期以来，中国的制造业企业凭借以中间投入品进口和最终品出口为主要特征的"两头在外"加工贸易模式,迅速嵌入全球价值链分工体系,广泛地参与国际竞争和贸易利益分配。在这一过程中,中国企业通过进出口引致的学习效应、创新促进效应等,逐步完成了从工艺创新到产品创新与功能创新的升级,并开始寻求向更高端的价值链位置进阶。经验研究表明,随着中国企业跨国生产经营活动日益复杂多样,其在全球生产网络中的地位也持续上升,对全球价值链的贡献也在不断扩大。企业的出口增加值或跨国价值创造,越来越多地依赖于知识密集型产业的发展(樊茂清、黄薇,2014)。在全球价值链中的深度嵌入不仅促进了中国企业出口产品质量、创新活动及跨国并购绩效的提升,还在一定程度上减小了融资约束带来的抑制作用(吕越、罗伟、刘斌,2015)。然而,值得注意的是,随着中国企业逐步过渡到以功能创新和链条创新升级为主的发展阶段,其在推动自主研发创新和价值链位置升级的过程中,所遭受的来自发达国家的"俘获效应"和"低端锁定"及技术遏制等负面效应也日益凸显(张杰、郑文平,2017)。因此,如何调整和优化价值链嵌入形式,并通过治理模式和分工地位的演变,在整体上实现国际化转型和高阶价值链跃进,是中国企业国际竞争力持续发展的内在路径要求。

六、制造业服务化

随着全球价值链分工体系的逐步深化和制造业变革发展过程中对服务性生产要素投入或产出环节的需求的不断增加,制造业企业呈现由以制造为中心向以服务为中心转变的趋势,推动传统生产型制造向新型服务型制造演进(制造业的服务化演进)在某种程度上成为企业实现价值链攀升的关键。[①] 从全球范围来看,诸多世界级的传统制造型企业如IBM 公司、GE 公司等,都通过实施业务板块延伸和服务模式创新来增进企业的经营绩效和国际竞争力。

在理论上,制造业服务化对于企业的生产率、研发创新及出口表现等行为绩效和价值链升级的影响主要体现在两方面。一方面,服务作为生产投入要素,能够在整合价值链国际分工各环节的过程中起到某种类似黏合剂的作用。如制造业在运输、电信、金融、分销等方面的服务化,有助于制造业企业通过服务外包、专业化分工和协作、信息技术与技术融合等,降低外部约束风险和不确定性及交易成本,实现规模效应和技术溢出效应,从而促进自身优势资源的整合配置和经营管理效率的提升(刘斌等,2016)。另一方面,服务是企业的产出形式,因而企业可以通过扩展服务业务优势或实施服务创新,如研发设计、服务管理等来提质增效,为形成新的市场竞争优势和价值、利润创造来源。

七、政府的作用

无论是来自外部的本地市场效应、全球价值链体系塑造、制造业服务化演进趋势方面的影响,还是由企业自身的进出口决策与对外直接投资行为所带来的学习效应、溢出效应及竞争效应等,都在实质上构成了一个有机整体,反映出企业的对外贸易和跨国投资行为对其竞争力发展的内生作用机制。然而,需要指出的是,上述机制能够对中国企

---

① 根据《世界贸易报告(2014)》,在全球价值链的价值创造构成中,生产所创造的价值仅占1/3,而服务创造的价值占比高达2/3,该报告指出制造业服务化是企业实现价值链提升的关键。

业国际竞争力的发展产生积极影响，在很大程度上也得益于改革开放进程中相关战略导向、产业政策和开放性制度实践的激励、催化和推动。具有出口导向属性的贸易发展战略和"走出去"战略等为中国企业的国际经营与国际竞争力提升提供了契机。特别是出口退税、进口税收减免等鼓励性政策措施的实施可以引致和放大出口学习效应、竞争效应及溢出效应等对企业生产效率和创新能力的促进作用，并通过与企业的跨国经营行为形成互动，从而成为中国企业国际竞争优势培育和塑造的重要推动力。

同时，产业政策项下的各类出口加工区、保税区、经济技术开发区、高新技术产业开发区以及自由贸易试验区等的设立，都对企业国际竞争力的发展起到了促进作用。一方面，政府通过基础设施的完善、要素市场的培育、优惠政策的施行和行政效率的优化等，为企业的发展提供良好的营商环境。由此所产生的交易成本降低、资本深化、产业集聚与协同、技术外溢、创新激励等正向外部效应和选择效应，也极大地促进了中国制造业的转型升级与企业生产效率、技术创新、成长动态及出口绩效的改善（郑江淮、高彦彦、胡小文，2008；Schminke and van Biesebroeck，2013；陈钊、熊瑞祥，2015；王永进、张国峰，2016；林毅夫、向为、余淼杰，2018）。当然，产业政策的资源配置效率在一定程度上还取决于制度质量和政策环境，较差的制度质量和政策环境也可能会造成企业的过度投资或非实质性的策略式创新（黎文靖、郑曼妮，2016；王克敏、刘静、李晓溪，2017）。另一方面，相关的产业布局规划和扶持政策的实施，有效引导和推动了高新技术产业和高新技术企业的发展，通过增加科技投入、采取研发补贴和税收优惠、推动创新平台、融资渠道和园区孵化器服务性建设、强化知识产权与专利保护、增加人才要素流动等，鼓励企业开展研发创新活动，降低企业的创新成本和创新风险，从而实现由对国外先进技术的引进模仿和技术追赶，向以自主研发和技术引领为目标与驱动力的企业创新和国际竞争力发展转变。而创新资源、企业网络和政策环境等要素优势的异质性，也诱发形成了诸多具有典型特征的高新技术产业基地或企业集群，如北京中关村科技园区、上海张江高新区、深圳高新区等。

此外，经济特区作为制度性改革开放实践成果，其独有的政策优惠、区位和制度优势，在一定程度上能够为企业的成长营造适宜的局部环境（黄玖立、吴敏、包群，2013）。较具代表性的是拥有华为、迈瑞医疗、腾讯、华大基因、比亚迪等一大批跨国高新技术企业和世界顶尖创新集群的深圳特区，深圳特区以制度创新、高效营商环境、信息化应用、开放包容的创新生态和特色创新体系为基础，立足于关键共性技术、前沿引领技术和颠覆性技术创新，不断巩固和提升创新发展优势，形成以高新技术产业和自主知识产权为支撑，主导企业国际竞争的"深圳模式"。在某种程度上，"深圳模式"为我们深入理解和探索政策引导与市场调配在企业国际竞争力培育与提升中的功能和作用提供了准自然实验，其先期实践和有益经验有助于为中国制造业的升级进阶与企业整体国际竞争力的提升明晰改革方向。上述事实表明，在企业国际竞争力发展的不同阶段，提供合理有效的战略引导和政策助力存在客观必要性。

总体而言，外部的宏观战略导向和相关政策激励在一定程度上催生或推动了中国企业国际竞争力提升机制的形成，在此基础上，企业自身的创新能力和生产效率与其跨国经营和投资战略互为因果，共同构成中国企业国际竞争优势的重要来源。因此，以创新能力优势为主导，把握相关的战略机遇和政策契机，实现全球要素和资源的优化配置，整合和协调国内价值链与全球价值链,从而促进企业内生成长,进而提升国际竞争力,将是中国企业国际竞争力演进的基本路径。

第三节 不确定时代的企业国际竞争力:风险与挑战

企业国际竞争力的形成和发展,在不同时代受不同的内外部形势的影响。自2008年全球金融危机以来,持续低迷的全球经济环境无形中为反全球化浪潮的兴起提供了"土壤",世界范围内的贸易保护主义、单边主义及民粹主义持续蔓延,贸易和投资争端加剧,使得当前世界经济格局面临百年未有之大变局。与此同时,中国宏观经济正处于增长动能转换和结构性调整的新阶段。人工智能等尖端技术的应用、数字经济的快速兴起,以及实现创新驱动发展、培育国际竞争新优势、建设贸易强国等内在战略需求,都对中国企业的国际化路径及国际竞争力提升提出新的要求和挑战。

一、全球化趋势放缓与国际产业竞争加剧

在世界经济仍然尚未彻底走出金融危机的"泥沼"并持续低增长的环境下,新冠疫情可谓雪上加霜,全球经济面临20世纪大萧条以来的最大衰退风险。一方面,在全球风险情绪升温、经济动能减弱和金融市场波动加剧的环境中,全球制造业持续疲软,各主要发达经济体和新兴经济体均面临出口增速下滑或贸易顺差萎缩的风险,国际市场的整体需求扩展空间有限,世界经济在现阶段呈现出弱势运行的态势。另一方面,全球化或贸易自由化进程中存在着贸易利益分配不平等问题,特别是国别间的相对福利损益结果迥异及各国内部的群体间利益分配不平等所引发的不满情绪和反全球化声浪日益高涨,全球每年新增的贸易干预措施逐渐增多(图8.7),这也在一定程度上导致或加剧了全球经济和贸易环境乃至政治环境的不确定性风险。

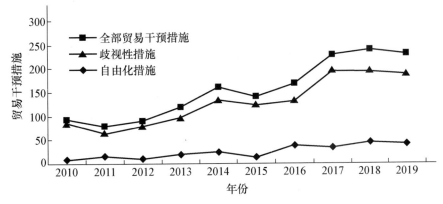

图8.7 2010—2019年全球每年新增的贸易干预措施

数据来源:全球贸易预警(Global Trade Alert)。

与此同时,多边贸易体制谈判的止步不前,致使规则各异的双边或区域贸易协定广泛兴起,特别是一些高标准的贸易协定或区域集团的出现,在一定程度上会对多边贸

易体制在规范全球经贸关系平等、自由和透明化运行中的主体地位造成冲击，最终可能会割裂全球贸易格局形态，导致贸易与投资偏离有序轨道。缺乏有效的监管机制，使得WTO遭受来自区域贸易协定的挑战的风险持续存在。此外，全球经济的再平衡发展趋势与国际分工格局的重构特征也在一定程度上对中国企业的国际分工地位与全球价值链的攀升造成影响。特别是2008年全球金融危机后，发达国家重新认识到实体经济与制造业的价值和基础地位，开始积极推动本国传统产业的技术升级，扶持战略性新兴产业的发展，其产业回归和再工业化的趋势普遍增强，本土制造业的竞争力也得到增强（江小涓，2019）。此外，部分新兴经济体在融入全球价值链体系的过程中，通过不断扩展其价值创造在产业链中的长度和宽度，逐步构建起较为完整的生产体系，从而实现了国际分工的本地化和国际产业竞争力的提升。联系到中国企业发展的实际，在全球化浪潮中，中国凭借过去改革开放释放出的强大经济活力和低成本要素优势所形成的传统竞争优势，以及多边贸易体制维系下的国际产业转移的良好机遇不复存在，国际市场需求的低迷及各国间产业竞争的加剧，使得单纯由外生的比较优势所支撑的中国企业国际竞争力成长路径难以为继。

二、国内产业转型升级与制度性变革的需求尚存

回顾中国企业国际竞争力的发展历程，可以发现其在很大程度上得益于贸易与投资所推动的国内相关产业的快速成长和崛起，以及逐步深化和完善的市场化体系。根据《中国与全球制造业竞争力》报告，2000—2016年，中国制造业的实际增加值了7倍，占全球制造业总产出的比重从8.5%提高到了30.9%。随着中国在全球制造业中所占比重的不断上升，这种由规模所带来的特殊优势在某种程度上极大地强化了企业的国际竞争力。然而，中国制造业整体上仍处于价值链的中低端位置，抵御外部风险的能力有待强化，自主创新能力较弱，相关的基础性或核心零部件及高端技术和设备仍大量依赖进口。跨国企业大多集中在具有自然垄断性质的行业或传统的制造业领域，缺乏核心产业优势。资源利用效率、信息化程度及质量效益状况亦有待持续改善。特别是在当前面临发达国家的市场挤压、技术封锁及国内要素成本上升的双重压力的情况下，投资驱动、规模扩张和出口导向模式等既有路径对中国企业国际竞争力进一步提升的赋能空间正日益缩紧。因此，加快国内产业结构布局调整和转型升级的步伐，以创新驱动发展，培育国际竞争新优势，在全球价值链分工体系与国际产业竞争中实现从"制造者"向"创造者"跨越式转变显得尤为迫切。2015年，中国发布实施制造强国战略的《中国制造2025》国家行动纲领，提出推动制造业由低成本竞争优势向质量效益竞争优势转变，由粗放制造向绿色制造转变、由生产型制造向服务型制造转变及培养具有全球竞争力的企业群体等目标。党的十九大也明确将质量变革、效率变革、动力变革作为新时期产业转型升级的发展方向。因此，国内产业结构的优化升级，是中国企业国际竞争力持续提升的内在基础和关键。

另外，中国企业国际竞争力的提升仍面临着诸多制度性的障碍和制约因素，更为广泛、深入地推进市场化改革和制度性开放十分必要。改革开放以来的市场化进程，在竞争与价格机制的作用下较为有效地改善了资源配置效率，促进了中国企业经营绩效和竞

争力的提高，但同时相关的改革局限和制度短板也逐步显现。一方面，不同所有制企业之间始终存在着竞争公平问题。相比于国有企业在市场准入、信贷配额、投资便利及资源获取等方面所享有的独特优势，民营企业的发展长期受制于先天薄弱的基础和政策的约束，这种情况在某种程度造成了资源配置的低效率甚至扭曲。而持续推进简政放权和优化服务的制度性改革与国有企业混合所有制改革，充分发挥市场在资源配置中的决定性作用，实现要素在各区域、产业和企业间的合理流动，营造自由公平的市场环境，激发各类市场主体的活力和竞争协作效应，是实现中国企业整体效率提升和竞争力内生演进的必然要求。另一方面，企业国际竞争力的塑造呼唤更高层次的全面开放格局和开放型经济建设。推动中国对外开放的内涵由商品和要素流动型向规则和标准等制度协调型转变，加快形成与国际贸易和投资通行规则相衔接的基本制度体系和监管模式，推进国家治理能力现代化，将为中国企业广泛参与国际竞争、在全球范围内调配和整合资源，提供制度性的便利和保障。

三、企业开展跨国经营活动的风险和不确定性大大增加

全球化进程受阻和全球治理所面临的失序风险无不映衬出当前日益凸显的时代不确定性。这主要表现在国际经济领域奉行单边主义的贸易保护浪潮卷土重来，国际政治中新保守主义的意识形态开始大行其道，社会层面民粹主义迅速扩展蔓延，世界经济格局与政策环境正经历深刻变化，这些现象在某种程度上增加了中国企业国际化战略实施和国际竞争力提升的不确定性风险。长久以来，比较优势与出口导向型的发展模式虽然为中国带来持续扩大的贸易顺差，但同时由国际收支与贸易利益分配等问题所引发的一系列贸易争端和摩擦也与日俱增。根据全球贸易预警的数据，2009—2019年，全球各国实施的歧视性（harmful）干预措施数量为17231，而中国遭受的歧视性措施数量为6403，可见中国是受到影响最大的国家。随着中国企业参与国际分工范围的扩大，其出口产品频频遭受贸易伙伴的反倾销、反补贴和特保等调查和制裁。特别是特朗普就任美国总统后，美国政府基于"301调查"，针对中国输美产品加征关税并对中国企业采取一系列贸易限制措施，还通过《外国投资风险审查现代化法案》对中国企业在美国的投资并购活动，特别是在涉及特定行业的关键技术或核心设备制造的领域，实施严格审查和特别干预，同时对两国间的基础性技术合作和人员往来也予以控制，从而在贸易、投资、产业升级及技术创新等方面对中国企业的国际竞争力发展形成严峻挑战。

伴随中国在全球范围内进行资源配置和战略布局步伐的加快，不同国家间的政治体制、社会形态、文化习俗和价值观念及地缘位置等特征差异，使得中国企业跨国经营所面临的风险和挑战日趋多元化和复杂化。譬如在"一带一路"倡议的实施过程中，"一带一路"沿线国家的利益诉求和认知观念差异、复杂的地区安全形势、投资东道国制度性要素缺失、大国间竞争博弈加剧等造成的投资环境不稳定都极大地增加了中国企业对外投资的风险成本。此外，在中国企业对外投资并购的发展实践中，企业经营管理思维、模式和方法滞后或本土化不足，特别是对国外环境保护、劳工权益等方面的制度法规和文化习惯缺乏深入了解和条件整合，都会导致企业投资失利和商誉受损。

四、企业自主创新核心优势的培育任重道远

在当前全球价值链重塑与中国国内经济增长新旧动能转换的背景下，技术创新能力支撑着市场份额的扩张，技术创新优势构成了企业实现国际竞争力内生强化的核心要素。特别是近年来随着中国企业技术获取型的对外投资业务规模逐步扩大，中国的研发创新能力得到显著增强。世界知识产权组织发布的数据显示，2019年，中国在《专利合作条约》框架下提交了近5.9万件国际专利申请，研发经费接近2万亿元，国际专利申请数量首次超过美国，成为国际专利申请最大来源国，研发经费总额则稳居世界第二位。特别是在2019年全球申请国际专利数量最多的10家企业中，有4家来自中国。中国逐步成为带动全球知识产权申请数量增长的主要国家，同时由知识产权所承载的技术创新活动也成为中国企业培育国际竞争新优势的重要内容。然而，我们也注意到，中国的创新活动增长主要是由少数高科技企业或跨国企业所主导的，且其行业分布集中在发电设备、输变电设备、轨道交通设备、通信设备等具有垄断性质的基础设施领域，与发达国家相比，中国企业整体的自主创新能力仍有待进一步提升。

总体而言，中国企业的平均研发经费占营收的份额和附加值创造的比重偏低，规模以上工业企业中开展技术创新活动的企业数量相对较少，部分关键共性技术的供给能力始终薄弱。在发展模式上，大多数中国企业研发创新起步较晚、缺乏经验，往往是在沿袭国外企业技术路径与专利许可基础上进行引进式创新或模仿创新，从事先导性研究的能力和自主式创新的水平略显不足，因而会面临外部技术封锁或陷入技术追赶困境的风险。推动技术创新的激励机制与评估体系亟待完善，企业与其他创新主体之间缺乏有效的协同和关联，市场机制运行效率不足使得知识转移和技术创新成果转化困难，相关企业的技术创新尚缺乏现代知识产权制度和知识产权保护法律体系的保障和激励。与此同时，企业的所有权类型和治理结构对中国企业创新能力提升也有重要影响。国有企业基于政策和资源优势，在长期的发展过程中存在对规模扩张路径的依赖，缺乏充分的市场竞争压力和技术创新动力。相比之下，民营企业逐渐成为推动中国企业研发国际化和创新能力提升的主要力量，但其创新发展也同时面临创新资源分配不足、融资约束、评审机制和技术标准滞后、创新服务和人才缺乏等诸多障碍。如何进一步激发国有企业的创新动力，充分发挥民营企业的研发潜力，构建起以企业为主体、以市场为导向、产学研深度融合的技术创新体系，促进企业自主创新能力的整体提升，是提升中国企业国际竞争力的根本要义。

第四节　新时期中国企业国际竞争力提升的政策选择

70多年以来，得益于对内改革和对外开放进程的持续推进，中国企业的整体国际竞争力得到显著提升。然而，面对世界经济的持续低迷和日益增强的不确定性风险，我们需要从宏观的国家层面和微观的企业层面考量持续提升中国企业国际竞争力的政策选项。

一、国家层面

（一）坚持对外开放战略，建设开放型世界经济

面对当前出现的"逆全球化"趋势及日渐呈现出浓厚保护主义色彩的国际经济环境，中国应坚定不移地实施和推进对外开放战略，打造更高水平的全方位对外开放新格局。一方面，通过继续扩大开放领域，放宽市场准入门槛，鼓励和吸引更高质量的外资，营造开放透明的政策环境和公平竞争的市场环境，加强对外资企业权益特别是知识产权的保护。实施进出口贸易平衡发展的战略，更加注重进口政策的功能，充分发挥市场竞争的激励机制与学习或技术溢出效应对国内企业经营效率提升的积极作用，加快促进企业的国内竞争优势向国际竞争优势转化。另一方面，加快形成对外开放新体制，由商品和要素自由流动向更高水平的制度型开放转变。深入推进对自由贸易试验区和外资管理体制等方面的探索和创新，加快构建开放安全的金融体系，进一步健全和完善涉外经济法律法规和风险防范体系，推动其与国际性的规则标准和制度体系衔接协调，为中国企业更广泛地参与国际化经营和全球战略布局提供稳定规范的制度保障。

同时，中国应积极建设开放型世界经济，广泛发展双边和多边经贸合作关系，推动全球经济治理体系的改革和完善，倡导建立平等、合作、共赢的国际经济新秩序；针对当前全球贸易环境的复杂多变和多边贸易体制面临的困局，切实履行大国责任，加强区域贸易体制与多边贸易体制间的互补兼容与关系协调；积极参与高标准自由贸易协定，发挥区域贸易协定在敏感问题谈判中的灵活性和试验场作用，促使区域贸易协定和多边贸易体制共同推动经济全球化向前发展；以"一带一路"倡议为契机，充分发挥其在促进中国企业国际化经营能力提升方面的战略载体作用，建立同"一带一路"沿线国家之间的互联互通和利益协调机制，在互惠互利基础上深入开展多领域的贸易与投资合作，加强针对中国企业跨国经营的信息咨询服务和投资环境评估及风险预警体系建设。在鼓励国内企业积极谋求海外市场资源与发展机遇的同时，合理运用国际争端解决机制和博弈策略，切实维护中国企业在国际竞争中的正当利益。

（二）对内持续深化改革，补齐制度性短板

中国应深化国内的制度性改革，全面推进国有企业混合所有制改革，优化股权结构，改善企业的治理结构和经营管理水平，以现代企业运行机制，如薪酬制度、职业经理人制度和激励机制改革等为重点，增强国有企业的发展活力，提升国有企业的盈利能力；通过以世界一流企业建设试点、国企改革双百行动等一系列先期实践的经验为基础，加快国有企业经营机制的转换，提高国有资本的资源配置和市场运行效率，放大国有企业的经济赋能效应和国际竞争优势；坚持完善基本经济制度，鼓励和支持民营企业的发展，营造更为市场化、法治化、制度化的长期稳定发展环境，保障民营企业在要素获取、市场竞争、政策惠及和法治权益方面的公平地位，实现"同权同利同目标"，激发民营企业改革创新和转型升级的潜力，特别是应结合现阶段的实际，着力解决民营企业在税费减免、融资便利化与创新发展等方面的迫切需求；通过强化国内市场竞争和要素市场化配

置的基础性作用，降低交易成本，实现国有企业与民营企业的优胜劣汰和资源优化配置，从而使中国企业整体的经营效率和竞争力得到进一步提升。

此外，中国应完善企业对外投资与贸易的相关管理制度和法律体系，为企业积极实施"走出去"战略和开展国际化经营创造良好的制度环境。现行的行政法规主要包括《境内机构境外直接投资外汇管理规定》（国家外汇管理局，2009年8月1日起施行）、《境外投资管理办法》（商务部，2014年10月6日起施行）、《对外承包工程管理条例》（国务院，2017年修订）、《中央企业境外投资监督管理办法》（国资委，2017年1月7日起施行）、《国有企业境外投资财务管理办法》（财政部，2017年8月1日起施行）、《民营企业境外投资经营行为规范》（国家发改委等5部门，2017年12月6日起施行）、《对外投资备案（核准）报告暂行办法》（商务部等7部门，2018年1月18日起施行）、《企业境外投资管理办法》（国家发改委，2018年3月1日起施行）等。在此基础上，一方面，中国应深入贯彻和落实已有的相关法规和管理办法，提高行政效率，注重政策效果的评估反馈，同时结合不同阶段中国企业国际竞争力演变的现实特征，建立动态优化调节机制，以更好地满足企业参与国际竞争的需求；另一方面，应加强不同监管部门间的政策协同，充分发挥多元化政策的互补作用和组合效应。

（三）注重培育本地市场效应，充分发挥超大规模市场优势

以国内大循环为主体，加快培育和壮大国内市场，持续挖掘和释放内需潜力，既有助于缓解长期以来中国企业国际竞争力发展过度依赖外需推动及其赋能空间日益紧小的窘境，有效对冲外部风险，又能为国民经济整体持续稳定发展提供强劲驱动力。特别是在新冠疫情对全球供应链和国际需求造成巨大冲击，以及潜在的逆全球化和全球产业链"去中国化"趋势等多重风险叠加的背景下，充分利用和有效发挥国内经济的超大规模市场优势和本地市场效应，有助于各类市场经营主体增强抵御外部冲击和不确定风险的能力，避免在短期内遭受全局性或系统性危机。中国应基于生产效率持续提高和战略规划协调等方面的内在特殊优势，通过增强制造业整体的自主创新能力和供应链体系韧性，推动基础性产业的高级化和产业链的现代化。长期而言，进一步挖掘超大体量和多元化的国内市场需求，发挥新消费增长点对于新兴产业的拉动效应，以及有效激发企业国际竞争新优势的涵养潜力，在某种程度上都能够为推动更多国内企业向全球性跨国企业转变创造良好条件。

（四）完善技术创新体系，增强自主创新能力

完善技术创新体系，增强自主创新能力，是培育和提升企业国际竞争新优势的中心环节。党的十九大报告明确提出，要加快建设创新型国家，通过把握世界科技前沿，强化和拓展前瞻性基础研究能力。因此，中国应在实施科教兴国战略与创新驱动发展战略的基础上，将国家创新体系建设作为引领科技发展、调整产业结构和转换动能、化解全球价值链低端锁定和技术封锁风险及建设现代化经济体系的内生动力和有效战略支撑。特别是应加快建立和形成以企业为主体、市场为导向、产学研深度融合的现代技术创新体系；完善技术创新融资体系，加强对中小企业的创新支持，营造良好创新环境，推动

企业创新意识和创新能力的整体改善；注重培养国际化的科技创新人才，灵活运用产权杠杆，引导科技资源的流动和合理配置，促进不同类型主体间的研发合作和创新协同，提高企业技术研发的效率和成果转化率。

自主创新并非闭门造车，因此应始终坚持开放合作的创新发展理念和创新模式。2018年，习近平同志在二十国集团领导人峰会上，强调了共创开放、包容、共赢的合作创新之路的重要意义。当前全球经济面临诸多不确定风险，启动创新引擎，构建创造力和合作驱动的创新时代，是促进世界经济持续发展的必然选择。因此，中国应增强自身的国际创新话语权，积极倡导更加开放包容的全球创新环境，推动国际科技创新领域的合作交流和创新成果共享，促进新技术和新知识的传播，实现互利共赢；坚决反对国际创新合作中出现的单边主义、孤立主义和一系列壁垒障碍，积极推动全球创新资源合理流动，从而为中国企业实现从技术获取、自主研发到创新突破的路径跃升提供有利的环境。

二、企业层面

（一）以技术升级和研发创新为核心，形成国际竞争力的内生增长路径

企业应将技术创新作为市场竞争优势和发展战略的基石，加快自身转型升级的步伐，进一步优化企业的战略定位和布局，思危、思变、思退。结合当前全球技术发展趋势和行业竞争动态，企业应确定阶段性的创新驱动发展路径。第一阶段，思危。企业应准确把握国际行业和市场的规则标准和需求特征，加大自身的技术研发力度和创新投入，通过改善管理水平，注重提升产品和服务质量及实施品牌营销战略，推动企业的国际竞争优势由价格优势向质量和品牌优势转变，提高产品的创新附加值和国内附加值，从而化解潜在的全球价值链低端锁定风险。第二阶段，思变。当跨国企业在产业规模、技术实力、市场份额、盈利能力等方面均已达到世界水平时，它就应积极瞄准前沿技术的发展方向，广泛利用数字经济、人工智能、物联网等新技术资源、创新融资渠道及政策环境，实施具有前瞻性或颠覆性的创新战略，在国际同业竞争的关键研发领域实现创新突破和技术引领，推动企业向更高端的专业化业务和领域延伸或转型，逐步向头部企业和行业领导者的方向迈进，最终实现从跟跑、并跑到领跑的跨越式发展。第三阶段，思退。当企业的技术垄断优势和产品的生命周期进入下行阶段时，企业就需要实施新一轮的技术、商业模式和管理创新战略，并积极探寻新的创新优势、发展机遇和利润源泉，形成以周期性创新为内生动力的企业国际竞争力增长路径。

（二）深入推进国际化经营战略，提高配置全球资源的能力

企业应将自身战略与国家战略紧密结合，调整和优化海外布局。以"一带一路"倡议和建设开放型世界经济为契机，基于企业自身的所有权优势、内部优势和区位优势等，采取对外贸易、直接投资和跨国并购等多元化的国际经营策略，大力开拓海外市场，广泛参与国际竞争，推动中国高端装备制造和工程业务等优势产能的海外输出，并注重对国际化品牌资产的投资管理。企业应增强整合全球资源的能力，建设海外投融资平台，

统筹海外资产业务的整体布局，提高海外项目投资决策效率，降低流程的风险成本，促进海外资产规模和经营业绩的持续增长。企业应进一步改善投资结构，尤其是国内中小企业应更多地由财务工具性质的非生产性投资向技术资源获取和市场寻求的生产性投资转变，拓展企业国际化战略实施的深度，充分发挥其在促进企业成长和国际竞争力塑造方面的重要作用。同时，跨国企业应注重人才培养理念和机制的优化，选拔和培养具备国际视野和思维能力，拥有商务沟通、跨文化交际与先进管理技能水平的国际化人才；应以海外战略为导向，以企业新职位体系为基础，推动国内人员与海外人员管理制度标准的国际协调。此外，企业应凭借自身的市场影响力和行业地位，积极参与相关国际准则和行业标准的制定，提升企业的主导竞争力和国际话语权。

（三）完善内部经营管理机制，提高应对外部风险的能力

经济全球化、国际贸易与投资发展的不确定因素日益增多，使得中国企业的国际化经营面临更多的潜在风险。特别是在中国企业"走出去"的过程中，由单边主义、孤立主义和保护主义政策所带来的贸易壁垒、投资审查限制及技术封锁等外部政策障碍剧增，因此企业应提高对风险的防范意识和应对能力。一方面，企业应构建本土化的合规管理体系，明确东道国的法律法规、行政许可、监管制度、行业规范、企业文化、政策环境等跨国经营的核心因素，有效识别和履行合规义务，建立完善的风险预防、发现和管控机制。譬如，企业在进行跨国投资前需对东道国的法律制度框架和投资政策进行审慎评估，以避免因国有产权属性、敏感技术和主权债务负担等问题而遭受歧视性的安全审查和行政干预，以及增加交易成本和经营风险。另一方面，企业应利用现有的工具和资源合理地管控风险，以降低国际化经营中的各类不确定性。例如，面临汇率风险时，企业可以通过结算方式、币种选择及金融工具等实施套期保值，从而在一定程度上规避风险和减少损失。

第九章 培育国际竞争新优势的企业主体地位Ⅱ：服务企业的绩效[①]

培育国际竞争新优势的企业主体地位，离不开服务企业的成长。本章基于微观的企业层面数据，考察了人民币汇率水平、汇率波动对中国服务企业绩效的影响，并在同一个分析框架内将中国服务企业与商品企业进行了比较，结果如下。①服务企业绩效（净利润、净利率、毛利率、劳动生产率等）总体上要优于商品企业绩效。②未引入人民币汇率水平、汇率波动与劳动生产率交叉项的模型结果表明，人民币汇率贬值对服务企业和商品企业的利润和销售都有促进作用，且对商品企业利润的影响大于对服务企业利润的影响；人民币汇率波动对服务企业和商品企业的利润和销售都存在负面冲击，且对商品企业的冲击更大。③生产率较高的服务企业和商品企业在人民币汇率贬值时能够增加更多的利润和销售；商品企业生产率越高，汇率波动对其利润和销售的负面冲击越大。本章研究结论不仅为新兴市场经济体的企业绩效会受到汇率变动的影响提供了证据，而且为我们认识开放条件下服务企业的成长提供了参考。

第一节 问题的提出

近年来，学术界对服务经济（服务业产出和就业、服务消费、服务贸易及服务业投资等）的研究，不论是在广度上还是在深度上都取得了丰硕的成果，这表明当前对服务经济的系列研究恰逢其时。尽管如此，通过采用传统方法对服务业对外开放程度进行测算发现，服务业仍是全球经济中最为闭塞的行业。但可喜的是，随着信息通信技术及其他有关技术的快速发展，服务产品越来越具有可贸易性的特征，服务贸易在国际贸易中的重要性日益提高。事实上，在服务贸易及服务业国际直接投资快速发展的同时，服务业已经成为众多发达经济体及发展中经济体的最大部门。世界银行的统计数据显示，2015年，高收入经济体的服务业增加值占GDP比重平均为74.2%，而中等收入经济体和低收入经济体则分别为57.1%和48%，世界平均水平为69.1%。服务业快速发展的一个重要原因是，服务产品是大多数有形产品生产的关键投入要素，即使部分服务产品不能被直接贸易，它们仍可能依赖于某些可贸易性商品或服务而被贸易。这些关系在某种程度上

[①] 本章已发表在《经济与管理研究》期刊（胡宗彪、滕泽伟、黄扬嘉，2019）和《汇率水平及其波动与国际服务贸易绩效研究》（胡宗彪，2016）。

表明，服务企业可能直接或间接地被国际经济环境所影响。

与服务业在一国经济发展中的重要性相比，目前学术界对服务经济的相关研究是不够的。对此，Baggs、Beaulieu和Fung（2010）认为主要有三个原因：一是在国际贸易自由化的谈判中，服务贸易直到现在仍被搁置，这导致学术界更多的研究集中在关税降低对贸易自由化及对制造业部门的影响方面；二是数据问题，即服务业及服务贸易中并不存在关税和关税数据；三是现在较多的数据源主要专注于制造业部门数据，这导致对贸易政策的影响研究只能以制造业部门为主要对象。近年来虽然兴起了国际服务贸易的研究热潮，但关于服务企业国际经济行为的研究仍显不足，较少有研究能够充分认识到贸易自由化对服务业的可能影响。与此形成鲜明对比的是，研究贸易自由化影响制造业部门的文献却非常多。与上述情况类似，研究汇率对制造业企业绩效影响的文献很多，但专门研究汇率影响服务企业绩效的文献较少。尤其是部分现有文献并没有严格区分汇率水平（Exchange Rate Level）变动和汇率波动（Exchange Rate Volatility）这两个完全不同的概念。Baggs、Beaulieu和Fung（2010）曾指出，如果将研究对象局限于制造业，会使我们认为汇率对大多数发达经济体只有不到30%的影响，这将造成认知上的偏误。实际上，Foote（1998）采用美国的数据进行研究的结果显示，非制造业的企业动态与制造业企业相比是非常不同的。这些研究都表明，研究汇率对服务企业绩效的影响是必要和重要的。

在此背景下，本章以相关文献为基础，将汇率进一步分为汇率水平和汇率波动两个不同的维度（前者表示汇率的时间变化趋势，即汇率升值或贬值；后者表示汇率水平变动的幅度大小，即汇率风险），同时考察二者对服务企业绩效的影响，并在相同的分析框架内将其与制造业企业的表现进行对比。在对汇率与制造业企业绩效进行研究的有关文献中，企业利润和销售是受汇率和关税显著影响的。如Mann（1986）的研究表明汇率与利润之间存在显著关系，还有学者发现即使控制了产出、成本和相对价格，实际汇率水平变动对美国制造业企业的利润仍有显著影响。遵循Baggs等（2016）的做法，考虑到关税数据缺乏及测量服务贸易自由化程度的复杂性，我们使用汇率而不是关税来考察其对服务企业绩效的影响。贸易自由化（关税减让）与汇率不同，关税一般具有长期性且经常在贸易政策谈判中被涉及，而汇率波动可能是暂时性的。然而，正如Feenstra（1989）所指出的，较大的汇率波动可能像关税变动一样，通过改变国内企业的竞争地位而对企业产生影响。例如，汇率升值可被视为对出口企业的反向贸易自由化（Reverse Trade Liberalization），即相当于增加出口关税，但也会产生一种类似于进口竞争企业通过让国内消费者获得更便宜进口品的贸易自由化效应。

因此，本章研究的主要问题是，汇率对企业绩效的影响是否存在行业差异，即服务企业与商品企业[①]面对汇率波动时的反应是否一样。本章首先回顾现有的研究文献，指出现有研究的不足及本章的拓展之处；其次，考察服务企业和商品企业在绩效方面的表现差异，企业数据来自BvD系列数据库；最后，分别以企业利润和销售作为企业绩效的度

[①] 基于研究的主要问题，我们将企业划分成"服务类企业"和"非服务类企业"两大部门，其中"非服务类企业"包括第一产业和第二产业内的所有企业（见"样本及企业所属行业划分"部分）。考虑到"非服务类企业"与"服务类企业"的表述在文中多次出现，会对易读性产生影响，所以从企业提供的产品是否存在空间形态出发，将服务类企业简述为"服务企业"，而将"非服务类企业"简述为"商品企业"。

量指标,综合运用面板固定效应模型,系统考察汇率水平、汇率波动对中国服务企业绩效的影响,并在同一分析框架内将其与商品企业进行比较研究。本章以中国这个新兴市场经济体的服务企业和商品企业为研究对象,得出的研究结论将为新兴市场经济体受汇率波动的影响提供一定的证据。而这些证据在一定程度上也表明,对于新兴市场经济体而言,应谨慎管理会导致汇率波动的经济事件和政策。

近年来,使用企业层面数据考察汇率水平或汇率波动对企业绩效影响的文献不断涌现,但研究对象以制造业企业为主,并且各文献对企业绩效的衡量方式也不尽相同。在现有的相关文献中,使用较多的企业绩效指标主要包括企业利润(Baggs et al., 2016;周琢、陈钧浩,2016;吴国鼎,2017)、企业销售(Baggs et al., 2016;沈筠彬、伏玉林、丁锐,2018)、企业就业(Baggs et al., 2016)、企业生存概率(Toraganli and Yazgan,2016)、企业资产回报率(Kelilume, 2016)、企业投资(Lee, 2017)、企业生产率、企业出口(Héricourt and Poncet, 2013; Berman, Martin, and Mayer, 2012)等。

在汇率与企业利润及销售的关系研究方面,多数研究认为货币升值对企业绩效有负向影响。如吴国鼎(2017)的研究发现,净有效汇率上升对企业利润总体上有负向影响,且对不同贸易类型、不同利润率水平及不同出口产品种类企业利润的影响存在差异。此外,还有研究对比分析了汇率波动与出口退税对企业利润的影响,结果发现实际有效汇率波动对一般贸易企业利润率影响的重要性要大于出口退税率调整的重要性(周琢、陈钧浩,2016)。沈筠彬、伏玉林、丁锐(2018)的研究显示,实际有效汇率对企业销售增长率的影响因企业生产率、行业集中度、要素密集度及所有制的不同而不同。除企业利润和销售指标外,Kelilume(2016)分析了2004—2013年汇率波动对尼日利亚20家上市企业绩效的影响,结果显示汇率波动对企业资产回报率(Return on Assets)、资产周转率(Assets Turnover Ratio)及投资活动弹性(Portfolio Activity & Resilience,即销售的百分比变化除以GDP的百分比变化)都有显著的负向影响,即汇率波动的幅度增大会降低企业绩效。

在关于汇率与企业生存概率及企业投资的关系研究方面,Toraganli和Yazgan(2016)以土耳其2002—2009年的制造业企业为样本,研究发现实际汇率升值降低了企业生存概率,并且在汇率升值时,高生产率企业的生存概率要高于低生产率企业。在关于汇率与企业投资的关系研究方面,有研究基于韩国2006—2014年的数据,从出口渠道和进口渠道两个方面考察了汇率波动对企业投资的影响,结果显示韩元对美元的名义汇率的系数显著为正,说明韩元贬值对企业投资有促进作用。然而,出口份额与汇率的交叉项系数不显著,进口份额与汇率的交叉项系数显著为负,这表明进口份额提高对企业投资有一定的抑制作用。因此,韩元汇率波动对企业投资的实际影响依赖于进口份额的多少(Lee, 2017)。

在汇率与企业出口的关系研究方面,有学者对法国制造业企业的研究结果显示,对多数行业而言,汇率贬值和汇率波动对扩展边际(Extensive Margin)具有正向作用。Berman、Martin 和 Mayer(2012)对法国制造业企业的研究表明,汇率水平变化对出口的影响与企业生产率的高低有关。然而,目前研究汇率水平或汇率波动与中国制造业企业绩效关系的文献还较少。Héricourt、Poncet(2013)对中国10多万家出口企业的绩效研究表明,汇率波动对扩展边际和集约边际(Intensive Margin)都存在负向影响,且影响程度的大小取决于金融约束（Financial Constraints）。此外，还有文献研究了汇率升值对中国企业进口扩展边际和集约边际的影响。

遗憾的是，目前将汇率与服务企业联系起来进行研究的文献还极其有限，相关研究主要是考察汇率水平这个维度对服务企业绩效的影响，其中，企业绩效指标以销售、利润及生存概率为主。比如，Baggs、Beaulieu 和 Fung（2010）对加拿大服务企业的研究表明，加拿大元升值降低了企业的生存概率、销售及利润，贬值则有相反的影响。这一发现与制造业企业相似，但影响程度并不一样。基于相同的研究方法，Baggs 等（2016）进一步考察了加拿大元汇率水平变动对零售企业绩效的影响，结果发现加拿大元升值将显著降低企业的销售、就业和利润，但没有证据显示汇率水平变动对经营企业的数量和企业生存概率存在显著影响。Cheung 和 Sengupta（2013）对印度企业的研究发现，货币升值及汇率波动对企业出口份额存在显著负向影响，且出口份额较小的企业对汇率水平变动及其波动的反应更大，另外，与商品企业相比，出口服务的企业更容易受到汇率波动的影响。

毫无疑问，上述研究对我们认识汇率与企业绩效的关系及各国汇率政策具有重要的参考价值，对本章研究也提供了很好的前期文献基础。但截至目前，我们并未发现有文献专门研究人民币汇率对中国服务企业绩效的影响，也没有文献同时对人民币汇率水平和汇率波动进行研究。鉴于此，我们希望本章能在以下方面作出边际贡献。一是对研究对象进行拓展。本章将汇率与企业绩效的关系研究从制造业领域拓展至服务业领域是对现有文献的有益补充。尤其是，我们将在同一个分析框架内，对比分析服务企业与商品企业面对汇率波动时的表现差异。二是对汇率指标进行细化。为了避免现有文献对汇率水平变动与汇率波动两个概念的混淆与误用，我们进一步将汇率区分为汇率水平和汇率波动两个维度，细致考察这两个汇率指标对企业绩效的差异影响。而现有文献由于忽略了汇率波动对企业绩效的影响，因此有可能遗漏变量而引起偏误。三是丰富研究样本。我们采用的微观企业数据来自 BvD 系列数据库，该数据库包括了服务企业和商品企业的有关指标数据，为本章研究提供了可能。根据实际情况，本章具体以企业利润和企业销售为被解释变量，综合运用面板固定效应模型，系统考察汇率水平、汇率波动对服务企业和商品企业各绩效维度的影响方向和影响程度大小。

第二节　数据说明和描述性统计

一、样本及企业所属行业划分

本章企业样本的变量数据来自 BvD 的 Oriana 数据库，Oriana 数据库的行业分类标准包括 2012 版北美产业分类体系（NAICS 2012）和欧盟经济活动统计分类体系修订版 2（NACE Rev. 2）[①]，在这两种行业分类标准中，Oriana 数据库又将其代码分为主要代码和核心代码。通过对比发现，NAICS 2012 核心代码和主要代码分别为四位数和六位数，并且核心代码与主要代码的前四位数相同；而 NACE Rev. 2 的核心代码和主要代码均为四

[①] NACE Rev.2 的分类相对于 NACE Rev.1 更为详细，2008—2011 年为采用 NACE Rev.2 的过渡期。

位数且数值一样,即核心代码和主要代码在数据库中并无差别。

由于 NACE 行业分类体系与国际标准行业分类(ISIC)更为一致,故我们主要依据 Oriana 数据库中的 NACE Rev. 2 行业分类标准对企业所属行业进行归类,将数据库中的所有企业划分为服务企业和商品企业(包括第一产业和第二产业内的所有企业)两大类。具体而言,将行业二位码为 01~43 的企业划为商品企业,共计 43 个部门;将行业二位码为 44~99 的企业划为服务企业,共计 46 个部门。根据分类结果,选取数据库中 2004—2013 年营业净利率和营业收入不存在缺失数据的企业,初步得到服务企业 258 家、商品企业 890 家。但在数据清理过程中发现,成都博瑞传播股份有限公司既出现在服务企业中也出现在商品企业中,由于其核心代码为 1811,所以将其归为商品企业中的制造业部门。因此,最后得到的中国企业样本为:服务企业 257 家,商品企业 890 家,共计 1147 家,时间区间为 2004—2013 年。

我们可以直接从 Oriana 数据库中获取到的指标及数据包括企业名称、所属国家、所在城市、成立时间、是否为上市企业、上市时间、公司规模分类、NACE Rev. 2 核心代码和行业二位码、员工人数、营业收入、销售额、营业毛利、毛利率、净利率、财务杠杆率、资产报酬率、总资产、固定资产等。其他需要但不能直接获取的指标将通过公式计算得到:企业年龄 = 年份 - 企业成立时间;营业净利润 = 营业收入 × 净利率;劳动生产率 = 销售额 ÷ 员工人数;不同三位码行业内所有企业销售总额增长率 = (ind3_sales - L.ind3_sales) / L.ind3_sales,其中,ind3_sales 表示三位码行业内所有企业销售的加总值,L. 表示滞后算子,该指标的单位为百万美元。

二、汇率水平与汇率波动指标

汇率水平等其他指标均来自 BvD 的 CountryData 数据库,主要包括:实际 GDP(以 2005 年为不变价,单位为百万美元),用 cgdp 表示;贷款利率,用 rat1 表示;核心解释变量——汇率水平,用两种度量方式,一是人民币与美元的双边名义汇率,用 xrpd 表示,二是双边实际汇率,用 rery 表示。由于 CountryData 数据库中并不存在双边实际汇率数据,因此该数据用公式 $rery = xrpd \times (P_{US} / P_{CN})$ 计算得到,其中,P_{US}、P_{CN} 分别表示美国和中国的 CPI 指数(2005 年均为 100)。

汇率波动数据需要通过计算得到。根据现有文献,汇率波动的测度方法主要有四种。第一种,使用即期与前一期的差分与前一期的比值(即变动率)表示(黄志刚、陈晓杰,2010)。第二种,采用移动标准差法,具体又分为以下两种,一是使用汇率对数一阶差分的移动标准差表示(Johannsen and Martínez-Zarzoso, 2017);二是使用对数实际汇率的移动平均值的标准差表示。第三种,使用自回归条件异方差(Autoregressive Conditional Heteroskedasticity, ARCH)模型或广义自回归条件异方差(Generalized Autoregressive Conditional Heteroskedasticity, GARCH)模型进行估计(Bahmani-Oskooee、Hegerty and Hosny, 2015)。第四种,用汇率与其预测值(根据自回归方程得到)之差的方差表示(Arize, 1996)。根据实际情况,我们主要采用移动标准差法和 GARCH 模型对汇率波动进行测度。然而,在 GARCH 模型的检验中,未发现人民币与美元的年度双边名义汇率和双边实际汇率变化存在较为显著的 GARCH 效应,故在计量分析中主要采用移动标准差法的第一种方法。并且，为了考察汇率水平指标的不同及汇率波动时间窗口长短对估计结果可能产生的影响，我们同时选取双边名义汇率（xrpd）和双边实际汇率（rery），并且对每一种汇率水平指标都分别采用两种汇率波动指标进行测度：一是对数一阶差分的 3 年移动标准差（分别表示为 vol_MA3、vol_MAR3）；二是对数一阶差分的 5 年移动标准差（分别表示为 vol_MA5、vol_MAR5）。

图 9.1 显示了 2004—2013 年人民币对美元的汇率水平情况（汇率为直接标价法）。可以看出，双边名义汇率和双边实际汇率的变化趋势基本一致，双边名义汇率由 2004 年的 8.277 变化到 2013 年的 6.196，人民币升值幅度约为 25.14%，同期双边实际汇率则由 8.151 变化到 5.753，人民币升值幅度约为 29.42%。虽然两者的变动趋势一致，但从差异程度的变化趋势来看，双边名义汇率和双边实际汇率的差距自 2008 年开始呈现扩大的态势。进一步观察双边实际汇率计算公式中的 CPI 指数发现，除 2006 年美国的 CPI 指数（103.22）略高于中国（101.74）外，其余年份（除 2005 年两者指数均为 100 外）都是中国高于美国，这就导致公式 rery = xrpd×(P_{US}/P_{CN}) 中的 P_{US}/P_{CN} 小于 1，且由 2007 年的 0.9957 变化到 2013 年的 0.9285，故人民币对美元的实际汇率偏离名义汇率越来越远，换句话说，中国物价相对于美国上涨较快，使得人民币对美元的实际汇率低于名义汇率，因此人民币实际升值幅度变得更大了。

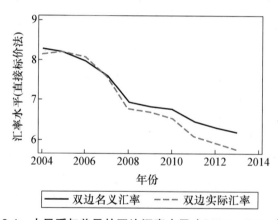

图 9.1　人民币与美元的双边汇率水平（2004—2013 年）

图 9.2 显示了两种不同汇率水平指标的波动情况，且同时采用了两种不同的移动时间窗口。在计算汇率波动时采用移动标准差法会导致所计算年份的前后几年出现数据缺失，如计算 3 年移动标准差时，2004 年和 2013 年的数据无法计算，计算 5 年移动标准差时，2004 年、2005 年和 2012 年、2013 年的数据无法计算，因此我们将汇率水平的原始数据年份扩大到了 2002—2014 年，然后使用 Stata 软件的"rowsd"命令对汇率对数的一阶差分进行了移动标准差计算。不难发现，不论是图 9.2（a）的 3 年移动标准差还是图 9.2（b）的 5 年移动标准差，实际汇率的波动幅度都要高于名义汇率（除 2005 年的 3 年移动标准差外），但两者波动的轨迹基本一致。不论是名义汇率还是实际汇率，5 年移动标准差的汇率波动幅度都要低于 3 年移动标准差，即移动时间窗口越长，汇率波动越平滑。

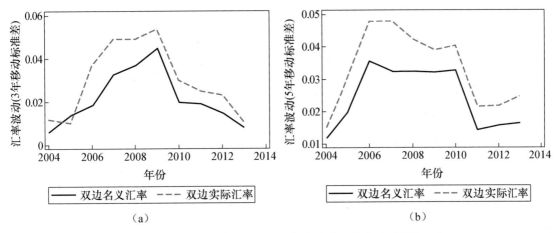

图 9.2 人民币与美元的双边汇率波动（两种移动时间窗口）

注：（a）图为汇率对数一阶差分的 3 年移动标准差，（b）图为汇率对数一阶差分的 5 年移动标准差。图中实线表示双边名义汇率，虚线表示双边实际汇率。

三、服务企业和商品企业比较

表 9.1 报告了企业层面各变量的描述性统计结果，且为了便于对比分析，分别报告了服务企业和商品企业的结果。由于中位数不受极端值的影响，所以除均值外还报告了中位数。对比两者可以发现，除服务企业的企业年龄外，其他所有类别所有变量的均值都要大于中位数。在方差方面，净利润、员工人数、总资产、销售额等的方差值较大，表明企业间存在很大的异质性。对比服务企业和商品企业的各变量均值可以发现，除销售额、员工人数、财务杠杆率三个指标外，其余所有指标的均值都是服务企业高于商品企业。如服务企业的净利润、净利率、劳动生产率这些反映企业经营绩效的主要指标的均值都要高于商品企业，表明样本中的服务企业绩效要优于商品企业。然而，这里分析的只是企业各变量在 2004—2013 年的均值，无法获取到各变量在时间上的变化趋势。

表 9.1 企业层面各变量的描述性统计结果

行业	指标及其含义		样本量	均值	中位数	方差	最小值	最大值
服务企业	profit	净利润	2570	6474	1650	24298	-95788	679146
	gmargin	毛利率	2539	33.53%	28.97%	20.17	-21.29%	99.48%
	pmargin	净利率	2570	12.22%	8.775%	16.58	-91.17%	96.74%
	roe	资产报酬率	2570	5.087%	4.500%	6.204	-99.95%	53.33%
	sales	销售额	2556	689.3	193	2294	0	38933
	empl	员工人数	2519	3776	1360	11897	15	222529

续表

行业	指标及其含义		样本量	均值	中位数	方差	最小值	最大值
服务企业	LP	劳动生产率	2505	0.441	0.142	1.243	0	25.82
	fassets	固定资产	2570	598.3	137	3384	0	78499
	tassets	总资产	2570	1303	375	4627	6	87075
	age	企业年龄	2570	13.94	14	4.655	0	29
	leverage	财务杠杆率	2533	88.76%	66.02%	94.18	0	844.7%
	dln ind3_sales	三位码企业销售总额增长率	2307	0.250	0.214	0.700	−1	31.75
商品企业	profit	净利润	8900	4869	1116	20591	−117288	680104
	gmargin	毛利率	8882	28.82%	25.93%	16.46	−60.86%	98.57%
	pmargin	净利率	8900	7.457%	5.890%	14.70	−99.72%	98.16%
	roe	资产报酬率	8900	4.439%	3.850%	7.378	−72.54%	74.94%
	sales	销售额	8886	707.3	207	2332	1	90408
	empl	员工人数	8716	4377	2174	7269	2	134461
	LP	劳动生产率	8702	0.278	0.0983	1.324	0.00301	51.21
	fassets	固定资产	8900	501.1	139	1719	0	37370
	tassets	总资产	8900	942.6	338	2526	6	61228
	age	企业年龄	8900	13.07	13	5.617	−2	58
	leverage	财务杠杆率	8814	96.06%	67.56%	105.8	0	994.5%
	dln ind3_sales	三位码企业销售总额增长率	8010	0.223	0.196	0.260	−0.783	5.570
总体	profit	净利润	11470	5228	1223	21486	−117288	680104
	gmargin	毛利率	11421	29.87%	26.45%	17.47	−60.86%	99.48%
	pmargin	净利率	11470	8.524%	6.395%	15.27	−99.72%	98.16%
	roe	资产报酬率	11470	4.584%	4.035%	7.136	−99.95%	74.94%
	sales	销售额	11442	703.2	205	2324	0	90408
	empl	员工人数	11235	4243	2001	8531	2	222529
	LP	劳动生产率	11207	0.314	0.105	1.308	0	51.21
	fassets	固定资产	11470	522.9	139	2204	0	78499
	tassets	总资产	11470	1023	345	3125	6	87075
	age	企业年龄	11470	13.27	13	5.428	−2	58
	leverage	财务杠杆率	11347	94.43%	67.22%	103.4	0	994.5%
	dln ind3_sales	三位码企业销售总额增长率	10317	0.229	0.206	0.403	−1	31.75

注：由于毛利率、销售额、员工人数、财务杠杆率变量存在缺失值，故需要计算的劳动生产率（销售额/员工人数）、三位码企业销售总额增长率也存在缺失值，因此各指标总体样本量都不是11470。

考虑到表 9.1 只能从总体上判断服务企业和商品企业的差异，我们进一步按年份分别对两类企业内的所有企业求均值，并将其按指标绘制成图 9.3，该图从时间维度直观地反映了服务企业和商品企业的各指标对比情况。可以看出，不论是哪个指标，两类企业的变动轨迹均具有一致性。

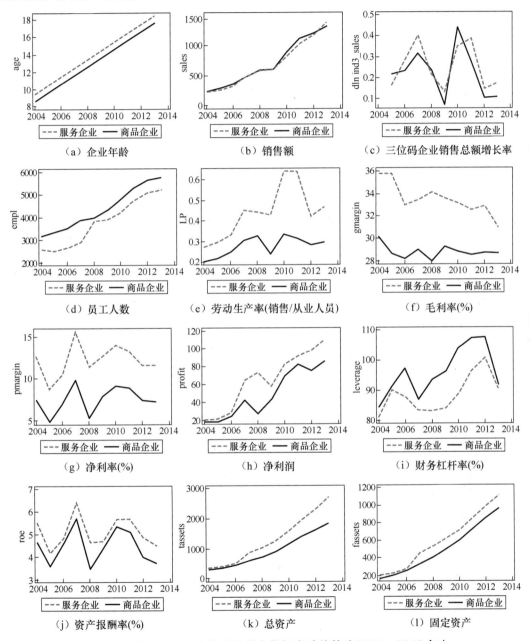

图 9.3　服务企业与商品企业的各指标变动趋势（2004—2013 年）

注：虚线表示服务企业、实线表示商品企业，各指标值的计算方法是按年份对所有服务企业、所有商品企业分别求均值，如 2013 年服务企业的销售额等于该年所有服务企业销售额的均值。dln ind3_sales 表示不同三位码行业内所有企业销售总额增长率的均值。销售额、劳动生产率、净利润、总资产、固定资产的单位为百万美元。

从企业年龄来看［图9.3（a）］，不论是在哪一年，服务企业的平均年龄都要大于商品企业。由于2004年服务企业和商品企业的平均年龄分别为9.44年和8.57年，之后将同样以1年为增幅，故图中显示为两条平行的直线。

从销售额来看［图9.3（b）］，服务企业的平均销售额从2004年的2.27亿美元上升至2013年的13.80亿美元，年均几何增长率约为22.18%；同期商品企业平均销售额由2.32亿美元上升至13.22亿美元，年均几何增长率约为21.32%。从平均销售额的增长率来看，服务企业与商品企业差异并不大，图9.3（b）中表现为两条紧贴的曲线。进一步计算三位码企业销售总额增长率的平均值［图9.3（c）］发现，服务企业销售总额增长率最高为2007年的40.4%，最低为2009年的13.03%；而商品企业最高为2010年的44.15%，最低为2009年的6.76%。图9.3（c）显示三位码企业销售总额增长率在2007—2009年有较大幅度下滑，这可能与2007年底开始爆发的次贷危机有关，实际上图9.3（b）也显示出了2008—2009年的销售停滞状态。2010年，三位码企业销售总额增长率虽然恢复到了2007年的水平，但2012年又出现下滑，截至2013年并未见明显好转。

从员工人数来看［图9.3（d）］，商品企业要多于服务企业。服务企业的平均员工人数从2004年的2565人增长至2013年的5205人，年均几何增长率约为8.18%；同期商品企业的平均员工人数从3158人增长至5747人，年均几何增长率约为6.88%。虽然从员工人数的绝对值来看，不论是在哪一年，商品企业都要高于服务企业。但从员工人数的增长率来看，服务企业要高于商品企业，这正好说明国家大力发展服务业对于就业的促进作用。

从劳动生产率来看［图9.3（e）］，服务企业要明显优于商品企业。服务企业的平均劳动生产率由2004年的27.34万美元上升至2013年的46.86万美元，年均几何增长率约为6.17%；商品企业的劳动生产率则由2004年的20.41万美元增加至2013年的29.69万美元，年均几何增长率约为4.25%。二者在2007—2009年同样出现了明显下降，服务企业与商品企业之间劳动生产率的差距有进一步扩大的趋势。这进一步说明当前国家强调发展服务业是正确的。

从毛利率来看［图9.3（f）］，服务企业要远远高于商品企业。服务企业平均毛利率由2004年的35.76%下降至2013年的30.99%，年均下降约1.6%；同期商品企业平均毛利率从30.21%下降至28.69%，年均下降约0.6%。可见，服务企业的平均毛利率在绝对值上始终高于商品企业，但其下降速度也明显高于商品企业。从图9.3(g)可以进一步发现，服务企业的净利率也要明显高于商品企业，但两类企业的波动轨迹高度一致。虽然2013年两类企业的净利率与2004年相比没有很大变化，但营业收入的增长使得由营业收入和净利率计算得到的净利润［图9.3（h）］保持了总体增长，并且服务企业的平均净利润及其增长率都要高于商品企业。

从财务杠杆率来看［图9.3（i）］，商品企业要高于服务企业。服务企业财务杠杆率由2004年的81.21%变化至2013年的90.68%；同期商品企业财务杠杆率由84.27%变化至91.59%，变动轨迹与服务企业基本一致。从资产报酬率来看［图9.3（j）］，服务企业要优于商品企业，这表明服务企业的资产利用效率更高。但总体来看，二者都没有表现出明显的上升或下降趋势，而是上下波动且波动轨迹基本一致。服务企业的财务杠杆率由2004年的5.50%下降至2013年的4.86%，年均下降约2.25%；同期商品企业的财务杠杆率由4.64%下降至3.70%,年均下降约2.49%,降幅相差不大。

从总资产来看[图9.3(k)],服务企业要大于商品企业。2004—2006年,服务企业总资产与商品企业比较接近,但2007—2013年,二者之间显现出差距扩大态势。从总资产中占比较大的固定资产来看[图9.3(1)],仍然是服务企业大于商品企业,但二者之间的差距基本稳定。通过计算固定资产占总资产的比重发现,服务企业总体要低于商品企业(二者在2004—2013年的平均值分别为48.68%和53.76%),而且服务企业的降幅也要远远高于商品企业(服务企业由2004年的55.95%下降至2013年的40.86%,同期商品企业由53.25%下降至52.30%),这与服务企业资产结构中更多的是技术、管理和知识等资本有关。

第三节 经验模型及结果讨论

在经验研究部分,我们分别考察汇率水平、汇率波动对中国服务企业绩效的影响。基于前期研究及数据来源的实际情况,企业绩效(被解释变量)指标选取服务企业的利润(盈利)和销售;核心解释变量包括人民币的汇率水平和汇率波动;控制变量则由企业层面、行业层面及国家层面的多个变量构成。在每个模型中,尽量引入被解释变量的重要影响因素并对其准确衡量,以避免因遗漏重要解释变量及测量误差而引起的内生性问题。

一、汇率水平及汇率波动与服务企业利润

首先考察汇率水平和汇率波动对服务企业利润的影响。在理论上,货币贬值可以通过提高国内企业的价格加成来增加利润,货币升值则会得到相反的结果。由于无法获得企业的经济利润数据,我们使用数据库中的会计利润[①],计量模型设定如下:

$$\ln \text{profit}_{ft} = \beta_0 + \beta_1 \ln \text{ER}_t + \beta_2 \ln \text{Vol}_t + \gamma x_{ft-1} + \theta y_{it-1} + \delta Z_t + \tau_t + \varepsilon_{ft} \quad (9-1)$$

其中,下标f表示企业,i表示行业或部门;$\ln \text{profit}_{ft}$是企业利润的自然对数,考虑到利润的偏度分布,使用自然对数作为被解释变量更为合适;$\ln \text{ER}_t$是人民币与美元的双边汇率水平(直接标价法),当采用双边名义汇率指标时,用$\ln \text{xrpd}$表示,当使用经过CPI调整的双边实际汇率进行稳健性检验时,用$\ln \text{rery}$表示;$\ln \text{Vol}_t$是汇率波动指标,使用双边名义汇率对数一阶差分的3年移动标准差($\ln \text{vol\_MA3}$)表示(同时使用名义汇率对数一阶差分的5年移动标准差及实际汇率对数一阶差分的3年和5年移动标准差进行稳健性检验)。β_0为常数项;β_1为汇率水平的估计系数,表示汇率水平每上升1%(即人民币相对于美元贬值1%),企业利润将变动$\beta_1 \times 1\%$;β_2为汇率波动的估计系数,表示汇率每波动1%,企业利润将变动$\beta_2 \times 1\%$;ε_{ft}表示随机扰动项。在此基础上,为避免因遗漏重要解释变量而引起内生性问题,本章基于前期重要的研究文献的设定,还引入了其

---

① 一般而言,会计利润就是我们常说的利润;而经济利润是经济学上的概念,经济学家认为会计利润被高估了,因为其只考虑了企业表面发生的成本费用,没有考虑隐性成本及期末的资产升值或贬值等情况。通俗来讲,经济利润可理解为会计利润与机会成本之差。

他的控制变量，主要包括以下四类。

第一类为反映企业特征的控制变量（x_{ft-1}），包括企业年龄（age）、用员工人数衡量的企业规模（empl）、用销售额/员工人数表示的劳动生产率（LP），γ表示相应的估计系数矩阵；第二类为反映行业特征的控制变量（x_{it-1}），包括三位码行业销售额（ln ind3_sales_f）、行业固定效应（ind2_f），为了避免内生性问题，ln ind3_sales_f是减去企业自身销售额的数值，ind2_f使用二位码行业的虚拟变量表示，θ表示相应的估计系数矩阵；第三类为反映国家宏观环境的控制变量（Z_t），包括中国实际GDP（cgdp，单位为百万美元）和借款利率（rat1），δ表示相应的估计系数矩阵；第四类为反映时间趋势的变量（τ_t），用year表示，反映被解释变量在时间变化上的平均效应。模型没有引入时间固定效应，是因为国家层面的年度指标与时间固定效应会存在完全多重线性。为了考察汇率水平、汇率波动对服务企业利润的影响是否依赖于企业的劳动生产率，在式(9-1)的基础上，进一步分别引入汇率水平、汇率波动与劳动生产率的交叉项，模型设定如下：

$$\ln \text{profit}_{ft} = \beta_0 + \beta_1 \ln ER_t + \beta_2 \ln Vol_t + \beta_3 \ln ER_t \times \ln LP_t + \\ \beta_4 \ln Vol_t \times \ln LP_t + \gamma x_{ft-1} + \theta y_{it-1} + \delta Z_t + \tau_t + \varepsilon_{ft} \quad (9-2)$$

其中，ln LP表示企业的劳动生产率；β_3是汇率水平与劳动生产率的交叉项系数，用来考察汇率水平对企业利润的影响是否与劳动生产率有关；β_4是汇率波动与劳动生产率的交叉项系数，用来考察汇率波动对企业利润的影响是否与劳动生产率有关；其余变量和系数的解释与式(9-1)相同。为了减弱变量的时间趋势和异方差，对所有变量均做对数处理。按照Baggs、Beaulieu和Fung（2010）的设定，劳动生产率、员工人数、三位码行业销售额及实际GDP均取一阶滞后，以减轻可能存在的内生性问题。与现有文献一致，采用个体固定效应模型进行估计的主要原因是，与随机效应相比，固定效应是一种更为稳健的估计，并且假设条件与现实经济情况更为相符。因此，我们分别采用企业层面固定效应和二位码行业固定效应进行估计（稳健性检验之一），以考察固定效应对象不同可能会对结果产生的影响。

表9.2报告了汇率水平及汇率波动与服务企业利润的估计结果。（1）、（2）列采用企业固定效应，（3）、（4）列采用二位码行业固定效应，其中，（2）列和（4）列是同时引入汇率水平、汇率波动与劳动生产率交叉项的结果。分别比较由相同模型得出的（1）列和（3）列、（2）列和（4）列发现，无论是采用企业固定效应还是采用二位码行业固定效应都不会对估计结果产生实质性影响。具体来看，所有变量的系数符号未发生变化，只是部分变量的显著性有所改变，如人民币汇率水平在企业固定效应下是1%统计水平上显著，而在二位码行业固定效应下是5%统计水平上显著，类似的变动还有实际GDP和借款利率，但这些显著性的变化并不影响结论。当然，在两种不同的固定效应下，所有变量的系数大小都有一定程度的变动。因此，我们主要使用（1）列和（2）列的估计结果进行分析。

与理论预期一致，估计结果表明人民币汇率贬值（即ln xrpd上升，直接标价法）与服务企业利润呈正相关关系，即服务企业利润随着人民币相对于美元的贬值而上升，人民币升值则会降低服务企业利润。这一结论与Baggs、Beaulieu和Fung（2010）针对加拿大服务企业的研究结论一致，同时也与 Baggs 和 Brander（2006）针对加拿大制造业企业的研究结论一致。然而，人民币汇率波动（ln vol_MA3）在 10% 及以下的显著性水平上并未表现出对服务企业利润的显著影响。

在（1）列的基础上，（2）列引入了汇率水平、汇率波动与劳动生产率的交叉项，用以考察人民币汇率水平及其波动对服务企业利润的影响是否依赖于企业的劳动生产率。结果显示，汇率水平与劳动生产率的交叉项系数（ln xrpd × ln LP）在 1% 的显著性水平上显著为正，意味着人民币汇率贬值对服务企业利润的提升作用对那些具有更高劳动生产率的企业来说更为明显，这与 Baggs、Beaulieu 和 Fung（2010）发现的加拿大元升值引起的加拿大服务企业利润下降在劳动生产率更高的企业中更明显的结论一致，同时也与国际贸易中基于企业异质性增长的相关文献结论一致。一个可能的解释是那些效率较高的企业相对于效率较低的企业更有可能参与自身产品出口和中间品进口的活动，由于参与了国际贸易，劳动生产率较高的企业利润更有可能受到汇率波动的影响。然而，由于汇率波动本身对服务企业利润不存在显著影响，故其与劳动生产率的交叉项也未表现出显著的影响。

表 9.2　汇率水平及汇率波动与服务企业利润的估计结果

	被解释变量：ln profit			
	（1）	（2）	（3）	（4）
ln xrpd	7.5266*** (2.271)	7.3617*** (2.150)	7.4430** (3.449)	7.0999** (3.415)
Ln xrpd × ln LP		0.2007*** (0.061)		0.2197*** (0.069)
ln vol_MA3	−0.0314 (0.089)	0.0003 (0.092)	−0.0303 (0.142)	0.0606 (0.150)
ln vol_MA3 × ln LP		0.0222 (0.030)		0.0548 (0.034)
L.ln LP	0.5206*** (0.053)	0.3980*** (0.057)	0.8045*** (0.026)	0.6268*** (0.055)
L.ln empl	0.4423*** (0.063)	0.4681*** (0.066)	0.8447*** (0.022)	0.8527*** (0.022)
ln age	−0.7507** (0.379)	−0.6539* (0.388)	−0.1905** (0.084)	−0.1973** (0.083)
L.ln ind3_sales_f	−0.0334 (0.124)	0.0491 (0.123)	0.0394 (0.028)	0.0362 (0.028)
L.ln cgdp	12.2216*** (2.756)	10.9931*** (2.600)	11.6431*** (4.399)	10.5465** (4.326)
ln rat1	0.7376*** (0.203)	0.5742*** (0.189)	0.7309** (0.319)	0.5943* (0.315)

续表

	被解释变量：ln profit			
	（1）	（2）	（3）	（4）
Constant	1400.8960*** （434.468）	1292.4155*** （405.436）	1541.8335** （706.510）	1389.4433** （694.606）
样本量	2039	2027	2039	2027
R^2	0.393	0.427	0.607	0.619
时间趋势	是	是	是	是
二位码行业固定效应	否	否	是	是
企业固定效应	是	是	否	否

注：括号内为稳健标准误，***、**、*分别表示各变量系数估计值在1%、5%、10%的统计水平上显著。

对于其他的控制变量，企业层面的劳动生产率、企业规模与服务企业利润呈显著的正相关关系，说明劳动生产率越高、企业规模越大的服务企业，其获取利润的能力越强，这与Baggs、Beaulieu和Fung（2010）在加拿大服务企业研究中的发现一致。然而，与Baggs、Beaulieu和Fung（2010）的发现相反的是，服务企业随着企业年龄的增长，利润将会下降。三位码行业销售额对服务企业利润不存在显著影响，意味着服务企业受三位码行业总体销售情况的影响较小，在一定程度上也反映出中国服务企业之间关联性可能较低。在国家层面，实际GDP增加对服务企业利润存在促进作用，说明了市场需求规模扩大对服务企业利润的重要性。但令人诧异的是，借款利率与服务企业利润呈正相关关系，而理论上更高的借款利率会降低企业利润。之所以出现这一有悖于理论的结果，很可能是因为更高的借款利率对企业自身产生了激励效应，企业为了支付更多的利息，可能在企业经营管理、服务质量改进、制度建设、研发投入、创新发展等方面付出了更多的努力，并最终通过技术效率改进提升了企业利润。

二、汇率水平及汇率波动与服务企业销售额

接下来再考察汇率水平及汇率波动对服务企业销售额的影响。考虑到样本中的服务企业都是持续经营状态，无法兼顾进入、退出市场情况，与国外产品相比，汇率对国内产品成本的影响更为明显。因此，汇率贬值会提高现存企业销售额，汇率升值则有相反的影响。我们采用现存企业2004—2013年的平衡面板数据来考察汇率水平及汇率波动对服务企业销售额的影响，模型设定如下：

$$\ln \text{sales}_{ft} = \beta_0 + \beta_1 \ln \text{ER}_t + \beta_2 \ln \text{Vol}_t + \gamma x_{ft-1} + \theta y_{it-1} + \delta Z_t + \tau_t + \varepsilon_{ft} \quad (9\text{-}3)$$

其中，下标f表示企业，i表示行业或部门；$\ln \text{sales}_{ft}$是服务企业销售额的自然对数。遵循Baggs、Beaulieu和Fung（2010）的做法，与式（9-1）相比，式（9-3）主要是增加了企业层面的变量——财务杠杆率（ln leverage），并取其一阶滞后以减轻可能存在的内生

性问题，其余变量均与式（9-1）保持一致。同样地，为了考察汇率水平及汇率波动对服务企业销售额的影响是否依赖于企业的劳动生产率，在式（9-3）的基础上，分别引入汇率水平、汇率波动与劳动生产率的交叉项，模型设定如下：

$$\ln \text{sales}_{ft} = \beta_0 + \beta_1 \ln ER_t + \beta_2 \ln \text{Vol}_t + \beta_3 \ln ER_t \times \ln LP_t + \beta_4 \ln \text{Vol}_t \times \ln LP_t + \gamma x_{ft-1} + \theta y_{it-1} + \delta Z_t + \tau_t + \varepsilon_{ft} \quad (9\text{-}4)$$

式（9-3）和式（9-4）对变量的衡量及固定效应对象的选择均与式（9-1）和式（9-2）保持一致。表9.3报告了汇率水平及汇率波动与服务企业销售额的估计结果，与表9.2的发现一致，无论是采用企业固定效应还是采用二位码行业固定效应对估计结果都不会产生实质性影响。与理论预期一致，估计结果显示人民币汇率贬值与服务企业销售额呈正相关关系，这意味着服务企业销售额会随着人民币相对于美元的贬值而提高，人民币升值则会降低服务企业销售额。这一发现既与Baggs、Beaulieu和Fung（2010）针对加拿大服务企业的研究结论一致，也与Fung（2008）的模型预测一致。此外，Baggs、Beaulieu和Fung（2009）针对加拿大制造业企业的研究也得到了类似的结论。然而，人民币汇率波动在1%的统计水平上显著为负，意味着汇率波动对中国服务企业销售额存在显著的负向影响，这与汇率波动对服务企业利润的影响不同。（2）列引入交叉项的结果显示，汇率水平与劳动生产率的交叉项（ln xrpd × ln LP）系数在1%的统计水平上显著为正，表明人民币贬值对服务企业销售额的提高作用对于那些具有较高劳动生产率的企业来说更为明显，这与人民币贬值对服务企业利润的作用结论相同。从一般意义上讲，假设盈利率恒定，企业的利润与销售额将成正比，故汇率水平对企业利润和销售额的影响方向相同。另外，汇率波动对服务企业销售额的影响在较高劳动生产率企业和较低劳动生产率企业之间并不存在显著差异（交叉项系数不显著）。

表9.3 汇率水平及汇率波动与服务企业销售额的估计结果

	被解释变量：ln sales			
	（1）	（2）	（3）	（4）
ln xrpd	3.2460*** (1.203)	2.7965*** (0.881)	4.7788*** (1.357)	3.7671*** (1.025)
Ln xrpd × ln LP		0.1828*** (0.025)		0.1839*** (0.027)
ln vol_MA3	−0.1295*** (0.048)	−0.1340*** (0.036)	−0.1193** (0.051)	−0.1275*** (0.046)
ln vol_MA3 × ln LP		−0.0133 (0.012)		−0.0119 (0.011)
L.ln LP	0.6507*** (0.036)	0.4631*** (0.044)	0.9559*** (0.011)	0.6108*** (0.041)
L.ln leverage	0.0484** (0.020)	0.0367*** (0.013)	0.0170*** (0.006)	0.0086* (0.005)

续表

	被解释变量：ln sales			
	（1）	（2）	（3）	（4）
L.ln empl	0.6827*** (0.034)	0.7066*** (0.025)	0.9849*** (0.010)	0.9886*** (0.007)
ln age	0.1066 (0.156)	0.2270* (0.123)	−0.0685** (0.035)	−0.0535** (0.027)
L.ln ind3_sales_f	−0.0389 (0.039)	0.0165 (0.030)	−0.0136 (0.009)	−0.0172** (0.007)
L.ln cgdp	6.9306*** (1.452)	4.9936*** (1.073)	8.0391*** (1.795)	6.1901*** (1.370)
ln rat1	0.3422*** (0.111)	0.2007** (0.084)	0.3152*** (0.120)	0.1994** (0.097)
Constant	970.0459*** (229.268)	740.5265*** (167.336)	1155.0382*** (273.312)	909.4030*** (211.718)
样本量	2128	2115	2128	2115
R^2	0.740	0.838	0.929	0.955
时间趋势	是	是	是	是
二位码行业固定效应	否	否	是	是
企业固定效应	是	是	否	否

注：括号内为稳健标准误，***、**、*分别表示各变量系数估计值在1%、5%、10%的统计水平上显著。

对于其他的控制变量，企业层面的劳动生产率、企业规模、财务杠杆率在1%或5%的统计水平上与服务企业销售额呈正相关关系，说明劳动生产率越高、企业规模越大、财务杠杆率越高的服务企业，其销售能力越强，这与Baggs、Beaulieu和Fung（2010）针对加拿大服务企业的研究发现一致。从（1）～（4）列企业年龄的系数符号及其显著性变化来看，其对服务企业销售额的影响没有对利润的影响稳健。然而Baggs、Beaulieu和Fung（2010）发现加拿大服务企业年龄与销售额成正比，这说明中国服务企业与加拿大服务企业的表现存在差异，中国服务企业不能随着时间增加提高自己的经营绩效（销售额和利润）。与表9.2的结果相似，服务企业受三位码行业总体销售状况的影响较小。在国家层面，市场需求规模（实际GDP）扩大对服务企业销售额具有重要促进作用。同样地，借款利率与服务企业销售额也呈正相关关系，这也与一般的理论预期不同，可能的解释仍然是更高的借款利率对企业产生了激励效应，企业为了支付更多的利息，可能会在企业管理、服务质量改进、制度建设、研发投入、创新发展等方面付出更多的努力，并最终通过技术效率改进而销售了更多的服务。

第四节 进一步讨论

一、与商品企业的比较分析

以上研究结果表明人民币汇率水平及汇率波动与服务企业利润和销售额存在不同程度的关联，尤其是人民币汇率贬值能显著增加服务企业的利润和销售额，且在劳动生产率较高的服务企业中更加明显，但人民币汇率波动只对服务企业销售额存在显著的负面冲击。虽然可以与现有的针对制造业企业汇率水平的研究文献进行简单对比，但考虑到不同文献使用的计量模型存在差异，故不宜直接进行对比；尤其是还没有文献同时研究汇率水平和汇率波动对企业绩效的影响。因此，为了规避模型设定不同可能引起的结果差异，我们同样从 Oriana 数据库得到商品企业的相关指标数据，并对式（9-1）～式（9-4）进行了重新估计。为了便于比较，分别对未引入汇率水平、汇率波动与劳动生产率交叉项的式（9-1）、式（9-3）和引入汇率水平、汇率波动与劳动生产率交叉项的式（9-2）、式（9-4）进行估计。所有模型的设定和估计方法与服务企业保持完全一致。需要说明的是，针对服务企业的估计，我们同时报告了企业固定效应和二位码行业固定效应的结果，但由于第三节的结果显示采用何种固定效应对核心解释变量的系数符号和显著性未有实质性影响，且限于篇幅，所以针对商品企业估计我们只报告企业固定效应的结果[1]。

表 9.4 报告了未引入汇率水平、汇率波动与劳动生产率交叉项的模型估计结果。其中，（1）列和（3）列是汇率水平、汇率波动与服务企业利润、销售额的估计结果，分别复制于表 9.2 的（1）列和表 9.3 的（1）列，表 9.4 中的（2）列和（4）列则是采用相同模型和估计方法得到的汇率水平、汇率波动与商品企业利润和销售额的估计结果。总体而言，人民币汇率水平及汇率波动对服务企业和商品企业的利润和销售额的影响方向一致，即人民币贬值有利于服务企业和商品企业的利润和销售额增长，而人民币汇率波动则都具有负面影响；除汇率波动与企业利润的系数的显著性在两部门之间有所差异外，其余所有变量系数的显著性在服务企业和商品企业中的表现完全一致。

具体来看，对企业利润而言，人民币汇率贬值对服务企业和商品企业的利润都有显著的促进作用，且对商品企业的影响更大；而人民币汇率波动对商品企业利润的负面冲击相对于服务企业利润要更为显著。这是因为相比于服务贸易部门的较低可贸易性而言，商品贸易部门的出口导向型发展战略更为明显，而这会导致更大的国际竞争，利润也更容易受到冲击。对企业销售而言，不论是人民币汇率水平还是汇率波动，其对服务企业和商品企业的影响方向和显著性都完全一致，即人民币汇率贬值有利于服务企业和商品企业增加销售额；而人民币汇率波动会产生相反的影响，且对商品企业销售额的冲击更大。因此，从企业利润和销售额之间的汇率水平及汇率波动的系数大小和显著性对比来看，人民币汇率水平变动的影响主要体现在企业利润上，而人民币汇率波动的影响既体现在企业利润上，又体现在销售额上。人民币汇率水平变动对商品企业利润的影响要大

---

[1] 我们也估计了二位码行业固定效应结果，与对服务企业的估计结果一样，二者并未有显著差异。感兴趣的读者可向作者索要。

于对服务企业利润的影响,而人民币汇率波动不论是对利润还是对销售额的负面影响都是商品企业更大。这一发现与 Baggs、Beaulieu 和 Fung(2010)对加拿大服务企业、制造业企业利润(销售额)与汇率水平关系的研究结果完全一致。

表 9.4 服务企业与商品企业的比较(无交叉项)

	ln profit		ln sales	
	服务企业	商品企业	服务企业	商品企业
	(1)	(2)	(3)	(4)
ln xrpd	7.5266*** (2.271)	10.1446*** (1.331)	3.2460*** (1.203)	3.1495*** (0.571)
ln vol_MA3	−0.0314 (0.089)	−0.1252** (0.057)	−0.1295*** (0.048)	−0.2918*** (0.022)
L.ln LP	0.5206*** (0.053)	0.5274*** (0.041)	0.6507*** (0.036)	0.7136*** (0.015)
L.ln leverage			0.0484** (0.020)	0.0197*** (0.006)
L.ln empl	0.4423*** (0.063)	0.4819*** (0.043)	0.6827*** (0.034)	0.7401*** (0.016)
ln age	−0.7507** (0.379)	−0.6372*** (0.212)	0.1066 (0.156)	0.0927 (0.058)
L.ln ind3_sales_f	−0.0334 (0.124)	−0.0237 (0.070)	−0.0389 (0.039)	0.0189 (0.022)
L.ln cgdp	12.2216*** (2.756)	16.0558*** (1.892)	6.9306*** (1.452)	10.2321*** (0.828)
ln rat1	0.7376*** (0.203)	0.6903*** (0.121)	0.3422*** (0.111)	0.4225*** (0.043)
Constant	1400.8960*** (434.468)	2018.6185*** (307.411)	970.0459*** (229.268)	1684.7211*** (125.563)
样本量	2039	6823	2128	7553
R^2	0.393	0.279	0.740	0.786
时间趋势	是	是	是	是
企业固定效应	是	是	是	是

注:括号内为稳健标准误,***、**、*分别表示各变量系数估计值在 1%、5%、10% 统计水平上显著。

综上所述，从汇率水平的系数符号和显著性来看，服务企业和商品企业之间并不存在明显差异，即人民币贬值都有利于二者利润和销售额的增加；但系数大小存在一定差异，人民币贬值对商品企业利润的影响大于对服务企业利润的影响，对销售额的影响基本一致。从汇率波动的系数符号来看，汇率波动对服务企业和商品企业的利润和销售额都有一定的负面冲击，且对商品企业利润和销售额的冲击更大；但在显著性上，汇率波动对商品企业利润的负面冲击更为显著。

表9.5报告了分别引入汇率水平、汇率波动与劳动生产率交叉项的模型估计结果。其中，（1）列和（3）列是汇率水平及汇率波动与服务企业利润和销售额的估计结果，分别复制于表9.2的（2）列和表9.3的（2）列，（2）列和（4）列则是采用相同模型和估计方法得到的汇率水平及汇率波动与商品企业利润和销售额的估计结果。总体而言，汇率水平及汇率波动对服务企业和商品企业的利润和销售额的影响方向一致，即人民币贬值有利于服务企业和商品企业利润和销售额的增加，而人民币汇率波动会对它们产生负面影响，这与表9.4的结果基本一致。下面主要分析汇率水平与劳动生产率的交叉项（ln xrpd × ln LP），以及汇率波动与劳动生产率的交叉项（ln vol_MA3 × ln LP）对不同类型企业利润和销售额的影响差异。

表9.5 服务企业与商品企业的比较（引入交叉项）

	ln profit		ln sales	
	服务企业	商品企业	服务企业	商品企业
	（1）	（2）	（3）	（4）
ln xrpd	7.3617*** (2.150)	9.6581*** (1.267)	2.7965*** (0.881)	2.9122*** (0.455)
ln xrpd × ln LP	0.2007*** (0.061)	0.0926* (0.049)	0.1828*** (0.025)	0.1255*** (0.018)
ln vol_MA3	0.0003 (0.092)	-0.1509** (0.074)	-0.1340*** (0.036)	-0.2691*** (0.025)
ln vol_MA3 × ln LP	0.0222 (0.030)	-0.0475** (0.023)	-0.0133 (0.012)	-0.0224*** (0.008)
L.ln LP	0.3980*** (0.057)	0.3542*** (0.042)	0.4631*** (0.044)	0.5440*** (0.021)
L.ln leverage			0.0367*** (0.013)	0.0116** (0.005)
L.ln empl	0.4681*** (0.066)	0.4928*** (0.044)	0.7066*** (0.025)	0.7492*** (0.014)
ln age	-0.6539* (0.388)	-0.7461*** (0.221)	0.2270* (0.123)	0.0103 (0.053)
L.ln ind3_sales_f	0.0491 (0.123)	-0.0227 (0.069)	0.0165 (0.030)	0.0220 (0.020)

续表

	ln profit		ln sales	
	服务企业	商品企业	服务企业	商品企业
	（1）	（2）	（3）	（4）
L.ln cgdp	10.9931*** （2.600）	13.1275*** （1.814）	4.9936*** （1.073）	7.6303*** （0.637）
ln rat1	0.5742*** （0.189）	0.5650*** （0.119）	0.2007** （0.084）	0.2903*** （0.039）
Constant	1292.4155*** （405.436）	1527.2881*** （297.078）	740.5265*** （167.336）	1239.9095*** （98.370）
样本量	2027	6788	2115	7514
R^2	0.427	0.308	0.838	0.839
时间趋势	是	是	是	是
企业固定效应	是	是	是	是

注：括号内为稳健标准误，***、**、*分别表示各变量系数估计值在1%、5%、10%统计水平上显著。

具体来看，就企业利润而言，汇率水平与劳动生产率的交叉项系数对服务企业和商品企业的利润都有显著的正向影响，且服务企业的系数在大小和显著性上都要高于商品企业。这说明服务企业和商品企业一样，人民币贬值对劳动生产率较高的企业利润提升作用更为明显，且在服务企业中的提升作用更显著。即对具有相同劳动生产率的服务企业和商品企业而言，同样的人民币贬值幅度对服务企业的影响更大。而汇率波动与劳动生产率的交叉项系数显示，汇率波动更容易对具有较高劳动生产率的商品企业利润产生负面冲击，服务企业则不存在此种表现。就企业销售额而言，劳动生产率较高的服务企业和商品企业在面临人民币贬值时都会获得更多的销售额，且服务企业的表现更为显著；但汇率波动对劳动生产率较高的企业销售额的负面冲击主要表现在商品企业中，服务企业销售额则不存在此种表现。就控制变量而言，除了企业年龄、借款利率和财务杠杆率的系数的显著性在服务企业和商品企业之间有所差异（但影响方向仍然一致），其余所有变量的系数符号及显著性完全一致。

因此，从汇率水平与劳动生产率的交叉项系数符号及显著性来看，服务企业和商品企业之间并不存在差异，二者都存在汇率水平对企业利润和销售额的影响显著依赖于劳动生产率的现象，且在服务企业中更为明显；从汇率波动与劳动生产率的交叉项系数符号及显著性来看，服务企业和商品企业之间存在较大差异，汇率波动对商品企业利润和销售额的影响显著依赖于劳动生产率。

二、稳健性检验结果

鉴于众多相关研究在汇率水平及汇率波动的指标选取上存在差异，为了考察这种差异是否对微观企业层面的研究结论产生影响,我们进一步检验汇率水平、汇率波动对服务企业绩效影响的稳健性,主要策略如下。

第一,改变模型估计的固定效应对象,即同时采用企业固定效应和二位码行业固定效应进行估计。这一稳健性检验方法在第三节已经采用,结果表明采用何种固定效应对研究结论不会产生实质性影响。

第二,保持汇率水平指标不变(即仍然采用双边名义汇率),将衡量汇率波动的移动时间窗口由 3 年(ln vol_MA3)变为 5 年(ln vol_MA5),相应的汇率波动与劳动生产率的交叉项也由 ln vol_MA3 × ln LP 变为 ln vol_MA5 × ln LP,然后采用企业固定效应重新估计式(9-2)和式(9-4),结果列于表 9.6。其中,(1)列和(3)列引入的是双边名义汇率对数一阶差分的 3 年移动标准差及其与劳动生产率的交叉项,(2)列和(4)列引入的是双边名义汇率对数一阶差分的 5 年移动标准差及其与劳动生产率的交叉项。可以看到,在延长测算汇率波动的时间窗口后,汇率水平及其与劳动生产率的交叉项、汇率波动及其与劳动生产率的交叉项(汇率波动 × ln LP)对服务企业利润和销售额的影响方向和显著性未发生实质性改变(仅汇率波动对企业销售额的显著性有所改变,但系数符号相同),其余的控制变量在系数符号和显著性方面也未发生实质性改变。这表明模型估计结果(不论是采用双边名义汇率对数一阶差分的 3 年移动标准差还是 5 年移动标准差)是稳健的。

表 9.6 稳健性检验一(改变汇率波动的测度方法)

	服务企业			
	ln profit		ln sales	
	(1)	(2)	(3)	(4)
ln xrpd	7.3617*** (2.150)	6.0048** (2.926)	2.7965*** (0.881)	2.8708*** (1.001)
ln xrpd × ln LP	0.2007*** (0.061)	0.1800** (0.074)	0.1828*** (0.025)	0.1623*** (0.029)
汇率波动	0.0003 (0.092)	0.0757 (0.103)	−0.1340*** (0.036)	−0.0606 (0.041)
汇率波动 × ln LP	0.0222 (0.030)	0.0123 (0.039)	−0.0133 (0.012)	−0.0259 (0.017)
L.ln LP	0.3980*** (0.057)	0.3983*** (0.058)	0.4631*** (0.044)	0.4596*** (0.045)
L.ln leverage			0.0367*** (0.013)	0.0363*** (0.013)
L.ln empl	0.4681*** (0.066)	0.4681*** (0.066)	0.7066*** (0.025)	0.7049*** (0.025)
ln age	−0.6539* (0.388)	−0.6614* (0.387)	0.2270* (0.123)	0.2230* (0.122)

续表

	服务企业			
	ln profit		ln sales	
	（1）	（2）	（3）	（4）
L.ln ind3_sales_f	0.0491 （0.123）	0.0526 （0.123）	0.0165 （0.030）	0.0138 （0.031）
L.ln cgdp	10.9931*** （2.600）	8.6303*** （2.898）	4.9936*** （1.073）	2.7314*** （0.976）
ln rat1	0.5742*** （0.189）	0.6274*** （0.220）	0.2007** （0.084）	0.1110 （0.084）
Constant	1292.4155*** （405.436）	933.3019*** （346.653）	740.5265*** （167.336）	290.9344** （116.171）
样本量	2027	2027	2115	2115
R^2	0.427	0.427	0.838	0.838
时间趋势	是	是	是	是
企业固定效应	是	是	是	是

注：括号内为稳健标准误，***、**、*分别表示各变量系数估计值在1%、5%、10%统计水平上显著。限于篇幅，这里只报告了企业固定效应的估计结果，但同时也采用二位码行业固定效应进行了估计，结果未发生实质性改变，感兴趣的读者可向作者索要相关资料。

第三，保持汇率波动的测度方法不变（仍然采用汇率对数一阶差分的3年移动标准差），将衡量汇率水平的双边名义汇率（ln xrpd）改变为双边实际汇率（ln rery），并采用双边实际汇率重新计算汇率波动（ln vol_MAR3）、汇率水平与劳动生产率的交叉项（ln rery×ln LP）、汇率波动与劳动生产率的交叉项（ln vol_MAR3×ln LP）等变量，然后采用二位码行业固定效应对式（9-2）和式（9-3）进行估计，结果列于表9.7。其中，（1）列和（3）列引入的是双边名义汇率、名义汇率对数一阶差分的3年移动标准差及其与企业劳动生产率的交叉项，（2）列和（4）列引入的是双边实际汇率、实际汇率对数一阶差分的3年移动标准差及其与企业劳动生产率的交叉项。可以看到，在改变汇率水平的衡量指标后，人民币汇率水平及其与劳动生产率的交叉项（汇率水平×ln LP）、人民币汇率波动及其与劳动生产率的交叉项（汇率波动×ln LP）对服务企业利润和销售额的影响方向和显著性未发生实质性改变（仅汇率波动对企业利润的系数符号发生了改变，但都不显著），其余的控制变量在系数符号和显著性方面也未发生改变。这表明模型估计结果对于汇率水平的衡量指标（不论是采用双边名义汇率还是双边实际汇率）也是稳健的。

表 9.7 稳健性检验二（改变汇率水平的衡量指标）

	服务企业			
	ln profit		ln sales	
	（1）	（2）	（3）	（4）
ln rery	7.0999**	6.1347**	3.7671***	2.8847***
	（3.415）	（2.562）	（1.025）	（0.773）
ln rery × ln LP	0.2197***	0.1929***	0.1839***	0.1954***
	（0.069）	（0.055）	（0.027）	（0.026）
ln vol_MAR3	0.0606	−0.0799	−0.1275***	−0.0976**
	（0.150）	（0.131）	（0.046）	（0.044）
ln vol_MAR3 × ln LP	0.0548	0.0441	−0.0119	−0.0071
	（0.034）	（0.028）	（0.011）	（0.010）
L.ln LP	0.6268***	0.6303***	0.6108***	0.6143***
	（0.055）	（0.055）	（0.041）	（0.041）
L.ln leverage			0.0086*	0.0093*
			（0.005）	（0.005）
L.ln empl	0.8527***	0.8531***	0.9886***	0.9889***
	（0.022）	（0.022）	（0.007）	（0.007）
ln age	−0.1973**	−0.1966**	−0.0535**	−0.0535**
	（0.083）	（0.083）	（0.027）	（0.027）
L.ln ind3_sales_f	0.0362	0.0363	−0.0172**	−0.0173**
	（0.028）	（0.028）	（0.007）	（0.007）
L.ln cgdp	10.5465**	12.6176***	6.1901***	4.9549***
	（4.326）	（4.715）	（1.370）	（1.508）
ln rat1	0.5943*	0.8499***	0.1994**	0.2984***
	（0.315）	（0.276）	（0.097）	（0.085）
Constant	1389.4433**	1732.4957**	909.4030***	682.4591***
	（694.606）	（694.915）	（211.718）	（223.104）
样本量	2027	2027	2115	2115
R^2	0.619	0.620	0.955	0.955
时间趋势	是	是	是	是
行业固定效应	是	是	是	是

注：括号内为稳健标准误，***、**、* 分别表示各变量系数估计值在 1%、5%、10% 统计水平上显著。限于篇幅，这里只报告了二位码行业固定效应的估计结果，但同时也采用企业固定效应进行了估计，结果未发生实质性改变，感兴趣的读者可向作者索要相关资料。

第五节 结论与政策含义

本章将汇率与制造业企业绩效的关系研究拓展至服务业领域,将汇率分为汇率水平和汇率波动两个维度,并进一步采用微观企业数据系统考察了汇率水平及汇率波动对服务企业利润和销售额的影响,同时在相同框架内将其与商品企业的表现进行了比较分析,主要结论如下。

第一,样本中服务企业的净利润、净利率、毛利率、劳动生产率、资产报酬率、总资产、固定资产、企业年龄、三位码行业企业销售总额增长率的均值都要高于商品企业,表明服务企业的经营绩效总体上要优于商品企业的经营绩效。而净利润、员工人数、总资产及销售额的方差较大,表明企业间存在很大的异质性。进一步对比分析服务企业和商品企业2004—2013年各变量的变化趋势,得到的结论与均值分析结论完全一致。

第二,人民币贬值对服务企业利润具有显著的促进作用,即中国服务企业利润会随着人民币贬值而提高;人民币汇率波动则未表现出对服务企业利润的显著影响。汇率水平、汇率波动与劳动生产率的交叉项系数显示,人民币贬值对服务企业利润的提高作用对于那些具有较高劳动生产率的企业更为明显,但汇率波动与劳动生产率的交叉项系数未显示出显著影响。

第三,人民币贬值对服务企业销售额同样具有显著的促进作用,即中国服务企业销售额会随着人民币贬值而提高;人民币汇率波动对服务企业销售额则存在显著的负面冲击。汇率水平、汇率波动与劳动生产率的交叉项系数显示,人民币贬值对服务企业销售额的提高作用对于那些具有较高劳动生产率的企业更为明显,但汇率波动对服务企业销售额的影响在不同劳动生产率企业之间并不存在显著差异。

第四,服务企业样本与商品企业样本的对比结果显示,人民币贬值对服务企业和商品企业的利润和销售额都有显著的促进作用,且对商品企业利润的影响要大于对服务企业的影响,其对服务企业和商品企业销售额的影响基本一致;人民币汇率波动对服务企业和商品企业的利润和销售额都有负面冲击(但对服务企业利润的影响不显著),且对商品企业的冲击更大。此外,服务企业和商品企业都存在汇率水平对企业利润和销售额的影响显著依赖于劳动生产率的现象,具体表现为劳动生产率较高的企业在汇率贬值时能增加更多的利润和销售额;从汇率波动与劳动生产率的交叉项系数来看,服务企业和商品企业之间存在较大差异,具体表现为商品企业劳动生产率越高,汇率波动对其利润和销售额的负面冲击越大,而服务企业受到的影响不依赖于劳动生产率。

基于上述结论,可以得到如下政策启示。

第一,鉴于服务企业净利润等绩效指标的均值高于商品企业,我们应该重新思考中国服务企业与商品企业的经营绩效问题,这对于认识中国大力发展服务业及服务贸易的重要性,以及基于生产率提升视角促进服务业及经济增长具有重要的经验支撑作用。

第二,尽管目前从微观视角考察汇率对服务企业绩效影响的经验文献还极其有限,但本章的研究结论至少显示出,进行汇率水平及汇率波动对企业利润和销售额的影响的经验研究是非常有必要的。对该问题的研究不只是学术界关注的话题,同时其对政策制定具有重大的参考价值,尤其是在评估人民币升值或贬值对服务企业或服务业的长期影响时。

第三,由于人民币汇率水平对商品企业利润的影响大于服务企业,并且人民币汇率波动对商品企业利润及销售额的负面冲击更大,因此,从应对人民币升值压力引起的商品企业利润下降及人民币汇率波动引起的利润及销售额下降等方面考虑,大力发展服务业及服务贸易可以起到重要的经济稳定器作用。

第五篇　培育国际竞争新优势的政府战略

第 十 章　培育国际竞争新优势的政府战略Ⅰ：产业政策

第十一章　培育国际竞争新优势的政府战略Ⅱ：贸易政策

第十二章　培育国际竞争新优势的政府战略Ⅲ：贸易治理

第十章　培育国际竞争新优势的政府战略Ⅰ：产业政策[①]

　　从本章开始，我们转向讨论培育国际竞争新优势的政府战略。本章基于20世纪90年代以来中国市场逐步内生形成的不同所有制企业、不同市场结构在上下游产业非对称分布的竞争格局，通过构建上游国有企业为多寡头，下游民营企业为垄断竞争的垂直结构模型，并将"交互补贴"政策嵌入模型，从下游市场企业进入市场数量的角度，考察"交互补贴"政策和"垂直结构"模式对资源配置效率和社会总福利的影响。模型分析结果表明："垂直结构"模式使得下游民营企业进入市场不足，进而导致了资源误置，降低了社会总福利。而"交互补贴"政策则进一步恶化了"垂直结构"模式的负面影响。本章提出，未来的产业政策选择可考虑"上游征税，下游补贴"，这种政策可以有效促进国有企业利润再分配，还可以鼓励民营企业进入市场，从而减缓由"垂直结构"模式导致的资源误置，进而提升社会总福利。这意味着，产业政策不是"要不要"的问题，而是"如何用"的问题。适当的产业政策可以为中国相关产业和企业参与国际竞争创造潜在的优势。

第一节　问题的提出

　　长期以来，针对政府是否应该实行产业政策这一问题，经济学家展开了持续而热烈的讨论。而关于该问题的观点始终分为两个阵营：一方基本否定产业政策的积极意义，强调经济活动中市场及企业的作用；另一方认为产业政策是必要的，强调市场经济条件下发展经济仍需发挥政府的作用（罗德里克，2009）。改革开放以来，中国实施了一系列的产业政策并引起了全球的广泛关注。不同的学者分别从实施产业政策对产业生产率、企业投资及企业创新等的影响方面对产业政策效果进行了评估（宋凌云、王贤彬，2013；黎文靖、李耀淘，2014；黎文靖、郑曼妮，2016）。但是到目前为止，除刘瑞明和石磊（2011）等人的少数几篇文献外，鲜有文献基于我国特定的由不同所有制企业构成的非对称分布的竞争格局及其对资源配置效率产生的影响而展开讨论。

　　经历了20世纪90年代的国有企业改革之后，中国市场逐步形成了不同所有制企业、

[①] 本章主体部分已发表在《经济研究》期刊（钱学锋、张洁、毛海涛，2019）。

不同市场结构在上下游产业非对称分布的竞争格局。其基本特征是：民营企业主导的下游市场基本实现了竞争，而国有企业主导的金融、石油、电力、电信等上游市场依然属于垄断或者寡头垄断市场。这种"民营企业主导下游市场竞争，国有企业主导部分上游市场垄断"的事实构成了改革过程中不同所有制企业的"非对称竞争"或垂直结构（刘瑞明、石磊，2011）。2015年，中共中央、国务院印发的《关于深化国有企业改革的指导意见》，将国有企业分为商业类和公益类，强调分类推进国有企业改革。然而，分类改革主要是通过引入竞争机制或实现股权多元化的方式，聚焦于不同类型国有企业的改革，并未关注内生于改革过程中的不同所有制企业非对称分布的垂直竞争结构及其可能对改革目标造成的影响。因此，一个不容回避的问题是，中国市场上不同所有制企业之间的这种特定的垂直竞争结构，是否本身就可能导致较低的资源配置效率和社会福利？如果是，基于这种垂直竞争结构而实施的现有产业政策，对资源配置效率和社会福利产生了哪些影响？是否存在一项最优的产业政策，能够最大限度地提高资源配置效率和社会福利呢？本章尝试对上述问题进行回答。

本章构建了一个上游国有企业为多寡头，下游民营企业为垄断竞争的垂直结构模型。模型分析结果表明，由"商业创造效应"导致的民营企业进入不足的倾向，大于由"商业盗窃效应"导致的民营企业过度进入的倾向，从而使下游产品市场的民营企业存在进入不足问题。这意味着国有企业和民营企业非对称分布的垂直竞争结构导致了资源误置，并使社会总福利水平偏离最优。本章进一步将我国现阶段实行的"交互补贴"[①]这项产业政策嵌入垂直结构模型并进行分析，结果发现，"交互补贴"政策进一步恶化了垂直结构下的资源误置与社会福利。基于分析，本章提出了一项产业政策，即"上游征税，下游补贴"，该政策可以促进国有企业的利润再分配，同时鼓励下游民营企业进入，从而减缓由垂直竞争结构导致的资源误置，并提升社会总福利水平。

本章的研究与企业水平竞争结构对资源配置及社会福利的影响紧密相关。从理论建模的角度来看，现有文献已经将国有企业和民营企业的竞争结构区分为水平竞争结构与垂直竞争结构。水平竞争结构模型往往将工业部门看成经济体中单一的产业或生产水平差异化产品的部门（Restuccia and Rogerson, 2008; Hsieh and Klenow, 2009; Kongsamut, Rebelo, and Xie, 2001; Buera and Kaboski, 2012），着重关注要素市场扭曲或各类政策扭曲对资源误置和社会福利的影响。例如，宋构建了一个国有企业和民营企业行业内水平竞争的新古典增长模型，刻画了信贷市场摩擦与不完全合约对不同所有制企业资源配置的非对称影响。钱学锋、毛海涛和徐小聪（2016）在 Melitz（2003）的基础上，构建了一个行业内国有企业和民营企业的两部门一般均衡贸易模型，讨论了双重偏向型政策（国有偏向型政策和出口偏向型政策）对资源配置和贸易利益的影响。

本章研究与企业垂直竞争结构对资源配置及社会福利的影响紧密相关。垂直竞争结构模型强调了不同企业在产业链位置中的不同分布，讨论了垂直竞争结构本身对资源配置和社会福利的影响（Uy, Yi, and Zhang, 2013; Basak and Mukherjee, 2016）。例如，

[①] 本章的"交互补贴"政策是指政府通过对下游产品市场企业"征税"的方式，补贴上游产品市场的企业，而这个因得到"补贴"而得以生存的上游企业，反过来通过提供相对低廉的中间投入品又可以"补贴"下游企业，从而提高下游企业的竞争力。

Basak 和 Mukherjee（2016）研究上下游产品市场时，将上游设定为垄断的市场结构，下游设定为寡头的市场结构，通过刻画下游产品市场的企业进入数目，分析了在规模报酬不变和规模报酬递增两种情形下垂直竞争结构本身导致的资源误置。近年来，一些学者已经注意到中国市场上形成的国有企业与民营企业在上下游的非对称分布结构，并讨论了所产生的相关影响。刘瑞明和石磊（2011）通过构建"国有企业上游市场垄断，民营企业下游市场竞争"的垂直结构模型，基于价格和边际成本差额的视角论证了国有企业垄断会造成社会福利的损失。王永进和施炳展（2014）从产品质量的角度证实，由政府保护所形成的上游垄断，不利于下游产品的质量升级，并且这一负面作用会随着上下游市场竞争差距的扩大而进一步加剧。王永进和刘灿雷（2016）的实证分析则进一步表明，国有企业对上游行业的垄断阻碍了整个行业的技术进步，恶化了资源配置效率，最终使得低效率的国有企业进入市场，并挤出了高效率的民营企业。有学者在一个上游国有企业为完全垄断，下游民营企业为完全竞争的垂直结构模型中，论述了上游国有企业在结构转型和全球化过程中，如何从开放的下游企业获取垄断租金并导致了社会福利的下降。吕云龙和吕越（2017）发现上游垄断会通过中间品价格和生产率渠道降低制造业行业出口的比较优势。王勇（2017）通过对"垂直结构"逻辑分析发现，如果不尽快对上游国有企业进行改革，那么随着劳动力成本、土地成本的不断提高，以及人民币的升值，下游民营企业的成本优势将不断丧失，进而损害上游国有企业本身的盈利能力，拖累整体经济增长。陈小亮和陈伟泽（2017）则认为，在垂直生产结构下，补贴、自然垄断定价权和行政进入壁垒的存在导致国有企业和民营企业之间出现了明显的资本错配。

本章研究还与产业政策对资源误置的影响紧密相关。大部分学者都是直接讨论国有偏向型政策（优惠的税收和补贴）对资源配置效率的影响。例如，Hsieh 和 Klenow（2009）发现，如果纠正要素市场上偏向国有企业的资源配置效率，那么中国制造业部门的全要素生产率将会提高 30%～50%。聂辉华和贾瑞雪（2011）指出，政府对国有企业的政策倾斜，使得国有企业中一些低效率企业获得了过多的资源，导致整个社会效率低下。张天华和张少华（2016）通过实证分析进一步证明，偏向型政策主要通过产出扭曲导致效率损失，它不仅会造成资本错配、劳动力错配，还会使国有企业盲目扩张并向政府要求更多明补和暗补的偏向性政策，这将进一步造成更大的效率损失。刘瑞明（2012）指出市场分割是对国有企业的另一种隐性补贴，导致了国有企业效率损失。蒋为和张龙鹏（2015）发现补贴差异化是导致中国制造业生产率分布的离散与资源误置的重要原因。类似的研究还有龚关和胡关亮（2013）等的研究。

相较于现有文献，本章主要在以下三个方面作出了边际贡献。首先，与现有刻画中国市场国有企业和民营企业非对称分布的垂直结构模型相比，本章借鉴王永进和施炳展（2014）测算的中国上游企业的赫芬达尔指数及 Ju 和 Yu（2015）对中国产业上游度的测量，构建的"上游国有企业为多寡头，下游民营企业为垄断竞争"的垂直结构模型更加符合中国现实情境，因而能更准确地刻画垂直结构对资源配置和社会福利的影响。其次，既有文献要么仅仅讨论了垂直结构本身对资源配置和社会福利的影响，要么直接讨论产业政策对资源配置的影响，而本章在讨论了垂直结构对资源误置的影响之后，进一步将产业政策嵌入垂直结构模型，同时考虑市场扭曲和政策扭曲对资源配置和社会福利的影响。这也是本章的重要创新之处。最后，从政策层面来看，继续推进国有企业改革，切实破除体制机制障碍，坚定不移做强做优做大国有企业，不仅可以通过引入市场竞争机制或实现股权多元化的方式进行分类改革，还可以通过实行特定的产业政策来促进国有企业利润再分配、鼓励民营企业进入，以纠正垂直结构导致的资源误置，从而提升社会总福利。这也是贯彻十八届三中全会提出的"使市场在资源配置中起决定性作用和更好发挥政府作用"的体现。

第二节 理论模型

一、基本假定

假定一个封闭的经济体只由工业部门和生产计价商品的农业部门组成，并且在工业部门内部，所有企业可以分为两组：上游国有企业和下游民营企业，即国有企业和民营企业在产业链上的分布呈非对称的垂直结构。Ju 和 Yu（2015）根据 Antràs 等（2012）提出的上游度测量方法，对中国 2002 年 122 个部门投入产出表中各行业的上游度进行了估计，结果显示，能源开采、原材料生产等由国有企业垄断的行业处于上游，而服务、零售、建筑等由民营企业经营的行业则处于下游。王永进和刘灿雷（2016）采用同样的方法，根据 1998—2007 中国工业企业数据计算发现，国有企业处在价值链的上游位置。特别是在 2003—2007 年，国有企业在价值链上表现出明显的攀升态势。其原因是 2003 年国有资产监督管理委员会成立后，国有企业在上游行业的垄断势力进一步增强（刘瑞明、石磊，2011）。有分析表明，1995—2007 年，国有企业在上游行业持续占据主导地位，并逐步从下游行业退出。而且，平均意义上，除企业数量外，国有企业在收益、利润、固定资产、总资产等几乎所有指标上，都在上游行业占据了主体地位。因此可以看出，将中国企业的竞争结构设定为上游国有企业、下游民营企业的垂直结构模式，是有一定客观依据的。

本章进一步考虑上游国有企业和下游民营企业的市场结构。现有文献形成的基本共识是，随着以中国特色社会主义市场经济为导向的市场化改革的不断推进，处于下游产品市场的民营企业基本实现了充分竞争，但是资本、金融、石油、电力、电信等仍然具有明显垄断特征的上游产品市场是以少数大中型国有企业为核心的（刘瑞明、石磊，2011）。在具体理论模型构建上，各文献并不一致。刘瑞明和石磊（2011）主要讨论了上游和下游均为古诺寡头竞争的情形，也讨论了由部分上游市场垄断与下游市场混合竞争构成的改革后情形。有的学者则设定了上游为国有企业完全垄断、下游为民营企业完全竞争的垂直结构模型。本章认为，将上游设定为国有企业寡头竞争的市场结构比较符合中国实际情形。根据王永进和施炳展（2014）的计算，2007 年中国上游垄断行业赫芬达尔－赫希曼指数均值为 0.206，从美国司法部利用该指数作为评估某一产业集中度所制定的标准来看，这一数值所对应的市场结构为高寡占型。而随着国企改革的深入，国有企业逐步退出下游行业，下游民营企业基本上处在接近完全竞争的市场竞争状态。因此，本章将工业部门上游国有企业的市场结构设定为多寡头结构，下游民营企业的市场结构设定为垄断竞争结构。生产计价商品的农业部门的市场结构假定为完全竞争。

本章考虑了上游国有企业规模报酬不变（或递增），下游民营企业规模报酬不变（或递增、递减）的几种情形。从所有制角度来看，上游国有企业生产工业品作为下游民营企业的中间投入品，下游民营企业将上游国有企业生产的中间投入品转化为最终产品的成本为零。每家民营企业都可以决定是否进入市场，民营企业进入市场需要支付单位进入成本 f（$f>0$）。

假定每个消费者消费差异化的制造品和同质的计价商品，消费量分别为 q_i 和 q_0，所有消费者都具有相同的偏好，偏好结构借鉴 Melitz 和 Ottaviano（2008）的做法，由如下拟线性二次效用函数表示：

$$U = q_0 + a\int_{i\in\Omega} q_i \mathrm{d}i - \frac{1}{2}\gamma\int_{i\in\Omega}(q_i)^2 \mathrm{d}i - \frac{1}{2}\eta\left(\int_{i\in\Omega} q_i \mathrm{d}i\right)^2 \quad (10\text{-}1)$$

其中，a 和 η 衡量工业制成品与农业计价商品之间的替代弹性，γ 衡量工业部门内部的商品之间的差异性，γ 越大，则差异性越大；当 $\gamma=0$ 时，工业部门内部的商品之间可以完全替代，消费者不再具有多样性偏好。

二、民营企业进入与社会总福利

由于本章假定企业同质，因此用 p 表示下游产品市场的最终商品的价格，w 表示上游国有企业生产的中间投入品的价格，c 表示上游国有企业的边际生产成本，f 表示下游民营企业的进入成本。f_0 表示上游国有企业生产过程中的固定成本，当 $f_0>0$ 时，表示规模报酬递增；当 $f_0=0$ 时，表示规模报酬不变。d^1，d^2，…，d^k 分别表示上游多寡头国有企业的工业品产量。b 表示规模报酬系数，意味着下游民营企业生产 1 单位产品，需要购买 b 单位上游产品。因此，在下游产品市场，当 $b=1$ 时，规模报酬不变；当 $b>1$ 时，规模报酬递减；当 $b<1$ 时，规模报酬递增。

代表消费者对工业制成品的反需求函数如下所示：

$$p = a - \gamma q - \eta Q \quad (10\text{-}2)$$

根据利润最大化条件，可以得到上游国有企业及下游民营企业的均衡产出分别为[①]：

$$q = \frac{a-wb}{2\gamma+n\eta}$$

$$d^1 = d^2 = d^k = \frac{nbq}{k} = \frac{nb}{k}\cdot\frac{a-wb}{2\gamma+n\eta} \quad (10\text{-}3)$$

从而，可以求出上游产品和下游产品的价格分别为：

$$w = \frac{a+bkc}{b(k+1)}$$

---

① 求解过程见附录 A1。

$$p = \frac{\gamma \, kb(a-bc)+(a+bkc)(2\gamma+n\eta)}{b(1+k)(2\gamma+n\eta)} \tag{10-4}$$

基于上述模型分析，我们可以进一步求解社会总福利。社会总福利由上游国有企业的垄断利润、下游民营企业的净利润及消费者剩余三部分构成。

首先，上游国有企业的垄断利润[①]为：

$$\pi_s = \frac{k(a-bc)^2 n}{(k+1)^2(2\gamma+n\eta)} - kf_0 \tag{10-5}$$

其次，下游民营企业的净利润为：

$$n\pi_p = n\gamma \left(\frac{k}{k+1} \cdot \frac{a-bc}{2\gamma+n\eta}\right)^2 - nf \tag{10-6}$$

最后，消费者剩余为：

$$CS = \frac{k^2}{2(k+1)^2} \cdot \frac{(a-bc)^2(n^2\eta+n\gamma)}{(2\gamma+n\eta)^2} \tag{10-7}$$

通过加总上游国有企业垄断利润，下游民营企业净利润及消费者剩余，可以得到社会福利[②]：

$$\begin{aligned} \text{Max SW} = &\frac{k(a-bc)^2 n}{(k+1)^2(2\gamma+n\eta)} - kf_0 + n\gamma\left(\frac{k}{k+1} \cdot \frac{a-bc}{2\gamma+n\eta}\right)^2 - nf + \\ &\frac{k^2}{2(k+1)^2} \cdot \frac{(a-bc)^2(n^2\eta+n\gamma)}{(2\gamma+n\eta)^2} \end{aligned} \tag{10-8}$$

社会总福利对下游民营企业的数目 n 求导可以得到：

$$\begin{aligned} \frac{\partial SW}{\partial n} = &\frac{k^2(a-bc)^2}{2(k+1)^2} \cdot \frac{8n\eta\gamma^2+3\gamma n^2\eta^2+4\gamma^3}{(2\gamma+n\eta)^4} + \frac{k(a-bc)^2}{(k+1)^2} \cdot \frac{2\gamma}{(2\gamma+n\eta)^2} + \\ &\frac{k^2(a-bc)^2}{(k+1)^2}\left[\frac{4\gamma^3-n^2\eta^2\gamma}{(2\gamma+n\eta)^4}\right] - f \end{aligned}$$

根据上式可以看出，社会总福利随下游民营企业数目变化的图像大致如图 10.1 所示[③]。

[①] 求解过程见附录 A2。
[②] 由于本章采用的是一般均衡模型，政府的财政收入（税费）全部补贴给了上游国有企业，因此在福利函数中不包括政府财政收入。
[③] 证明过程见附录 A3。

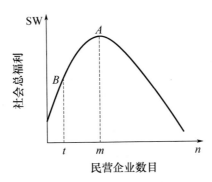

图 10.1 社会总福利变化趋势

从图 10.1 中可知，在 A 点，社会总福利最大，此时对应的社会最优情形中下游民营企业的数目为 m。

由于下游市场结构为垄断竞争，因此在市场均衡状态下，下游民营企业的利润为零，即：

$$n\pi_p = n\gamma\left(\frac{k}{k+1}\cdot\frac{a-bc}{2\gamma+n\eta}\right)^2 - nf = 0$$

可以得到下游产品市场进入的企业数目：

$$n = \frac{a-bc}{\frac{k+1}{k}\left(\frac{f}{\gamma}\right)^{\frac{1}{2}}\eta} - \frac{2\gamma}{\eta} \tag{10-9}$$

在市场均衡状态下，即下游民营企业利润为零时，社会总福利随下游民营企业的数目变化的趋势为：

$$\frac{\partial \text{SW}}{\partial n} = \underbrace{\frac{k^2(a-bc)^2}{2(k+1)^2}\cdot\frac{8n\eta\gamma^2+3\gamma n^2\eta^2+4\gamma^3}{(2\gamma+n\eta)^4} + \frac{k(a-bc)^2}{(k+1)^2}\cdot\frac{2\gamma}{(2\gamma+n\eta)^2}}_{\text{商业创造效应}} + \underbrace{\frac{k^2(a-bc)^2}{(k+1)^2}\cdot\frac{-4n\eta\gamma^2-2\gamma n^2\eta^2}{(2\gamma+n\eta)^4}}_{\text{商业盗窃效应}} \tag{10-10}$$

将式（10-10）化简可以得到：

$$\frac{\partial \text{SW}}{\partial n} = \frac{(a-bc)^2}{(k+1)^2}\cdot\frac{24\gamma^3+2\gamma n^2\eta^2+16\gamma\eta^2}{(2\gamma+n\eta)^4} > 0 \tag{10-11}$$

通过式（10-11）可以说明，当市场达到均衡时，无论上游国有企业数目 k 及下游规模报

酬系数 b 取何值，$\frac{\partial \text{SW}}{\partial n}$ 的符号均大于零。同时，可以发现，下游民营企业数目与社会总福利的对应关系为图 10.1 中 A 点左侧曲线，假定为 B 点，即 $t<m$，说明下游民营企业进入是不足的。

因此我们可以得出命题 1。

命题 1：无论上游企业数目及上下游生产函数的规模报酬如何变化，下游产品市场的民营企业都是进入不足[①]的。

上述命题可以通过"商业创造效应"和"商业盗窃效应"得到解释。根据 Ghosh 和 Morita（2007）的解释，"商业创造效应"是指，一家企业进入市场以后，会增加上游企业的利润，这些利润却不能作为下游企业进入市场的总剩余，因此下游企业有进入不足的动机。而"商业盗窃效应"则是指，如果一家下游企业进入市场，则会从已经在位的其他下游企业那里"盗窃"一些市场份额和利润，因此下游企业有过度进入的动机。

首先，从上游国有企业的垄断利润和消费者剩余之和随下游民营企业数目变化的趋势来看：

$$\frac{\partial(\pi_s + \text{CS})}{\partial n} = \frac{k^2(a-bc)^2}{2(k+1)^2} \cdot \frac{8n\eta\gamma^2 + 3\gamma n^2\eta^2 + 4\gamma^3}{(2\gamma + n\eta)^4} + \frac{k(a-bc)^2}{(k+1)^2} \cdot \frac{2\gamma}{(2\gamma + n\eta)^2} > 0 \quad (10\text{-}12)$$

从式（10-12）中可以看出，随着下游民营企业进入产品市场的数目的增加，上游国有企业的垄断利润和消费者剩余之和会增加，当下游民营企业进入垄断竞争市场获取利润为零时，其会停止进入。若此时民营企业仍选择进入下游产品市场，虽然获得的利润为零，但是仍然会增加上游国有企业的垄断利润和消费者剩余。即上游国有企业和消费者从下游民营企业中抽取了一部分垄断利润，造成了社会福利的损失，从而导致了下游产品市场中民营企业进入不足的倾向。这种变化的过程即是所谓的"商业创造效应"。

其次，从下游民营企业的净利润随下游民营企业数目变化的趋势来看：

$$\frac{\partial n\pi_p}{\partial n} = \frac{k^2(a-bc)^2}{(k+1)^2} \cdot \frac{-4n\eta\gamma^2 - 2\gamma n^2\eta^2}{(2\gamma + n\eta)^4} < 0 \quad (10\text{-}13)$$

从式（10-13）中可以看出，随着民营企业进入下游产品市场数目的增加，下游产品市场的民营企业的净利润会减少，即当下游产品市场存在企业进入时，新进入的企业会挤占在位企业的一部分市场份额，使得在位企业的均衡产出减少，在位企业的利润下降。而由于进入下游产品市场的民营企业会获得一部分市场份额和利润，因此会提高民营企业进入下游产品市场的积极性，使得企业具有过度进入的倾向。这种变化过程就是"商业

[①] 进入不足是与过度进入相对应的一个专业术语。其含义是，进入市场的均衡企业数量小于最优企业数量，而均衡企业数量是企业自己利润最大化决策的结果，最优企业数量是社会计划者配置全部资源以实现整个社会福利最大化的结果。从本质上讲，进入不足产生的原因在于企业和社会计划者目标的不一致性，即企业在追求利润最大化的过程中，并没有实现全社会的福利最大化；同样，社会计划者在追求全社会福利最大化的时候，也并没有同时实现企业利润最大化。

盗窃效应"。

因此，可以看出，由"商业创造效应"导致的企业进入不足的倾向大于由"商业盗窃效应"导致的企业过度进入的倾向，下游产品市场的民营企业存在进入不足的倾向，垂直市场结构本身导致了资源误置，降低了社会总福利水平。

第三节 模型拓展：嵌入产业政策的分析

一、"交互补贴"政策的福利后果

第二节分析了垂直结构对资源配置和社会总福利的影响，本节将在此基础上引入产业政策分析。根据现有文献和经济发展实践，中国现阶段实施的产业政策可以归纳为"上游国有企业补贴、下游民营企业征税"这样一种"交互补贴"的政策。国有企业获得的各类补贴，可以分为隐性的和显性的。隐性补贴方面，张曙光（2010）指出，在中国经济的转型过程中，除了通过垄断定价将一部分消费者剩余转变为生产者剩余从而获得垄断利润，要素市场中的大中型国有企业还通过异常低廉的资源要素价格实现了隐性补贴。刘瑞明（2012）则认为，在经济转型过程中，市场分割形成了对国有企业的隐性补贴功能，它是对国有企业进行补贴的另外一种隐性方式。显性补贴方面，孔东民、刘莎莎和王亚男（2013）发现，国有企业获得了比民营企业相对更高的补贴额，国有企业补贴额占总资产的0.47%，而民营企业补贴额仅占总资产的0.36%。施炳展、逯建和王有鑫（2013）指出，2000—2006年国有企业年均获得的补贴额为197亿元，而民营企业仅为54亿元；在补贴密度上，平均15%的国有企业获得补贴，而仅有8%的民营企业获得补贴。与此同时，在国内市场上，由于政府长期在信贷、市场准入等诸多政策领域也偏向国有企业，扭曲了资源在国有企业和民营企业之间的最优配置，这实际上相当于对民营企业的生产经营征收了额外的税（钱学锋、毛海涛、徐小聪，2016）。刘骏和刘峰（2014）也发现，中国民营企业在税收上受到了"所有制歧视"，国有企业税负明显低于民营企业。

伍晓鹰将上述这种产业政策定义为"交叉补贴"政策，认为该政策是通过对下游产品市场中一个高生产率企业"征税"的方式，补贴了上游市场低生产率的企业，而这个因得到"补贴"而得以生存的上游企业，反过来通过提供相对低廉的中间投入品又可以"补贴"下游产品市场的企业，从而提高下游产品市场的竞争力。但是，实施"交叉补贴"政策会扭曲所有生产者的动机和行为，使上下游企业失去创新的动力，从而降低了企业的生产效率，影响了经济的发展。本章沿用伍晓鹰对这一产业政策的定义，认为中国现行的产业政策为"交互补贴"政策。

在上述垂直结构模型下，假定政府对上游国有企业的补贴率为 s，对下游民营企业的征税率为 t。实施"交互补贴"政策后，本章用 p_1 表示下游产品市场的最终商品的价格，w_1 表示上游中间投入品的价格，c 表示上游国有企业的成本，f 表示下游民营企业的进入成本，f_0 表示上游国有企业生产过程中的固定成本，$d_1^1, d_1^2, \cdots, d_1^k$ 分别表示上游多寡头国有企业的生产量。

代表消费者对工业制成品的反需求函数的式子为：

$$p_1 = a - \gamma q_1 - \eta Q \tag{10-14}$$

根据利润最大化的一阶条件，上游国有企业及下游民营企业的均衡产出分别为[①]：

$$q_1 = \frac{(1-t)a - bw_1}{(1-t)(2\gamma + n_1\eta)} \tag{10-15}$$

$$d_1^1 = d_1^2 = d_1^k = b\frac{n_1 q_1}{k} = \frac{n_1 b}{k} \cdot \frac{(1-t)a - bw_1}{(1-t)(2\gamma + n_1\eta)}$$

从而得到上游产品及下游产品的价格分别为：

$$w_1 = \frac{(1+s)(1-t)a + bkc}{b(k+1)(1+s)} \tag{10-16}$$

$$p_1 = \frac{\gamma kb\left[(1+s)(1-t)a - bc\right] + \left[(1+s)(1-t)a + bkc\right](2\gamma + n_1\eta)}{b(1+k)(1+s)(1-t)(2\gamma + n_1\eta)} \tag{10-17}$$

将式（10-16）和式（10-4）对比分析可以得到：

$$w - w_1 = \frac{at(1+s) + bks}{b(1+s)(1+k)} > 0 \tag{10-18}$$

根据式（10-18）可以发现，实施"交互补贴"政策确实降低了上游国有企业生产的中间投入品的价格。正如伍晓鹰强调的，因"补贴"得以生存的上游企业，反过来通过提供相对低廉的中间投入品又可以"补贴"下游产品市场的企业。

下面将讨论实施"交互补贴"政策后的社会总福利。社会总福利由上游国有企业的利润、下游民营企业的总利润，以及消费者剩余三部分构成[②]。

首先，上游国有企业的利润为：

$$\pi_{s1} = \frac{kn_1\left[(1+s)(1-t)a - bc\right]^2}{(1+k)^2(1+s)(1-t)(2\gamma + n_1\eta)} - kf_0 \tag{10-19}$$

其次，下游民营企业的总利润为：

$$n_1\pi_{p1} = \frac{\gamma n_1 k^2(1-t)}{(1+k)^2}\left[\frac{(1+s)(1-t)a - bc}{(1+s)(1-t)(2\gamma + n_1\eta)}\right]^2 - n_1 f \tag{10-20}$$

[①] 求解过程见附录A4。
[②] 求解过程见附录A5。

最后，消费者剩余为：

$$\mathrm{CS}_1 = \frac{(n_1^2\eta + \gamma n_1)k^2}{2(1+k)^2}\left[\frac{(1+s)(1-t)a - bc}{(1+s)(1-t)(2\gamma + n_1\eta)}\right]^2 \tag{10-21}$$

所以，实施"交互补贴"政策后的社会总福利为：

$$\max \mathrm{SW}_1 = \pi_{s1} + n_1\pi_{p1} + \mathrm{CS}_1$$

$$= \frac{kn_1\left[(1+s)(1-t)a - bc\right]^2}{(1+k)^2(1+s)(1-t)(2\gamma + n_1\eta)} - kf_0 +$$

$$\frac{k^2n_1(1-t)\gamma}{(1+k)^2}\left[\frac{(1+s)(1-t)a - bc}{(1+s)(1-t)(2\gamma + n_1\eta)}\right]^2 - n_1f +$$

$$\frac{k^2(n_1^2\eta + \gamma n_1)}{2(1+k)^2}\left[\frac{(1+s)(1-t)a - bc}{(1+s)(1-t)(2\gamma + n_1\eta)}\right]^2$$

根据下游民营企业总利润为零的条件可以得到采取"交互补贴"后下游完全垄断市场的企业数目为：

$$n_1 = \frac{(1+s)(1-t)a - bc}{\frac{1+k}{k}\eta\left(\frac{f}{(1-t)\gamma}\right)^{\frac{1}{2}}(1+s)(1-t)} - \frac{2\gamma}{\eta} \tag{10-22}$$

"交互补贴"是政府以补贴保持对上游国有企业的支持，上游国有企业为下游民营企业提供含有补贴的中间投入品。同时，对下游民营企业征收的税费成为政府补贴的来源。根据一般均衡的条件，假定对上游国有企业的补贴额恒等于对下游民营企业征收的税费。则：

$$tp_1n_1q_1 = sw_1\sum_{i=1}^{k}d_1^i$$

上式可以化简为①：

$$tp_1b = sw_1 \tag{10-23}$$

政府实施"交互补贴"后，在市场均衡状态下，根据社会总福利对下游民营企业数目的求导，可以得到：

---

① 最终化简结果见附录A6。

$$\frac{\partial \mathrm{SW}_1}{\partial n_1} = \underbrace{\frac{k\left[(1+s)(1-t)a-bc\right]^2}{(1+k)^2(1+s)(1-t)} \cdot \frac{2\gamma}{(2\gamma+n_1\eta)^2} + \frac{k^2\left[(1+s)(1-t)a-bc\right]^2}{2(1+k)^2\left[(1+s)(1-t)\right]^2} \cdot \frac{8n_1\eta\gamma^2+4\gamma^3+3\gamma n_1^2\eta^2}{(2\gamma+n_1\eta)^4}}_{\text{商业创造效应}} +$$

$$\underbrace{(1-t)\frac{k^2\left[a(1-t)(1+s)-bc\right]^2}{(1+k)^2\left[(1+s)(1-t)\right]^2}\left[\frac{-4n_1\eta\gamma^2-2\gamma n_1^2\eta^2}{(2\gamma+n_1\eta)^4}\right] > 0}_{\text{商业盗窃效应}}$$

（10-24）

由此，我们可以得到命题2。

命题2：无论上游国有企业数目及上下游生产函数的规模报酬如何变化，实施"交互补贴"政策仍将使得下游民营企业存在进入不足倾向。

对于命题2，我们仍然可以从"商业创造效应"和"商业盗窃效应"给出经济学解释。

首先，从上游国有企业的利润和消费者剩余之和随下游企业数目变化的趋势来看，

$$\frac{\partial(\pi_{s1}+\mathrm{CS})}{\partial n_1} = \frac{k\left[(1+s)(1-t)a-bc\right]^2}{(1+k)^2(1+s)(1-t)} \cdot \frac{2\gamma}{(2\gamma+n_1\eta)^2} + \frac{k^2\left[(1+s)(1-t)a-bc\right]^2}{2(1+k)^2\left[(1+s)(1-t)\right]^2} \cdot \frac{8n_1\eta\gamma^2+4\gamma^3+3\gamma n_1^2\eta^2}{(2\gamma+n_1\eta)^4} > 0$$

（10-25）

从式（10-25）可以看出，实施"交互补贴"的政策后，"商业创造效应"仍然存在，即随着进入下游产品市场民营企业的数目增加，上游国有企业的利润和消费者剩余随之增加。从另一个角度来说，上游国有企业和消费者从下游民营企业抽取了一部分利润。当下游民营企业获得的总利润为零，企业停止进入时，若仍然存在民营企业进入，虽然企业自身的总利润不会增加，但是上游国有企业的利润和消费者剩余会增加。即在市场达到均衡状态时，随着下游民营企业的进入，上游国有企业的利润和消费者剩余仍然会增加，因此，从国有企业利润和消费者剩余的角度来看，实施"交互补贴"的政策后，下游民营企业仍然存在着进入不足的倾向。

其次，从下游民营企业的总利润随企业数目变化的趋势来看，

$$\frac{\partial n_1\pi_{p1}}{\partial n_1} = (1-t)\frac{k^2[a(1-t)(1+s)-bc]^2}{(1+k)^2[(1+s)(1-t)]^2}\left[\frac{-4n_1\eta\gamma^2-2\gamma n_1^2\eta^2}{(2\gamma+n_1\eta)^4}\right] < 0$$

（10-26）

从式（10-26）可以看出，实施"交互补贴"的政策后，"商业盗窃效应"仍然存在，下游民营企业的总利润仍然随着潜在企业的进入而减少。即当潜在企业进入下游产品市场时，依旧会挤占下游产品市场中在位企业的一部分市场份额和利润，而由于潜在企业获得了这一部分市场份额和利润，因此潜在企业具有进入下游产品市场的积极性，下游产品市场存在过度进入的动机。从下游在位民营企业的总利润来看，实施"交互补贴"的政策后，下游产品市场仍然存在过度进入的倾向。

根据式（10-24）的符号可以看出，由"商业创造效应"导致的下游民营企业进入不足的倾向大于由"商业偷窃效应"导致的民营企业过度进入的倾向。因此，垂直结构下，若上游国有企业采取规模报酬不变或规模报酬递增的生产技术，当实施"交互补贴"政策后，下游产品市场的民营企业仍然存在进入不足的倾向，社会总福利也依然偏离最优。

二、实施"交互补贴"政策前后的对比分析

本节将进一步通过对比实施"交互补贴"政策前后进入下游产品市场的民营企业数目及社会总福利，来分析实施"交互补贴"政策导致的资源误置的变化程度。

（一）下游产品市场民营企业数目

实施"交互补贴"政策前后，下游产品市场的民营企业数目之差为[①]：

$$\Delta n = n - n_1 = \frac{a-bc}{\frac{k+1}{k}\left(\frac{f}{\gamma}\right)^{\frac{1}{2}}\eta} - \frac{(1+s)(1-t)a-bc}{\frac{1+k}{k}\eta\left[\frac{f}{(1-t)\gamma}\right]^{\frac{1}{2}}(1+s)(1-t)} \quad (10\text{-}27)$$

由于政府所采取的税收率和补贴率一一对应，所以为了确定式（10-27）的方向，本章需要进行数值模拟。首先，对上述参数赋值，赋值的约束条件满足 $a>0$，$c>0$，$f>0$，同时也要满足国家没有实施"交互补贴"政策时，进入下游产品市场的民营企业数目大于零，即 $a-bc>2\dfrac{k+1}{k}f^{\frac{1}{2}}\gamma^{\frac{1}{2}}$。在满足上述约束条件的基础上，本章采用 Ottaviano（2012）的取值方法，在 $a=20, c=1, f=4, \gamma=2, \eta=1$ 的基础上，对多组上游国有企业数目 k 及规模报酬参数 b 取值，结果如下[②]：

$$k=2, b=1, a=20, c=1, f=4, \gamma=2, \eta=1$$

$$k=4, b=1, a=20, c=1, f=4, \gamma=2, \eta=1$$

$$k=4, b=1.2, a=20, c=1, f=4, \gamma=2, \eta=1$$

$$k=4, b=0.8, a=20, c=1, f=4, \gamma=2, \eta=1$$

基于上述参数值，对式（10-23）和式（10-27）进行数值模拟，从而可以得出政府对上游国有企业采取的补贴额和对下游产品市场民营企业采取的征税额的组合，以及下游产品市场的民营企业数目之差的模拟结果（图10.2）。

[①] 实施"交互补贴"政策前后，社会最优的下游民营企业的数目相同。
[②] 为了保证结果的稳健性，本章还在附录A9中给出了 k，b 取不同值时社会福利的模拟结果。

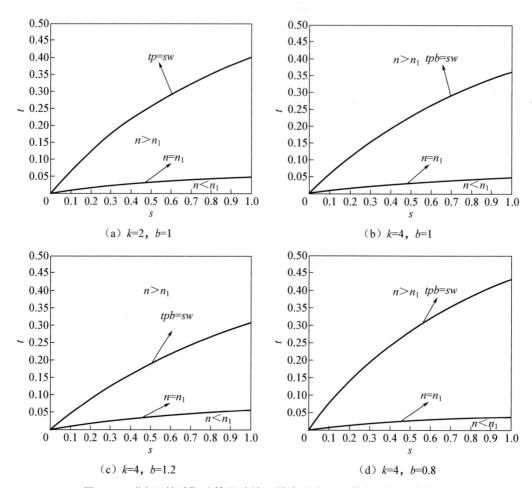

图 10.2 "交互补贴"政策导致的下游产品市场民营企业数目的变化

从图 10.2 中可以看出，政府采取的补贴额等于征税额的组合所对应的区间为 $n>n_1$，即无论上游国有企业数目及上下游生产函数的规模报酬如何变化，采取"交互补贴"政策后，下游产品市场的民营企业数目均进一步减少。这表明，"交互补贴"政策进一步增强了下游产品市场民营企业进入不足的倾向，恶化了资源配置的效率。

命题 3：政府采取"交互补贴"政策后，下游产品市场民营企业进入不足的倾向增大。

对命题 3 的经济学解释可以从以下两个方面来说明。

第一，从上游国有企业的利润和消费者剩余之和随下游民营企业数目变化的趋势来看，

$$\frac{\partial(\pi_s+\text{CS})}{\partial n}-\frac{\partial(\pi_{s1}+\text{CS}_1)}{\partial n_1}=\left[\frac{k^2(a-bc)^2}{2(k+1)^2}\cdot\frac{8n\eta\gamma^2+3\gamma n^2\eta^2+4\gamma^3}{(2\gamma+n\eta)^4}+\frac{k(a-bc)^2}{(k+1)^2}\cdot\frac{2\gamma}{(2\gamma+n\eta)^2}\right]-$$
$$\left\{\frac{k[(1+s)(1-t)a-bc]^2}{(1+k)^2(1+s)(1-t)}\cdot\frac{2\gamma}{(2\gamma+n_1\eta)^2}+\right.$$
$$\left.\frac{k^2[(1+s)(1-t)a-bc]^2}{2(1+k)^2[(1+s)(1-t)]^2}\cdot\frac{8n_1\eta\gamma^2+4\gamma^3+3\gamma n_1^2\eta^2}{(2\gamma+n_1\eta)^4}\right\}$$
（10-28）

通过对式（10-23）和式（10-28）进行数值模拟①，同时令 $\frac{\partial(\pi_s+\text{CS})}{\partial n}=A$，$\frac{\partial(\pi_{s1}+\text{CS}_1)}{\partial n_1}=B$，可以得到实施"交互补贴"政策后，下游民营企业进入不足的变化趋势，如图10.3所示。

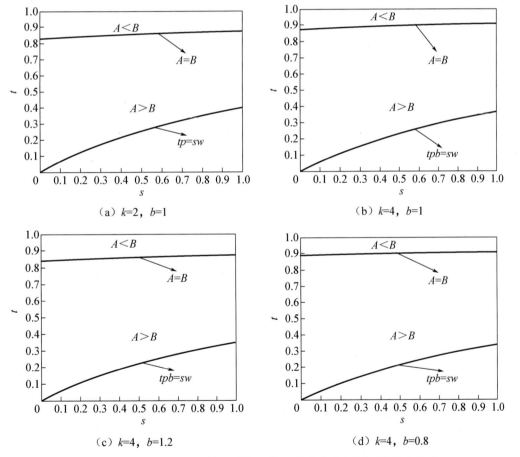

图 10.3 "交互补贴"政策导致的下游民营企业进入不足的变化趋势

从图 10.3 中可以看出，政府采取的补贴额等于征税额的组合所对应的区间均为

---

① 将结果 n 和 n_1 带入式（10-28）进行数值模拟。

$A>B$,无论上游国有企业数目及上下游生产函数的规模报酬如何变化,实施"交互补贴"政策后,由"商业创造效应"所导致的下游民营企业进入不足的倾向增加。随着下游产品市场中的民营企业数目的增加,上游国有企业和消费者可以从下游民营企业中抽取的利润增加,因此,下游民营企业进入不足的倾向增加。

第二,从下游民营企业的总利润随下游企业数目变化的趋势来看,

$$\frac{\partial n\pi_p}{\partial n} - \frac{\partial n_1 \pi_{p1}}{\partial n_1} = \left\{ \frac{k^2(a-bc)^2}{(k+1)^2} \left[\frac{-4n\eta\gamma^2 - 2\gamma n^2 \eta^2}{(2\gamma + n\eta)^4} \right] \right\} - \left\{ (1-t) \frac{k^2 [a(1-t)(1+s) - bc]^2}{(1+k)^2 [(1+s)(1-t)]^2} \left[\frac{-4n_1 \eta\gamma^2 - 2\gamma n_1^2 \eta^2}{(2\gamma + n_1 \eta)^4} \right] \right\} \tag{10-29}$$

通过对式(10-23)和式(10-29)进行数值模拟,令 $\left|\frac{\partial n_1 \pi_{p1}}{\partial n_1}\right| = C$,$\left|\frac{\partial n\pi_p}{\partial n}\right| = D$ 可以得到实施"交互补贴"政策后,下游民营企业过度进入的变化趋势,如图10.4所示。

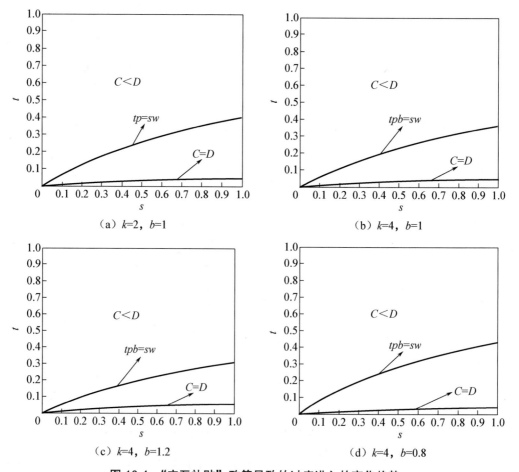

图 10.4 "交互补贴"政策导致的过度进入的变化趋势

从图10.4中可以看出,政府采取的补贴额等于征税额的组合所对应的区间均为

$C<D$。即无论上游国有企业数目及上下游规模报酬如何变化，政府实施"交互补贴"政策后，由"商业盗窃效应"所导致的下游民营企业过度进入的倾向均减小。实施"交互补贴"政策后，随着潜在民营企业进入下游产品市场，民营企业总利润减少的幅度降低，潜在企业挤占在位企业的份额减少，从而使民营企业进入下游产品市场的积极性降低，因此"商业盗窃效应"所导致的企业过度进入的程度有所减缓。

从以上两个方面来看，当政府实施"交互补贴"政策后，由"商业盗窃效应"所导致的下游产品市场民营企业过度进入的倾向减少，而由"商业创造效应"所带来的下游产品市场中的民营企业进入不足的倾向增加，但是由进入不足倾向增加导致福利恶化的程度大于由过度进入倾向减少导致福利改善的程度。因此，从两种效应的权衡来看，实施"交互补贴"政策增加了下游产品市场中的民营企业进入不足的倾向，进一步恶化了社会福利。

（二）社会总福利

采取"交互补贴"政策前后的社会总福利分别为：

$$\text{Max } SW = \frac{k(a-bc)^2 n}{(k+1)^2(2\gamma+n\eta)} - kf_0 + \frac{k^2}{2(k+1)^2} \cdot \frac{(a-bc)^2(n^2\eta+n\gamma)}{(2\gamma+n\eta)^2}$$

$$\text{Max } SW_1 = \frac{kn_1[(1+s)(1-t)a-bc]^2}{(1+k)^2(1+s)(1-t)(2\gamma+n_1\eta)} - kf_0 + \frac{k^2(n_1^2\eta+rn_1)}{2(1+k)^2}\left[\frac{(1+s)(1-t)a-bc}{(1+s)(1-t)(2\gamma+n_1\eta)}\right]^2$$

通过比较，可以得出实施"交互补贴"政策后的社会总福利的变化：

$$\text{福利之差} = SW - SW_1 = \left[\frac{k(a-bc)^2 n}{(k+1)^2(2\gamma+n\eta)} - kf_0 + \frac{k^2}{2(k+1)^2} \cdot \frac{(a-bc)^2(n^2\eta+n\gamma)}{(2\gamma+n\eta)^2}\right] - \left\{\frac{kn_1[(1+s)(1-t)a-bc]^2}{(1+k)^2(1+s)(1-t)(2\gamma+n_1\eta)} - kf_0 + \frac{k^2(n_1^2\eta+\gamma n_1)}{2(1+k)^2}\left[\frac{(1+s)(1-t)a-bc}{(1+s)(1-t)(2\gamma+n_1\eta)}\right]^2\right\} \quad (10-30)$$

通过对式（10-23）和式（10-30）进行数值模拟，可以得到实施"交互补贴"政策后社会总福利的变化趋势，如图10.5所示。

从图10.5可以看出，政府采取的补贴额等于征税额的组合所对应的区间均为福利之差大于零，即无论上游国有企业数目及上下游规模报酬如何变化，实施产业政策前的福利均大于实施"交互补贴"政策后的福利。因此，实施"交互补贴"政策增加了下游民营企业进入不足的倾向，从而使资源误置的程度加深，社会总福利进一步恶化。

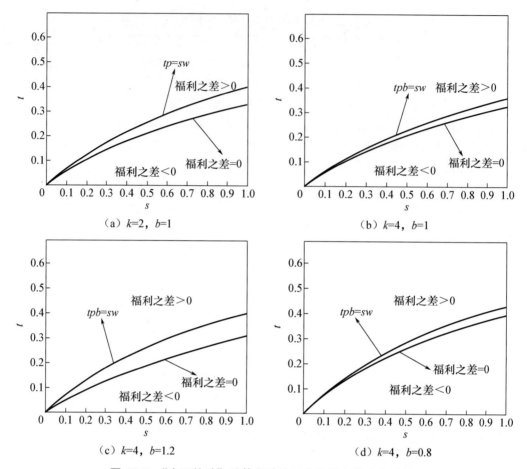

图 10.5 "交互补贴"政策导致的社会总福利的变化趋势

为了更加直观地呈现社会总福利随实施"交互补贴"政策力度变化而变化的趋势，本章基于特定参数取值的前提下，对福利之差（无政策实施时的社会总福利减去实施"交互补贴"政策后的社会总福利）进行了量化分析，具体如表 10.1 所示。

表 10.1 福利之差随实施"交互补贴"政策力度变化而变化的趋势

s	0.01	0.05	0.1	0.2	0.3
t	0.0071	0.034	0.0642	0.1159	0.1586
福利之差	0.1029	0.4832	0.8549	1.3695	1.6446

从表 10.1 中可以发现，当 $s=0.01$、$t=0.0071$ 时，福利之差较小，仅为 0.1029。但是，当 $s=0.3$、$t=0.1586$ 时，福利之差则变为 1.6446。这意味着，随着实施"交互补贴"政策力度增加，福利之差呈现上升趋势。由于福利之差的定义为无政策实施时的社会总福利减去实施"交互补贴"政策后的社会总福利，因此，随着"交互补贴"政策力度的增加，社会总福利的恶化程度逐渐加大。

第四节 面向未来的产业政策选择

基于第二、三节的分析可知,上游国有企业为多寡头、下游民营企业为垄断竞争的垂直模式,确实导致了资源配置的扭曲,而政府实施的"交互补贴"这种产业政策又进一步恶化了资源配置效率,导致社会总福利进一步下降。那么,基于改革过程中内生形成的垂直结构,是否存在一种合适的产业政策,能够改善垂直竞争结构导致的资源误置,并提升社会总福利呢?为了回答这一问题,本章提出了"上游征税,下游补贴"产业政策。

进入21世纪以来,上游国有企业积累了巨额利润,获取利润的能力也显著地超过民营企业(刘瑞明、石磊,2011)。这意味着,对上游国有企业征税,不仅是有基础的,而且将是有效解决国有企业利润再分配的可行方法。因为本章的分析结果表明,"上游征税,下游补贴"产业政策可以促进国有企业的利润再分配,鼓励民营企业进入,改善由垂直结构导致的资源误置,提升社会总福利。

本章作出如下假设:实施"上游征税,下游补贴"的产业政策后,p_2 为下游产品市场的最终产品价格,w_2 为上游国有企业生产的中间投入品的价格,$d_2^1, d_2^2, \cdots, d_2^k$ 表示上游第 k 家国有企业的产量。

当政府对下游产品市场的民营企业的补贴为 s 时,民营企业进入下游垄断竞争市场获得的利润函数为:

$$\pi_{p2} = \left[(1+s)p_2 - bw_2\right]q_2 - f \tag{10-31}$$

下游民营企业及上游国有企业的均衡产出分别为[①]:

$$q_2 = \frac{(1+s)a - bw_2}{(1+s)(2\gamma + n_2\eta)}$$

$$d_2^1 = d_2^2 = d_2^k = \frac{bn_2 q_2}{k} = \frac{n_2 b}{k} \cdot \frac{(1+s)a - w_2}{(1+s)(2\gamma + n_2\eta)} \tag{10-32}$$

上游产品及下游产品的价格分别为:

$$w_2 = \frac{\left[(1+s)(1-t)a\right] + bkc}{b(k+1)(1-t)} \tag{10-33}$$

$$p_2 = \frac{\gamma kb\left[a(1+s)(1-t) - bc\right] + \left[(1+s)(1-t)a + bkc\right](2\gamma + n_2\eta)}{b(1+k)(1+s)(1-t)(2\gamma + n_2\eta)} \tag{10-34}$$

下面将讨论实施"上游征税,下游补贴"的产业政策后的社会总福利。社会总福利由上游国有企业的利润、下游民营企业的总利润,以及消费者剩余三部分构成。

---
① 求解过程见附录 A7。

首先，上游国有企业的利润为：

$$\pi_{s2} = \frac{k\left[(1+s)(1-t)a-c\right]^2}{(1+k)^2(1+s)(1-t)(2\gamma+n_2\eta)} n_2 - kf_0 \qquad (10\text{-}35)$$

其次，下游民营企业的总利润为：

$$n_2\pi_{p2} = \frac{k^2 n_2(1+s)\gamma}{(1+k)^2}\left[\frac{(1+s)(1-t)a-bc}{(1+s)(1-t)(2\gamma+n_2\eta)}\right]^2 - n_2 f \qquad (10\text{-}36)$$

最后，消费者剩余为：

$$CS_2 = \frac{k^2(n_2^2\eta+\gamma n_2)}{2(1+k)^2}\left[\frac{(1+s)(1-t)a-bc}{(1+s)(1-t)(2\gamma+n_2\eta)}\right]^2 \qquad (10\text{-}37)$$

所以，实施"上游征税，下游补贴"产业政策后的社会总福利为：

$$\text{Max } SW_2 = \frac{k\left[(1+s)(1-t)a-c\right]^2}{(1+k)^2(1+s)(1-t)(2\gamma+n_2\eta)} n_2 - kf_0 +$$

$$\frac{k^2 n_2(1+s)\gamma}{(1+k)^2}\left\{\frac{(1+s)(1-t)a-bc}{(1+s)(1-t)(2\gamma+n_2\eta)}\right\}^2 - n_2 f +$$

$$\frac{k^2(n_2^2\eta+\gamma n_2)}{2(1+k)^2}\left[\frac{(1+s)(1-t)a-bc}{(1+s)(1-t)(2\gamma+n_2\eta)}\right]^2$$

根据 $n_2\pi_{p2} = \frac{k^2 n_2(1+s)\gamma}{(1+k)^2}\left[\frac{(1+s)(1-t)a-bc}{(1+s)(1-t)(2\gamma+n_2\eta)}\right]^2 - n_2 f = 0$，可以得出，采取"上游征税，下游补贴"后的下游产品市场民营企业数目为：

$$n_2 = \frac{(1+s)(1-t)a-bc}{\dfrac{1+k}{k}\eta(1+s)(1-t)\left[\dfrac{f}{(1+s)\gamma}\right]^{\frac{1}{2}}} - \frac{2\gamma}{\eta} \qquad (10\text{-}38)$$

我们可以求解出实施"上游征税，下游补贴"政策前后下游民营企业的产出，分别为：

$$n_1 q_1 = \sum_{i=1}^{k} d_1^i = n_1 b \frac{k(1+s)(1-t)a - bkc}{(1+k)(1+s)(1-t)(2\gamma+n_1\eta)}$$

$$n_2 q_2 = \sum_{i=1}^{k} d_2^i = n_2 b \frac{ka(1+s)(1-t) - bkc}{(1+k)(1+s)(1-t)(2\gamma+n_2\eta)}$$

因此，

$$\frac{n_2 q_2}{n_1 q_1} = \frac{\dfrac{(1+s)(1-t)a - c}{\dfrac{1+k}{k}(1+s)(1-t)} - \left[\dfrac{f}{(1+s)\gamma}\right]^{\frac{1}{2}} \dfrac{2\gamma}{\eta}}{\dfrac{(1+s)(1-t)a - c}{\dfrac{1+k}{k}(1+s)(1-t)} - \left[\dfrac{f}{(1-t)\gamma}\right]^{\frac{1}{2}} \dfrac{2\gamma}{\eta}} > 1$$

命题 4：实施"上游征税，下游补贴"的政策后，国有企业的产出增加。

我们提出的这项产业政策，尽管对国有企业进行了征税，但是仍能促进国有企业产出的增加，进一步巩固国有企业在上游的主导地位。

假定均衡条件下，对上游国有企业征税额恒等于对下游民营企业的补贴额，即：

$$sp_2 n_2 q_2 = tw_2 \left(\sum_{i=1}^{k} d_1^i\right)$$

可以化简①为：

$$sp_2 b = tw_2 \tag{10-39}$$

根据式（10-38）和式（10-9），可以得到实施这项产业政策后进入下游产品市场的民营企业数目与垂直结构相比的变化趋势，如式（10-40）所示。

$$\Delta n = n - n_2 = \frac{a - bc}{\dfrac{k+1}{k}\left(\dfrac{f}{\gamma}\right)^{\frac{1}{2}} \eta} - \frac{(1+s)(1-t)a - bc}{\dfrac{1+k}{k}\eta\left[\dfrac{f}{(1+s)\gamma}\right]^{\frac{1}{2}}(1+s)(1-t)} \tag{10-40}$$

对式（10-39）和式（10-40）进行数值模拟，所得结果如图 10.6 所示。

从图 10.6 中可以看出，政府采取的补贴额等于征税额的组合所对应的区间均为 $n < n_2$，即无论国有上游企业数目及规模报酬如何变化，实施"上游征税，下游补贴"产业政策，下游产品市场进入的民营企业数目都将大于垂直结构下进入的民营企业数目，因此可以减小由垂直结构本身导致的下游民营企业进入不足的倾向，从而缓解由垂直结构导致的资源误置。

命题 5：实施"上游征税，下游补贴"的产业政策，可以激励下游民营企业进入，减缓垂直结构导致的资源误置。

为了验证上述结论，我们进一步把实施"上游征税，下游补贴"产业政策之后的社会总福利，与垂直结构框架下的社会总福利进行对比分析。

---

① 最终化简结果见附录 A8。

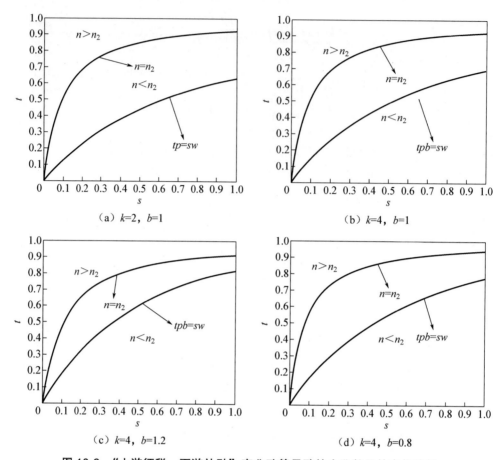

图 10.6 "上游征税,下游补贴"产业政策导致的企业数目的变化趋势

首先,采取"上游征税,下游补贴"的产业政策时,社会总福利为:

$$\text{Max SW}_2 = \frac{k[(1+s)(1-t)a-c]^2}{(1+k)^2(1+s)(1-t)(2\gamma+n_2\eta)}n_2 - kf_0 + \frac{k^2(n_2^2\eta+rn_2)}{2(1+k)^2}\left[\frac{(1+s)(1-t)a-bc}{(1+s)(1-t)(2\gamma+n_2\eta)}\right]^2$$

其次,不实施产业政策与实施"上游征税,下游补贴"产业政策的社会福利之差为:

$$\text{福利之差} = \text{SW} - \text{SW}_2 = \left[\frac{k(a-bc)^2 n}{(k+1)^2(2\gamma+n\eta)} - kf_0 + \frac{k^2}{2(k+1)^2} \cdot \frac{(a-bc)^2(n^2\eta+n\gamma)}{(2\gamma+n\eta)^2}\right] - \left\{\frac{k[(1+s)(1-t)a-c]^2}{(1+k)^2(1+s)(1-t)(2\gamma+n_2\eta)}n_2 - kf_0 + \frac{k^2(n_2^2\eta+rn_2)}{2(1+k)^2}\left[\frac{(1+s)(1-t)a-bc}{(1+s)(1-t)(2\gamma+n_2\eta)}\right]^2\right\} \quad (10\text{-}41)$$

最后，通过对式（10-39）和式（10-41）进行数值模拟，可以观察实施"上游征税，下游补贴"的产业政策后社会总福利的变化趋势，如图10.7所示。

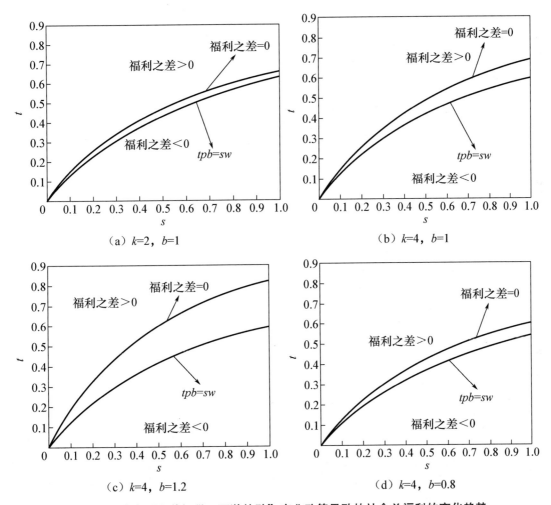

图 10.7　实施"上游征税，下游补贴"产业政策导致的社会总福利的变化趋势

从图10.7中可以看出，政府采取的补贴额等于征税额的组合所对应的区间均为福利之差小于零，即无论上游国有企业数目及上下游生产函数的规模报酬如何变化，实施"上游征税，下游补贴"产业政策后的社会总福利均大于无产业政策实施时的社会总福利。因此，实施"上游征税，下游补贴"的产业政策，可以促进国有企业的利润再分配，鼓励民营企业进入，改善了垂直结构导致的资源误置，使得社会总福利增加。

为了更加直观地呈现社会总福利随实施"上游征税，下游补贴"政策力度变化而变化的趋势，本章基于特定的参数取值，对福利之差（无政策实施时的社会总福利减去实施"上游征税，下游补贴"政策时的社会总福利）进行量化分析，具体如表10.2所示。

表 10.2　福利之差随实施"上游征税，下游补贴"政策力度变化而变化的趋势

s	0.01	0.05	0.1	0.2	0.3
t	0.0137	0.065	0.1242	0.2249	0.3080
福利之差	−0.1474	−0.7256	−1.2929	−2.2422	−2.9237

从表 10.2 中可以发现，当 $s=0.01$、$t=0.0137$ 时，福利之差较小，仅为 −0.1474。但是当 $s=0.3$、$t=0.3080$ 时，福利之差则变为 −2.9237。这意味着，随着"上游征税，下游补贴"政策力度的增加，福利之差的绝对值呈现上升趋势。由于福利之差的定义为无政策实施时的社会总福利减去实施"上游征税，下游补贴"政策时的社会总福利，因此，随着"上游征税，下游补贴"政策力度的增加，社会总福利的改善程度逐渐加大。

第五节　结论与政策含义

20 世纪 90 年代以来，经过一系列改革，中国市场已经内生形成了国有企业主导上游垄断产业、民营企业主导下游竞争产业的非对称分布和垂直结构。在这种垂直结构下，由"商业创造效应"导致的下游民营企业进入不足倾向，超过了由"商业盗窃效应"导致的下游民营企业过度进入倾向，从而使得下游产品市场民营企业进入不足，最终导致整体经济中出现资源误置及社会总福利降低。而基于垂直结构施行的"交互补贴"政策导致了资源配置效率的进一步恶化和社会总福利的进一步下降。我们认为，在保持垂直结构不变的情况下，可以考虑采取"上游征税，下游补贴"的产业政策，该政策在促进国有企业利润再分配的同时，能够起到减缓资源误置，提升社会总福利的效果。

本章的政策含义非常明确。在市场结构本身可能存在扭曲和资源误置的情形下，实施适当的产业政策是非常必要的。在当前继续推进国有企业改革的背景下，不应只是通过引入市场竞争机制或实现股权多元化的方式进行分类改革，而应开拓思路，认识到整个市场结构可能存在的缺陷，通过实行特定的产业政策，纠正市场结构导致的资源误置，提升社会总福利，最终实现做强做优做大国有企业的目标，同时为中国企业参与国际竞争培养竞争新优势。

第十一章　培育国际竞争新优势的政府战略Ⅱ：贸易政策[①]

当今世界正经历百年未有之大变局，不确定性是21世纪的常态，如何应对不确定性冲击是新时代国际经贸健康发展面临的重要问题。本章构建企业和消费者双重异质性理论模型，通过在生产侧引入贸易政策不确定性，从出口行为动态变化和贸易利益个体分配两方面，分析了不确定性冲击对企业和消费者的影响，探讨了消除不确定性及其影响的机制和路径，提出了不确定性条件下的贸易政策选择。研究发现，虽然产业补贴能够消除不确定性及其影响，但与优惠贸易协定相比仍然略逊一筹。优惠贸易协定可以限制关税变化的可能性、关税上升的可能性和关税上升的幅度，是降低贸易政策不确定性、消除贸易政策不确定性影响的重要贸易政策。本章认为，开放型世界经济以"构建人类命运共同体"为理念，以"开放、包容、普惠、平衡、共赢"为基本导向，奠定了未来贸易政策的基调，保证了未来贸易政策的可预测性，维护了世界经济的健康发展，从根源上降低了不确定性。因此，中国应该坚定地构建高水平开放型经济新体制，以对外开放的主动赢得经济发展和国际竞争的主动，开拓合作共赢新局面，为世界经贸发展注入中国的确定性。

第一节　引言

人类社会的进步，既有永恒的变化属性，如科技的进步、人口的增长和资本的积累，又有未知规律的变化属性，如冲突、战争和自然灾害。变化是不确定性存在的先决条件，但已知规律的变化，并不是不确定性的根源。Knight（1921）指出，与风险事件结果的概率分布已知的情况不同，不确定性条件下的事件结果的概率分布完全未知，只能通过主观臆断，因而不能通过保险和类似手段排除。20世纪的经济政治发展，不仅从理论上否定了"确定性"经济思想，还从实际上打破了各个阵营的"确定性"信念幻想。经济学家加尔布雷斯在《不确定的时代》中写道："19世纪，资产阶级确信资本主义的成功，社会主义者确信社会主义的成功，帝国主义者确信殖民主义的成功，统治阶级认为他们注定要统治。第一次世界大战后，所有这些确定性都烟消云散……考虑到人类今

[①] 本章主体内容已发表（龚联梅，2022）。

天面临的令人沮丧的复杂问题，如果它们还存在的话，也应该是支离破碎的了……激烈的美苏军备竞赛引发的核战争危险，大垄断企业权力扩张给国家主权和国际社会带来冲击，大都市日益严重的环境与社会问题，以及民主政治的内在缺陷都加重了这种不确定性。在这个事事不确定的年代，只有一件事是确定的，即我们必须面对这个'不确定'的事实。"

20世纪的不确定性主要表现在通货膨胀、金融危机、苏联解体、军备竞赛、核战争危险和不断恶化的环境等方面。然而，随着全球化的发展、世界经济政治格局的演变和科技文明的进步，21世纪的不确定性表现比20世纪有过之而无不及。由于资本主义国家利益分配不平衡，资本主义内在矛盾被激化，并导致全球范围内的政治摩擦不断，局部地区政治不确定性增加，恐怖袭击、战争和局部冲突频发。当今世界霸权主义思想根深蒂固，民粹主义愈演愈烈，"逆全球化"思潮汹涌，贸易保护主义盛行。石油危机、粮食危机、气候危机及各种流行性疾病危机，更是给人类健康安全和全球经济发展带来了极大的不确定性。"面对不确定的事实"成为人类社会的唯一选择。

在世界百年未有之大变局下，全球经济政策不确定性呈上升趋势。每当重大危机（如金融危机、恐怖主义危机、区域化战争、"逆全球化"浪潮、贸易摩擦和流行性疾病危机）发生后，全球经济政策的不确定性都会骤增，并达到短期峰值（图11.1）。在所有经济政策中，贸易政策的不确定性日益凸显。一方面，"全球化"和"逆全球化"之间、自由主义和保护主义之间、单边主义和多边主义之间的博弈，引发了局部贸易摩擦，导致双边和区域贸易政策的不确定性上升。例如，在特朗普当选美国总统期间，中美双边贸易摩擦不断升级，从投资限制、技术封锁，到人才交流中断，给中国企业投资和生产带来极大的不确定性；而拜登当选美国总统后，中美贸易政策仍然是不确定的。另一方面，优惠贸易协定逐渐区域化，导致全球多边贸易体系的存续面临危机，全球贸易体系格局面临重构，全球性贸易政策不确定性上升。截至2021年1月，向WTO通报和生效的区域贸易协定分别为545个和337个，其中生效的区域贸易协定中有124个是近十年内出现的。大量区域贸易协定的出现，叠加WTO自身改革中的多重矛盾，使得WTO面临边缘化的风险。未来全球性贸易政策是继续在WTO框架下发展，还是在新的区域贸易协定下发展，还未可知。"十四五"规划明确提出，要建设更高水平开放型经济新体制，实行高水平对外开放，开拓合作共赢新局面。但是，贸易政策不确定性给中国构建开放型经济新体制带来了巨大的挑战。如何在百年未有之大变局、在不确定性的时代中，选择合适的贸易政策、开创新的发展理念，是对中国自身发展的探索，也是对世界发展的探索。

本章的目的在于分析不确定性冲击对企业出口行为动态变化和消费者个体贸易利益分配的影响，探讨消除不确定性及其影响的机制和路径，从而提出不确定性条件下的贸易政策选择。通过构建消费者异质性和企业异质性理论模型，本章发现：①贸易政策不确定性会降低出口市场上企业边际成本阈值、减少企业进入，从而减少可供消费者选择的产品种类、降低消费者的贸易利益，其中替代弹性越高的消费者遭受的贸易利益损失越低；②优惠贸易协定降低了关税变化的可能性、关税向最坏情况变化的可能性，以及关税上升的幅度，是降低不确定性、消除不确定性影响的重要贸易政策，虽然产业补贴也能消除不确定性影响，但是相比于贸易政策仍略逊一筹；③不确定性的影响会因国家之间的竞争而自动消失，当一个出口国贸易政策确定变好，而另一个出口国贸易政策不确定时，进口国可以选择从贸易政策确定变好的国家进口，以减少贸易损失。

"十四五"规划明确提出，要善于在危机中育先机，于变局中开新局。基于本章的理论研究结论，本章认为，开放型世界经济是世界百年大变局中的"新局"。开放型世界经济能从根源上降低不确定性，是应对全球不确定性冲击的重要举措，而优惠贸易协定则是开放型世界经济的重要内容。一方面，开放型世界经济对世界经济发展和全球环境治理困境，提出了基本理念——构建人类命运共同体，以及新的发展理念——开放、包容、普惠、平衡、共赢。另一方面，双边和区域贸易协定，不仅能够降低双边和区域贸易政策的不确定性，还能使协议各方就WTO未涉及的条款或新议题达成共识，并可以在优化后推广到多边框架下，从而推动多边贸易体系改革。因此，中国应在维护国家安全的前提下，坚定地实行更高水平、更高层次和更加深化的对外开放，建设更高水平开放型经济新体制，积极参与优惠贸易协定的谈判和全球经济治理体系改革，开创合作共赢新局面。

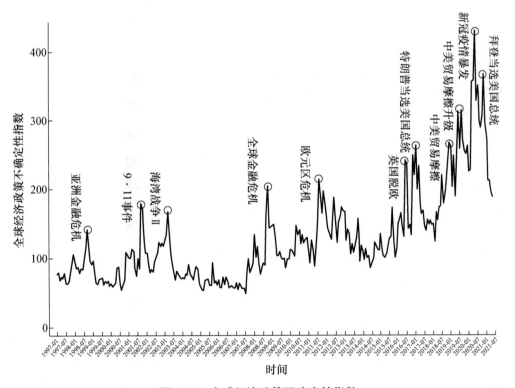

图 11.1　全球经济政策不确定性指数

数据来源：http://www.policyuncertainty.com/。

第二节　文献综述

不确定性与经济是相互影响的，互为因果。一方面，在经济衰退期，引发经济衰退的外生性冲击会直接增加不确定性，而经济衰退的市场情绪又会导致内生性不确定性的急剧上升（Bloom，2014）。无论是战争和恐怖袭击等外生性冲击，还是金融危机引发的经济衰退等内生性冲击，都会导致不确定性骤增。另一方面，贸易政策的不确定性又是经济动荡和是经济下行的重要原因（Bloom，2009）。如大萧条就可能是不确定性与金融冲击二者相互作用后而产生的一种严重表现（Caldara et al.，2016）。极度的不确定性，给人类社会的持续健康发展，尤其是世界经济的发展带来了巨大的冲击。因而，研究贸易政策不确定性的经济影响具有重要的现实意义。目前，关于贸易政策不确定性经济影响的研究主要集中在国家层面和企业层面。在国家层面，不确定性不仅会恶化国家宏观经济指标，如总产出和经济增长率、贸易额、就业率，还会削弱国家宏观政策效力。在企业层面，不确定性会抑制企业进入，不确定性的下降不仅会增加企业进入、减少企业退出（Handley and Limão，2015，2017），还会提高出口企业的产品质量、降低出口企业的产品价格、增加出口企业的产品创新（佟家栋、李胜旗，2015；Feng，Li，and Swenson，2017）。由此可见，对贸易政策不确定性的经济影响的研究主要集中在供给侧，而对需求侧消费者的影响研究，尤其是对异质性消费者个体贸易利益分配的影响研究较为匮乏。

贸易利益是国际贸易研究的三大核心问题之一。国际贸易领域的经典文献在构建理论模型、分析贸易利益时往往会进行代表性消费者假设（Assumption of Representative Consumer，ARC）。但是在估计贸易利益时，由于在代表性消费者的假设条件下，所有消费者面临的价格指数相同，这必然会导致贸易利益个体分配的测量误差（Porto，2006；Nigai，2016）。比如，Nigai（2016）比较分析了ARC条件下和考虑了收入、消费异质性条件下的消费者的贸易利益，发现：在ARC条件下，最低收入者的贸易利益要高8.6%，最高收入者的贸易利益要低6.6%。此外，对处于收入水平中间15%的消费者的贸易利益估计也是不准确的，且对中低收入者中至少61%的消费者的贸易利益估计是存在偏差的。因此，学术界普遍认为，在估计贸易利益的个体分配时，必须考虑消费者的异质性。

在构建理论模型时，现有文献主要从消费模式偏好和产品质量偏好两个层面来分析消费者异质性。就消费者的消费模式偏好而言，为了保持消费者自身效用水平不变，产品价格的变化会转化为消费者支出水平的变化，而支出减少表示福利水平增加，反之福利水平降低，由此可以分析贸易利益的个体分配效应（施炳展、张夏，2017）。近乎理想的需求系统（Ideal Demand System）、Stone-Geary效用函数和相对不变收入弹性（Constant Relative Income Elasticity），这三种非位似偏好效用函数虽然都能实现对消费模式偏好的建模，但也都有同样的弊端，即无法实现消费加总，进而导致无法进行一般均衡分析。对于消费者的产品质量偏好，很少有文献在分析贸易利益个体分配时考虑到这一点，因为产品质量是外生的，贸易并不是通过影响产品质量来影响个体利益分配，而是通过消费者的产品质量选择来影响贸易利益分配。由于消费者的产品质量偏好不同，所以在生产侧的局部均衡中，企业会内生地选择产品质量。当贸易自由化程度加深时，贸易壁垒减少，企业能够提高产品质量、调整产品价格，从而使得高质量产品价格相对下降，进而为高收入群体带来更大的福利。

贸易影响消费者个体分配的途径分为收入效应途径和消费效应途径。贸易影响个体收入分配的机制主要包括外包、劳动力市场摩擦效应、质量升级、技术追赶、资本技能互补等。与收入效应研究相比,关于消费效应的研究稍显匮乏。但是,最近的研究表明,消费效应可能对估计贸易福利收益至关重要。比如有研究表明,在调整收入和贫困指标以考虑每个人支付的价格后,每个收入群体中的美国人得到的利益都比以前好得多。贸易的消费效应主要是通过测算不同收入水平的个体消费者面临的价格指数的变动,即不同个体生活成本指数的变化来体现的。众所周知,高收入和低收入消费者的消费篮子看起来非常不同(Deaton and Muellbauer,1980)。因此,国际贸易只要影响了高收入和低收入消费者消费的商品的相对价格,就会对分配产生影响。例如,贸易引起的食品价格上涨对低收入消费者的负面影响更大,因为低收入消费者通常比高收入消费者拥有更大的食品支出份额。

现有文献对本章的研究提供了参考。相比于现有文献,本章的贡献主要有三点:①将不确定性的影响研究从供给侧拓展到需求侧,完善了不确定性影响的理论研究,为相关实证研究提供了理论基础;②为改善全球化导致的国内福利分配不平衡问题提供了一定的理论基础,以更好地促进平衡发展,这亦是党的十九大提出的"坚持以人民为中心的发展思想"的内在要求;③在进行不确定性对企业和消费者影响的理论研究基础上,提出不确定性条件下的贸易政策选择,既为中国发展更高层次的开放型经济、应对不确定性提供了理论依据,也为国际社会响应中国号召,共同努力推进全球化、完善多边贸易体制、发展创新包容的开放型世界经济提供了理论支撑。

第三节 模型的基本设定

一、需求侧基本设定

借鉴 Osharin 等(2014)构建的非位似效用函数,分别用上角标 h 和 m 表示进口国和出口国,假设存在 H 个进口国和 M 个出口国,进口国 h 的消费者 ω 的效用函数是:

$$U^h(\omega) = \left\{ \int_{i \in \Omega_h} \left[x_i^{h,h}(\omega) \right]^{\frac{\sigma(\omega)-1}{\sigma(\omega)}} di + \sum_{m=1}^{M} \int_{i \in \Omega_m} \left[x_i^{h,m}(\omega) \right]^{\frac{\sigma(\omega)-1}{\sigma(\omega)}} di \right\}^{\frac{\sigma(\omega)}{\sigma(\omega)-1}}$$

进口国 h 的消费者效用最大化的约束条件是:

$$\int_{i \in \Omega_h} p_i^{h,h} x_i^{h,h}(\omega) di + \sum_{m=1}^{M} \int_{i \in \Omega_m} p_i^{m,h} x_i^{h,m}(\omega) di = y^h(\omega)$$

其中,$x_i^{h,h}(\omega)$ 和 $x_i^{h,m}(\omega)$ 分别是进口国 h 的消费者 ω 对本国产品和外国产品的需求量,$y^h(\omega)$ 是进口国 h 的消费者 ω 的收入,$p_i^{h,h}$ 和 $p_i^{m,h}$ 分别是国家 h 的消费者消费本国产品和从 m 国进口产品的价格。通过构建拉格朗日函数,得到消费者需求满足:

$$x_i^{h,h}(\omega) = \frac{y^h(\omega)\left(p_i^{h,h}\right)^{-\sigma(\omega)}}{\left[P^h(\omega)\right]^{1-\sigma(\omega)}} \quad (11\text{-}1)$$

$$x_i^{h,m}(\omega) = \frac{y^h(\omega)\left(p_i^{m,h}\right)^{-\sigma(\omega)}}{\left[P^h(\omega)\right]^{1-\sigma(\omega)}} \quad (11\text{-}2)$$

其中，$P^h(\omega)$是进口国h的消费者ω的价格指数，满足：

$$P^h(\omega) = \left\{\int_{i\in\Omega_h}\left(p_i^{h,h}\right)^{1-\sigma(\omega)}\mathrm{d}i + \sum_{m=1}^{M}\int_{i\in\Omega_m}\left(p_i^{m,h}\right)^{1-\sigma(\omega)}\mathrm{d}i\right\}^{\frac{1}{1-\sigma(\omega)}} \quad (11\text{-}3)$$

同样地，假设在进口国h内，用ω标记的消费者有N种，ω型消费者被赋予了$y(\omega)$单位有效劳动（每个效率单位的工资标准化为1）。如果将$\alpha(\omega)$表示为总数量L^h中ω型消费者的比例，则经济体中总的有效单位劳动力供给为$L^h\sum_{\omega=1}^{N}\alpha(\omega)y^h(\omega)$。同时假设所有国家消费者类型比例对称，结合式（11-1）和式（11-2），进口国h的所有消费者对本国产品以及出口国m的产品需求量满足：

$$X_i^{h,h} = L^h\sum_{\omega=1}^{N}\alpha(\omega)\frac{y^h(\omega)\left(p_i^{h}\right)^{-\sigma(\omega)}}{\left[P^h(\omega)\right]^{1-\sigma(\omega)}} \quad (11\text{-}4)$$

$$X_i^{h,m} = L^h\sum_{\omega=1}^{N}\alpha(\omega)\frac{y^h(\omega)\left(p_i^{m}\right)^{-\sigma(\omega)}}{\left[P^h(\omega)\right]^{1-\sigma(\omega)}} \quad (11\text{-}5)$$

二、供给侧模型设定

假设企业i只生产一种产品i，h国对m国产品征收的关税为从价税$\tau_i^{h,m}\geq 1$，出口成本为从价成本$d^{m,h}\geq 1$，m国企业出口到h国的产品价格为$\frac{p_i^{m,h}}{\tau_i^{h,m}}$。进口国$h$的企业在国内市场上的利润，以及出口国$m$的企业出口到$h$国的利润满足：

$$\pi_i^{h,h} = \left(p_i^{h,h} - c_i^h\right)L^h\sum_{\omega=1}^{N}\frac{\alpha(\omega)y^h(\omega)\left(p_i^{h,h}\right)^{-\sigma(\omega)}}{\left[P^h(\omega)\right]^{1-\sigma(\omega)}}$$

$$\pi_i^{m,h} = \left(\frac{p_i^{m,h}}{\tau_i^{h,m}} - d^{m,h}c_i^m\right)L^h\sum_{\omega=1}^{N}\frac{\alpha(\omega)y^h(\omega)\left(p_i^{m,h}\right)^{-\sigma(\omega)}}{\left[P^h(\omega)\right]^{1-\sigma(\omega)}}$$

根据企业利润最大化条件得到的均衡价格依然满足：

$$p_i^{h,h} = \frac{\sigma_i^{h,h}}{\sigma_i^{h,h}-1} \cdot c_i^h \tag{11-6}$$

$$p_i^{m,h} = \frac{\sigma_i^{h,m}}{\sigma_i^{h,m}-1} d^{m,h}\tau_i^{h,m}c_i^m \tag{11-7}$$

其中，$\sigma_i^{h,h} = \dfrac{\sum_{\omega=1}^{N}\sigma(\omega)Z_i^{h,h}(\omega)}{\sum_{\omega=1}^{N}Z_i^{h,h}}$ 和 $\sigma_i^{h,m} = \dfrac{\sum_{\omega=1}^{N}\sigma(\omega)Z_i^{h,m}(\omega)}{\sum_{\omega=1}^{N}Z_i^{h,m}}$ 分别是进口国 h 的消费者对本国产品和出口国 m 的产品的平均替代弹性，权重是消费者支出权重 $Z_i^{h,h} = p_i^{h,h}x_i^{h,h}(\omega)$ 和 $Z_i^{h,m} = p_i^{m,h}x_i^{h,m}(\omega)$。

将式（11-6）和式（11-7）代入利润表达式，可以得到企业利润为：

$$\pi_i^{h,h} = a_i^{h,h}e_i^{h,h}\left(c_i^h\right)^{1-\sigma_i^{h,h}} \tag{11-8}$$

$$\pi_i^{m,h} = a_i^{m,h}e_i^{m,h}\left(c_i^m\right)^{1-\sigma_i^{h,m}} \tag{11-9}$$

其中，$a_i^{h,h} = \left(\sigma_i^{h,h}\right)^{-\sigma_i^{h,h}}\left(\sigma_i^{h,h}-1\right)^{\sigma_i^{h,h}-1}$ 和 $a_i^{m,h} = \left(\tau_i^{h,m}\sigma_i^{h,m}\right)^{-\sigma_i^{h,m}}\left[\dfrac{\left(\sigma_i^{h,m}-1\right)}{d^{m,h}}\right]^{\sigma_i^{h,m}-1}$ 反映了消费者的整体偏好，$e_i^{h,h} = L^h\sum_{\omega=1}^{N}\dfrac{\alpha(\omega)y^h(\omega)\left(p_i^{h,h}\right)^{\sigma_i^{h,h}-\sigma(\omega)}}{\left[P^h(\omega)\right]^{1-\sigma(\omega)}}$ 和 $e_i^{m,h} = L^h\sum_{\omega=1}^{N}\dfrac{\alpha(\omega)y^h(\omega)\left(p_i^{m,h}\right)^{\sigma_i^{h,m}-\sigma(\omega)}}{\left[P^h(\omega)\right]^{1-\sigma(\omega)}}$ 反映了消费者的支出结构。

显然，在多国情形下，消费者消费产品的价格和企业的利润不仅取决于企业的边际成本、出口成本和关税，还取决于消费者的偏好和支出结构，而消费者的支出结构又反映了其偏好和收入。

三、贸易政策的不确定性

在 t 期初，市场上存活的企业掌握的信息包括上一期（$t-1$ 期）活跃的公司、已实施的政策及 t 期初所有模型参数。将这些信息定义为期初的状态：a_s。根据已知的信息，企业作出对未来利润的理性预期。进入市场存在沉没成本 K，且 K 是外生变量。如果进入出口市场可以使企业未来的预期利润最大化，那么企业选择进入出口市场的概率为 $\beta(\beta<1)$，且 β 是外生性变量。同时假设没有周期性的固定成本，因而没有内生性的企业退出市场。由于沉没成本和边际成本是已知的且不变的，不确定性仅来自市场条件的期望价值和企业的存活时间。

借鉴 Handley 和 Limão（2017）的方法，本章将关税分为三类：τ_s（$s=0,1,2$），满足 $\tau_0 \leq \tau_1 \leq \tau_2$，且 $\tau_2 > \tau_0$。其中，τ_2 是高保护程度关税，τ_1 是中间保护程度关税，τ_0 是低保护程度关税。贸易政策制度服从马尔可夫过程 $\Lambda(\tau_s, \gamma)$。贸易政策只有在中间状态才是不确定的，即 $\gamma > 0$，其向高保护程度关税变化的可能性为 λ_2，向低保护程度关税变化的可能性为 $1-\lambda_2$，贸易政策变化是外生的。假设贸易政策是从中间状态开始的有两个好处。其一，它捕捉了优惠贸易协定的两个关键效应：减少实际的保护程度或者贸易政策的不确定性。其二，它允许外国企业（高保护状态）或国内企业（低保护状态）出现政策恶化的可能性，这就产生了两种企业的等待期权价值。

第四节　小国情形

企业预期利润可以表示为：

$$\Pi_e(a_s, e_s, c_s) = \pi(a_s, e_s, c, \gamma) + E_s \sum_{t=1}^{\infty} \beta^t \pi(a'_s, e'_s, c_s, \gamma) \tag{11-10}$$

其中，E_s 表示在信息集 s 的条件下，未来可能的期望值。Alchian（1950）认为，当存在不确定性时，"利润最大化"毫无意义，"正利润"才是企业最根本的追求。所以，本章将在确定性条件和不确定性条件下，求出企业自由进入的边际成本阈值。当企业的进入成本低于基准阈值时，企业会选择进入出口市场。

如果企业预计未来状态不会发生变化，即贸易政策是确定的，那么就没有等待期权价值。确定性条件下的企业利润可以表示为：

$$\Pi_e(a_s, e_s, c_s) = \sum_{t=0}^{\infty} \beta^t \pi(a_s, e_s, c) = \frac{\pi(a_s, e_s, c_s^D)}{1-\beta}$$

当利润等同于沉没成本 K 时，可以求出国内企业和外国出口企业边际成本的基准阈值：

$$c_s^{h,D} = \left[\frac{K^{h,h}(1-\beta)}{a_s^{h,h} e_s^{h,h}} \right]^{\frac{1}{1-\sigma_s^{h,h}}}$$

$$c_s^{m,D} = \left[\frac{K^{m,h}(1-\beta)}{a_s^{m,h} e_s^{m,h}} \right]^{\frac{1}{1-\sigma_s^{h,m}}}$$

如果未来条件不确定，那么非出口企业必须决定是在该期（t期）进入还是等到条件改善之后再进入。借鉴 Handley 和 Limão（2017）的方法，一个企业在状态 s 下的最优进入决策将最大化其期望值，因此由贝尔曼方程给出：

$$\Pi(a_s, e_s, c_s, \gamma) = \max\{\Pi_e(a_s, e_s, c_s, \gamma) - K, \quad \beta E_s \Pi(a'_s, e'_s, c_s, \gamma)\} \quad (11\text{-}11)$$

式（11-10）可以改写为：

$$\Pi_e(a_s, e_s, c_s, \gamma) = \pi(a_s, e_s, c_s) + \beta E_s \Pi_e(a'_s, e'_s, c_s, \gamma) \quad (11\text{-}12)$$

将式（11-11）代入式（11-12），可以得到：

$$\begin{aligned}&\Pi(a_s, e_s, c_s, \gamma) - \Pi_e(a_s, e_s, c_s, \gamma) + K \\ &= \max\{0, \quad \beta E_s[\Pi(a'_s, e'_s, c_s, \gamma) - \Pi_e(a'_s, e'_s, c_s, \gamma)] - \pi(a_s, e_s, c_s) + K\}\end{aligned}$$

令 $V_s = \Pi(a_s, e_s, c_s, \gamma) - \Pi_e(a_s, e_s, c_s, \gamma) + K$，则 $V'_s = \Pi(a'_s, e'_s, c_s, \gamma) - \Pi_e(a'_s, e'_s, c_s, \gamma) + K$，所以：

$$V_s = \max\{0, \beta E_s V'_s - \pi(a_s, e_s, c_s) + K(1 - \beta)\}$$

在小国情形下，进口不影响消费者的总支出和价格指数，因此：

$$V'_s = \int V_s \mathrm{d}\Lambda(\gamma, \tau' \mid \tau)$$

一、边际成本

假设关税从中间状态 τ_1 开始变化（即 $s = 1$），根据 $V_s = 0$ 得到不确定性条件下出口企业的利润满足：

$$\pi(a_1, e_1, c_1^{D'}) + \gamma \lambda_2 \beta \frac{\pi(a_2, e_2, c_1^{D'})}{1 - \beta} = K(1 - \beta)\left(1 + \frac{\gamma \lambda_2 \beta}{1 - \beta}\right) \quad (11\text{-}13)$$

假设 h 国对 m 国产品征收的关税变化的可能性 $\gamma^{h,m}$ 不同，则关税从中间水平 τ_1 增加到高水平 τ_2 的可能性 $\lambda_2^{h,m}$ 也不同。将 $\pi_i^{h,h} = a_i^{h,h} e_i^{h,h} (c_i^{h,h})^{1-\sigma_i^{h,h}}$ 和 $\pi_i^{m,h} = a_i^{m,h} e_i^{m,h} (c_i^{m,h})^{1-\sigma_i^{m,h}}$，以及 $c_s^{h,D} = \left[\frac{K^{h,h}(1-\beta)}{a_s^{h,h} e_s^{h,h}}\right]^{\frac{1}{1-\sigma_s^{h,h}}}$ 和 $c_s^{m,D} = \left[\frac{K^{m,h}(1-\beta)}{a_s^{m,h} e_s^{m,h}}\right]^{\frac{1}{1-\sigma_s^{m,h}}}$ 代入式（11-13），可以得到：

$$\mu(\delta^{h,h}, \gamma^{h,m}) = \left\{\frac{[1 + \xi(\gamma^{h,m})\delta^{h,h}]}{[1 + \xi(\gamma^{h,m})]}\right\}^{\frac{1}{\sigma_1^{h,h} - 1}} \quad (11\text{-}14)$$

$$\mu\left(\delta^{m,h},\gamma^{h,m}\right)=\left\{\frac{\left[1+\xi\left(\gamma^{h,m}\right)\delta^{m,h}\right]}{\left[1+\xi\left(\gamma^{h,m}\right)\right]}\right\}^{\frac{1}{\sigma_1^{h,m}-1}} \tag{11-15}$$

$$c_1^{h,D'} = \mu\left(\delta^{h,h},\gamma^{h,m}\right)c_1^{h,D} \tag{11-16}$$

$$c_1^{m,D'} = \mu\left(\delta^{m,h},\gamma^{h,m}\right)c_1^{m,D} \tag{11-17}$$

其中，$\xi\left(\gamma^{h,m}\right)=\frac{\gamma^{h,m}\lambda_2^{h,m}\beta}{1-\beta}$，$\delta^{h,h}=\frac{a_2^{h,h}}{a_1^{h,h}}\cdot\frac{e_2^{h,h}}{e_1^{h,h}}$，$\delta^{m,h}=\frac{a_2^{m,h}}{a_1^{m,h}}\cdot\frac{e_2^{m,h}}{e_1^{m,h}}$。上角标 D' 和 D 分别表示不确定性条件和确定性条件。$K^{h,h}$ 和 $K^{m,h}$ 分别表示 h 国企业和 m 国企业进入 h 国市场的沉没成本。c_1^h、c_1^m 分别是 h 国企业在本国市场上的边际成本阈值、m 国企业出口到 h 国市场上的边际成本阈值。$\mu\left(\delta^{h,h},\gamma^{h,m}\right)$ 和 $\mu\left(\delta^{m,h},\gamma^{h,m}\right)$ 分别衡量了 h 国企业在本国市场上和 m 国企业在 h 国市场上面临的贸易政策不确定性。当 $\mu\left(\delta^{h,h},\gamma^{h,m}\right)<1$、$\mu\left(\delta^{m,h},\gamma^{h,m}\right)<1$ 时，$c_1^{h,D'}<c_1^{h,D}$、$c_1^{m,D'}<c_1^{m,D}$，即贸易政策不确定性条件下的边际成本阈值将下降，部分企业不得不退出市场。由于 $\xi\left(\gamma^{h,m}\right)>0$ 是外生给定的，因此，确定性与不确定性条件下的边际成本阈值之间的关系取决于消费者偏好分布（$a_s^{h,h}$，$a_s^{m,h}$）和支出结构（$e_s^{h,h}$，$e_s^{m,h}$）。由此可以得到以下结论：需求侧结构对分析不确定性的影响是至关重要的，是不可忽视的。在两国情形下，当且仅当 $\xi\left(\gamma^{h,m}\right)>0$，$\tau_2^{h,m}>\tau_1^{h,m}$ 时，如果 $\delta^{h,h}=\frac{a_2^{h,h}}{a_1^{h,h}}\cdot\frac{e_2^{h,h}}{e_1^{h,h}}<1$、$\delta^{m,h}=\frac{a_2^{m,h}}{a_1^{m,h}}\cdot\frac{e_2^{m,h}}{e_1^{m,h}}<1$，那么 $\mu\left(\delta^{h,h},\gamma^{h,m}\right)<1$、$\mu\left(\delta^{m,h},\gamma^{h,m}\right)<1$，即 $c_1^{h,D'}<c_1^{h,D}$、$c_1^{m,D'}<c_1^{m,D}$，这说明，不确定状态下的边际成本阈值低于确定状态下的边际成本阈值，企业进入将减少，消费者消费的产品种类数将下降。需要注意的是，中间状态才是不确定的，一旦关税真的变为 τ_2，那么 τ_2 就是确定性状态。事实上，基于本章的政策制度，我们讨论的便是在中间状态这个不确定性条件下，未来关税降低或升高会带来的影响。根据定义：

$$\delta^{h,h}=\frac{\left(\sigma_2^{h,h}\right)^{-\sigma_2^{h,h}}\left(\sigma_2^{h,h}-1\right)^{\sigma_2^{h,h}-1}}{\left(\sigma_1^{h,h}\right)^{-\sigma_1^{h,h}}\left(\sigma_1^{h,h}-1\right)^{\sigma_1^{h,h}-1}}\cdot\frac{\sum_{\omega=1}^{N}\frac{\alpha(\omega)y^h(\omega)\left(p_2^{h,h}\right)^{\sigma_2^{h,h}-\sigma(\omega)}}{\left[P(\omega)\right]^{1-\sigma(\omega)}}}{\sum_{\omega=1}^{N}\frac{\alpha(\omega)y^h(\omega)\left(p_1^{h,h}\right)^{\sigma_1^{h,h}-\sigma(\omega)}}{\left[P(\omega)\right]^{1-\sigma(\omega)}}}$$

$$\delta^{m,h} = \frac{\left(\tau_2^{h,m}\sigma_2^{h,m}\right)^{-\sigma_2^{h,m}} \left[\dfrac{\left(\sigma_2^{h,m}-1\right)}{d^{m,h}}\right]^{\sigma_2^{h,m}-1}}{\left(\tau_1^{h,m}\sigma_1^{h,m}\right)^{-\sigma_1^{h,m}} \left[\dfrac{\left(\sigma_1^{h,m}-1\right)}{d^{m,h}}\right]^{\sigma_1^{h,m}-1}} \cdot \frac{\sum\limits_{\omega=1}^{N} \dfrac{\alpha(\omega)y^h(\omega)\left(p_2^{m,h}\right)^{\sigma_2^{h,m}-\sigma(\omega)}}{\left[P(\omega)\right]^{1-\sigma(\omega)}}}{\sum\limits_{\omega=1}^{N} \dfrac{\alpha(\omega)y^h(\omega)\left(p_1^{m,h}\right)^{\sigma_1^{h,m}-\sigma(\omega)}}{\left[P(\omega)\right]^{1-\sigma(\omega)}}}$$

当所有消费者偏好相同，即 $\sigma(\omega)=\sigma$，$\delta^{m,h} = \left(\dfrac{\tau_1^{h,m}}{\tau_2^{h,m}}\right)^{\sigma} < 1$，此时 $\mu(\delta^{m,h},\gamma^{h,m}) < 1$，$c_1^{m,D'} < c_1^{m,D}$。可得到与 Handley 和 Limão（2017）相同的结论，即当不考虑消费者偏好差异时，不确定性导致出口市场上企业边际成本阈值下降，企业进入将减少，消费者消费的产品种类数将下降。

由于 $p_i^{h,h}$ 和 $p_i^{m,h}$ 随 $\sigma_i^{h,h}$ 和 $\sigma_i^{h,m}$ 的上升而下降，随关税 τ_i 的上升而上升，所以不能直接判断关税上升后的产品价格变化。假设存在一种偏好分布，使得关税上升后的整体偏好满足 $\sigma_2^{h,m} = \sigma_1^{h,m}$、$\sigma_2^{h,h} = \sigma_1^{h,h}$，则 $p_2^{m,h} > p_1^{m,h}$，$p_2^{h,h} = p_1^{h,h}$。此时，$\delta^{h,h}$ 和 $\delta^{m,h}$ 可以改写为：

$$\delta^{h,h} = \frac{\sum\limits_{\omega=1}^{N} \dfrac{\alpha(\omega)y^h(\omega)\left(\dfrac{\sigma_2^{h,h}}{\sigma_2^{h,h}-1} \cdot c_i^h\right)^{-\sigma(\omega)}}{\left[P(\omega)\right]^{1-\sigma(\omega)}}}{\sum\limits_{\omega=1}^{N} \dfrac{\alpha(\omega)y^h(\omega)\left(\dfrac{\sigma_1^{h,h}}{\sigma_1^{h,h}-1} \cdot c_i^h\right)^{-\sigma(\omega)}}{\left[P(\omega)\right]^{1-\sigma(\omega)}}} = 1$$

$$\delta^{m,h} = \frac{\sum\limits_{\omega=1}^{N} \dfrac{\alpha(\omega)y^h(\omega)\left(\dfrac{\sigma_2^{h,m}}{\sigma_2^{h,m}-1} \cdot \tau_2^{h,m}d^{m,h}c_i^m\right)^{-\sigma(\omega)}}{\left[P(\omega)\right]^{1-\sigma(\omega)}}}{\sum\limits_{\omega=1}^{N} \dfrac{\alpha(\omega)y^h(\omega)\left(\dfrac{\sigma_1^{h,m}}{\sigma_1^{h,m}-1} \cdot \tau_1^{h,m}d^{m,h}c_i^m\right)^{-\sigma(\omega)}}{\left[P(\omega)\right]^{1-\sigma(\omega)}}} < 1$$

此时，$\mu(\delta^{h,h},\gamma^{h,m}) = 1$、$\mu(\delta^{m,h},\gamma^{h,m}) < 1$，说明 $c_1^{h,D'} = c_1^{h,D}$、$c_1^{m,D'} < c_1^{m,D}$。所以假设存在一种异质性偏好分布（消费者个体的偏好分布离散度极低），使得关税上升后的整体偏好满足 $\sigma_2^{h,m} = \sigma_1^{h,m}$、$\sigma_2^{h,h} = \sigma_1^{h,h}$，则 $\mu(\delta^{h,h},\gamma^{h,m}) = 1$、$\mu(\delta^{m,h},\gamma^{h,m}) < 1$，$c_1^{h,D'} = c_1^{h,D}$、$c_1^{m,D'} < c_1^{m,D}$，说明不确定性导致出口市场上企业边际成本阈值下降，国外企业进入将减少，消费者消费的产品种类数将下降。

根据确定条件下的边际成本阈值 $c_s^{h,D} = \left[\dfrac{K^{h,h}(1-\beta)}{a_s^{h,h} e_s^{h,h}}\right]^{\frac{1}{1-\sigma_s^{h,h}}}$ 和 $c_s^{m,D} = \left[\dfrac{K^{m,h}(1-\beta)}{a_s^{m,h} e_s^{m,h}}\right]^{\frac{1}{1-\sigma_s^{m,h}}}$，可以推广到更一般的情形，相对于任何关税 $\tau_s^{h,m}$ 确定条件下的边际成本阈值，不确定条件下的边际成本阈值满足：

$$\frac{c_1^{h,D'}}{c_s^{h,D}} = \frac{c_1^{h,D'}}{c_1^{h,D}} \cdot \frac{c_1^{h,D}}{c_s^{h,D}} = \mu(\delta^{h,h}, \gamma^{h,m}) \frac{\left[\dfrac{K^{h,h}(1-\beta)}{a_1^{h,h} e_1^{h,h}}\right]^{\frac{1}{1-\sigma_1^{h,h}}}}{\left[\dfrac{K^{h,h}(1-\beta)}{a_s^{h,h} e_s^{h,h}}\right]^{\frac{1}{1-\sigma_s^{h,h}}}}$$

$$\frac{c_1^{m,D'}}{c_s^{m,D}} = \frac{c_1^{m,D'}}{c_1^{m,D}} \cdot \frac{c_1^{m,D}}{c_s^{m,D}} = \mu(\delta^{m,h}, \gamma^{h,m}) \frac{\left[\dfrac{K^{m,h}(1-\beta)}{a_1^{m,h} e_1^{m,h}}\right]^{\frac{1}{1-\sigma_1^{m,h}}}}{\left[\dfrac{K^{m,h}(1-\beta)}{a_s^{m,h} e_s^{m,h}}\right]^{\frac{1}{1-\sigma_s^{m,h}}}}$$

假设存在一种异质性偏好分布，使得关税变化后的整体偏好满足 $\sigma_1^{h,m} = \sigma_s^{h,m}$，那么：

$$\frac{c_1^{h,D'}}{c_s^{h,D}} = \mu(\delta^{h,h}, \gamma^{h,m}) \left(\frac{e_1^{h,h}}{e_s^{h,h}}\right)^{\frac{1}{\sigma_1^{h,h}-1}}$$

$$\frac{c_1^{m,D'}}{c_s^{m,D}} = \mu(\delta^{m,h}, \gamma^{h,m}) \left(\frac{\tau_s^{h,m}}{\tau_1^{h,m}}\right)^{\frac{\sigma_1^{h,m}}{\sigma_1^{h,m}-1}} \left(\frac{e_1^{m,h}}{e_s^{m,h}}\right)^{\frac{1}{\sigma_1^{h,m}-1}}$$

如果 $\tau_s^{h,m} = \tau_0^{h,m}$，该表达式则捕捉了贸易政策从中间状态变化到状态 0（即低保护程度关税）后贸易政策不确定性（Trade Policy Uncertainty，TPU）的下降。因此，即使有一定的可能性达成协议，在控制实际关税变化之后，该表达式仍然可以识别 TPU 的意外消除。当企业发现未来关税可能会下降时，若其边际成本低于 $c_0^{m,D}$，企业会选择进入出口市场，消费者可购买的产品种类数将增加。

二、竞争效应

一方面，由于出口国之间边际成本阈值的差异导致进口国消费者面临的产品种类不一样，进口国消费者可以根据自身偏好和支出结构选择合适的出口国产品，从而规避贸易政策不确定性的影响，因此出口国之间存在竞争效应。另一方面，由于每个国家的关税、消费者偏好和支出结构不同，因此出口企业在不同国家市场上的边际成本阈值不一样。企业可以根据其边际成本（生产率）和出口市场的边际成本阈值选择出口市场，所以进口国之间也存在竞争效应。

值得注意的是，在多国情形下，出口国企业退出一个进口国市场，并不意味着其退出所有出口市场。即使 m 国企业由于 h 国的贸易政策不确定性不得不退出该国市场，m 国企业仍然有可能存活于其他进口国市场，因为其他进口国的贸易政策不确定性不足以使 m 国企业退出其市场，或者其他进口国的贸易政策是确定的。

比较出口国 m 的企业在进口国 h_1 和在进口国 h_2 内的边际成本阈值，可以得到 $\dfrac{c_1^{m,h_1,D'}}{c_1^{m,h_2,D'}} = \dfrac{\mu(\delta^{m,h_1},\gamma^{h_1,m})}{\mu(\delta^{m,h_2},\gamma^{h_2,m})} \cdot \dfrac{c_1^{m,h_1,D}}{c_1^{m,h_2,D}}$。当 h_1 国相对于 h_2 国的贸易政策不确定性下降时，即 $\mu(\delta^{m,h_1},\gamma^{h_1,m})$ 相对增加时，企业进入 h_1 国的边际成本阈值相对于 h_2 国上升，m 国的企业在 h_1 国市场上的进入相对增加，h_1 国消费者可消费的产品种类数相对增加。所以，当一国的贸易政策不确定性相对下降时，该国消费者可消费的产品种类数会相对增加；相反，当一国的贸易政策不确定性相对上升时，该国消费者可消费的产品种类数会相对减少。

第五节　大国情形

在大国情形下，假设没有跨期借贷，那么消费者当期的支出必须等于其当期的收入。在状态 s 下，h 国消费者个体的价格指数满足：

$$\left[P_s^h(\omega)\right]^{1-\sigma(\omega)} = \int_{i\in\Omega_h}\left(\dfrac{\sigma_s^{h,h}}{\sigma_s^{h,h}-1}c_s^h\right)^{1-\sigma(\omega)}\mathrm{d}i + \sum_{m=1}^{M}\int_{i\in\Omega_m}\left(\dfrac{\sigma_s^{h,m}}{\sigma_s^{h,m}-1}dc_s^m\tau_s^{h,m}\right)^{1-\sigma(\omega)}\mathrm{d}i$$

对于任意的变量 A，定义 $\hat{A}_s \equiv \dfrac{A_s}{A_b}$ 是状态 s 下某些结果 A 与其基线值的比率，那么价格指数的变化满足：

$$\left[\hat{P}_s^h(\omega)\right]^{1-\sigma(\omega)} = \left[\hat{P}_s^{h,h}(\omega)\right]^{1-\sigma(\omega)}\left[\dfrac{P_b^{h,h}(\omega)}{P_b^h(\omega)}\right]^{1-\sigma(\omega)} + $$

$$\sum_{m=1}^{M}\left[\hat{P}_s^{h,m}(\omega)\right]^{1-\sigma(\omega)}\left[\dfrac{P_b^{h,m}(\omega)}{P_b^h(\omega)}\right]^{1-\sigma(\omega)}$$

对于基期，消费者 ω 从 m 国进口的支出为 $\int_{\Omega_{b,m}} p_i^{m,h}\cdot x_i^{h,m}(\omega)\mathrm{d}i = \dfrac{y^h(\omega)\left[P_b^{h,m}(\omega)\right]^{1-\sigma(\omega)}}{\left[P_b^h(\omega)\right]^{1-\sigma(\omega)}}$，所以消费者 ω 对 m 国进口产品的支出在总支出中所占的份额为 $I^m(\omega) = \dfrac{\int_{\Omega_{b,m}} p_i^{m,h}\cdot x_i^{h,m}(\omega)\mathrm{d}i}{y^h(\omega)} = \dfrac{\left[P_b^{h,m}(\omega)\right]^{1-\sigma(\omega)}}{\left[P_b^h(\omega)\right]^{1-\sigma(\omega)}}$。可进一步将总价格指数变化改写为进口品价格和国内生产产品价格

$\int_{\Omega_{s,n}} \left(p_i^{n,h}\right)^{1-\sigma(\omega)} \mathrm{d}i$（$n=m,h$）的函数：

$$\left[\hat{P}_s^h(\omega)\right]^{1-\sigma(\omega)} = \left[1-\sum_{m=1}^M I^m(\omega)\right]\left[\hat{P}_s^{h,h}(\omega)\right]^{1-\sigma(\omega)} + \sum_{m=1}^M I^m(\omega)\left[\hat{P}_s^{h,m}(\omega)\right]^{1-\sigma(\omega)} \quad (11\text{-}18)$$

假设企业生产率服从帕累托分布，$\sigma(\omega) < k+1$，将均衡价格代入 $\hat{P}_s^m$ 和 $\hat{P}_s^h$ 表达式，可以得到：

$$\left[\hat{P}_s^{h,m}(\omega)\right]^{1-\sigma(\omega)} = \left(\hat{\tau}_s^{h,m}\right)^{1-\sigma(\omega)} \left(\frac{\hat{\sigma}_s^{h,m}}{\hat{\sigma}_s^{h,m}-1}\right)^{1-\sigma(\omega)} \left(\hat{c}_s^m\right)^{k+1-\sigma(\omega)} \quad (11\text{-}19)$$

$$\left[\hat{P}_s^{h,h}(\omega)\right]^{1-\sigma(\omega)} = \left(\frac{\hat{\sigma}_s^{h,h}}{\hat{\sigma}_s^{h,h}-1}\right)^{1-\sigma(\omega)} \left(\hat{c}_s^h\right)^{k+1-\sigma(\omega)} \quad (11\text{-}20)$$

将式（11-19）和式（11-20）代入式（11-18），可以得到：

$$\begin{aligned}\left[\hat{P}_s^h(\omega)\right]^{1-\sigma(\omega)} = & \sum_{m=1}^M I^m(\omega) \cdot \left(\hat{\tau}_s^{h,m}\right)^{1-\sigma(\omega)} \left(\frac{\hat{\sigma}_s^{h,m}}{\hat{\sigma}_s^{h,m}-1}\right)^{1-\sigma(\omega)} \left(\hat{c}_s^m\right)^{k+1-\sigma(\omega)} + \\ & \left(1-\sum_{m=1}^M I^m(\omega)\right) \cdot \left(\frac{\hat{\sigma}_s^{h,h}}{\hat{\sigma}_s^{h,h}-1}\right)^{1-\sigma(\omega)} \left(\hat{c}_s^h\right)^{k+1-\sigma(\omega)}\end{aligned} \quad (11\text{-}21)$$

从式（11-21）可以发现，在大国情形下，消费者个体的贸易利益不仅受到其自身偏好和支出结构的影响，还受到其他消费者的偏好和支出结构的影响，以及关税和边际成本阈值变化的影响。

一、确定性政策基准

如果预计贸易政策不会改变，即关税保持在 τ_1，那么价格指数是 $P_1^{h,D} = P(c_1^{m,D}, c_1^{h,D}, \tau_1^{h,m}, \sigma_1^{h,m}, \sigma_1^{h,h})$，可以根据现在状态下的变量估计出 $\left(P_1^h\right)^{1-\sigma(\omega)}$。如果 m 国出口企业的生产成本低于 $c^{m,D}\left(P_1^{h,m,D}, \tau_1^{h,m}\right) = \left[\dfrac{K^{m,h}\left(1-\beta^{h,h}\right)}{a_1^{m,h} e_1^{m,h}}\right]^{\frac{1}{1-\sigma_1^{h,m}}}$，那么它将服务于 h 国市场；如果 h 国企业生产成本低于 $c_1^{h,D}\left(P_1^{h,h,D}\right) = \left[\dfrac{K^{h,h}\left(1-\beta^{m,h}\right)}{a_1^{h,h} e_1^{h,h}}\right]^{\frac{1}{1-\sigma_1^{h,h}}}$，那么它将服务于 h 国市场。

根据 $c_s^{h,h,D} = \left[\dfrac{K^{h,h}\left(1-\beta^{h,h}\right)}{a_s^{h,h} e_s^{h,h}}\right]^{\frac{1}{1-\sigma_s^{h,h}}}$、$c_s^{m,h,D} = \left[\dfrac{K^{m,h}\left(1-\beta^{m,h}\right)}{a_s^{m,h} e_s^{m,h}}\right]^{\frac{1}{1-\sigma_s^{m,h}}}$、$e_i^{h,h} = L^h \sum_{\omega=1}^N$

$$\frac{\alpha(\omega) y^h(\omega)\left(p_i^{h,h}\right)^{\sigma_i^{h,h}-\sigma(\omega)}}{\left[P^h(\omega)\right]^{1-\sigma(\omega)}} \text{、} \quad e_i^{m,h} = L^h \sum_{\omega=1}^{N} \frac{\alpha(\omega) y^h(\omega)\left(p_i^{m,h}\right)^{\sigma_i^{m,h}-\sigma(\omega)}}{\left[P^h(\omega)\right]^{1-\sigma(\omega)}} \text{、} \quad a_i^{h,h} = \left(\sigma_i^{h,h}\right)^{-\sigma_i^{h,h}} \cdot$$

$$\left(\sigma_i^{h,h}-1\right)^{\sigma_i^{h,h}-1} \text{及} \ a_i^{m,h} = \left(\tau_i^{h,m}\sigma_i^{m,h}\right)^{-\sigma_i^{m,h}} \left[\frac{\left(\sigma_i^{m,h}-1\right)}{d}\right]^{\sigma_i^{m,h}-1}, 可以得到确定性条件下 h 国和 m 国企$$

业进入 h 国市场的边际成本阈值变化分别满足：

$$\hat{c}_s^{h,D} = \left[K^{h,h}\left(1-\beta^{h,h}\right)\right]^{\widehat{\frac{1}{1-\sigma_s^{h,h}}}} \left[\left(\sigma_s^{h,h}\right)^{\widehat{\frac{\sigma_s^{h,h}}{1-\sigma_s^{h,h}}}} \left(e_s^{h,h}\right)^{\frac{1}{\sigma_s^{h,h}-1}}\right] \left(\widehat{\sigma_s^{h,h}-1}\right)$$

$$\hat{c}_s^{m,D} = \left[K^{m,h}\left(1-\beta^{m,h}\right)\right]^{\widehat{\frac{1}{1-\sigma_s^{m,h}}}} \left[\left(\tau_s^{h,m}\sigma_s^{m,h}\right)^{\widehat{\frac{\sigma_s^{h,m}}{1-\sigma_s^{h,h}}}} \left(e_s^{m,h}\right)^{\frac{1}{\sigma_s^{m,h}-1}}\right] \left(\widehat{\sigma_s^{h,m}-1}\right)$$

将确定性条件下的边际成本阈值变化代入式（11-18），我们可以得到任何状态确定性条件 s 下的价格指数变化满足：

$$\left[\hat{P}_s^{h,D}(\omega)\right]^{1-\sigma(\omega)}$$
$$= \sum_{m=1}^{M} I^m(\omega)\left(\hat{\tau}_s^{h,m}\right)^{1-\sigma(\omega)} \left(\frac{\hat{\sigma}_s^{h,m}}{\hat{\sigma}_s^{h,m}-1}\right)^{1-\sigma(\omega)} \cdot$$
$$\left(\left\{\left[K^{m,h}\left(1-\beta^{m,h}\right)\right]^{\frac{1}{1-\sigma_s^{m,h}}}\right\}\left(\tau_s^{h,m}\sigma_s^{m,h}\right)^{\widehat{\frac{\sigma_s^{h,m}}{1-\sigma_s^{h,h}}}}\left(e_s^{m,h}\right)^{\frac{1}{\sigma_s^{m,h}-1}}\right] \left(\widehat{\sigma_s^{h,m}-1}\right)\right)^{k+1-\sigma(\omega)} +$$
$$\left(1-\sum_{m=1}^{m} I^m(\omega)\right)\left(\frac{\hat{\sigma}_s^{h,h}}{\hat{\sigma}_s^{h,h}-1}\right)^{1-\sigma(\omega)} \left(\left\{\left[K^{h,h}\left(\widehat{1-\beta^{h,h}}\right)\right]^{\frac{1}{1-\sigma_s^{h,h}}}\right\}\left[\left(\sigma_s^{h,h}\right)^{\widehat{\frac{\sigma_s^{h,h}}{1-\sigma_s^{h,h}}}}\left(e_s^{h,h}\right)^{\frac{1}{\sigma_s^{h,h}-1}}\right]\left(\widehat{\sigma_s^{h,h}-1}\right)\right)^{k+1-\sigma(\omega)}$$

由此可见，即使贸易政策是确定的，关税对消费者个体贸易利益的影响也受到需求侧消费者的整体偏好（$\sigma_s^{h,m}$，$\sigma_s^{h,h}$）和支出结构（$e_s^{h,h}$，$e_s^{m,h}$）的影响。而且，在需求侧消费者的整体偏好和支出结构一定的情况下，偏好 $\sigma(\omega)$ 不同，消费者个体贸易利益受到关税的影响也不同。这一点与 Porto（2006）和 Han 等（2016）在分析关税对异质性消费者福利影响时的经验发现是一致的。

进一步假设存在一种偏好分布（消费者偏好离散度低），使得关税从 τ_1 上升到 τ_2 后的整体偏好 $\sigma_i^{h,h}$ 和 $\sigma_i^{h,m}$ 不变，且 $e_1^{h,h} > e_2^{h,h}$、$e_1^{m,h} > e_2^{m,h}$。由于 $\frac{\hat{\sigma}_s^{h,m}}{\hat{\sigma}_s^{h,m}-1} = \left(\widehat{\frac{\sigma_s^{h,m}}{\sigma_s^{h,m}-1}}\right)$、$\frac{\hat{\sigma}_s^{h,h}}{\hat{\sigma}_s^{h,h}-1} = \left(\widehat{\frac{\sigma_s^{h,h}}{\sigma_s^{h,h}-1}}\right)$，因此，$\frac{\hat{\sigma}_s^{h,m}}{\hat{\sigma}_s^{h,m}-1} = \frac{\hat{\sigma}_s^{h,h}}{\hat{\sigma}_s^{h,h}-1} = 1$，那么：

$$\left[\hat{P}_1^{h,D}(\omega)\right]^{1-\sigma(\omega)} = \sum_{m=1}^{M} I^m(\omega)\left(\hat{\tau}_1^{h,m}\right)^{1-\sigma(\omega)}\left[\left(\hat{\tau}_1^{h,m}\right)^{\frac{\sigma_1^{h,m}}{1-\sigma_1^{h,m}}}\left(\hat{e}_1^{m,h}\right)^{\frac{1}{\sigma_1^{h,m}-1}}\right]^{k+1-\sigma(\omega)} +$$
$$\left(1-\sum_{m=1}^{M} I^m(\omega)\right)\left[\left(\hat{e}_1^{h,h}\right)^{\frac{1}{\sigma_1^{h,h}-1}}\right]^{k+1-\sigma(\omega)} \quad (11\text{-}22)$$

在式（11-22）中，当 h 国对所有国家的关税从 τ_1 上升到 τ_2 后，由于 $\sigma(\omega) < k+1$，因此 $\left(\hat{\tau}_1^{h,m}\right)^{1-\sigma(\omega)}\left[\left(\hat{\tau}_1^{h,m}\right)^{\frac{\sigma_1^{h,m}}{1-\sigma_1^{h,m}}}\left(\hat{e}_1^{m,h}\right)^{\frac{1}{\sigma_1^{h,m}-1}}\right]^{k+1-\sigma(\omega)} > 1$，$\left[\left(\hat{e}_1^{h,h}\right)^{\frac{1}{\sigma_1^{h,h}-1}}\right]^{k+1-\sigma(\omega)} > 1$，进而得到 $\left[\hat{P}_1^{h,D}(\omega)\right]^{1-\sigma(\omega)} > 1$，即 $\hat{P}_1^{h,D}(\omega) < 1$。由此可以发现，关税的上升会导致消费者个体价格指数上升，从而造成消费者个体贸易利益损失。

值得注意的是，由于 h 国消费者从多个国家进口，因此当 h 国对部分国家关税上升，对部分国家关税下降，对部分国家关税不变时，$\hat{P}_1^{h,D}(\omega)$ 与 1 的大小不仅取决于实际关税的变化，还取决于 h 国消费者对 m 国产品的支出份额（即进口渗透率）。因此可以发现，在确定性条件下，由于出口国竞争效应的存在，消费者个体贸易利益受到不同国家关税实际变化和进口渗透率的影响，即一个国家关税上升造成的贸易利益损失可能会因其他国家关税下降而被吸收。

在同样的假设条件下，通过求导分析发现，$\dfrac{\partial \ln \hat{P}_1^{h,D}(\omega)}{\partial \sigma(\omega)} > 0$，即 $\ln \hat{P}_1^{h,D}(\omega)$ 随 $\sigma(\omega)$ 的上升而上升。而 $\ln \hat{P}_1^{h,D}(\omega)$ 随 $\hat{P}_1^{h,D}(\omega)$ 的上升而上升，所以 $\hat{P}_1^{h,D}(\omega)$ 随 $\sigma(\omega)$ 的上升而上升。当 $\hat{P}_1^{h,D}(\omega) > 1$ 时，$\sigma(\omega)$ 越大的消费者个体得到的贸易利益越多；当 $\hat{P}_1^{h,D}(\omega) < 1$ 时，$\sigma(\omega)$ 越大的消费者个体损失的贸易利益越少。由此可见，虽然出口国竞争效应的存在可能会使消费者个体贸易利益免受损失，但是在同等条件下，$\sigma(\omega)$ 越大的消费者，其获得的贸易利益越多，受到的贸易利益损失越少。当一个国家的产品关税上升时，产品替代弹性高的消费者个体可以转向消费其他国家产品，进而规避关税的影响，减少贸易利益损失；当其他国家产品关税下降时，产品替代弹性高的消费者个体甚至可以获得正的贸易利益。而产品替代弹性低的消费者个体则承受更多的贸易利益损失，或者得到较少的贸易利益。

二、不确定性条件下的贸易政策

大国情形下，借鉴 Handley 和 Limão（2017）的做法，在关税从中间状态向最高关税 τ_2 转变后的第 T 期，令 $V_1 = \beta E_1 V_1' - \pi\left(a_1, e_1, c_1^{D'}\right) + K(1-\beta) = 0$，则可以得到：

$$a_1 e_1 \left(c_1^{D'}\right)^{1-\sigma_1} \left[1+\mu(\gamma)(1-\beta)\sum_{t=0}^{\infty}\beta^t \frac{a_{2,T}e_{2,T}}{a_1 e_1}\right] = K(1-\beta)\left[1+\mu(\gamma)\right]$$

进一步可以得到：

$$c_1^{D'} = \left[\frac{K(1-\beta)}{a_1 e_1} \cdot \frac{1+\xi(\gamma)}{1+\xi(\gamma)(1-\beta)\sum_{t=0}^{\infty}\beta^t \frac{a_{2,T}e_{2,T}}{a_1 e_1}}\right]^{\frac{1}{1-\sigma_1}}$$

令 $O \equiv (1-\beta)\sum_{t=0}^{\infty}\beta^t \frac{a_{2,T}e_{2,T}}{a_1 e_1}$，由于不确定性条件下企业边际成本并不会发生改变，结合利润表达式，所以 O 实际上反映了关税上升后，平均价格变化所引起的企业平均营业利润的变化。将 O 代入 $c_1^{D'}$ 的表达式中，则：

$$c_1^{D'} = \left[\frac{1+\xi(\gamma)O}{1+\xi(\gamma)} \cdot \frac{a_1 e_1}{K(1-\beta)}\right]^{\frac{1}{\sigma_1-1}}$$

所以，

$$\frac{c_1^{D'}}{c_1^{D}} = \mu(O,\gamma) = \left[\frac{1+\xi(\gamma)O}{1+\xi(\gamma)}\right]^{\frac{1}{\sigma_1-1}}$$

将 $c_s^{h,D} = \left[\frac{K^{h,h}(1-\beta^{h,h})}{a_s^{h,h}e_s^{h,h}}\right]^{\frac{1}{1-\sigma_s^{h,h}}}$、$c_s^{m,D} = \left[\frac{K^{m,h}(1-\beta^{m,h})}{a_s^{m,h}e_s^{m,h}}\right]^{\frac{1}{1-\sigma_s^{m,m}}}$ 代入式（11-16）和式（11-17），可以得到：

$$c_1^{h,D'} = \mu\left(O^{h,h},\gamma^{h,m}\right)\left[\frac{K^{h,h}(1-\beta^{h,h})}{a_1^{h,h}e_1^{h,h}}\right]^{\frac{1}{1-\sigma_1^{h,h}}}\left(\frac{e_1^{h,h}}{e_s^{h,h}}\right)^{\frac{1}{\sigma_1^{h,h}-1}}$$

$$c_1^{m,D'} = \mu\left(O^{m,h},\gamma^{h,m}\right)\left[\frac{K^{m,h}(1-\beta^{m,h})}{a_1^{m,h}e_1^{m,h}}\right]^{\frac{1}{1-\sigma_1^{h,m}}}$$

所以，

$$\hat{c}_1^{h,D'} = \mu\left(O^{h,h},\gamma^{h,m}\right)\left\{\left[K^{h,h}\widehat{(1-\beta^{h,h})}\right]^{\frac{1}{1-\sigma_1^{h,h}}}\right\}\left[\left(\sigma_1^{h,h}\right)^{\frac{\widehat{\sigma_1^{h,h}}}{1-\sigma_1^{h,h}}}\left(e_1^{h,h}\right)^{\frac{1}{\sigma_1^{h,h}-1}}\right] \cdot \left(\widehat{\sigma_1^{h,h}-1}\right)$$

$$\hat{c}_1^{m,D'} = \mu(O^{m,h},\gamma^{h,m})\left\{\left[K^{m,h}\widehat{(1-\beta^{m,h})}\right]^{\frac{1}{1-\sigma_1^{h,m}}}\right\}\left[(\tau_1^{h,m}\sigma_1^{h,m})^{\overline{\frac{\sigma_1^{h,m}}{1-\sigma_1^{h,m}}}}(e_1^{m,h})^{\frac{1}{\sigma_1^m-1}}\right]\widehat{(\sigma_1^{h,m}-1)}$$

将贸易政策不确定性条件下的边际成本阈值变化代入式（11-21），可以得到不确定性条件下价格指数相对于确定性条件下的变化：

$$\begin{aligned}\left[\hat{P}_1^{h,D'}(\omega)\right]^{1-\sigma(\omega)} &= \sum_{m=1}^{M} I^m(\omega)(\hat{\tau}_1^{h,m})^{1-\sigma(\omega)}\left(\frac{\hat{\sigma}_1^{h,m}}{\hat{\sigma}_1^{h,m}-1}\right)^{1-\sigma(\omega)}\cdot\\
&\quad \left(\mu(O^{m,h},\gamma^{h,m})\left\{\left[K^{m,h}\widehat{(1-\beta^{h,h})}\right]^{\frac{1}{1-\sigma_1^{h,m}}}\right\}\left[(\tau_1^{h,m}\sigma_1^{h,m})^{\overline{\frac{\sigma_1^{h,m}}{1-\sigma_1^{h,m}}}}(e_1^{m,h})^{\frac{1}{\sigma_1^m-1}}\right]\widehat{(\sigma_1^{h,m}-1)}\right)^{k+1-\sigma(\omega)}+\\
&\quad \left(1-\sum_{m=1}^{M}I^m(\omega)\right)\left(\frac{\hat{\sigma}_1^{h,h}}{\hat{\sigma}_1^{h,h}-1}\right)^{1-\sigma(\omega)}\cdot\\
&\quad \left(\mu(O^{h,h},\gamma^{h,m})\left\{\left[K^{h,h}\widehat{(1-\beta^{m,h})}\right]^{\frac{1}{1-\sigma_1^{h,h}}}\right\}\left[(\sigma_1^{h,h})^{\overline{\frac{\sigma_1^{h,h}}{1-\sigma_1^{h,h}}}}(e_1^{h,h})^{\frac{1}{\sigma_1^{h,h}-1}}\right](\sigma_1^{h,h}-1)\right)^{k+1-\sigma(\omega)}\end{aligned}$$

该式能同时捕捉由关税和贸易政策不确定性变化导致的消费者个体贸易利益变化。当 $\mu(O^{m,h},\gamma^{h,m})=\mu(O^{h,h},\gamma^{h,m})=1$ 时，便得到确定性条件下的 $\hat{P}_1^{h,D}$。当 $\hat{\tau}_1^{h,m}=1$ 时，完全由 TPU 作用于出口企业 $\mu(O^{m,h},\gamma^{h,m})$ 和本国企业 $\mu(O^{h,h},\gamma^{h,m})$ 而导致的价格变化，在消费者个体价格指数上的反映并不明显。但对于不同的消费者，贸易政策不确定性的影响是不同的。该式进一步印证了，在异质性消费者框架下，贸易政策不确定性对消费者个体贸易利益的影响受到消费者偏好和支出结构的影响。

为进一步分析不确定性条件下消费者个体贸易利益如何变化，在与"确定性政策基准"相同的假设条件下，可以将 $\left[\hat{P}_1^{h,D'}(\omega)\right]^{1-\sigma(\omega)}$ 改写为：

$$\begin{aligned}\left[\hat{P}_1^{h,D'}(\omega)\right]^{1-\sigma(\omega)} &= \sum_{m=1}^{M} I^m(\omega)(\hat{\tau}_1^{h,m})^{1-\sigma(\omega)}\left[\mu(O^{m,h},\gamma^{h,m})(\hat{\tau}_1^{h,m})^{\frac{\sigma_1^{h,m}}{1-\sigma_1^{h,m}}}(\hat{e}_1^{m,h})^{\frac{1}{\sigma_1^{h,m}-1}}\right]^{k+1-\sigma(\omega)}+\\
&\quad \left[1-\sum_{m=1}^{M}I^m(\omega)\right]\left[\mu(O^{h,h},\gamma^{h,m})(\hat{e}_1^{h,h})^{\frac{1}{\sigma_1^{h,h}-1}}\right]^{k+1-\sigma(\omega)}\end{aligned} \quad (11\text{-}23)$$

当所有国家的关税未发生实际变化，即 $\hat{\tau}_1^{h,m}=1$，式（11-23）可进一步改写为：

$$\begin{aligned}&\left[\hat{P}_1^{h,D'}(\omega)\right]^{1-\sigma(\omega)}\\
&=\sum_{m=1}^{M}I^m(\omega)\left[\mu(O^{m,h},\gamma^{h,m})\right]^{k+1-\sigma(\omega)}+\left[1-\sum_{m=1}^{M}I^m(\omega)\right]\left[\mu(O^{h,h},\gamma^{h,m})\right]^{k+1-\sigma(\omega)}\end{aligned} \quad (11\text{-}24)$$

当所有国家的贸易政策都存在不确定性，即 $\mu(O^{m,h},\gamma^{h,m})<1$、$\mu(O^{h,h},\gamma^{h,m})<1$ 时，即使实际关税未发生变化，由于 $k+1>\sigma(\omega)$，因此 $\left[\mu(O^{m,h},\gamma^{h,m})\right]^{k+1-\sigma(\omega)}<1$、$\left[\mu(O^{h,h},\gamma^{h,m})\right]^{k+1-\sigma(\omega)}<1$。进而可以得到 $\hat{P}_1^{h,D'}(\omega)>1$，由此可以得到如下结论。

结论 1：当所有国家的贸易政策都存在不确定性时，进口国消费者的贸易利益将受到损失。

值得注意的是，当一个国家的贸易政策存在不确定性，而其他国家的贸易政策确定时，上述结论也成立。而当所有国家的贸易政策不确定性被消除（$\mu>1$）时，$\hat{P}_1^{h,D'}(\omega)<1$，消费者个体将获得正的贸易利益。

但是，当任意两个对称国的贸易政策存在完全相反的变化路径时，消费者个体的贸易利益可能并无实际变化。具体而言，如果两国完全对称，那么消费者对两国进口产品的支出份额 I^{m_1} 和 I^{m_2} 完全相同，所以，

$$I^{m_1}(\omega)\left[\mu(O^{m_1,h},\gamma^{h,m_1})\right]^{k+1-\sigma(\omega)}+I^{m_2}(\omega)\left[\mu(O^{m_2,h},\gamma^{h,m_2})\right]^{k+1-\sigma(\omega)}$$
$$=I^{m_1}(\omega)\left[\mu(O^{m_1,h},\gamma^{h,m_1})\right]^{k+1-\sigma(\omega)}+I^{m_2}(\omega)\left[\mu(O^{m_2,h},\gamma^{h,m_2})\right]^{k+1-\sigma(\omega)}$$
$$=I^{m_1}(\omega)\left\{\left[\mu(O^{m_1,h},\gamma^{h,m_1})\right]^{k+1-\sigma(\omega)}+\left[\mu(O^{m_2,h},\gamma^{h,m_2})\right]^{k+1-\sigma(\omega)}\right\}$$

显然，当两国贸易政策不确定性变化路径完全相反以至于 $\left[\mu(O^{m_1,h},\gamma^{h,m_1})\right]^{k+1-\sigma(\omega)}+\left[\mu(O^{m_2,h},\gamma^{h,m_2})\right]^{k+1-\sigma(\omega)}=1$ 时，则 $\hat{P}_1^{h,D'}(\omega)=1$。将此情况扩展到一般情形：当部分国家贸易政策确定（$\mu=1$），部分国家贸易政策不确定（$\mu<1$），其他国家贸易政策不确定性被消除（$\mu>1$），以至于 $\hat{P}_1^{h,D'}(\omega)=1$ 时，消费者个体的贸易利益无变化。

通过以上分析，可以得出如下结论。

结论 2：在贸易政策不确定性条件下，由于出口国竞争效应的存在，消费者个体贸易利益受到不同国家贸易政策不确定性和进口渗透率的影响，一个国家贸易政策不确定性造成的消费者个体贸易利益损失可能因其他国家贸易政策不确定性的消除而被吸收。换言之，出口国之间的竞争效应，可以自动消除消费者个体的贸易利益损失，甚至给消费者个体带来正的贸易利益。

三、TPU 与消费者个体贸易利益分配

通过对 $\hat{P}_1^{h,D'}(\omega)$ 中的 $\mu(O^{m,h},\gamma^{h,m})$ 和 $\mu(O^{h,h},\gamma^{h,m})$ 求导，可以发现，由于 $k+1>\sigma(\omega)$，因此 $\dfrac{\partial \hat{P}_1^{h,D'}(\omega)}{\partial \mu(O^{m,h},\gamma^{h,m})}<0$、$\dfrac{\partial \hat{P}_1^{h,D'}(\omega)}{\partial \mu(O^{h,h},\gamma^{h,m})}<0$，$\hat{P}_1^{h,D'}(\omega)$ 随 $\mu(O^{m,h},\gamma^{h,m})$ 和 $\mu(O^{h,h},\gamma^{h,m})$ 的增加而

下降。由此可以得到如下结论。

结论 3：当所有国家或部分国家贸易政策存在不确定性，以至于 $\hat{P}_1^{h,D'}(\omega) > 1$ 时，贸易政策不确定性越低，即 $\mu(O^{h,h}, \gamma^{h,m})$ 越远离 0，价格指数变化幅度越小，消费者个体的贸易利益损失越小。① 当所有国家或部分国家贸易政策不确定性被消除，以至于 $\hat{P}_1^{h,D'}(\omega) < 1$ 时，贸易政策不确定性越低，即 $\mu(O^{h,h}, \gamma^{h,m})$ 越远离 0，价格指数变化幅度越大，消费者个体得到的贸易利益越多。②

基于式（11-24），当所有国家的贸易政策都不确定时，$\mu(O^{m,h}, \gamma^{h,m}) < 1$、$\mu(O^{h,h}, \gamma^{h,m}) < 1$，$\hat{P}_1^{h,D'}(\omega) > 1$。令 $B = \left[\hat{P}_1^{h,D'}(\omega)\right]^{1-\sigma(\omega)}$，则有 $\frac{\partial B}{\partial \sigma(\omega)} > 0$。由于当 $\hat{P}_1^{h,D'}(\omega)$ 给定时，$B = \left[\hat{P}_1^{h,D'}(\omega)\right]^{1-\sigma(\omega)}$ 随 $\sigma(\omega)$ 的增加而下降，因此必定有 $\hat{P}_1^{h,D'}(\omega)$ 随 $\sigma(\omega)$ 的增加而下降。这说明，消费者个体的替代弹性越高，其受到的贸易利益损失越少。

但是，当部分国家贸易政策不确定性满足 $\mu(O^{m,h}, \gamma^{h,m}) > 1$，使得 $\frac{\partial B}{\partial \sigma(\omega)} < 0$、$\hat{P}_1^{h,D'}(\omega) < 1$ 时，$\hat{P}_1^{h,D'}(\omega)$ 随 $\sigma(\omega)$ 的增加而下降，消费者个体的替代弹性越高，其获得的贸易利益越多。当部分国家贸易政策不确定性满足 $\mu(O^{m,h}, \gamma^{h,m}) > 1$，使得 $\frac{\partial B}{\partial \sigma(\omega)} = 0$ 时，消费者个体受到的贸易利益损失或者获得的贸易利益无差异。

通过以上分析可以得出如下结论。

结论 4：当所有国家的贸易政策都不确定时，消费者个体的替代弹性越高，其受到的贸易利益损失越低；当部分国家贸易政策不确定性被消除时，由于出口国竞争效应，消费者可能获得正的贸易利益，且替代弹性越高的消费者获得的贸易利益越高，但是这种个体差异也可能因出口国竞争而完全消失。

第六节　缓解不确定性的政策选择

一、贸易政策

在式（11-14）和式（11-15）中，$\gamma^{h,m}$、$\lambda_2^{h,m}$ 和 $\tau_2^{h,m}$ 是外生给定的。当 $\gamma^{h,m} = 0$ 或者

---

① 当 $\hat{P}_1^{h,D'}(\omega) > 1$ 时，贸易政策不确定性越低，即 $\mu(\delta^{h,h}, \gamma^{h,m})$ 越远离 0，$\hat{P}_1^{h,D'}(\omega)$ 越小，说明不确定性条件下价格指数与确定性条件下的价格指数差异越小，消费者个体的贸易利益损失越少。

② 当 $\hat{P}_1^{h,D'}(\omega) < 1$ 时，贸易政策不确定性越低，即 $\mu(\delta^{h,h}, \gamma^{h,m})$ 越远离 0，$\hat{P}_1^{h,D'}(\omega)$ 越小，说明不确定性条件下价格指数越低于确定性条件下的价格指数，即消费者个体获得的贸易利益越多。

$\lambda_2^{h,m}=0$ 时，$c_1^{h,h,D'}=c_1^{h,h,D}$，$c_1^{m,h,D'}=c_1^{m,h,D}$。$\gamma^{h,m}=0$ 意味着贸易政策是确定的，未来关税不会发生任何变化。当然，这是最理想的状态。然而，纵观历史，在任何一个时代，国家之间的贸易政策都不是一成不变的。在 21 世纪，不确定性是常态。$\lambda_2^{h,m}=0$ 意味着，虽然关税是不断变化的，但未来关税上升的可能性为 0。这是一个更接近现实、更容易实现的状态。由于 $\dfrac{\partial\mu\left(\delta^{m,h},\gamma^{h,m}\right)}{\partial\xi\left(\gamma^{h,m}\right)}<0$，$\dfrac{\partial\mu\left(\delta^{h,h},\gamma^{h,m}\right)}{\partial\xi\left(\gamma^{h,m}\right)}<0$，$\dfrac{\partial\xi\left(\gamma^{h,m}\right)}{\partial\gamma^{h,m}}>0$，$\dfrac{\partial\xi\left(\gamma^{h,m}\right)}{\partial\lambda_2^{h,m}}>0$，$\dfrac{\partial\mu\left(\delta^{m,h},\gamma^{h,m}\right)}{\partial\delta^{m,h}}>0$，$\dfrac{\partial\delta^{m,h}}{\partial\tau_2^{h,m}}<0$，因此，$\mu\left(\delta^{m,h},\gamma^{h,m}\right)$ 和 $\mu\left(\delta^{h,h},\gamma^{h,m}\right)$ 随 $\gamma^{h,m}$、$\lambda_2^{h,m}$ 和 $\tau_2^{h,m}$ 的上升而下降。结合式（11-24）可以发现：未来关税变化的可能性 $\gamma^{h,m}$ 越小，未来关税上升的可能性 $\lambda_2^{h,m}$ 越小，未来关税 $\tau_2^{h,m}$ 越小，贸易政策不确定性程度越低，企业边际成本阈值越高，进入的企业进入越多，消费者个体的贸易利益损失越少。

无论是全球性贸易组织（WTO）、区域性贸易同盟（欧盟），还是区域贸易协定（CPTPP），抑或是双边贸易协定，都是以多边或双边贸易发展为共同理念，确保业务规划、投资环境和贸易条件稳定、透明和可预测，从而降低贸易政策的不确定性。优惠贸易协定一方面消除了某些贸易障碍（如关税和非关税壁垒），使得未来重新谈判的风险降低、未来贸易政策的不确定性下降；另一方面使具有更多相似偏好的国家在标准、规则及非经济政策方面达成一致，从而使得进行贸易战的成本极高，进而降低了未来引发贸易保护的风险和不确定性（Limão，2016）。所以，签订优惠贸易协定，限制关税变化的可能性、关税上升的可能性和关税上升的幅度，是降低不确定性、消除不确定性影响的重要贸易政策。

二、产业政策

在不确定的环境中，首先受到冲击的是生产者。不确定性导致企业进入出口市场的边际成本阈值上升，从而使得已经存在于出口市场的部分企业不得不退出市场，而未进入的企业会延期进入。所以，当遭受不确定性冲击时，最先采取政策的是出口企业所在国，它们会通过产业补贴抵御不确定性冲击。而当不确定性冲击导致消费者贸易利益受到损失时，消费者所在国可以通过对国内企业补贴来抵消不确定性冲击的影响。

假设政府对遭受不确定性冲击的产业进行从价补贴，国内品和进口品的补贴率分别为 $v_i^{h,h}>1$ 和 $v_i^{m,h}>1$。国内企业和国外企业利润分别为：

$$\pi_i^{h,h}=\left(v_i^{h,h}p_i^{h,h}-c_i^h\right)L\sum_{\omega=1}^{N}\alpha(\omega)\dfrac{y^h(\omega)\left(p_i^{h,h}\right)^{-\sigma(\omega)}}{\left[P(\omega)\right]^{1-\sigma(\omega)}}$$

$$\pi_i^{m,h}=\left(\dfrac{v_i^{m,h}p_i^{m,h}}{\tau}-d^{m,h}c_i^m\right)L\sum_{\omega=1}^{N}\alpha(\omega)\dfrac{y^h(\omega)\left(p_i^{m,h}\right)^{-\sigma(\omega)}}{\left[P(\omega)\right]^{1-\sigma(\omega)}}$$

根据企业利润最大化的一阶条件 $\frac{\partial \pi_i^{h,h}}{\partial p_i^{h,h}} = 0$ 和 $\frac{\partial \pi_i^{m,h}}{\partial p_i^{m,h}} = 0$，可以得到均衡价格满足 $p_i^{h,h} = \frac{\sigma_i^{h,h}}{\sigma_i^{h,h} - 1} \cdot \frac{c_i^h}{v_i^{h,h}}$，$p_i^{m,h} = \frac{\sigma_i^{h,m}}{\sigma_i^{h,m} - 1} \cdot d^{m,h} \tau_i^{m,h} \frac{c_i^m}{v_i^{m,h}}$。与式（11-6）和式（11-7）相比，本节考虑了政府产业补贴后的均衡价格下降相当于企业的边际成本下降。将均衡价格代入企业利润表达式中，可以得到：

$$\pi_i^{h,h} = a_i^{h,h} e_i^{h,h} \left(\frac{c_i^h}{v_i^{h,h}} \right)^{1-\sigma_i^{h,h}} \tag{11-25}$$

$$\pi_i^{m,h} = a_i^{m,h} e_i^{m,h} \left(\frac{c_i^m}{v_i^{m,h}} \right)^{1-\sigma_i^{h,m}} \tag{11-26}$$

根据小国情形的分析，在确定性条件下，企业的边际成本阈值为：

$$c_s^{h,D} = \left[\frac{K^{h,h}(1-\beta^{h,h})}{a_s^{h,h} e_s^{h,h}} \right]^{\frac{1}{1-\sigma_s^{h,h}}} v_i^{h,h} \tag{11-27}$$

$$c_s^{m,D} = \left[\frac{K^{m,h}(1-\beta^{m,h})}{a_s^{m,h} e_s^{m,h}} \right]^{\frac{1}{1-\sigma_s^{h,m}}} v_i^{m,h} \tag{11-28}$$

比较式（11-25）、式（11-26）与式（11-8）、式（11-9）可以发现，政府的产业补贴增加了企业的利润，使确定性条件下国内企业和国外企业的边际成本阈值分别增加了 $v_i^{h,h}$ 和 $v_i^{m,h}$ 倍，增加了企业进入数目和可供消费者选择的产品种类数。同理，不确定性条件下的企业边际成本阈值也分别增加了 $v_i^{h,h}$ 和 $v_i^{m,h}$ 倍，所以确定性和不确定性条件下边际成本阈值关系式仍然为式（11-16）和式（11-17）。

（一）外国企业补贴

在式（11-24）中，当政府的补贴使得 $\hat{P}_1^{h,D'}(\omega) = 1$ 时，便可抵消不确定性对消费者个体贸易利益的影响。在两国情形下，将 $\mu(O^{m,h}, \gamma^{h,m})$ 和 $\mu(O^{h,h}, \gamma^{h,m})$ 代入式（11-24）可得到：

$$1 = I^m(\omega)\left\{\frac{\left[1+\xi(\gamma^{h,m})O^{m,h}\right]}{\left[1+\xi(\gamma^{h,m})\right]}\right\}^{\frac{k+1-\sigma(\omega)}{\sigma_i^{h,m}-1}} + \left[1-I^m(\omega)\right]\left\{\frac{\left[1+\xi(\gamma^{h,m})O^{h,h}\right]}{\left[1+\xi(\gamma^{h,m})\right]}\right\}^{\frac{k+1-\sigma(\omega)}{\sigma_i^{h,h}-1}} \quad (11\text{-}29)$$

根据式（11-29），可将 $O^{m,h}$ 表示为 $O^{h,h}$ 的函数：

$$O^{m,h} = f\left[I^m(\omega), \mu(\gamma^{h,m}), O^{h,h}, \sigma(\omega), \sigma_i^{h,m}, \sigma_i^{h,h}\right] \quad (11\text{-}30)$$

根据定义 $e_i^{h,h} = L^h \sum_{\omega=1}^{N} \frac{\alpha(\omega) y^h(\omega)(p_i^{h,h})^{\sigma_i^{h,h}-\sigma(\omega)}}{[P(\omega)]^{1-\sigma(\omega)}}$，$e_i^{m,h} = L^h \sum_{\omega=1}^{N} \frac{\alpha(\omega) y^h(\omega)(p_i^{m,h})^{\sigma_i^{h,m}-\sigma(\omega)}}{[P(\omega)]^{1-\sigma(\omega)}}$，可得：

$$O^{h,h} = \frac{\ln\beta^{h,h}}{(1-\beta^{h,h})(\beta^{h,h})^t} \frac{\sum_{\omega=1}^{N} B^{h,h}(\omega)(v_i^{h,h})^{\sigma(\omega)-\sigma_i^{h,h}}}{\sum_{\omega=1}^{N} B^{hh}(\omega)} \quad (11\text{-}31)$$

$$O^{m,h} = \frac{\ln\beta^{m,h}}{(1-\beta^{m,h})(\beta^{m,h})^t} \frac{\sum_{\omega=1}^{N} B^{m,h}(\omega)(\tau_2^{h,m})^{-\sigma(\omega)}(v_i^{m,h})^{\sigma(\omega)-\sigma_i^{h,m}}}{\sum_{\omega=1}^{N} B^{m,h}(\omega)(\tau_1^{h,m})^{-\sigma(\omega)}} \quad (11\text{-}32)$$

其中，$B^{m,h}(\omega) = \dfrac{\alpha(\omega) y^h(\omega)\left(\dfrac{\sigma_i^{h,m}}{\sigma_i^{h,m}-1}\cdot d^{m,h}c_i^m\right)^{-\sigma(\omega)}}{[P(\omega)]^{1-\sigma(\omega)}}$，$B^{h,h}(\omega) = \dfrac{\alpha(\omega) y^h(\omega)\left(\dfrac{\sigma_i^{h,h}}{\sigma_i^{h,h}-1}\cdot c_i^h\right)^{-\sigma(\omega)}}{[P(\omega)]^{1-\sigma(\omega)}}$。

将式（11-32）代入式（11-30），可得 $\dfrac{\ln\beta^{m,h}\sum_{\omega=1}^{N} B^{m,h}(\omega)(\tau_2^{h,m})^{-\sigma(\omega)}(v_i^{m,h})^{\sigma(\omega)-\sigma_i^{h,m}}}{(1-\beta^{m,h})(\beta^{m,h})^t\sum_{\omega=1}^{N} B^{m,h}(\omega)(\tau_1^{h,m})^{-\sigma(\omega)}} = f\left[I^m(\omega), \xi(\gamma^{h,m}),\right.$

$\left.O^{h,h}, \sigma(\omega), \sigma_i^{h,m}, \sigma_i^{h,h}\right]$。给定消费者的偏好分布和其他外生参数，使得 $f\left[I^m(\omega), \xi(\gamma^{h,m}), O^{h,h}, \sigma(\omega), \sigma_i^{h,m}, \sigma_i^{h,h}\right]$ 为常数 C^m，且 $C^m > 1$，那么外国企业补贴率满足：

$\dfrac{\ln\beta^{m,h}\sum_{\omega=1}^{N} B^{m,h}(\omega)(\tau_2^{h,m})^{-\sigma(\omega)}(v_i^{m,h})^{\sigma(\omega)-\sigma_i^{h,m}}}{(1-\beta^{m,h})(\beta^{m,h})^t\sum_{\omega=1}^{N}\left[B^{m,h}(\omega)\right](\tau_1^{h,m})^{-\sigma(\omega)}} = C^m$。当遭受不确定性冲击时，如果外国政府对其

出口企业进行补贴，就能够消除不确定性对消费者贸易利益的损害。补贴率与行业未来可能遭受的最高关税、消费者偏好分布相关。

（二）国内企业补贴

如果外国政府未补贴其出口企业，那么 $\mu(O^{m,h},\gamma^{h,m})<1$。在式（11-24）中，当 $\mu(O^{m,h},\gamma^{h,m})<1$ 时，如果本国政府对国内企业补贴 $v_i^{h,h}>1$，使得 $\mu(O^{h,h},\gamma^{h,m})>1$，也能实现 $\hat{P}_1^{D'}(\omega)=1$。同样地，在两国情形下，根据式（11-29），可将 $O^{h,h}$ 表示为 $O^{m,h}$ 的函数：

$$O^{h,h} = f\left[I^m(\omega), \xi(\gamma^{h,m}), O^{m,h}, \sigma(\omega), \sigma_i^{h,m}, \sigma_i^{h,h}\right] \tag{11-33}$$

将式（11-33）代入式（11-31），可得 $\dfrac{\ln\beta^{h,h}\sum_{\omega=1}^{N}\left[B^{h,h}(\omega)\right]\left(v_i^{h,h}\right)^{\sigma(\omega)-\sigma_i^{h,h}}}{(1-\beta^{h,h})(\beta^{h,h})^t\sum_{\omega=1}^{N}B^{h,h}(\omega)} = f\left[I^m(\omega),\right.$

$\left.\xi(\gamma^{h,m}), O^{m,h}, \sigma(\omega), \sigma_i^{h,m}, \sigma_i^{h,h}\right]$。给定消费者的偏好分布和其他外生参数，使得 $f\left[I^m(\omega), \xi(\gamma^{h,m}), O^{m,h}, \sigma(\omega), \sigma_i^{h,m}, \sigma_i^{h,h}\right]$ 为常数 C^h，且 $C^h>1$，那么本国政府对国内企业的

补贴率满足：$\dfrac{\ln\beta^{h,h}\sum_{\omega=1}^{N}\left[B^{h,h}(\omega)\right]\left(v_i^{h,h}\right)^{\sigma(\omega)-\sigma_i^{h,h}}}{(1-\beta^{h,h})(\beta^{h,h})^t\sum_{\omega=1}^{N}B^{h,h}(\omega)} = C^h$。所以，当遭受不确定性冲击时，如果外国政府未对其出口企业进行补贴，那么本国政府对本国企业进行补贴，也能够消除不确定性对消费者贸易利益的损害。补贴率与消费者偏好分布、进口渗透率相关。

但是，相比于贸易政策，产业政策略逊一筹。其原因在于：一方面，产业补贴成本高，在本国企业利益未受到实质性损害时，产业补贴政策很难真正实施；另一方面，产业补贴虽然能够弥补消费者贸易利益损失，但是过度的补贴会导致市场混乱，造成资源误置。无论是从成本收益角度，还是从市场发展角度来看，优惠贸易协定都是最优的选择。通过签订优惠贸易协定，构建开放型世界经济，将所有国家纳入一个体系，奠定未来贸易政策基调、树立维护全球经贸健康发展的理念，才能从根源上降低贸易政策的不确定性并消除贸易政策不确定性的影响。

三、多国情形下 TPU 影响的自动消除

正如结论 2 所阐述的，由于存在出口国竞争效应，贸易政策不确定性的影响可以自动消除。当部分国家贸易政策不确定性满足 $\mu(O^{m,h},\gamma^{h,m})>1$，使得 $\hat{P}_1^{h,D'}(\omega)=1$ 时，其他国家的贸易政策不确定性对消费者个体的影响将被这部分国家所吸收。$\mu(O^{m,h},\gamma^{h,m})>1$ 是可能存在的，根据定义，$\mu(O^{m,h},\gamma^{h,m}) = \left[\dfrac{1+\xi(\gamma^{h,m})O^{h,m}}{1+\xi(\gamma^{h,m})}\right]^{\frac{1}{\sigma_1^{h,m}-1}}$，因而 $\mu(O^{m,h},\gamma^{h,m})$ 与 1 的

大小关系取决于 $O^{m,h}$ 与 1 的大小关系。在本章的假设前提下，$O^{m,h}$ 是关税导致平均价格变化前后的企业利润变化。当一国关税从高保护程度下降到低保护程度时，$O^{m,h}>1$，所以存在 $\mu(O^{m,h},\gamma^{h,m})>1$。值得注意的是，消费者个体贸易利益是否受损，还取决于其对 m 国进口产品的支出份额。所以，在多国情形下，当存在其他国家关税向低保护程度变化，且对这些国家进口产品的支出份额达到一定水平时，消费者个体贸易利益将不受贸易政策不确定性的影响。当然，由于这种不确定性影响的自动消除受制于消费者个体的进口产品支出份额，所以不具备一般性。

第七节 数值模拟

为了验证优惠贸易协定对降低和消除不确定性对消费者贸易利益的损害，本章定义中间贸易保护水平和低贸易保护水平（优惠贸易协定）条件下的消费者价格指数满足：

$$\hat{P}_{10}(\omega)=\frac{P_1^{D'}(\omega)}{P_0^{D}(\omega)}=\underbrace{\frac{P_1^{D'}(\omega)}{P_1^{D}(\omega)}}_{TPU}\cdot\underbrace{\frac{P_1^{D}(\omega)}{P_0^{D}(\omega)}}_{\text{实际关税}}=\underbrace{\hat{P}_{11}^{D'}(\omega)}_{TPU}\cdot\underbrace{\hat{P}_{10}^{D}(\omega)}_{\text{实际关税}} \quad (11\text{-}34)$$

$\hat{P}_{11}^{D'}(\omega)$ 表示实际关税不发生变化时，由贸易政策不确定性导致的价格指数变化。$\hat{P}_{10}^{D}(\omega)$ 表示贸易政策确定时，关税从低保护程度上升到中间保护程度的价格指数变化。通过式（11-34），本章将优惠贸易协定带来的消费者福利分为不确定性下降和实际关税下降带来的福利两部分。借鉴 Handley 和 Limão（2017）的做法，本章以中国加入 WTO 为准自然实验进行数值模拟。数据年份选择 2000 年和 2005 年，由于这两年的关税几乎相等，所以 $\hat{\tau}_{10}^{h,m}=1$，进而可以简化得到实际关税变化引起的消费者价格指数变化 $\hat{P}_{10}^{h,D}(\omega)=1$。根据式（11-24），可以得到：

$$\left[\hat{P}_{11}^{h,D'}(\omega)\right]^{1-\sigma(\omega)} = \sum_{m=1}^{M}\left[I^m(\omega)\right]\left[\mu(O^{m,h},\gamma^{h,m})\right]^{k+1-\sigma(\omega)} + \left[1-\sum_{m=1}^{M}I^m(\omega)\right]\cdot\left[\mu(O^{h,h},\gamma^{h,h})\right]^{k+1-\sigma(\omega)} \quad (11\text{-}35)$$

一、两国情形

本章模拟了中、美两国情形下关税变化的可能性 $\gamma^{h,m}$、关税向最坏情况变化的可能性 λ_2、威胁性关税 $\tau_1^{h,m}$ 和低保护程度关税 $\tau_0^{h,m}$ 的比例及其导致的 TPU 部分的价格指数变化，以分析优惠贸易协定对降低贸易政策不确定性、提高消费者福利的作用，并通过不同的替代弹性探讨贸易政策不确定性对消费者个体贸易利益分配的影响。为了简化分析，本章假设中国消费者对国内品和进口品的平均替代弹性相等，即 $\sigma_1^{h,m}=\sigma_1^{h,h}=3$，且

$\sum_{m=1}^{M} I^m(\omega) = 0.5$。其他参数说明见表 11.1。

表 11.1 其他参数说明

参数	定义
$1-\beta^{m,h} = 0.1$	美国企业死亡率
$1-\beta^{h,h} = 0.15$	中国企业死亡率
$I^m(\omega)$	中国消费者 ω 对美国产品的支出份额
$\sigma(\omega)$	中国消费者 ω 对产品的平均替代弹性
$\sigma_1^{h,m}$	中国消费者对美国产品的平均替代弹性
$\sigma_1^{h,h}$	中国消费者对本国产品的平均替代弹性
$\gamma^{h,m} \in [0,1]$	美国企业面临的关税变化的可能性
$\lambda_2 \in [0,1]$	美国企业面临的关税向最坏情况变化的可能性
$k = 4.45$	帕累托参数
$O^{m,h} \in (0, 1.004]$	平均价格变化后美国出口企业平均营业利润变化
$O^{h,h} \in (0, 0.989]$	平均价格变化后中国企业平均营业利润变化

注:参考 Handley 和 Limão(2017)的研究。

首先,关税变化的可能性 $\gamma^{h,m}$ 越大、关税向最坏情况变化的可能性 λ_2 越大,中国消费者的贸易利益损失就越高。在图 11.2 中,关税变化的可能性 $\gamma^{h,m}$ 从 0 增加到 1,中国消费者的价格指数将从 1 增加到 1.0042,即贸易利益损失最高将从 0% 增加到 0.42%;在图 11.3 中,关税向最坏情况变化的可能性 λ_2 从 0 增加到 1,中国消费者的价格指数将从 1 增加到 1.0050,即贸易利益损失最高将从 0% 增加到 0.50%[①]。

其次,威胁性关税 $\tau_1^{h,m}$ 和低保护程度关税 $\tau_0^{h,m}$ 的比例越大,中国消费者的贸易利益损失越高。由于 $O^{m,h}$ 和 $O^{h,h}$ 反映的是关税上升后,平均价格变化引起的企业平均营业利润变化,所以关税上升的幅度越大,$O^{m,h}$ 和 $O^{h,h}$ 的值越小。在图 11.4 和图 11.5 中,中国消费者的价格指数随 $O^{m,h}$ 和 $O^{h,h}$ 的下降而上升,说明中国消费者的贸易利益损失随着关税的上升而上升。$O^{m,h}$ 和 $O^{h,h}$ 分别从 1.004 和 0.989 下降到 0 时,中国消费者的价格指数将

---

① 价格指数的倒数反映了消费者的贸易利益,所以消费者的贸易利益损失与价格指数的关系式是:

$$\text{贸易利益损失百分比} = 1 - \frac{1}{\hat{P}_{11}^{h,D'}(\omega)}。$$

分别从 1 增加到 1.85 和 1.67，即中国消费者的贸易利益损失最高将从 0% 增加到 45.95% 和 40.12%。

最后，消费者替代弹性越高，遭受的贸易利益损失越低。在图 11.2 至图 11.5 中，消费者替代弹性越高，由 $\gamma^{h,m}$、λ_2、$O^{m,h}$ 和 $O^{h,h}$ 导致的 TPU 部分的价格指数变化越小，消费者遭受的贸易利益损失也越低。

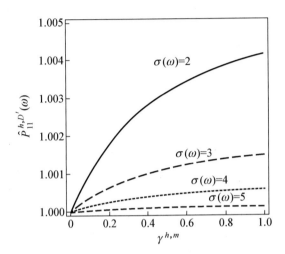

图 11.2　$\gamma^{h,m}$ 引起的价格指数变化

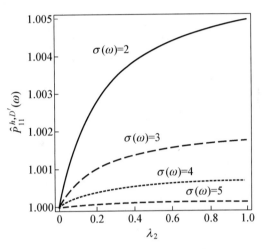

图 11.3　λ_2 引起的价格指数变化

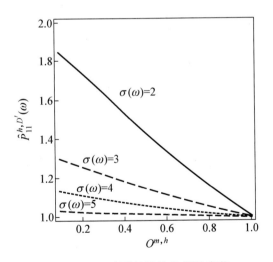

图 11.4　$O^{m,h}$ 引起的价格指数变化

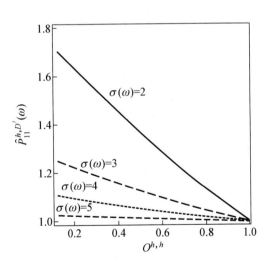

图 11.5　$O^{h,h}$ 引起的价格指数变化

二、多国情形

为分析多国情形下贸易政策不确定性的影响，本章假设存在两个出口国 m_1 和 m_2，并假设中国消费者从每个国家进口的比例 $I^m(\omega) = 0.25$，且 $\sigma_1^{h,m} = \sigma_1^{h,h} = 3$。图 11.6 至图 11.8 是假设 m_1 的贸易政策确定不变而 m_2 的贸易政策不确定的情况下的模拟结果；图 11.9 是假设 m_2 的贸易政策不确定而 m_1 的贸易政策从确定变差到确定变好的情况下的模拟结果。首先，出口国 m_2 的关税变化的可能性 $\gamma^{h,m}$、关税向最坏情况变化的可能性 λ_2、威胁性关税 $\tau_1^{h,m}$ 和低保护程度关税 $\tau_0^{h,m}$ 的比例越大，中国消费者的价格指数变化就越小，遭受的贸易利益损失也越低，这与两国情形完全相反。这说明出口国竞争效应是存在的，当一个出口国贸易政策确定，而另一个出口国贸易政策不确定时，中国可以选择从贸易政策确定的国家进口，以减少贸易损失。其次，当出口国 m_1 的贸易政策确定变好时，消费者的价格指数变化会小于 1，即消费者会获得正的贸易利益。这一点进一步印证了结论 4，也说明了多国情形下出口国竞争效应的存在。最后，在多国情形下，"消费者替代弹性越高，遭受的贸易利益损失越低"的结论仍然成立。虽然在图 11.9 中，当出口国 m_1 的贸易政策确定变好后，替代弹性越高的消费者获得的贸易利益越少，但这与本章的数值模拟假设有关，并不能否定"消费者替代弹性越高，遭受的贸易利益损失越低"的结论。

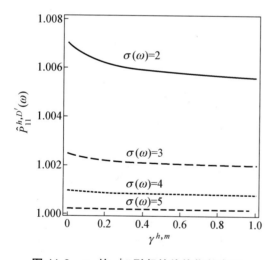

图 11.6　m_2 的 $\gamma^{h,m}$ 引起的价格指数变化

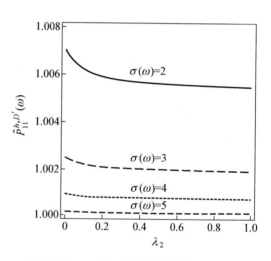

图 11.7　m_2 的 λ_2 引起的价格指数变化

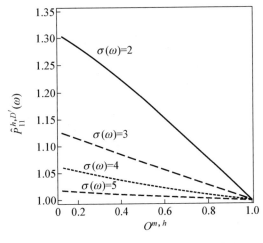

图 11.8 m_2 的 $O^{m,h}$ 引起的价格指数变化

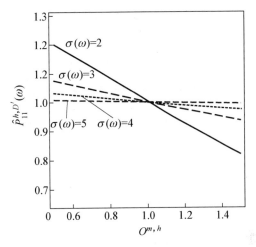

图 11.9 m_1 的 $O^{m,h}$ 引起的价格指数变化

第八节 结论与政策建议

一、主要结论

通过构建企业异质性和消费者异质性模型，本章得出如下结论。第一，在代表性消费者假设框架下，TPU 的贸易利益估计存在偏误。贸易政策不确定性对企业进入和退出的影响受到消费者偏好和支出结构的影响，不同偏好的消费者从贸易政策不确定性下降中获得的贸易利益不同。第二，在异质性消费者框架下，关税上升和不确定性冲击，都会导致消费者贸易利益受到损失，而替代弹性越高的消费者，遭受的贸易利益损失越低。第三，优惠贸易协定可以限制关税变化的可能性、关税上升的可能性和关税上升的幅度，是降低贸易政策不确定性、消除贸易政策不确定性影响的重要贸易政策。第四，适当的产业补贴可以消除 TPU 的影响。补贴率与行业未来可能遭受的最高关税、消费者偏好分布、进口渗透率相关。第五，出口国竞争效应可以自动消除贸易政策不确定性和关税对消费者个体贸易利益造成的损失，甚至给消费者带来正的贸易利益。

二、政策建议

（一）开放型世界经济是应对全球不确定性冲击的重要举措

正如"先有经济思想史，后有经济史"，一个时代的主导理念，引导人民和政府作出行动。开放型世界经济，以"构建人类命运共同体"为理念，以"开放、包容、普惠、平衡、共赢"为基本导向，奠定了未来贸易政策的基调，保证了未来贸易政策的可预测性，维护了世界经济的健康发展，从根源上降低了不确定性，将开拓合作共赢的新局面。更重要的是，开放型世界经济符合历史规律和经济规律。20 世纪的多边贸易协定和双边贸易协定，都是各国在保护主义无法实现"保护国内产业、复苏经济"的美好愿景之后，回归开放合作的历史选择。在 21 世纪的极端不确定性环境下，开放合作是推动世界经济稳定复苏的现实要求。构建开放型世界经济，可以降低不确定性，为企业提供增加收益的条件，提高消费者福利，为国家乃至世界经济发展助力。

（二）开放型世界经济必须以国家安全为前提条件

正如自由贸易协定不等价于"自由贸易"，开放型贸易政策并不意味着完全的"开放"。在《全球化的悖论》一书中，罗德里克指出："很多国家选择让国际资本市场主宰其命运，一浪接一浪的金融危机对这些国家造成了不可估量的损失……将国门向外资敞开的国家面临更大的风险，但是又得不到更高的经济增长回报。"2018 年委内瑞拉的经济崩盘，以及中东局势的持续复杂化等，都对国家经济、金融、政治和军事安全敲响了警钟。经济危机、金融危机、政治危机和军事危机，都会给一国乃至世界的发展带来极端的不确定性。所以，开放型贸易政策必须以国家经济、金融、政治和军事安全为前提条件。

（三）开放型世界经济需培养共同信念、共同治理全球性问题

全球化给国家发展带来了红利，但是同时也造成了严重的问题。一国国内的救助补偿政策和国际救助补偿政策，都不是解决全球化带来的破坏的必要手段，因为这种方式不仅会使贸易的社会成本远高于其狭隘的经济效益，还会激起"逆全球化"思潮。面对全球性的治理难题，罗德里克（2009）指出，全球经济的最大缺点不是缺乏国际合作，而是我们对这个简单的道理缺乏全面的认识。联合国秘书长古特雷斯曾指出，在世界面临的地缘政治局势紧张、气候危机、全球互不信任、数字世界黑暗面和新冠疫情全球大流行的五大挑战面前，世界需要制定新的社会契约、改善全球治理、共同应对挑战。习近平同志在党的十九大报告中提出的"构建人类命运共同体"以互利共赢为基本导向和价值理念，它是基于对国际合作的全面认识而提出的共同信念，为破解全球性治理难题提供了中国智慧和中国方案。不确定性反映的是理念的变化，通过培养相互依存的国际权力观、共同利益观、可持续发展观和全球治理观，以"构建人类命运共同体"为基本理念，必然可以从根源上降低不确定性，为实现人类社会更美好的愿景奠定坚实的物质和精神基础。

（四）优惠贸易协定是开放型世界经济的重要方面

当前，在 WTO 改革踌躇不前的背景下，优惠贸易协定成为世界各国寻求经贸发展的重要途径。双边或区域贸易协定不仅谈判成本低，而且能够就 WTO 未涉及的条款或新议题达成共识。同时，实践表明，这些在双边或区域层面实施过的新议题能够在进一步优化后被推广到多边框架下。所以，中国应积极参与双边或区域贸易协定的谈判，积极参与全球经济治理体系改革，争夺国际经济秩序重构的话语权。当前，中国可依托 RCEP 在新领域的探索，利用其包容性和全面性，加快推进其他自贸区的建立或其他优惠贸易协定的签订，形成一个比 RCEP 标准更高、含金量更高的自贸区或区域贸易协定，并在全球经济一体化进程中发挥引领作用。同时，作为太平洋地区的重要贸易参与国，中国应积极加入太平洋地区的重要贸易协定——CPTPP。

第十二章 培育国际竞争新优势的政府战略Ⅲ：贸易治理

本章将从全球贸易治理这一更为宏观的角度，讨论培育国际竞争新优势的政府战略。随着新冠疫情加速世界权力中心转移，全球贸易治理内容将发生改变，贸易治理赤字问题也将更加突出，当前需要新的治理理念、治理主体和治理对象进行补充，以适应贸易自由化的新发展。本章总结分析了新冠疫情之前全球贸易治理的历史演进，经验表明：公平与自由贸易永远是时代主旋律。进一步地，本章依据人类命运共同体、国际贸易制度的非中性、动态性和贸易治理的滞后性等假设，并用理论观点加以佐证，表明合作共赢是后疫情时代全球贸易治理的首要模式。在此背景下，作为崛起中的大国，中国应充分发挥社会主义制度的优越性，以和平发展为导向，树立整体性、关联性和包容性意识；坚持维护传统全球贸易治理体系，努力参与全球贸易治理体系改革；构建高标准的全球贸易网络；积极营造良好的外部环境，共同推进命运共同体、制度共同体、利益共同体和责任共同体建设，为后疫情时代的全球贸易治理体系改革贡献中国力量和中国智慧。

第一节 问题的提出

当前世界，多边主义受到侵蚀，自由贸易陷入瓶颈，公平与非歧视性原则屡次遭到破坏，单边主义、保护主义和霸权主义甚嚣尘上，由美国领导的"具有自由主义特征的等级制国际秩序"（Ikenberry，2011）面临严峻挑战。重大危机往往伴随新的转折，其结果通常无法预料（Fukuyama，2020）。全球新冠疫情的暴发无疑在短期内将阻碍国际贸易流动，扭曲国际市场价格，中断全球供应链。然而，从长期来看，合作还是冲突？仍需交给历史检验。一方面，贸易保护主义和民族主义仍会延续，中美贸易竞争持续升级，本土价值链脱颖而出，政府干预市场能力逐步加强，新冠疫情将加速逆全球化进程（Huang，2021）。另一方面，危机中暗含转机，新一轮更高水平的合作也将酝酿而生。例如，第二次世界大战后成立了WTO，国际货币基金组织和世界银行；冷战结束后，欧盟进一步推进了一体化进程；2008年全球金融危机促使G20登上历史舞台等。这些事件均说明，合作是危机后的唯一选择，后疫情时代的全球贸易治理也是如此。新冠疫情发生后，WTO呼吁提高危机时期各国贸易政策的透明度，分别联合G20、世界海关组织、世界卫生组织和联合国粮食及农业组织发表联合声明，号召加强国际合作，支持跨境货物贸易和服务流通，维护全球粮食供应链安全。多边贸易合作是危机中的必然选择，作为全球唯一的多边贸易组织，WTO必须领导全球贸易治理体系改革，以更强大的生命力应对后疫情时代世界贸易秩序的新变化。

美国政治学家福山曾说，一个国家的强大在于其抗击疾病的能力。作为崛起中的大国，中国在新冠疫情的危机应对中表现突出，而美国的抗疫表现却不尽如人意，两者的鲜明对比再次彰显了中国特色社会主义制度的优越性。不仅如此，中国秉持人类命运共同体的理念，对处于疫情重灾区的国家充分发挥了人道主义援助精神，积极主动加强同经贸伙伴国的沟通协调，推动全球贸易尽快恢复。如今，在全球贸易治理体系陷入僵局，WTO的处境也更加艰难的背景下，我们不得不思考国际贸易格局将出现哪些新变化？全球贸易治理体系将出现哪些困难与挑战？而中国要为后疫情时代的全球贸易治理体系改革贡献力量，又应该以哪些贸易治理经验为依据？以何种理论逻辑为支撑？

第二节 新冠疫情之前的全球贸易治理：历史演进与经验总结

自15世纪地理大发现以来，世界霸权兴衰更迭，全球化进程一直处于不断变化的历史长河之中。Modelski（1978）依据百年霸权将世界体系划分为5个周期，依次为：葡萄牙周期（16世纪），荷兰周期（17世纪），英国周期Ⅰ（18世纪），英国周期Ⅱ（19世纪）和美国周期（20世纪）。

在这五百年中，尽管世界霸主不断更换，但欧美等资本主义大国依旧是国际体系的创始者和统治者，并构建了带有殖民色彩和资本主义性质的全球治理格局。因此，本节分别总结并比较了英美两国主导下的全球贸易治理经验，从不断变化的历史长河中总结一般规律，为中国参与全球贸易治理奠定了基调：自由与公平贸易原则永远是时代的主题。

一、英国主导的全球贸易治理时代

（一）自由贸易时代的开启

随着工业革命的展开，英国逐渐形成了以大机器生产为基础的工业体系，产业规模迅速扩大，然而受限于各国实行的重商主义政策，英国国内的工业品只能销往英国殖民地。为了拓展海外市场，19世纪30年代，英国国内反对贸易保护的呼声逐渐高涨。以亚当·斯密和李嘉图为首的自由贸易学说兴起，他们分别用绝对成本优势和比较成本优势论证了自由贸易将会给英国带来巨大利益。英国企业家认为本国工业产品在国际市场上已遥遥领先，丝毫不用担心削减贸易壁垒会对本国工业产品产生竞争压力，反而可以将英国的开放市场作为诱饵，鼓励其他国家大力发展农业，扩大农产品的出口。这样不仅能放慢其他国家制造业发展的脚步，还能为英国的工业发展提供廉价的原材料和销售市场。正是在这些支持自由贸易的经济学家和企业家的带领下，企业家科布顿和布莱特于 1838 年设立了反谷物法同盟，致力于废除英国政府旨在支持国内谷物价格却导致劳动力成本升高的《谷物法》。经过不懈努力，以 1846 年《谷物法》的废除为标志，1849 年《航海条例》的废除为推手，英国正式开启了自由贸易，并在此后的近一个世纪里始终将自由贸易作为贸易治理的基调，形成了自由贸易政策的传统。1860 年，英法双方签订了《英法商约》，双方承诺将取消或大幅削减关税。在此后的 10 年里，该条约成为重塑欧洲贸易秩序的蓝本，其通过环环相扣的贸易网络，使平均关税水平下降了 50%（卡梅伦、尼尔，2009）。《英法商约》在一定程度上影响了荷兰和意大利，自由贸易主义的经济思想也逐渐扩散至整个欧洲，自由贸易政策成为英国全盛时期的重要标志。

（二）区域贸易治理

以 1929 年纽约股市暴跌为标志，一场以美国为起点的大萧条波及了整个西方资本主义国家。1931 年 11 月 20 日，英国颁布了《非常进口税法》，几周后又出台了《紧急关税法》，这两项法案是英国在大萧条情况下作出的短期应对，并不具有普遍性。1932 年，英国颁布的《进口税法》确定了英国此后的关税结构，标志着自由贸易政策正式瓦解，内部贸易特惠开始形成。同年 7 月，英国在加拿大召开了渥太华经济会议，正式建立了英联邦特惠制。以此为基础，英国开启了区域贸易治理的新时代。

本着"己国生产第一，联邦生产第二，外国生产第三"的原则，渥太华经济会议对英联邦内部的贸易特惠做出了正式安排，这种特惠具有互惠性、歧视性和殖民主义色彩三种特性（胡天阳，2013）。首先，互惠性不言而喻，英国与其自治领等地实行互惠贸易。自治领等地将给予英国商品不同程度的优惠差额，提高外国商品的关税，废除对英国商品所征收的附加税，同时接受英国制定的"国内竞争者原则"。而英国则承诺自治领等地的初级产品将享有更多的特惠待遇，并提高外国初级产品的准入原则，以换取对方提供的贸易特惠。其次，联邦内部在实行贸易特惠的同时对外国商品提高贸易壁垒，这种特惠本身充满了歧视的味道，歧视性主要表现在三个方面：一是保持或提高非联邦商品的关税水平；二是对非联邦商品实行严格的进口配额制度；三是固定英国与自治领等地的优惠差额。由于自治领、殖民地等地不是主权平等的国家，在经贸关系上英国不可能一视同仁，所以联邦特惠最后相当于一个"具有歧视性的区域贸易集团"。非联邦内的国家将被排除在外，丧失了在内部公平贸易的机会。而联邦内部则形成了一种专业化且不公平的分工，即英国将利用自治领和殖民地提供的原材料等初级产品大力发展工业化，而自治领和殖民地则将被初级产品贸易"锁定"，工业化进程在一定程度上随贸易专业化水平的加深而进一步受阻。渥太华经济会议之后，英国开始有条不紊地实施新一轮全球贸易战略：一方面与联邦内成员国落实联邦特惠制；另一方面则以联邦特惠制为基础，与非联邦国家积极开展双边贸易谈判，力图将尽可能多的国家纳入以英国为主导的贸易体系，以此重新获得世界经济霸主地位。在第二次世界大战爆发前，一个以联邦特惠为基础，由大量双边经济协议构成的以英国为核心的双边开放的经济体系已经形成。

二、美国主导的全球贸易治理时代

(一)非歧视和公平贸易原则的起源

美国在赢得独立战争胜利并脱离英国之后,面临着来自世界各个国家和地区歧视性的贸易和航运政策。为推动与欧洲其他国家的贸易往来,亚当斯等人起草了"1776年条约计划",试图寻求美国商人和船只在其他国家的"国民待遇"。由于处在战争时期,该条约对外贸并未产生实质性影响。随后,美国利用友好通商条约,巩固自己的独立政治地位,并试图打开其他国家的大门。美国与法国达成的《美法友好与通商条约》是美国贸易历史上第一份贸易协定,之后美国在18世纪分别与荷兰、瑞典等国缔结条约,在19世纪与英国、阿根廷、墨西哥、巴西、比利时等国进一步缔结条约(陈伟光、王燕,2017)。此类友好通商条约包含了"有条件的"最惠国待遇条款,即任何一方给予其他国家的产品或船只更好的待遇,只有在经过谈判获得新的让步之后,这一待遇才能扩大到另一方;同时对缔约国限制产品进出口的措施进行了约束,在一定程度上降低了市场准入门槛。这是美国第一代自由贸易协定,作为双边贸易治理的早期制度,条约里所包含的约束关税条款、最惠国待遇条款等有效降低了缔约国关税,并为此后多边贸易治理下的GATT和区域贸易与投资协定的产生奠定了制度基础。

(二)多边贸易体系的建立

第二次世界大战结束后,欧美国家意识到了贸易保护主义的弊端,来自18个国家的代表于1947年4月在瑞士日内瓦举行会议。各国就大幅降低关税、取消其他贸易壁垒及消除国际贸易歧视待遇开展贸易谈判,并于同年10月签订了GATT。GATT作为多边贸易治理的制度平台,提供了两种实现贸易治理的方式:一种是借助于最惠国待遇和国民待遇确定下来的非歧视性贸易治理;另一种是利用GATT第24条豁免实行的具有特殊待遇的贸易治理。这两种实现贸易治理的方式,为日后多边贸易治理和区域贸易治理并进的全球贸易治理格局奠定了制度和法律基础。

从1947年到WTO成立前,GATT共举行了8轮多边贸易谈判。前五轮多边贸易谈判致力于削减关税壁垒,促使关税水平大幅下降,如表12.1所示。1964年5月,第六轮多边贸易谈判(肯尼迪回合)在日内瓦拉开帷幕,共历时3年。此回合主要在美国和欧洲共同体(以下简称欧共体)之间展开,英国和日本也发挥了重要作用,而发展中国家则没有参与此次谈判。在关税降至一定水平时,美国又起草了规范非关税壁垒的协议,但由于欧共体整体谈判实力强大,美国也不得不在农业政策上做出了让步。第七轮多边贸易谈判(东京回合)于1973年在日本东京展开,共经历了5年多的较量。在东京回合中,发展中国家第一次发挥积极作用,在谈判中得到了"特殊和差别待遇",同时东京回合谈判重点转向规范非关税壁垒的使用。在美国的推动下,1986年,在乌拉圭召开了第八轮多边贸易谈判(乌拉圭回合),共历时7年[①]。在此次谈判中,美国利用301条款和超级

---

① 第八轮谈判于1986年在乌拉圭开始举行,称为"乌拉圭回合",此次谈判于1993年在日内瓦结束。

301 条款等国内法律对发展中国家进行威胁,最终签订了《服务贸易总协定》《与贸易有关的知识产权协定》《与贸易有关的投资措施协定》等。与此同时,美国付出的代价是在 1992 年的农业谈判上在国内补贴水平、出口补贴和农业市场准入等问题上做出让步,废除了阻碍发展中国家纺织产品和服装产品出口的《多种纤维协定》,并建立了争端解决机制。最重要的是,此轮谈判达成《建立世界贸易组织协定》,该协定取代了 GATT,将全球贸易体系和政策带进了 21 世纪。在这八轮多边贸易谈判中,美国一方面极力主张实现本国自由贸易利益最大化,一旦贸易谈判受阻则依靠其国内法律向贸易伙伴施压使贸易伙伴妥协;另一方面不得不考虑其他国家的立场和主张,其自我目标的实现也不得不以同等条件进行交换,或在其他方面做出让步,这充分说明美国试图控制多边贸易体系的能力逐步下降。

表 12.1 全球和美国在 GATT 前五轮多边贸易谈判中的关税降幅

多边贸易谈判	应税进口额所占百分比(%)		关税的平均降幅(%)	
	全球	美国	全球	美国
日内瓦回合	54	54	35	35
安纳西回合	5.6	6	35	35
托奎回合	11.7	12	26	26
日内瓦第四回合	16	16	15	15
狄龙回合	20	20	20	20

数据来源:Evans J W, 1971. The Kennedy Round in American Trade Policy-The Twilight of the GATT?[M]. Cambridge:Harvard University Press.

(三)区域自由贸易协定的兴起

克林顿政府于 20 世纪 90 年代签订的《北美自由贸易协定》,标志着美国自由贸易区战略的实施。在美国的带动下,全球区域贸易开始兴起(图 12.1)。截至 1990 年,全球区域贸易协定仅为 51 个,而经过三十多年的发展,已累计达 484 个(截至 2019 年 12 月)。自 1992 年签订《北美自由贸易协定》之后,美国先后签订了多个双边贸易协定和多边贸易协定,同时与欧洲国家进行的《跨大西洋贸易与投资伙伴关系协定》已经历了多轮谈判,但还未签订,具体见表 12.2。从小布什到奥巴马再到特朗普,美国的区域贸易治理战略大致可以分为以下 3 个阶段。

(1)小规模的双边自由贸易协定阶段

乌拉圭回合之后,多边贸易体系不再像过去一样只由美国、欧洲和日本等发达国家主导,发展中国家也充分参与进来。因此,要使所有国家达成共识越发困难,多边贸易的谈判效率大幅下降。2000 年,小布什在竞选期间就表达了对自由贸易的极大肯定,他承诺保住政府的贸易谈判权,并启动新的多边和双边贸易谈判,提出"竞争式自由化"贸易政策,即通过结合全球、地区、双边贸易谈判,促使美国在贸易自由化中创造竞争性优势（Gilpin，2011）。随后，小布什政府迅速与有意愿的合作伙伴达成贸易协定。2001—2008年，美国先后与新加坡、智利、澳大利亚、摩洛哥、多米尼加、巴林、阿曼、秘鲁、哥伦比亚、巴拿马、韩国等国签订了贸易协定。据统计，这些国家在美国贸易总额中所占比例不足5%，同时这些双边或多边自由贸易协定使美国出口总额增加3.6%，进口额增加2.3%，实际工资提升0.3%，仅产生了十分有限的经济影响（欧文，2019）。

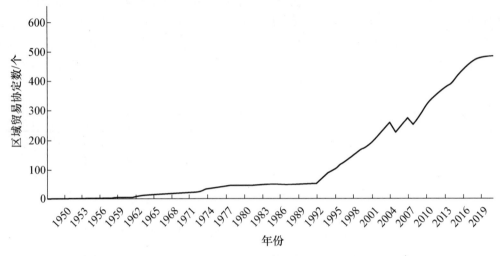

图 12.1　1950—2019 年生效的区域贸易协定

数据来源：WTO 区域自由贸易协定数据库。

表 12.2　美国区域贸易协定一览表

区域贸易协定	签署国	生效时间
北美自由贸易协定（NAFTA）	加拿大、墨西哥、美国	1994.1.1
美国－约旦自由贸易协定	美国、约旦	2001.12.17
美国－新加坡自由贸易协定	美国、新加坡	2004.1.1
美国－智利自由贸易协定	美国、智利	2004.1.1
美澳自由贸易协定	澳大利亚、美国	2005.1.1
美国－摩洛哥自由贸易协定	美国、摩洛哥	2006.1.1
美国－多米尼加－中美洲自由贸易协定	多米尼加、萨尔瓦多、危地马拉、洪都拉斯、尼加拉瓜、美国	2006.3.1
巴美自由贸易协定	巴林、美国	2006.8.1
美国－阿曼自由贸易协定	美国、阿曼	2009.1.1
美国－秘鲁自由贸易协定	美国、秘鲁	2009.2.1
美韩自由贸易协定	美国、韩国	2012.3.15
美国－哥伦比亚自由贸易协定	美国、哥伦比亚	2012.5.15
美国－巴拿马自由贸易协定	美国、巴拿马	2012.10.31
跨大西洋贸易与投资伙伴关系协定	美国、欧洲国家	正在进行谈判，并未取得实质性进展

数据来源：WTO 区域自由贸易协定数据库。

（2）跨区域的大型自由贸易协定阶段

美国在2008年全球金融危机中受到重创，加之WTO多哈回合基本停滞，这迫使奥巴马政府积极倡导新的贸易协定。2008年，美国宣布加入"跨太平洋伙伴关系协定"谈判。2013年，美国启动与欧盟之间的"跨大西洋贸易与投资伙伴关系协定"谈判，不过该多边贸易谈判进程十分缓慢，并未取得实质性进展。从地缘政治的角度来说，这两个谈判是美国连接欧亚大陆东西两边的经济桥梁，其目的是将处于不同发展阶段、不同地区的国家紧密联系在一起，以此实现新一轮的全球贸易治理。由此可见，奥巴马政府旨在构建一项里程碑式的、面向21世纪的贸易协定，为全球贸易治理设置更高的准入标准，以期建立高质量、高标准的区域贸易治理平台，重新掌握全球贸易治理的主导权（王联合，2018）。

（3）"美国优先"的全球贸易治理阶段

特朗普当选美国总统后，美国的对外政策基调出现了逆转。特朗普在竞选期间就大力抨击了《北美自由贸易协定》，认为与中国建立永久性正常贸易关系是错误的决定，并承诺实施"美国优先"的对外贸易政策。特朗普政府主要通过3个渠道实施"美国优先"的贸易治理理念。一是利用国内法展开贸易救济调查。二是开展双边贸易谈判，寻求成本更小、利益更大的条款。三是要求改革多边贸易体系。然而，这并不意味着美国将要放弃多边贸易体系中的主导地位，事实上，美国是想要利用包括WTO在内的一切工具促使全球贸易规则朝着有利于美国的方向前进，充分体现出了"美国优先"的全球贸易治理理念。

三、时代主旋律：自由与公平

对比英美两国贸易治理的历史发展脉络，可以发现二者既有相似之处也存在差异性。首先，英国实施的联邦特惠制与美国在多边贸易体系下所倡导的互惠有异曲同工之处，两者均强调贸易优惠政策的"等价交换"。然而，英国的互惠仅针对英联邦内部的成员国，且这种互惠性带有明显的歧视性和殖民主义色彩；美国所强调的无条件互惠、最惠国待遇条款则是建立在非歧视性和公平贸易原则的基础之上。其次，英美两国对于国际经贸规则的重建均是以自身利益为导向的，无论是自由贸易政策、联邦特惠制还是多边贸易体系的建立，其实质都是想将世界各国纳入各自主导的全球贸易规则。具体而言，英国是想通过国际贸易专业化分工扩大英国工业制成品的出口，攫取自治领和殖民地的自然资源，试图将这些国家"锁定"在初级产品的产业链之中，减缓殖民地国家的工业化进程。美国则是想通过多边和区域贸易谈判实现关税削减，降低非关税贸易壁垒，实现服务贸易自由化，扩大出口并增加就业。再次，英美两国在经济实力下降之后均选择了成本较小且能够保证自身利益最大化的区域和双边贸易治理体系。英国在大萧条之后选择了联邦特惠制，而美国在20世纪90年代经济开始衰退之后开启了以《北美自由贸易协定》为标志的区域贸易治理时代。值得注意的是，第二次世界大战后形成的区域自由贸易协定均是在自愿、开放、公平与合作的前提下进行的，与英国当时所进行的高度排外且非自愿的殖民地贸易大不相同。最后，英美主导的贸易制度建设最终走上了不同的道路，很重要的一个原因是英国在全球贸易治理中缺少制度建设，而美国则将经济霸权地位合法化与制度化。第二次世界大战后美国通过建立世界银行、国际货币基金组织和 WTO 三个国际性组织，确立了以美国为中心的国际经贸新秩序，实现了霸权的合法化与制度化。显而易见，英美两种截然不同的经贸治理战略必然导致两国面临不一样的结局。

如果说 19 世纪是英国的时代，20 世纪便是美国的时代。美国在第二次世界大战之后一跃成为世界上实力最强大的国家，建立了布雷顿森林体系和 GATT，正式确定了世界霸主地位。之后，美国一路高歌猛进，在 GATT（或 WTO）共主导了八轮多边贸易谈判，以公平贸易和非歧视原则大力促进了世界贸易自由化。然而，随着 20 世纪 90 年代发展中国家的崛起，美国主导多边贸易体系的能力下降，多哈回合始终无法取得实质性进展。因此，美国另辟蹊径，转而推进区域自由贸易协定的签订，以达成其在多边贸易体系下无法实现的目标。无论是小布什时期实施的小规模双边自由贸易协定、奥巴马时期所签订的跨区域的大型自由贸易协定，还是特朗普时期所倡导的"美国优先"的全球贸易治理理念，均反映出一个事实：美国经济实力自 20 世纪 90 年代开始下降，对于多边贸易体系的推动也显得力不从心，因此美国只能寻求一种成本更小却最能符合美国利益的贸易治理战略。然而，人类命运共同体已将全世界人民紧密联系在一起，"美国优先"必然不是大势所趋，单纯考虑本国利益最大化势必将损害其他国家的利益，就像英国在应对自身实力下降所实施的联邦特惠制一样，歧视贸易与保护主义终将被公平贸易和市场开放所取代。

第三节 后疫情时代全球贸易治理的新特征

全球贸易治理大致经历了工业革命后由英国主导的殖民统治和殖民治理时期，第二次世界大战后由美国主导、以 GATT 或 WTO 为载体和以美国利益最大化为目标的贸易治理阶段（程大为，2018）。现如今，全球贸易治理体系仍继承了美国霸权下的许多基本元素，但随着 2008 年全球金融危机后发达国家整体实力下降，以中国为首的发展中国家崛起，同时新冠疫情带来一系列治理赤字问题，传统治理模式出现危机，这就需要有新的治理理念、治理主体、治理对象和手段进行补充，才能更好地适应后疫情时代贸易自由化的新发展。

一、新冠疫情作为一面放大镜，放大全球贸易治理赤字问题

当今世界正处于百年未有之大变局，和平与发展依然是时代主题，后疫情时代不稳定性、不确定性增加，全球性问题更加凸显。新冠疫情作为一面放大镜，将放大全球贸易治理的赤字问题。从深层次来说，贸易全球化的赤字表现可以划分为责任赤字、发展赤字和制度赤字。首先，责任赤字主要表现在以美国为首的贸易强国没有履行负责任大国应尽的义务，贸易保护主义倾向和多边贸易谈判停滞不前成为贸易自由化发展的最大阻力。特朗普政府所采取的以"美国优先"为原则的对外贸易政策及美国霸权在全球治理体系中的滥用，使得美国与一个负责任大国的形象相去甚远，美国的这种做法不仅扩大了全球贸易治理的责任真空地带，还导致了世界各国在贸易治理领域权责关系的扭曲

（徐秀军，2019b）。其次，随着中国、印度等发展中国家的崛起，实力与话语权的不匹配导致发展中国家呼吁更多的治理权以保障发展中国家的利益，进而导致了发展赤字。后疫情时代发展命题引起了比以往更多的关注，发展中国家不仅要求发达国家在形式上对"不平衡的贸易能力"予以充分考虑，更要求发达国家在一些服务贸易、贸易便利化和环境卫生等具体议题上提供实质性承诺。最后，后疫情时代多边贸易谈判困难重重，这不仅是由危机引起的民族主义等情绪上涨、大国竞争加剧等外在因素导致的，WTO 的内在制度缺陷即制度赤字也是重要原因之一。制度赤字主要表现在两方面。一方面，"协商一致"与"一揽子协定"这两项决策原则被视为 WTO "成员驱动"的表现，但这种谈判方式难度巨大，特别是越来越多的"边境内"问题被卷入贸易谈判，使得一揽子谈判方式的作用更加有限。另一方面，争端解决机制也正处在危机当中，越来越多的成员要求 WTO 上诉机构就含糊不清或不完整的规则作出决定。2019 年，上诉机构仅有三名正式法官，且在 2019 年底其中两名法官的任期已满，2020 年，上诉机构最后一名法官也期满卸任，上诉机构被迫陷入停滞状态。

二、全球贸易治理理念从以西方国家利益为主导的"冲突型"治理观，转变为以共商共建共享为核心的"共生型"治理观

早期西方国家推行的全球化，实际上是以美国等资本主义国家利益最大化为核心的发展理论，资本主义在全球范围内的扩张本身就具备了不平等和冲突等特征。不言而喻，带有"殖民主义色彩"的资本主义全球化观念下的全球贸易治理继承了相应特征。实际上，全球治理的概念最早是针对冷战结束后全球经济政治格局的深刻调整所提出的新设想，欧美等西方国家为了保持世界霸权地位，意图将西方的文化价值观向东方移植，使东方国家成为西方国家的附庸。传统的全球贸易治理理论包括世界体系理论、现代化理论和依附理论，均体现了主导者利益最大化的思想，以美国为首的西方国家处于全球贸易治理体系的中心地位，拥有制定规则的主导权和话语权，而非西方国家则处于全球贸易治理体系的边缘和外围。因此，西方国家数百年来奉行的全球治理理念本质上是"丛林法则"和"零和博弈"的思维逻辑，目的在于通过资本主义在全球范围内的扩张实现自身利益最大化，是建立在西方一元论基础上的二元对立思想，其表现为"冲突型"的治理观（毕海东、钮维敢，2016）。然而，面对全球性的新冠疫情冲击，西方大国的抗疫表现凸显了西方自由制度下的混乱与无效，由美国主导的全球贸易治理能力进一步下降。与之相反，随着近些年来国家实力的不断崛起及在抗疫中的表现，中国积极参与到全球贸易治理中来。中国不断提出中国倡议和中国方案，推动构建新型国际关系，勇于做全球贸易治理体系改革中的参与者、先行者和贡献者，提出了以共商共建共享为核心的"共生型"治理观（姚璐、景璟，2021），推动全球贸易治理体系朝着更加公平合理的方向发展。具有中国特色的全球贸易治理理念虽然与西方的有着本质上的区别，但并非对中国经验和模式的鼓吹和输出，而是强调"异质共生"和"兼容并蓄"，以整体性、平等性和共享性为核心来加强人类命运共同体意识，是对既有全球贸易治理理念的修正和补充，旨在促使全球贸易治理表现出更高的合法性和共生性。

三、伴随世界权力中心向亚洲转移，治理主体得到进一步补充，推动全球贸易治理体系朝更加公平合理的方向发展

第二次世界大战后，由美国领导的"具有自由主义特征的等级制国际贸易秩序"建立在三个治理基础之上，即自由主义意识形态、多边主义贸易原则和拥护该秩序的既得利益者。然而，随着"西方衰落"和"东方崛起"两种力量的相互均衡，世界话语权逐渐东移，美国等发达国家的贸易治理能力下降。再加上新冠疫情暴发后，东西方各国截然不同的抗疫表现进一步加速了美国全球贸易治理基础的瓦解，全球贸易治理体系中将更多地出现中国等发展中国家的声音。

首先，新冠疫情的外部冲击凸显了西方自由民主制度下的混乱与低效，而中国特色社会主义制度表现出了团结和高效。中国秉持人类命运共同体理念，采取公开、透明和负责任的态度，为疫情严重的国家和地区提供帮助。种种迹象表明，西方宣扬的自由主义意识形态并不自由，新冠疫情更加暴露了西方模式中存在的内在矛盾，而中国则充分彰显了制度优势和制度自信。其次，后疫情时代东西方国家对多边贸易原则截然相反的态度进一步说明了权力正在东移。特朗普上台后，美国先后退出了巴黎协议、跨太平洋伙伴关系协定、联合国教科文组织和联合国人权理事会，企图重构一个由美国霸权主导、以双边贸易自由协定为主和公共成本最低的"美国优先"的国际贸易新秩序。新冠疫情暴发后，美国更没有发挥大国应有的职能，既没有签署新加坡主导的保持贸易开放的声明，也没有参与加拿大提出的关于在新冠疫情期间开放农产品和食品贸易的倡议。美国贸易代表莱特希泽还阐述了美国应对新型冠状病毒的策略，并表示，过度依赖外国生产的廉价医疗用品会导致"战略脆弱性"，美国正致力于供应链多元化和促进国内制造业发展。与此不同的是，2020年11月15日，东盟十国及中国、日本、韩国、新西兰等国家，正式签署了历经8年谈判的RCEP，这标志着全球规模最大的自由贸易协定正式达成。该协定紧跟全球贸易发展趋势，纳入了许多超出WTO规定的议题，如电子商务、知识产权、政府采购、竞争政策和中小企业等内容。RCEP的签署，是该地区国家以实际行动维护多边贸易体系、建设开放型世界的重要一步，对后疫情时代全球贸易的尽快恢复、区域经济一体化的进一步推进具有标志性意义。

四、后疫情时代逆全球化趋势将导致大国博弈长期化，多边贸易治理体系改革压力凸显

2001年多哈回合谈判仅就贸易便利化达成共识，而发达国家与发展中国家之间不可调和的矛盾导致多哈回合谈判陷入僵局，WTO的中心地位也早已饱受争议。2020年4月23日，WTO秘书处发布《出口禁令和限制》，指出：为应对新冠疫情，迄今为止已有80多个国家和关税地区实施了出口限制或禁令，其中主要包括药品、口罩、呼吸机等医疗用品。与此同时，新的出口限制现还蔓延至食品供应领域，如哈萨克斯坦禁止面粉、糖、胡萝卜和土豆出口，越南暂时中止了新的大米出口合同，等等。尽管WTO尽最大努力追踪了各国针对新冠疫情而采取的贸易措施，呼吁各国在新冠疫情期间应提高透明度，

并分别同 G20、世界卫生组织、世界海关组织等发表联合声明，倡导加强国际协调与合作，并致力于促进国际贸易。但 WTO 所做的努力收效甚微，显然 WTO 还需加强领导能力建设，同时匹配具体的协调行动，以发挥更大的建设性作用。不管是传统贸易保护措施，还是新形式的非关税壁垒，这些措施都会损害世界多边贸易体系和自由贸易原则，使 WTO 的中心地位进一步减弱。另外，后疫情时代各国可能会将具有重要战略意义的产品生产链和供应链区域化或本土化，并进一步强调政府对市场的调控职能，阻碍经济一体化进程。后疫情时代一些国家或地区，尤其是美国的跨国企业为减少对中国市场的依赖，或确保国内产业链、供应链的完整，会加速从中国撤离的进程。因此，后疫情时代由于民族主义等情绪加剧，各国将更多从战略安全角度出发，贸易保护主义、大国竞争等趋势增强，WTO 将面临更多、更复杂和更难以解决的问题，从而迫使以 WTO 为中心的多边贸易体系加速现代化改革进程。

五、新冠疫情将促使医疗卫生、绿色发展、数字服务贸易等新兴领域蓬勃发展，推动全球贸易治理手段转向安全保障措施和边境内措施

新冠疫情是一场全球性危机，由此可见后疫情时代给人类带来毁灭性灾难的很可能是气候变化、传染性疾病、能源环境等非传统领域的问题。而现有的全球贸易治理体系对这些领域的重视程度还远远不够。为安全和平稳地推动贸易自由化进程，后疫情时代全球性预警和防御等安全保障机制必不可少。另外，新冠疫情的暴发导致全球服务贸易遭受严重打击，同时在一定程度上改变了人们的生产生活方式。由于新冠疫情期间许多国家和地区实施了社会隔离措施，暂时关闭了一些"非必要企业"，旅游、运输和分销服务等行业受到影响，尤其是《服务贸易总协定》中的"境外消费"和"自然人流动"基本处于瘫痪状态[①]。新冠疫情促使人们更加依赖于零售、卫生、教育、电信和视听等产业的在线化和数字化。其结果是一些实体企业将资源转移到电子商务上，越来越多的消费者涌向数字服务。这将促使电信运营商和提供这些服务的供应商增强其网络能力，并将最终推动电信、计算机、信息服务、商业服务、金融服务和视听服务等新型服务贸易的发展。总体而言，医疗卫生、绿色发展、服务贸易等新兴领域的重要性将逐渐凸显出来，各国或各地区之间的贸易谈判重点也将逐渐从关税和非关税壁垒等边境措施转向监管更加严格、治理更加困难和标准更高的安全保障措施和边境内措施。

第四节　后疫情时代中国参与全球贸易治理的理论依据

一、无政府状态下的全球贸易治理

在当前的国际政治经济社会中，无政府状态被视为国际治理的基本假设。全球治理

---

① 《服务贸易总协定》将国际服务贸易分为四种模式：跨境交付（互联网等）、境外消费（旅游等）、商业存在（在国外建立一个附属机构等）和自然人流动（个人在国外当顾问等）。

与政府统治不同，政府统治涉及由中央权力和警察力量所强制性实施的一系列具有目的性的活动，全球治理尽管也涉及目的性行为和共同目标，但这个目标不一定是出自合法的且正式规定的职责，而且也无须依靠强制力量让世界各国服从。罗西瑙（2001）将全球治理等同于国际秩序与意向性的总和，认为全球治理缺乏一个高于所有国际社会行为主体的更高权威。因此，这就需要相关行为主体之间相互合作，建立相关制度，从而构建国际社会的良好秩序。由此可见，全球治理的实质是以全球治理机制为基础，而不是正式的政府权威，同时参与治理的主体也具有多元化和多样性的特点，既包括政府机制，也包括非正式和非政府的机制。另外，本章之所以采用无政府状态来表明现有的全球贸易秩序，仅仅是因为无政府状态可以描述全球贸易治理平台中缺乏凌驾于各国政府之上的中央权威这一客观现实，并不具有消极或积极的内涵。由于全球贸易治理是全球治理的一部分，本章也将沿用无政府状态这一基本假设。

二、全球贸易治理的参与国是理性的行为体

传统经济学一般将理性解释为个体理性，个体总是以最小成本获取最大利益来参与经济活动就是传统经济学中的经济理性人假设。徐秀军（2012）沿用了这一假设，将国家当作一个整体，在既定的国内外环境下，各国以自身利益最大化为目标参与全球贸易治理。然而，且不说完全理性在现实生活中是否存在，在全球价值链体系中若各国仅考虑自身利益，缺乏大局意识，那么全球贸易治理将很难向前推进。由此可见，利己主义并非各国参与全球贸易治理的唯一原则，各国往往会为了一些共同目标而放弃部分利益或自愿约束国内经济自主权。本章根据韦伯（1998）提出的"合理性"概念，将国家理性解释为工具理性和价值理性的结合体。其中，工具理性与经济理性人假设相符，强调利益最大化；而价值理性则出于责任感、信仰、公平等目的，以和谐发展为目标，强调终极关怀。工具理性与价值理性互为因果、相辅相成，工具理性为价值理性提供现实基础，价值理性则为工具理性提供精神动力。因此，各国在参与全球贸易治理时，不仅要以自身利益最大化为目标，而且出于人类命运共同体的考量，大国应承担起更多的治理责任，不宜忽视或轻视发展中国家的治理任务和治理目标，对极度贫困国家应给予适当的国际援助，从而最终实现各国人民共同进步、共同富裕。

三、人类命运共同体是全球贸易治理的前提

当今世界正处于大发展、大变革和大调整时期。随着世界多极化、经济全球化、社会信息化和文化多样化的持续推进，各国之间的相互依存度日益加深，可以说，各国之间的联系从未如此紧密，人类所面临的共同挑战也从未如此突出。人类命运共同体思想的形成，是中华优秀传统文化在当代全球治理体系中的创造性转化和创新性发展的成功表现。其中，源远流长的"和"文化更是蕴藏着"协和万邦"的国际观、"和谐共生"的安全观、"义利合一"的发展观、"和而不同"的文明观和"天人合一"的宇宙观，这些都为解决当代人类面临的各种全球性挑战提供了重要启示。事实上，人类命运共同体暗含了三种中国的治理观念。首先，人类作为贸易治理的主体，是相对于个人、国家、民

族和区域而言的，是一个整体概念。这意味着应将世界作为一个整体来进行治理，不能轻易忽视任何一个国家合法和合理的要求，强调公平治理。其次，命运表示治理发展的态势与前景，强调因果循环和天人合一。在治理过程中，不可一味追求贸易治理的短期目标，而要着眼于历史观、大局观和角色观，强调发展治理。最后，共同体表明世界各国紧密相连、休戚与共，各国贸易利益的交汇点也正由于世界各国处于同一共同体而得以凸显，强调关联治理。由此可见，人类命运共同体为全球贸易治理提供了思想基础，进一步扩大了世界各国人民的共同利益，为推动构建相互尊重、公平正义和合作共赢的全球贸易治理体系作出了积极贡献。

四、国际贸易制度是贸易治理的重要载体

制度学派的代表人物基欧汉把对各国之间相互依赖关系产生影响的一系列具有控制性的安排称为国际制度，包含正式的政府间组织或跨国非政府间组织、国际机制、国际协约（或习惯）三部分。国际贸易制度与贸易治理是密不可分的，国际贸易制度已成为贸易治理的重要载体。贸易治理是以各参与国的共同利益为基础的，其核心是在各国共同认可的国际贸易制度框架下进行民主协商与合作，主要依托的是正式与非正式的贸易制度网络。由此可见，全球贸易治理是各国在已有的各类国际贸易组织、国际机制和国际协约等国际贸易制度架构下的集体行动。本章将国际贸易制度划分为三类：一是以WTO为核心的多边贸易体系；二是以各类区域或双边贸易协定为框架的区域或双边贸易规则；三是以G20等为代表的非正式国际组织所承载的国际贸易制度。

五、国际贸易制度具有非中性特征

关于制度非中性，张宇燕（1994）给出了明确的定义，在同一制度下，不同的人或人群获得的往往是各异的东西，而那些已经从既定制度中或可能从未来的某种制度安排中获益的个人或集团无疑会竭力去维持或争取。制度的非中性主要表现在两个方面：一是在同一制度框架下会产生既得利益者和利益受损者；二是在同一群体中，无论是利益方还是损失方，利得的多少或损失的大小相对存在差异。同时，制度非中性是普遍存在的，对于国际贸易领域来说也是如此。现行最主要的全球贸易治理机制是以美国等发达国家为主导而建立起来的，建立的目的则是维护其自身利益和实现贸易扩张。即便经过时代的洗礼，发达国家仍然是全球贸易治理体系中享受着最大份额收益的既得利益者。例如，WTO前身GATT的制度设计是由美国提供的，在设立时遵循了英国的互惠自由贸易主义，同时最惠国待遇、反倾销、反补贴等规则也均来源于美国国内法，这些都体现了英美等发达国家在全球贸易治理中的地位及话语权（陈伟光、王燕，2017）。尽管WTO拥有164个成员，每个成员均秉持着开放共享、公平贸易等基本原则进行贸易自由化，看似平等，但实质上，各项贸易规则及据此所设计的争端解决机制、贸易政策审议机制和诸边贸易协定对于不同的成员意味着不对称的收益和损失。因此，以贸易制度为重要载体的全球贸易治理，也因贸易制度的非中性特征，使得不同国家或地区在进行贸易治理行动时所获得的利得或损失存在差异，最

终导致全球贸易治理也蒙上了非中性的色彩。

六、国际贸易制度具有动态性特征

国际贸易制度的动态性与非中性相伴而生。由于国际贸易制度的非中性，在贸易治理的过程中，国际社会必定会产生不对称的利益群体，各国有动机去不断优化升级自身的比较优势，并通过影响国际贸易规则的制定来给本国贸易发展创造良好的外部营商环境。当能影响或主导国际贸易规则的大国发生变动时，就必然会产生国际贸易制度竞争。通过创造与现存贸易制度相冲突的替代性规则、制度转运方式，或者削弱现存贸易制度的权威，全球贸易治理主体得以发起一个改变制度性现状的进程，并使国际贸易制度不断处于一个动态调整的进程中（李杨、黄艳希，2016）。一方面，国际贸易制度的动态性不是片面强调制度的动态变化，其本质是坚持多边贸易体制基本规则不变，以共商共建共享原则，坚持维护以联合国为核心的国际贸易体系和以国际法为基础的国际秩序，共同应对全球性贸易挑战。另一方面，随着全球贸易治理的主体、客体和博弈方式在不同时期发生变化，各国在上述基本原则的前提下，通过多样化的手段和方式对国际贸易制度进行改革和调整，增强贸易制度的合法性、适用性和有效性。

七、全球贸易治理机制具有滞后性

多边贸易体系转型不仅要求国际贸易制度要相应变革，体现贸易制度的非中性和动态性特征，同时要求增强全球贸易治理的公平性和有效性，降低全球贸易治理机制的滞后性。21世纪以来，多边贸易治理体系在解决贸易发展问题上取得了诸多成效，但由于逆全球化趋势、全球贸易发展不平衡、贸易治理机制不完善等原因，全球有效贸易治理依然任重道远，这反映了全球贸易治理机制的滞后性。一般来说，全球贸易治理机制的变化通常滞后于全球层面权力分布的变化，原因主要有两点：一是现存贸易治理体系中的主导者不愿轻易让渡话语权；二是对贸易治理机制的变革不仅需要一定的程序，关键还需要各国对多边贸易体制齐心协力的维持，一旦出现不同的声音，多边贸易体系改革就会停滞。全球贸易治理机制的滞后性往往会由于未能充分反映新兴国家的诉求或损害既得利益者，而增强逆全球化趋势、破坏现有国际贸易体系平衡。因此，逆全球化的根源并非在于全球化本身，而是全球化负面影响的蔓延和全球贸易治理机制的滞后性（吴志成、董柞壮，2018）。

依据上述7个基本假设，本章拟推导出4个基本命题。

第一，国家是理性的行为体，这种理性不仅包括自身利益的最大化，还将价值理性考虑在内。世界各国在追崇利己主义的同时，不能忽略人类命运共同体的存在，应秉持历史观、大局观和角色观，扩大共同利益交汇点，将合作共赢作为后疫情时代全球贸易治理的首要模式。

第二，无政府状态是全球贸易治理的基本特征，因此缺乏一个国际权威机构来对每个国家的经济行为进行规制，若仅依靠各国之间的行业习惯和基本信任，则全球贸易治理会陷入集体行动的困境。这就需要相关行为主体之间相互合作，建立以规则为导向的国际贸易组织、国际机制和国际协约等相关国际贸易制度，将国际贸易制度作为全球贸易治理的重要载体,从而构建后疫情时代国际社会的良好秩序。

第三,在贸易制度非中性的条件下,发达国家是现行贸易制度的主要受益者,并且形成了垄断国际权力与利益分配的既得利益国家集团(徐秀军,2013),而发展中国家被迫成为制度体系下的接受者。然而,随着不同利益群体间实力差距的缩小,双方的矛盾愈加尖锐,再加上新冠疫情的冲击使全球贸易治理体系中的不平等现象更加突出,这都将导致国际贸易制度的有效性和合法性受到质疑。因此,在国际贸易制度非中性的内在条件下,新冠疫情作为全球贸易治理体系改革的催化剂,最终将导致后疫情时代世界经贸秩序出现新变化。

第四,全球贸易治理机制的变化通常滞后于全球层面权力结构的变动。并且,全球贸易治理机制的滞后性和国际贸易制度的动态性总是相伴而生的。因此,全球贸易治理主体应在多边主义和共商共建共享原则的前提下,通过沟通和协商对话等多样化方式对不符合时代发展要求的国际贸易制度部分进行改革。

第五节 后疫情时代中国参与全球贸易治理的战略选择

当前的全球贸易治理体系仍保留了第二次世界大战后美国霸权下的许多基本元素,但随着新兴经济体的群体性崛起、国际贸易格局的变化,以及全球经济政治不稳定性和不确定性明显增加,世界开始进入动荡变革期,原有的国际贸易秩序面临巨大挑战。进一步地,新冠疫情将使世界权力中心加速向亚洲转移,美国主导全球贸易治理的能力进一步下降,贸易治理赤字问题更加突出。然而,和平与发展才是时代主题,人类命运共同体理念已深入人心。回顾中国参与全球贸易治理的过程,中国已完成了从被动适应、主动参与到积极引领的角色转换,参与全球贸易治理的广度和深度也不断扩大。面对百年未有之大变局,中国新冠疫情防控取得重大战略成果,社会主义制度优势进一步彰显。中国更加要以一种积极、主动和审慎的姿态参与全球贸易治理,增强中国对全球贸易治理体系的话语权、发言权和规则制定权。为此,本章比较分析了新冠疫情之前英美主导下的全球贸易治理经验,前瞻性地总结了后疫情时代全球贸易治理新特征,同时用贸易治理理论观点加以佐证,以期为中国参与后疫情时代全球贸易治理提出建设性意见,具体可概括为以下4点。

一、将合作共赢作为后疫情时代各国参与全球贸易治理的首要目标,推动构建命运共同体

在全球贸易治理过程中,国家是理性的行为体,这种理性不仅包括专注自身利益最大化的工具理性,而且还考虑了以和谐发展为目标,强调人类命运共同体的价值理性。当前世界正处于大发展、大变革和大调整时期,各国间的联系从未如此紧密,人类所面临的共同挑战也从未如此突出。从贸易发展脉络来看,非歧视与公平贸易原则是历史的选择,中国要将这一基本原则作为参与全球贸易治理的前提。自美国大萧条之后,英美两国各自提出了重建国际贸易秩序的方案,英国主张建立具有殖民色彩的歧视性贸易集团,而美国则基于非歧视和公平贸易原则,寻求打开国际开放市场的路径,最终建立了

GATT，这也成为当前国际贸易治理体系的法律和制度基础。因此，世界各国应遵循历史发展规律，以和平与发展的目标为导向，努力维护非歧视与公平贸易原则，在追崇利己主义的同时不能忽略价值理性的存在，应秉持历史观、大局观和角色观，树立整体性、关联性和包容性意识，推动命运共同体建设，将合作共赢作为后疫情时代参与全球贸易治理的首要目标。

二、坚决维护多边贸易体制，积极参与全球贸易体系改革，推动构建制度共同体

当前全球贸易治理体系缺乏一个高于所有国际社会行为主体的更高权威，因此，这就要求治理主体依赖国际贸易制度进行沟通与合作，共同推进贸易自由化进程。然而，随着国际经贸格局不断发展变化，国际贸易制度本身的非中性和因后天环境变化而产生的滞后性特征，将导致逆全球化、全球贸易发展不平衡、贸易治理机制不完善等问题频出，再加上新冠疫情将使世界权力中心加速向亚洲转移，全球贸易治理体系中的不公平现象将更加突出，这就要求对现行国际贸易制度进行动态性改革和调整。

首先，中国应坚决维护多边贸易体制和以国际法为基础的国际秩序，以共商共建共享的基本原则，高举和平、发展、合作和共赢的旗帜，共同应对全球性贸易挑战。入世以来，中国在以WTO为中心的多边贸易体系下受益匪浅，对外贸易取得了巨大发展。构建以国内大循环为主体、国内国际双循环相互促进的新发展格局，要求中国实施更大范围、更宽领域、更深层次的对外开放，因此后疫情时代中国将更加依靠多边贸易体系。然而，由于后疫情时代各国将更多地从自身战略安全的角度出发，WTO的处境将更加艰难。中国作为WTO中贸易体量和影响力最大的发展中国家，应发挥在发展中国家的影响力与号召力，秉持平等协商和互利共赢的原则，积极维护多边贸易体系，推动多哈回合谈判早日成功。

其次，中国应积极参与WTO改革。WTO在建立后的十多年里，越来越表现为一个混合性论坛，里面有不同发达程度的国家和地区，存在代表不同利益方的声音，而且讨论的问题越来越具体化，从边境问题到边境内措施、从浅层整合向深层整合转变。这一系列的变化带来的结果便是WTO在处理贸易问题时要考虑多方利益，因而表现得越来越缺乏效率，最终导致多边贸易谈判陷入僵局。目前，WTO基本上是一个由"成员驱动"的机构，而为了将分歧融合和平衡，更有效率的谈判方式和更加灵活的多边贸易体系才是后疫情时代全球贸易治理体系改革所需要的。因此，"协商一致"或加权表决制、多边协议或诸边协议、主席议案或非成员方议案、全体会议或绿屋会议、区域自由化或多边自由化、政策评估或政策建议，这些具有兼容性和弹性的措施应该更多地被纳入WTO讨论和进一步实施。

最后，中国应积极引领新兴经济体国家创新全球贸易治理体系，以作为对传统贸易治理体系的补充。后疫情时代中国要进一步发挥制度优势，对内加强国民经济治理，深化改革开放，发挥社会主义制度的优越性，充分释放国内市场活力；对外要发出中国声音、提出中国方案、贡献中国智慧和讲好中国故事。在与以资本利益为导向的资本主义

国家共同引领和创新全球贸易治理体系的同时，中国要不断凸显以发展为导向、以人民为中心的中国特色社会主义制度优势。具体来说，中国要加强与"一带一路"沿线国家的贸易合作，坚持共商共建共享的基本原则，以解决发展中国家的发展问题为导向，引领和推动全球贸易治理规则的转型。同时，中国也要推动G20从危机应对向长效治理机制转变，稳定有序推动G20的改革和转型，使其成为全球贸易治理的长效治理机制和主要平台，为多哈回合谈判僵局注入新的活力。

三、深化实施自由贸易区改革，构建高标准的全球自由贸易区网络，推动构建利益共同体

后疫情时代大国竞争将更加激烈，发达国家试图通过自贸区谈判，推进以大国为主导的全球贸易治理体系建设，攫取新的全球竞争优势。中国等发展中国家要想在后疫情时代更好地维护国家利益，在国际贸易规则制定中获得更多主动权，就必须实施自由贸易区战略。国内自由贸易区的战略试点是中国对外开放的最高水平，是构建开放新高地的最新尝试，将进一步推动中国贸易规则与国际贸易规则相融合。目前中国自由贸易区以上海和海南的自由贸易区最具代表性。同时，中国要构建区域性自由贸易共同体，以周边邻近国家为基础，深入推动"一带一路"高质量发展，大力推动RCEP早日生效实施，进一步提出亚太自由贸易区的构想，形成辐射全球的自由贸易区网络。另外，中国在具体实施自由贸易区战略时，应以实用主义原则为导向，具体表现为：在选择贸易伙伴国方面，基于经济因素和政治考量，中国政府应审慎开放地选择自由贸易区伙伴；在确定谈判议题方面，中国应扩大贸易谈判议题的深度与广度，积极推动新兴领域贸易治理规则的制定；在提升机制化水平方面，中国应建立健全争端解决机制，着力提高自由贸易区建设的机制化水平。总体而言，中国应进一步深化自由贸易区战略，以实用主义原则为导向，打造一张以本国为核心，包括周围邻近国家和地区，覆盖"一带一路"沿线国家，同时辐射五大洲重要国家的高水平自由贸易区网络，构建多层级、多领域的区域利益共同体，扩大中国在自由贸易区网络中的影响力，从而在全球贸易规则制定中获得更多主动权。

四、积极营造良好外部环境，推动构建新型国际关系，推动构建责任共同体

中国应坚持独立自主的和平外交政策，推进各领域、各层级的对外贸易往来，推动构建新型国际贸易网络关系。具体来说，一是加强与欧美等国的合作与协调，寻求双方之间的利益共同点，在WTO、APEC、G20等国际平台上，时常交换意见并保持沟通。二是深化与周边国家的关系，推动沿边开发开放高质量发展，促进边境贸易的发展，更好发挥口岸和边境城市内外联通作用。尤其是支持广西和云南建设，使之成为面向东盟、南亚和环印度洋地区开放合作的辐射中心。三是秉持共商共建共享的精神，以"一带一路"倡议为契机，加强与"一带一路"沿线国家和地区在农业、能源、融资、贸易与数字信息等领域的对接，推动与发展中国家的合作；推进基础设施互联互通，构建以新亚洲大陆桥等经济走廊为引领、以中欧班列、陆海新通道等大通道和信息高速路为骨架，以铁路、港口、管网为依托的互联互通网络，打造国际陆海贸易新通道；同时，加强在气候、环境和医疗卫生等领域的合作，共同推动绿色丝绸之路和健康丝绸之路建设。

第六篇　国际竞争新优势的量化评估

第十三章　国际竞争新优势的量化评估Ⅰ：贸易强国视角

第十四章　国际竞争新优势的量化评估Ⅱ：进口外溢效应

第十三章 国际竞争新优势的量化评估Ⅰ：贸易强国视角[①]

党的十九大报告提出要推进贸易强国建设。毫无疑问，培育国际竞争新优势，建设开放型世界经济的一个重要目标就是建设贸易强国。中国已经毫无争议地成为贸易大国，但是否已成为贸易强国？离贸易强国还有多远？本章将尝试从贸易强国这一宏观综合视角，对中国的国际竞争新优势进行整体层面的量化评估。本章认为，贸易强国的主要判断标准是贸易的获利能力，并据此提出通过标准化贸易利益来衡量贸易强国程度。通过对世界主要经济体的贸易强国指数进行排名发现，美国、德国、意大利、英国和法国排名前5位。中国在2007年的贸易强国指数排名中是第19位，而在2014年上升至第7位，表现出较大幅度的上升。虽然中国的贸易强国指数有了较大提升，但是离贸易强国仍然有较大距离。因此，为了提高总体贸易利益，建设贸易强国，中国应该坚定不移地走对外开放的道路。

第一节 问题的提出

根据WTO的统计数据，2013年中国超越美国成为货物贸易第一大国。然而，中国贸易大国地位的取得很大程度上依赖于低质低价产品的大量出口。毫无疑问，贸易大国并不意味着贸易强国。实施贸易强国战略，需要先深刻理解贸易强国的内涵。已有研究对贸易强国的内涵进行了探讨，李钢（2018）认为贸易强国指贸易规模大、对外贸易竞争力强、贸易质量效益好，在国际市场拥有重要产品定价权和经贸规则制定话语权乃至主导权的国家；袁阳丽等（2018）认为，贸易强国要求一个国家出口的产品处于全球价值链中高端位置；张丽滢（2018）认为，在世界贸易活动中，对世界经济增长做出较大贡献的国家才能称为贸易强国。

可以看出，已有研究从不同角度揭示了贸易强国的内涵。本章认为，贸易的最终目的是为人民谋福利，这也与党的十九大报告提出的坚持以人民为中心的发展思想相呼应。因此，从本质上说，贸易强国战略的最终目的是实现贸易利益的提升，也就是说，贸易强国的主要判断标准是贸易的获利能力。具体而言，贸易强国战略应该通过优出和优进

[①] 本章主体内容已发表在《世界经济》期刊（毛海涛、钱学锋、张洁，2019）。

两个渠道最终实现贸易利益提升,即:一方面,优化出口结构,提高出口产品质量,创造国际竞争新优势;另一方面,优化进口结构,更多进口先进技术装备和优质消费品。然而,贸易强国并不能简单地与贸易利益画等号。李嘉图比较优势理论说明,在既定框架下,贸易强国获得的贸易利益反而更小。例如,葡萄牙在毛呢和酒的生产上都具有绝对优势,而英国在两种产品的生产上都具有绝对劣势。因此,与英国相比,葡萄牙是贸易强国。但是,当贸易开放之后,英国获得的贸易利益更大。

本章用贸易利益对贸易政策的敏感性来表示一国在贸易格局中的地位。当贸易政策调整的幅度相同时,敏感性越高的国家福利提高的幅度越大,因此,其在贸易格局中也处于相对主动的地位,我们称这样的国家为贸易强国。

本章认为,经过标准化的贸易利益可以较好地反映贸易强国程度。标准化的贸易利益是本章提出的一个新概念,它是将一定时间内的贸易量占GDP比重(贸易依存度)和贸易成本标准化之后得出的贸易利益。为什么要将影响贸易利益的两个因素进行标准化呢?原因在于:一方面,在一定时间内,不同国家贸易成本下降的幅度不同,因此需要将贸易成本的变化进行统一,以研究不同国家在贸易成本变化相同幅度时的贸易获利能力;另一方面,在一定时间内,即使两国贸易成本变化幅度和贸易利益都相同,也并不意味着两国贸易强国程度相同,而是贸易依存度更小的国家有更高的贸易获利能力,因此,本章还需要将贸易依存度进行标准化处理。考虑到这些原因,本章认为用标准化的贸易利益来反映贸易强国程度是合理的。

本章基于标准化贸易利益的视角,通过构建贸易强国指数,研究中国在世界主要经济体中贸易强国指数的排名情况。首先,本章基于一般形式的加性可分效用函数,在理论上将贸易利益及贸易强国程度分解为选择效应、促进竞争效应和种类效应。其次,本章基于不变绝对风险厌恶系数(Constant Absolute Risk Aversion,CARA)效用函数,对帕累托分布的形状参数及贸易成本进行参数估计,从而对各国贸易强国程度进行量化。研究发现,无论是2007年还是2014年的贸易强国指数排名,美国、德国、意大利、英国和法国均排名前5位。美国贸易强国指数排名第一的事实,对特朗普单纯通过贸易顺差和贸易逆差来衡量贸易利益的行为进行了有力反击。中国在2007年的贸易强国指数排名为第19位,而在2014年的贸易强国指数排名为第7位。再次,本章将效用函数变为层级效用函数和CES效用函数后,发现中国的贸易强国指数排名几乎不变,这说明本章的结论是稳健的。最后,通过结论可知,虽然中国已经成为贸易大国,但是要想成为贸易强国仍有很长的路要走。

根据前面提到的通过标准化贸易利益来衡量贸易强国程度的思想,本章的研究显然与贸易利益的测度有关。在过去的十多年时间里,基于不同微观理论基础构建的结构引力模型不断出现,最新的定量贸易理论就是以结构引力模型为基础,推导出贸易利益表达式,从而估计贸易利益。尤其是对于一些常见的贸易模型,贸易利益可以由贸易弹性和国内支出份额这两个充分统计量决定(Arkolakis,Costinot,and Rodriguez-Clare,2012)。后续研究发现,生产率分布、需求结构和市场结构等都会影响到总体贸易利益的评估。

除了总体贸易利益,还有一些文献对贸易利益的分解进行了探究。Feenstra(1994)最早提出一种估计产品种类间替代弹性的方法,应用该方法能够得到进口产品多样性增加带来的贸易利益。Broda 和 Weinstein（2006）拓展了 Feenstra 的方法，进一步度量了进口产品多样性增加给美国带来的贸易利益。类似的研究还有 Chen 和 Ma（2012）、张永亮和邹宗森（2018）、徐小聪和符大海（2018）的研究。但是，上述文献没有考虑进口种类增加对国内种类退出的影响。Ardelean 和 Lugovskyy（2010）成功地将国内种类退出效应从进口种类利益中分离出来，通过使用 1991—2001 年美国的贸易和生产数据，发现忽略国内种类退出对种类利益的影响将会产生偏误，而且这一偏误在不同部门间存在差别。

然而，上述文献也仅仅研究了种类效应，并没有对贸易利益其他来源的贡献率进行评估。Feenstra 和 Weinstein（2017）最先在垄断竞争框架下采用结构模型估计全球化对加成的影响，进而估算了加成变化对福利的影响。通过采用超越对数偏好假设可以实现内生加成和促进竞争效应。研究发现，1992—2005 年，美国消费者福利上升了 0.86%，其中，种类效应和促进竞争效应的贡献率分别占 50%。Arkolakis 等（2019）研究发现，与不变替代弹性框架相比，可变替代弹性框架存在选择效应和负的促进竞争效应，这就为可变替代弹性框架下贸易利益来源增加导致总体贸易利益下降的经验事实提供了解释。Feenstra（2018）的文献是作者检索到的唯一一篇同时将选择效应、促进竞争效应和种类效应分离出来的文章，该文章假设需求结构为超越对数形式。本章试图在理论上，基于其他类型的需求结构，将贸易利益分解为三部分，以便与 Feenstra（2018）的研究形成互补。

相比于现有文献，本章可能的边际贡献体现为：第一，提供了一个衡量贸易强国程度的经验分析框架，即提出通过标准化的贸易利益来衡量贸易强国程度；第二，在理论上，首次基于加性可分效用函数将贸易利益及贸易强国程度分解为选择效应、促进竞争效应和种类效应，这一理论结果与 Feenstra（2018）基于超越对数支出函数得到的结论互为补充。因为后者属于位似且非可加效用函数，而本章使用的是加性可分效用函数，它既可以包含位似效用函数，也可以包含非位似效用函数。

第二节 贸易利益与贸易强国程度的分解

探究贸易的福利效应是否存在及其程度如何是国际贸易理论中一个长盛不衰的研究主题，不同的贸易理论揭示出不同的贸易利益来源。基于完全竞争框架的国际贸易理论，如绝对优势理论、李嘉图比较优势理论和赫克歇尔·俄林比较优势理论，都认为贸易利益来源于由市场规模扩张引致的专业化分工程度加深所造成的劳动生产率提升。从 20 世纪 70 年代末开始，随着垄断竞争的一般均衡模型的兴起，基于垄断竞争、产品差异性和规模经济的新国际贸易理论中出现了与传统贸易理论不同的新的贸易利益来源。

一些学者对基于垄断竞争的国际贸易理论所产生的额外的贸易利益来源进行了归纳。迪克西特认为，与传统贸易理论相比，消费者能获得的额外的利益来源有：①可享受的产品种类增多；②更好地利用规模经济；③竞争增加使得价格趋于边际成本。WTO 给出了一个类似的分类，认为这三种利益来源分别是：①从更多产品种类中获益；②从增加的竞争中获益；③从增加的规模经济中获益。随后，Feenstra（2010，2015，2016）将贸易利益的来源归纳为：①消费者享有更多的产品多样性；②进口竞争导致产品加成下降，这种促进竞争效应使消费者享有更低价产品；③低生产率企业随贸易自由化程度的加深而退出，市场份额在企业间再分配，这种选择效应使得存活企业平均生产率上升，由于生产率越高的企业，其产品的价格越低，因此，选择效应也会使得消费者享有的产品价格下降。

可以看出，上面的三种分类大致相同，由于 Feenstra（2010，2015，2016）的分类被学术界广泛采用，所以我们基于他的分类，归纳出贸易利益的三个来源，一是种类效应；二是选择效应；三是促进竞争效应。

假设存在两个完全对称的国家，分别为 H 和 F，每个国家的市场规模均为 L。当异质性企业进入市场时，需要支付 f_e 单位劳动力作为固定的市场进入成本。企业从一个已知分布中随机抽取一个生产率作为该企业的生产率。

考虑两种状态，较高的贸易成本 τ_1 和较低的贸易成本 τ_2。当贸易成本由 τ_1 下降到 τ_2 时，先分别将选择效应、种类效应和促进竞争效应从总体贸易利益中分离出来，然后计算每种效应对贸易利益的贡献率。下面分别基于一般形式和特殊形式的效用函数进行分析。

一、一般形式：加性可分效用函数

假设所有消费者均具有加性可分偏好，即消费者从某种产品的消费中获得的边际效用不受消费者对其他产品消费量的影响，这就意味着不同产品只能是替代品，而不是互补品。加性可分效用函数具有一般性，它囊括了诸多常见的效用函数，包括位似效用函数中的 CES 效用函数（Krugman，1980），非位似效用函数中的不变绝对风险厌恶效用函数（Behrens et al.，2014）及层级效用函数（Simonovska，2015）等。

当贸易成本为 τ_i，其中 $i \in \{1,2\}$ 时，国家 H 的消费者效用函数为：

$$U(\tau_i) = M(\tau_i) \left\{ \int_{c_l}^{c_e^d(\tau_i)} u\left(q_e^{HH}(\tau_i, c)\right) dG(c) + \int_{c_l}^{c_e^x(\tau_i)} u\left(q_e^{FH}(\tau_i, c)\right) dG(c) \right\}$$

其中，$G(c)$ 为企业边际成本的分布函数；积分上限 $c_e^d(\tau_i)$ 和 $c_e^x(\tau_i)$ 分别表示当边际成本为 τ_i 时，企业进入国内市场和出口市场的临界边际成本；积分下限 c_l 为企业最低边际成本；$M(\tau_i)$ 表示当边际成本为 τ_i 时，试图进入市场的企业数量。

在位似效用函数假设下，消费者福利等于实际收入，因此，贸易利益的分解等同于实际收入变化的分解。但是，在非位似效用函数假设下，消费者福利不等于实际收入。由于加性可分效用函数同时包含位似效用函数和非位似效用函数，因此需要采取其他的分解方式。在企业自由进入的假设下，消费者福利等于效用。考虑到这一点，我们可以直接对加性可分效用函数进行分解。

在贸易成本由 τ_1 下降到 τ_2 的过程中，贸易利益[①] 为：

$$\Delta U = U(\tau_2) - U(\tau_1) = A + B + C \tag{13-1}$$

其中，A 为选择效应，B 为促进竞争效应，C 为种类效应。A，B，C 的具体表达式如下：

$$A = M(\tau_2)\left\{\left[\int_{c_1}^{c_e^d(\tau_2)} u(q_e^{HH}(\tau_1,c))g(c)\mathrm{d}c + \int_{c_1}^{c_e^x(\tau_2)} u(q_e^{FH}(\tau_1,c))g(c)\mathrm{d}c\right] - \left[\int_{c_1}^{c_e^d(\tau_1)} u(q_e^{HH}(\tau_1,c))g(c)\mathrm{d}c + \int_{c_1}^{c_e^x(\tau_1)} u(q_e^{FH}(\tau_1,c))g(c)\mathrm{d}c\right]\right\}$$

$$B = M(\tau_2)\left\{\left[\int_{c_1}^{c_e^d(\tau_2)} u(q_e^{HH}(\tau_2,c))g(c)\mathrm{d}c + \int_{c_1}^{c_e^x(\tau_2)} u(q_e^{FH}(\tau_2,c))g(c)\mathrm{d}c\right] - \left[\int_{c_1}^{c_e^d(\tau_2)} u(q_e^{HH}(\tau_1,c))g(c)\mathrm{d}c + \int_{c_1}^{c_e^x(\tau_2)} u(q_e^{FH}(\tau_1,c))g(c)\mathrm{d}c\right]\right\}$$

$$C = \left[M(\tau_2) - M(\tau_1)\right]\left[\int_{c_1}^{c_e^d(\tau_1)} u(q_e^{HH}(\tau_1,c))g(c)\mathrm{d}c + \int_{c_1}^{c_e^x(\tau_1)} u(q_e^{FH}(\tau_1,c))g(c)\mathrm{d}c\right]$$

对于任意的加性可分效用函数，无论其子效用函数是什么形式，无论企业生产率（或者边际成本）服从什么分布，贸易利益都可以分解为选择效应、促进竞争效应和种类效应。因此，只需将子效用函数和企业生产率分布代入式（13-1），就可以求得贸易利益的每个来源的贡献率。

式（13-1）的结论具有一般性，对于多数常见的加性可分效用函数都是成立的。但是，该式并没有包含 Feenstra（2018）使用的超越对数形式的效用函数。因此，本章的理论结果与 Feenstra（2018）的理论结果形成了很好的互补，二者几乎囊括了所有常见的效用函数。

二、特殊形式：不变绝对风险厌恶效用函数

前面在效用函数为加性可分的一般情形下，将贸易利益分解为三部分。为了具体求出贸易利益中每个来源的贡献率，需要给定效用函数的具体形式。假设消费者的子效用函数由 CARA 代表，即 $u(i) = 1 - \mathrm{e}^{-\alpha q(i)}$。其中，$i$ 为某产品种类；$q(i)$ 为消费者对产品种类 i 的消费量；α 为消费者的风险厌恶系数。选择 CARA 子效用函数的优点在于，在该效用函数假设下，贸易成本下降会降低企业加成，这种促进竞争效应与诸多经验事实相符。而常见的 CES 效用函数则无法体现这一点（Behrens et al., 2014；毛海涛、钱学锋、张洁，2018）。

假设每个国家的异质性企业生产率均服从帕累托分布，分布函数为 $G(\phi) = $

---

① 证明见附录 B11。

$$\frac{1-\left(\frac{1/c_M}{\phi}\right)^k}{1-\left(\frac{1/c_M}{\phi_{\max}}\right)^k}，或者 G(c)=1-\frac{1-\left(\frac{c}{c_M}\right)^k}{1-\left(\frac{c_1}{c_M}\right)^k}=\frac{c^k-c_1^k}{c_M^{\ k}-c_1^{\ k}}。其中，k 为形状参数；\frac{1}{c_M} 为规模参数，$$

表示试图进入市场的企业的生产率最小值；$c=\frac{1}{\phi}$ 为企业的边际成本；$c_1=\frac{1}{\phi_{\max}}$ 为企业最小边际成本（即生产率最高的企业的边际成本）；企业生产率的取值区间为 $\left[\frac{1}{c_M},\phi_{\max}\right]$。当 $\phi_{\max}=\infty$（或 $c_1=0$）时，进入市场的企业最高生产率为无穷大，意味着企业生产率服从无上界帕累托分布；当 $\phi_{\max}<\infty$（或 $c_1>0$）时，进入市场的企业最高生产率为有限值，意味着企业生产率服从有上界帕累托分布。毫无疑问，后者更符合现实，但是由于前者计算简便，而且有许多良好的性质，所以应用更广泛。本章同时考虑企业生产率服从无上界帕累托分布和有上界帕累托分布两种情形。

假设 $M(\tau_i)$ 表示当贸易成本为 $i\in\{1,2\}$ 时，试图进入国家 H 的企业数量。国家 H 的消费者效用函数为：

$$U(\tau_i)=M(\tau_i)\left\{\int_{c_1}^{c_e^d(\tau_i)}\left[1-e^{-\alpha q_e^{HH}(\tau_i,c)}\right]dG(c)+\int_{c_1}^{c_e^x(\tau_i)}\left[1-e^{-\alpha q_e^{FH}(\tau_i,c)}\right]dG(c)\right\}$$

随着贸易成本由 τ_1 下降到 τ_2，贸易利益为：

$$\Delta U=U(\tau_2)-U(\tau_1)=A_{\mathrm{CARA}}+B_{\mathrm{CARA}}+C_{\mathrm{CARA}} \tag{13-2}$$

其中，A_{CARA} 为选择效应，B_{CARA} 为促进竞争效应，C_{CARA} 为种类效应。它们的具体表达式如下：

$$A_{\mathrm{CARA}}=M(\tau_2)\left(\left\{\int_{c_1}^{c_e^d(\tau_2)}\left[1-e^{\frac{c}{p(\tau_1,c,c_e^d(\tau_1))}-1}\right]c^{k-1}dc+\int_{\frac{c_e^d(\tau_2)}{\tau_2}}\left[1-e^{\frac{\tau_1 c}{p(\tau_1,c,c_e^x(\tau_1))}-1}\right]c^{k-1}dc\right\}-\right.$$
$$\left.\left\{\int_{c_1}^{c_e^d(\tau_1)}\left[1-e^{\frac{c}{p(\tau_1,c,c_e^d(\tau_1))}-1}\right]c^{k-1}dc+\int_{\frac{c_e^d(\tau_1)}{\tau_1}}\left[1-e^{\frac{\tau_1 c}{p(\tau_1,c,c_e^x(\tau_1))}-1}\right]c^{k-1}dc\right\}\right)$$

$$B_{\mathrm{CARA}}=M(\tau_2)\left\{\left[\int_{c_1}^{c_e^d(\tau_2)}e^{\frac{c}{p(\tau_1,c,c_e^d(\tau_1))}-1}c^{k-1}dc+\int_{\frac{c_e^d(\tau_2)}{\tau_2}}e^{\frac{\tau_1 c}{p(\tau_1,c,c_e^x(\tau_1))}-1}c^{k-1}dc\right]-\right.$$
$$\left.\left[\int_{c_1}^{c_e^d(\tau_2)}e^{\frac{c}{p(\tau_2,c,c_e^d(\tau_2))}-1}c^{k-1}dc+\int_{\frac{c_e^d(\tau_2)}{\tau_2}}e^{\frac{\tau_2 c}{p(\tau_2,c,c_e^x(\tau_2))}-1}c^{k-1}dc\right]\right\}$$

$$C_{\text{CARA}} = \left[M(\tau_2) - M(\tau_1)\right] \left\{ \int_{c_1}^{c_e^d(\tau_1)} \left[1 - e^{\frac{c}{p(\tau_1, c, c_e^d(\tau_1))} - 1}\right] c^{k-1} dc + \right.$$

$$\left. \int_{c_1}^{\frac{c_e^d(\tau_1)}{\tau_1}} \left[1 - e^{\frac{\tau_1 c}{p(\tau_1, c, c_e^x(\tau_1))} - 1}\right] c^{k-1} dc \right\}$$

选择效应、促进竞争效应和种类效应对贸易利益的贡献率分别为：

$$\Theta_{\text{selection}} = \frac{A_{\text{CARA}}}{\Delta U}; \quad \Theta_{\text{pro-competition}} = \frac{B_{\text{CARA}}}{\Delta U}; \quad \Theta_{\text{variety}} = \frac{C_{\text{CARA}}}{\Delta U} \quad (13-3)$$

（一）企业生产率服从无上界帕累托分布（即 $c_1 = 0$）

根据毛海涛、钱学锋和张洁（2018）的结论，在无上界帕累托分布假设下，贸易成本的下降并不能影响试图进入市场的企业数量，且对于任意 τ，$M(\tau) = \frac{L}{(k+1)f_e}$ 恒成立。所以，$C_{\text{CARA}} = 0$，这意味着当企业生产率服从无上界帕累托分布时，种类效应不存在。这与 Feenstra（2015，2016）的研究结论是一致的。

临界边际成本和价格的表达式分别为：

$$c_e^d(\tau) = \left[\frac{\alpha f_e}{L(1+\tau^{-k})} \cdot c_M^{\ k} \cdot \frac{(k+1)^2}{k} \cdot \frac{1}{\int_0^1 m^{k-1} e^{(k+1)(m-1)} dm}\right]^{\frac{1}{k+1}}$$

$$c_e^x(\tau) = \frac{1}{\tau}\left[\frac{\alpha f_e}{L(1+\tau^{-k})} \cdot c_M^{\ k} \cdot \frac{(k+1)^2}{k} \cdot \frac{1}{\int_0^1 m^{k-1} e^{(k+1)(m-1)} dm}\right]^{\frac{1}{k+1}}$$

$$p(\tau, c, c_e^d(\tau)) = \frac{c}{W\left(e\frac{c}{c_e^d(\tau)}\right)}$$

$$p(\tau, c, c_e^x(\tau)) = \frac{\tau c}{W\left(e\frac{c}{c_e^x(\tau)}\right)}$$

其中，$m \equiv W\left(e\frac{c}{c_e^x(\tau)}\right)$ 为朗伯 W 函数[①]。

---

① 可以用 Matlab 软件的 *lambertw*(·) 命令或者 Mathematica 软件的 *ProductLog*[·] 命令求解朗伯 W 函数。

（二）企业生产率服从有上界帕累托分布（即 $c_1 > 0$）

在有上界帕累托分布假设下，先写出如下形式的自由进入条件[①]，然后求得临界边际成本。

$$f_e = L\left[\int_{c_1}^{c_e^d(\tau)}\left[p_e^{HH}(c)-c\right]q_e^{HH}(c)dG(c) + \int_{c_1}^{c_e^x(\tau)}\left[p_e^{HF}(c)-\tau c\right]q_e^{HF}dG(c)\right]$$

根据上面的自由进入条件，并不能求出临界边界成本的显性表达式，只能写出如下隐函数形式[②]。

$$\frac{\alpha f_e}{k}\left[c_M^k - c_1^k\right] = L\left\{\int_{c_1}^{c_e^d(\tau)}\left[\frac{1}{W\left(e\frac{c}{c_e^d}\right)} - 2 + W\left(e\frac{c}{c_e^d}\right)\right]c^k dc + \tau\int_{c_1}^{\frac{c_e^d(\tau)}{\tau}}\left[\frac{1}{W\left(e\frac{\tau c}{c_e^d}\right)} - 2 + W\left(e\frac{\tau c}{c_e^d}\right)\right]c^k dc\right\}$$

可以看出，等式左边是一个常数，等式右边在给定 τ 的前提下，只有 $c_e^d(\tau)$ 一个未知数。为了求得 $c_e^d(\tau)$ 的值，可以通过不断尝试的方法，直到将选取的 $c_e^d(\tau)$ 的值代入等式右边时，等式右边与等式左边的误差最小。[③]

在有上界帕累托分布假设下，由于存在种类效应，还需要计算出 $M(\tau_1)$ 和 $M(\tau_2)$ 的表达式。在已知 $c_e^d(\tau)$ 的前提下，根据劳动力市场出清条件，就可以求得 $M(\tau)$ 的表达式。劳动力市场出清条件为：

$$M_e(\tau)\left[f_e + L\int_{c_1}^{c_e^d(\tau)}cq_e^{HH}(c)dG(c) + \tau L\int_{c_1}^{\frac{c_e^d(\tau)}{\tau}}cq_e^{HF}(c)dG(c)\right] = L$$

化简[④]得到：

[①] Melitz（2003）提出只有将自由进入条件和零利润条件结合，才能求出临界生产率。本章在求解自由进入条件的时候，其实是将零利润条件代入自由进入条件进行求解，本质上和 Melitz（2003）的做法是一致的。
[②] 证明见附录 B2。
[③] 可以借助 Mathematica 软件的 Table(·) 命令实现。
[④] 化简过程见附录 B3。

$$\int_{c_1}^{c_e^d(\tau)} \left[1 - W\left(e\frac{c}{c_e^d}\right)\right] c^k dc + \tau \int_{c_1}^{\frac{c_e^d(\tau)}{\tau}} \left[1 - W\left(e\frac{c}{c_e^d}\right)\right] c^k dc = \left[\frac{1}{M_e(\tau)} - \frac{f_e}{L}\right] \frac{\alpha\left[c_M^k - (c_1)^k\right]}{k}$$

观察上式可以发现，在给定 $c_e^d(\tau)$ 的前提下，即可求得 $M_e(\tau)$ 的数值。由于基于有上界帕累托分布的分解较为烦琐，而且不是本章的关注重点，因此本章在后文量化部分并没有基于有上界帕累托分布进行分解。

三、标准化贸易利益及其分解

根据式（13-2）及本章给定的标准化贸易利益的定义，同样考虑贸易成本由 τ_1 下降到 τ_2 的过程，可以写出标准化贸易利益的表达式：

$$\Delta U_{standard} = \frac{\Delta U}{\left|\frac{\tau_2 - \tau_1}{\tau_1}\right|} = \frac{\Delta U}{\left|\frac{\tau_2 - \tau_1}{\tau_1}\right| \cdot \frac{贸易量}{GDP}}$$

与式（13-3）类似，选择效应、促进竞争效应和种类效应对标准化贸易利益的贡献率分别为：

$$\Psi_{selection} = \frac{\dfrac{A}{\left|\dfrac{\tau_2 - \tau_1}{\tau_1}\right| \cdot \dfrac{贸易量}{GDP}}}{\Delta U_{standard}} ; \quad \Psi_{pro\text{-}competition} = \frac{\dfrac{B}{\left|\dfrac{\tau_2 - \tau_1}{\tau_1}\right| \cdot \dfrac{贸易量}{GDP}}}{\Delta U_{standard}} ; \quad \Psi_{variety} = \frac{\dfrac{C}{\left|\dfrac{\tau_2 - \tau_1}{\tau_1}\right| \cdot \dfrac{贸易量}{GDP}}}{\Delta U_{standard}}$$

可以看出，$\Psi_{selection} = \Theta_{selection}$；$\Psi_{pro\text{-}competition} = \Theta_{pro\text{-}competition}$；$\Psi_{variety} = \Theta_{variety}$。

接下来，通过参数估计及量化分析，可以得知各国标准化贸易利益的大小，以及中国在世界贸易中的排名。进一步通过对标准化贸易利益进行分解，还可以探究不同贸易利益来源对各国贸易强国程度的贡献率。在后文，我们将标准化贸易利益统一称为贸易强国指数。

第三节　参数估计

观察第二节贸易强国指数的分解可以发现，只需估计出帕累托分布的形状参数 k 和贸易成本 $\tau \in \{\tau_1, \tau_2\}$，就可以确定贸易强国指数各个组成部分的大小及每一种来源的贡献率。

一、形状参数 k 的估计

（一）形状参数 k 的估计方法

基于不同的微观理论基础，可以得到形状参数的不同估计方法。在企业生产率服从无上界帕累托分布的假设下，如果效用函数为 CES，则形状参数和替代弹性的关系为 $k=\sigma-1$，在这种情况下，可以通过估计替代弹性得到形状参数（Arkolakis, Costinot, and Rodriguez-Clare, 2012）。然而，由于本章的需求结构并非 CES 情形，因此不能借助形状参数和替代弹性的关系进行求解。本章借助帕累托分布自身的性质，对形状参数进行估计。

企业生产率的中位数和均值分别为：

$$\phi_{\text{Median}} = \frac{1}{c_M}\left\{1-\frac{1}{2}\left[1-\left(\frac{1/c_M}{\phi_{\max}}\right)^k\right]\right\}^{-\frac{1}{k}}$$

$$\phi_{\text{Mean}} = \frac{\left(\frac{1}{c_M}\right)^k}{1-\left(\frac{1/c_M}{\phi_{\max}}\right)^k}\cdot\frac{k}{k-1}\left[\frac{1}{\left(\frac{1}{c_M}\right)^{k-1}}-\frac{1}{(\phi_{\max})^{k-1}}\right]$$

可以得到，$\dfrac{\phi_{\text{Median}}}{\phi_{\text{Mean}}}=\dfrac{k-1}{k}\cdot\dfrac{\left\{1-\frac{1}{2}\left[1-\left(\frac{1/c_M}{\phi_{\max}}\right)^k\right]\right\}^{-\frac{1}{k}}\left[1-\left(\frac{1/c_M}{\phi_{\max}}\right)^k\right]}{1-\left(\frac{1/c_M}{\phi_{\max}}\right)^{k-1}}$。很明显，该公式同时涵盖了无上界帕累托分布和有上界帕累托分布。当 $\phi_{\max}<\infty$ 时，对应有上界帕累托分布；当 $\phi_{\max}=\infty$ 时，对应无上界帕累托分布。而且，当企业生产率服从无上界帕累托分布时，企业生产率的中位数和均值[①]分别退化为：

$$\phi_{\text{Median-unbounded}} = \frac{1}{c_M}\cdot 2^{\frac{1}{k}}$$

$$\phi_{\text{Mean-unbounded}} = \frac{1}{c_M}\cdot\frac{k}{k-1}$$

进一步得出，$\dfrac{\phi_{\text{Median-unbounded}}}{\phi_{\text{Mean-unbounded}}}=\dfrac{2^{\frac{1}{k}}}{\dfrac{k}{k-1}}$。

因此，只需知道企业生产率的中位数、均值、最大值和最小值，通过 Matlab 求解方程即可分别得到企业生产率服从无上界帕累托分布和有上界帕累托分布情形下形状参数的数值。

---

① 证明见附录 B4。

(二)中国制造业企业全要素生产率的估计方法

计算企业全要素生产率的方法有很多,如传统的索洛余值法,后来的随机前沿方法和数据包络法等,这些方法均存在不同程度的不足。OP(Olley and Pakes,1996)方法作为一种半参数估计方法,有效地解决了因全要素生产率与投入要素相关而导致的联立性问题以及全要素生产率与退出相关导致的样本选择问题。基于此,本章选择OP方法来估算企业全要素生产率。

(三)估计结果

根据2000—2007年中国工业企业数据库微观层面的数据,采用OP方法估计中国企业全要素生产率(以下简称生产率)。结果显示,最低企业生产率与最高企业生产率之比为3.52×10^{-6},近似为零。换言之,最高企业生产率与最低企业生产率之比约等于无穷大。因此,在中国现实情境下,假设企业生产率服从无上界帕累托分布更加合理。当企业生产率服从无上界帕累托分布时,形状参数k为7.68。理论上讲,不同国家企业生产率分布下的形状参数理应不同。然而,由于数据有限,很难得到每个国家各自的形状参数。现有国内外文献通常假设各个国家的企业生产率具有相同的形状参数,即认为其他国家的形状参数和中国的等同(樊海潮、张丽娜,2018;Hsieh and Ossa,2016)。毫无疑问,这种做法存在较大误差。本章试图将经济体划分为两类,并假设两类国家分别有不同的形状参数。

帕累托分布的形状参数的特定性质意味着,随着形状参数降低,一个经济体企业生产率离散度将增加,同时平均生产率上升。一般来说,各个国家平均生产率与人均GDP成正比。因此,我们认为一个经济体的形状参数大小与其人均GDP成反比。世界银行在2014年公布的高收入国家的标准为人均GDP超过41597.33美元,在WIOD数据库中,澳大利亚、奥地利、比利时、加拿大、瑞士、德国、丹麦、芬兰、法国、英国、卢森堡、荷兰、挪威、瑞典和美国共15个国家的人均GDP超过了这一标准,而其余国家则低于此标准。由于Caliendo和Parro(2015)估计得到的美国企业生产率分布的形状参数为4.55。因此,本章接下来假定这15个国家的形状参数与美国相同,都是4.55;而其余国家的形状参数与中国相同,均为7.68。

二、贸易成本的估计

(一)关税等价法

贸易成本的精确测度向来是困扰学术界的难题(Anderson and van Wincoop,2004)。大多数国内外文献在测算贸易成本时只考虑了关税壁垒,而没有考虑现实中普遍存在的非关税壁垒。毫无疑问,忽略非关税壁垒的做法会低估贸易成本,高估贸易自由化水平。

Head和Ries(2001)分别考虑了基于本地市场效应的报酬递增模型和基于国家产品差异性的报酬不变模型,并首次推导出基于微观理论基础的贸易成本表达式。钱学锋和梁琦(2008)运用改进的引力模型测度了1980—2006年中国与七国集团(G7)各国关税等价的双边贸易成本。Novy（2013）拓展了 Head 和 Ries（2001）的方法，研究发现贸易成本表达式可以基于很多贸易模型推导得到。引力模型（Anderson and van Wincoop，2003）、李嘉图模型（Eaton and Kortum，2002），以及异质性企业模型（Chaney，2008；Melitz and Ottaviano，2008）等进一步将不可观测的多边阻力变量与可观测数据联系起来，进而测量得到综合性贸易壁垒。具体而言，Novy（2013）基于引力方程，推导出一个基于微观理论基础的总体双边贸易成本。基于这种方法测量得到的贸易成本的优势在于，它涵盖了诸多贸易成本的组成部分，不仅包含运输成本和关税，还包含其他难以观测到的因素，如语言障碍、信息成本及官僚制中的繁文缛节等。

本章借鉴 Novy（2013）的方法，分两步估计不同国家综合性贸易成本。

第一步：估计任意两个国家间贸易成本。

Novy（2013）提出用任意两国 i 和 j 的双边贸易成本相对于各自国内贸易成本的几何平均作为这两个国家之间的标准化的贸易成本。具体公式为：

$$\tau_{ij} = \sqrt{\frac{t_{ij}t_{ji}}{t_{ii}t_{jj}}} - 1$$

很明显，$\tau_{ij} = \tau_{ji}$，此外，等式右边减去 1 的原因是，当 $i=j$ 时，即为国内贸易，此时通过关税等价法计算得到的贸易成本等于零。由于等式右边的数据并不可得，因此需要将等式变形为可获得数据的函数。Novy（2013）进一步提出，可以将 τ_{ij} 转化为贸易额的函数。借鉴 Novy（2013）的思路，基于本章效用函数，可以得到如下关系式。

$$\tau_{ij} = \left(\frac{x_{ii}x_{jj}}{x_{ij}x_{ji}}\right)^{\frac{1}{2k}} - 1$$

其中，x_{ii} 为 i 国购买 i 国产品的支出，x_{jj} 为 j 国购买 j 国产品的支出，x_{ij} 为 j 国购买 i 国产品的支出，x_{ji} 为 i 国购买 j 国产品的支出。

可以看出，τ_{ij} 由贸易量和帕累托分布的形状参数 k 共同决定，而 k 已经在前面估计得到。因此，只需知道国家 i 和国家 j 之间的贸易量和各国内部贸易量的数据，就可以得到任意两个国家的贸易成本。然而，对于给定的目的国 j 而言，其与不同的出口国之间存在不同的贸易成本。

第二步：估计一个国家与各个贸易国的综合贸易成本。

目的国 j 的贸易成本为该国与世界各国贸易成本的平均值。下面分别给出基于简单平均法和几何平均法的综合贸易成本计算公式。

$$\tau_j = \frac{\sum_{i=1}^{n}\tau_{ij}}{n}; \qquad \tau_j = \left(\prod_{i=1}^{n}\tau_{ij}\right)^{\frac{1}{n}}$$

通过上式可以看出，目的国 j 的综合贸易成本由该国与世界各国的单边贸易成本决定，而单边贸易成本又是由贸易量决定的。接下来，我们只需要知道不同国家之间的贸易量数据即可。

（二）数据来源

所用数据来自 WIOD 数据库，WIOD 数据共有两套，分别在 2013 年和 2016 年发布。其中，2013 年的世界投入产出表包含 40 个国家，分别为 27 个欧盟国家和 13 个其他的世界主要经济体，涉及 35 个部门，时间跨度为 1995—2011 年；2016 年的世界投入产出表包含 42 个国家，分别为 28 个欧盟国家和 14 个其他的世界主要经济体，涉及 56 个部门，时间跨度为 2000—2014 年。数据单位均为百万美元。

考虑到数据的新颖性和国家的多样性，我们选择使用 2016 年世界投入产出表。选取 2000 年、2007 年和 2014 年这三年作为研究对象，通过关税等价法分别计算这三年各国的贸易成本。选择 2000 年作为贸易自由化发生之前年份的原因，一方面在于数据的可获得性，另一方面在于 2000 年是中国加入 WTO 的前一年；选择 2007 年是因为这是全球金融危机发生的前一年；选择 2014 年是因为 2014 年的数据是 WIOD 数据库最新的数据。

（三）估计结果

表 13.1 和表 13.2 分别展示了通过简单平均法和几何平均法计算的不同国家或地区在 2000 年、2007 年和 2014 年这三个时间点的贸易成本，以及 2000—2007 年、2007—2014 年贸易成本的变化率。通过表 13.1 和表 13.2，可以直观地发现一些现象。① 2000—2007 年，所有国家都经历了贸易成本下降，只是下降幅度不同；然而，2007—2014 年，各国的贸易成本却有升有降。即使是那些贸易成本持续下降的国家，2007—2014 年的下降幅度也明显小于 2007 年之前的下降幅度。这说明，在全球金融危机发生前，大部分国家都积极采用贸易自由化政策，降低关税和非关税壁垒；而在全球金融危机发生之后，各国又普遍提高贸易壁垒，但贸易壁垒程度差别较大。② 不同国家贸易成本下降幅度差别很大。观察表 13.2 通过几何平均法得到的结论可以看出，2000—2007 年，贸易成本下降幅度最大的国家为保加利亚，下降幅度为 25.25%；贸易成本下降幅度最小的两个国家为印度尼西亚和美国，下降幅度分别为 0.78% 和 0.80%；中国贸易成本下降幅度较大，为 17.86%。进一步观察 2007—2014 年，发现贸易成本下降幅度最大的国家为立陶宛，降幅约为 8.85%；贸易成本上升幅度最大的国家为希腊，涨幅为 3.70%；中国贸易成本略有上涨，涨幅约为 0.02%。

表 13.1　不同国家或地区在 2000 年、2007 年和 2014 年的贸易成本（简单平均法）

国家或地区名称	贸易成本（2000 年）	贸易成本（2007 年）	贸易成本（2014 年）	贸易成本变化（%）（2000—2007 年）	贸易成本变化（%）（2007—2014 年）
澳大利亚	4.679331	4.427336	4.492685	−5.385278366	1.476034347
奥地利	2.892443	2.694689	2.661872	−6.836919518	−1.217839981
比利时	2.666722	2.368883	2.208544	−11.16873075	−6.768548721

续表

国家或地区名称	贸易成本（2000年）	贸易成本（2007年）	贸易成本（2014年）	贸易成本变化（%）（2000—2007年）	贸易成本变化（%）（2007—2014年）
保加利亚	2.066232	1.534037	1.427262	-25.7567882	-6.960392742
巴西	1.719888	1.567869	1.557842	-8.838889509	-0.639530471
加拿大	3.846675	3.546457	3.591212	-7.804610475	1.261963701
瑞士	2.950063	2.826947	2.771109	-4.173334603	-1.975205053
中国	1.67339	1.358418	1.349856	-18.82239048	-0.630292001
塞浦路斯	1.934404	1.724739	1.811341	-10.83873896	5.021165521
捷克	1.475018	1.25672	1.191851	-14.7996838	-5.161770323
德国	2.074382	1.86387	1.872247	-10.14817907	0.449441216
丹麦	3.00511	2.720252	2.700716	-9.479120565	-0.718168758
西班牙	1.264587	1.204859	1.184134	-4.723123043	-1.720118288
爱沙尼亚	2.030113	1.545724	1.455856	-23.86019892	-5.813974552
芬兰	3.276128	2.958304	3.020084	-9.701208256	2.088358735
法国	2.599683	2.434063	2.391282	-6.370776745	-1.75759625
英国	2.489482	2.347249	2.364671	-5.713357237	0.742230586
希腊	1.608393	1.452146	1.509972	-9.714478986	3.982106482
克罗地亚	1.926002	1.621284	1.636449	-15.82127121	0.935369744
匈牙利	1.401432	1.188635	1.134111	-15.18425439	-4.587110425
印度尼西亚	1.815437	1.806923	1.729706	-0.468977993	-4.273397372
印度	1.768718	1.537473	1.54003	-13.0741588	0.166311864
爱尔兰	1.333909	1.227532	1.136442	-7.974831866	-7.420580482
意大利	1.129945	1.059744	1.051943	-6.212780268	-0.736121176
日本	1.684684	1.492551	1.529863	-11.40469073	2.499881076
韩国	1.630674	1.486216	1.346155	-8.858790905	-9.42400028
立陶宛	2.089479	1.617359	1.466588	-22.59510624	-9.322049094
卢森堡	4.309683	3.279986	3.2589	-23.89263897	-0.642868598
拉脱维亚	2.063251	1.709808	1.678392	-17.13039276	-1.837399287
墨西哥	1.808376	1.780282	1.664866	-1.553548598	-6.483017859
马耳他	1.75398	1.544614	1.519694	-11.93662413	-1.61334806
荷兰	2.603303	2.3428	2.190732	-10.00663388	-6.490865631
挪威	3.591514	3.118312	3.081949	-13.17555772	-1.166111666
波兰	1.418195	1.196857	1.119227	-15.6070216	-6.486154988
葡萄牙	1.700805	1.547627	1.502667	-9.006205885	-2.905092765

续表

国家或地区名称	贸易成本（2000年）	贸易成本（2007年）	贸易成本（2014年）	贸易成本变化（%）（2000—2007年）	贸易成本变化（%）（2007—2014年）
罗马尼亚	1.666618	1.417133	1.367644	−14.96953711	−3.492191629
世界其他地区	0.791906	0.766866	0.760745	−3.162017103	−0.798105848
俄罗斯	1.297681	1.236867	1.200705	−4.686359745	−2.923677323
斯洛伐克	1.791105	1.413955	1.363648	−21.05683363	−3.557892578
斯洛文尼亚	1.703593	1.479045	1.446496	−13.18084777	−2.200676788
瑞典	2.845567	2.564662	2.587886	−9.871670567	0.90553843
土耳其	1.492218	1.315196	1.275616	−11.86301197	−3.009437377
美国	2.901341	2.822743	2.80302	−2.709023172	−0.698717524

表13.2 不同国家或地区在2000年、2007年和2014年的贸易成本（几何平均法）

国家或地区名称	贸易成本（2000年）	贸易成本（2007年）	贸易成本（2014年）	贸易成本变化（%）（2000—2007年）	贸易成本变化（%）（2007—2014年）
澳大利亚	4.031481041	3.874598	3.949618638	−3.891449306	1.936217331
奥地利	2.638044	2.470922	2.428538	−6.335072501	−1.715311127
比利时	2.435923	2.210118	2.054915	−9.26979219	−7.02238523
保加利亚	1.944561	1.453534	1.357519	−25.25130351	−6.605624636
巴西	1.609899	1.489456	1.462899	−7.481401007	−1.782999968
加拿大	3.418138	3.216808	3.267139	−5.89004891	1.564625554
瑞士	2.704483	2.62036	2.567826	−3.110502081	−2.00483903
中国	1.554662	1.27707	1.277387	−17.85545668	0.024822445
塞浦路斯	1.817593	1.598632	1.640614	−12.04675634	2.626120333
捷克	1.395725	1.189216	1.12494	−14.79582296	−5.404905417
德国	1.932009	1.746179	1.730121	−9.618485214	−0.919607898
丹麦	2.769165	2.534188	2.517044	−8.485482086	−0.676508609
西班牙	1.204852	1.160274	1.143296	−3.699873511	−1.463275054
爱沙尼亚	1.882087	1.444975	1.368486	−23.22485624	−5.293447984
芬兰	2.983184	2.734974	2.774458	−8.320304748	1.443670031
法国	2.381942	2.270403	2.222649	−4.682691686	−2.10332703

续表

国家或地区名称	贸易成本（2000年）	贸易成本（2007年）	贸易成本（2014年）	贸易成本变化（%）（2000—2007年）	贸易成本变化（%）（2007—2014年）
英国	2.300572	2.194021	2.207497	-4.63150034	0.614214723
希腊	1.526272	1.390071	1.441462	-8.923769813	3.697005405
克罗地亚	1.776978	1.511636	1.525744	-14.93220513	0.933293465
匈牙利	1.325146	1.12434	1.069903	-15.15350007	-4.8416849
印度尼西亚	1.648041	1.660888	1.602286	0.779531577	-3.528353507
印度	1.656858	1.454966	1.457913	-12.18523253	0.202547688
爱尔兰	1.262743	1.171257	1.077559	-7.245021354	-7.999781431
意大利	1.091216	1.029062	1.023778	-5.695847568	-0.513477322
日本	1.517317	1.387424	1.407152	-8.560702872	1.421915723
韩国	1.482934	1.388565	1.271873	-6.363668241	-8.403783762
立陶宛	1.917487	1.499001	1.366396	-21.8247112	-8.846224919
卢森堡	3.617681	2.808934	2.765432	-22.35539839	-1.548701393
拉脱维亚	1.893856	1.583394	1.551399	-16.39311542	-2.020659419
墨西哥	1.669198	1.636051	1.53638	-1.985803961	-6.092169498
马耳他	1.638819	1.438634	1.404651	-12.21519887	-2.362171338
荷兰	2.39468	2.193448	2.043377	-8.403293968	-6.841785171
挪威	3.185316	2.816273	2.775216	-11.5857579	-1.457848724
波兰	1.341518	1.138787	1.071205	-15.11205962	-5.934560194
葡萄牙	1.601586	1.478132	1.43298	-7.708234213	-3.054666295
罗马尼亚	1.565636	1.340369	1.291882	-14.38821029	-3.617436691
世界其他地区	0.774466	0.753608	0.749166	-2.693210548	-0.58943111
俄罗斯	1.237252	1.179418	1.15648	-4.674391312	-1.944857548
斯洛伐克	1.668935	1.317919	1.268822	-21.03233499	-3.725342756
斯洛文尼亚	1.602263	1.397813	1.366628	-12.76007747	-2.230985117
瑞典	2.592894	2.365476	2.382371	-8.770817473	0.714232569
土耳其	1.422956	1.263599	1.216163	-11.19901107	-3.754039058
美国	2.551279	2.530848	2.483294	-0.800814023	-1.878974952

接下来，我们分别采用表 13.1 和表 13.2 根据简单平均法和几何平均法得到的贸易成本，计算各国在 2007 年和 2014 年的贸易强国指数。

第四节　量 化 分 析

基于第三节估计得到的帕累托分布的形状参数 k 和通过关税等价法得到的世界多个国家或地区的贸易成本，我们接下来先对各个国家在 2007 年和 2014 年的贸易强国指数[①]进行量化分析，然后对贸易强国指数进行分解。

一、各国贸易强国指数的计算

根据前面的定义，贸易强国指数由两个时间点的贸易利益、贸易成本变化率和贸易依存度组成。因此，我们需要分别对贸易强国指数的这三个组成部分进行量化分析。

（一）贸易利益

除了帕累托分布的形状参数 k 和贸易成本，其余参数只需对其进行赋值，就可以计算不同国家或地区在 2000—2007 年和 2007—2014 年这两个时间段的贸易利益。本章将其余参数赋值如下[②]：$\alpha = f_e = c_M = L = 1$。由于我们的研究目的是比较不同国家的总体贸易利益，因此，参数赋值并不会影响结论。借助 Matlab 软件，就可以分别计算不同国家的消费者在每一个时间段获得的贸易利益。

（二）贸易成本变化率

根据表 13.1 和表 13.2 已经计算出的 2000 年、2007 年和 2014 年这三个时间点的贸易成本，可以分别计算出贸易成本变化率。需要指出的是，这里的贸易成本变化率并不等同于表 13.1 和表 13.2 中的变化率，而是要先给每个时间点的贸易成本分别加上 1，再计算得到的变化率。

（三）贸易依存度

贸易依存度的计算需要用到各个国家或地区进出口总额和 GDP 数据。其中，进出口总额数据来自 WIOD 数据库，而 GDP 数据来自世界银行。

表 13.3 呈现的是各个国家或地区在 2007 年和 2014 年的贸易依存度和贸易强国指数。可以看出，世界各国的贸易依存度差异较大，其中，贸易依存度较大的国家为卢森堡、芬兰、马耳他，贸易依存度较小的国家为美国、巴西、日本等。在一定时间内，如果两个国家贸易成本变化幅度相同，且获得的贸易利益也相同，那么贸易依存度越大的国家，其获利能力越弱，越远离贸易强国，而贸易依存度越小的国家则越接近贸易强国。

[①] 将 2007 年的贸易强国指数定义为一个国家从 2000—2007 年贸易自由化进程中获得的标准化贸易利益，将 2014 年的贸易强国指数定义为一个国家从 2007—2014 年贸易自由化进程中获得的标准化贸易利益。
[②] 改变参数值的大小，不影响各国贸易强国指数的排名。

因此,贸易依存度的大小是影响贸易强国的一个重要因素。例如,日本和韩国的贸易利益总体相差不大,但是从表13.3中可以看出,2007年日本和韩国的贸易强国指数(几何平均法)排名分别为第9名和第24名,导致两国贸易强国指数排名差异较大的原因是韩国的贸易依存度为2.21,而日本的贸易依存度仅为0.975。同时,从表13.3中可以看出,无论是通过哪种方法计算得到的2007年和2014年的贸易强国指数,美国、德国、意大利、英国和法国均排名前5位[①]。比较这5个国家2007—2014年贸易强国指数的变化可以发现,德国、意大利和法国的贸易强国指数都有不同程度的提高,而美国和英国的贸易强国指数却出现了一定程度的下降。这与美国和英国在全球金融危机之后采取的提高关税和非关税壁垒的政策有密切关系。此外,英国脱欧和美国针对多个国家实施贸易保护主义政策这两起逆贸易自由化进程的代表性事件,可能进一步恶化了美国和英国的贸易强国程度。

表 13.3 各国在 2007 年和 2014 年的贸易依存度和贸易强国指数

国家或地区名称	2007 年贸易依存度 $\times 10^{-1}$	2007 年贸易强国指数 $\times 10^{-3}$				2014 年贸易依存度 $\times 10^{-1}$	2014 年贸易强国指数 $\times 10^{-3}$			
		简单平均法	排名	几何平均法	排名		简单平均法	排名	几何平均法	排名
澳大利亚	1.84	0.97	33	1.62	30	1.66	1.12	35	1.82	31
奥地利	2.90	3.49	16	4.68	14	3.11	3.65	18	4.89	18
比利时	4.33	3.37	17	4.31	17	4.78	4.04	16	5.04	16
保加利亚	2.98	0.80	37	1.05	38	3.94	1.27	32	1.61	35
巴西	0.879	3.55	15	4.64	15	0.815	4.68	12	6.11	13
加拿大	2.20	1.76	27	2.55	26	2.18	1.93	28	2.70	26
瑞士	3.08	2.90	19	3.79	19	2.89	3.40	19	4.38	19
中国	1.63	3.02	18	4.07	18	1.15	6.36	7	8.19	7
塞浦路斯	2.31	0.81	36	1.15	36	2.80	0.74	40	1.14	40
捷克	3.84	1.97	25	2.50	27	4.79	2.40	23	3.03	24
德国	2.35	13.25	2	16.17	2	2.48	14.06	1	17.41	2
丹麦	2.65	3.57	14	4.58	16	2.68	4.07	15	5.13	15
西班牙	1.29	8.57	6	10.23	6	1.54	8.16	6	9.48	6
爱沙尼亚	3.69	0.65	40	0.91	40	4.80	0.98	37	1.31	38
芬兰	7.60	0.93	34	1.24	35	7.20	1.08	36	1.42	36
法国	1.41	10.09	5	12.89	5	1.55	10.32	5	12.95	5
英国	1.49	10.83	4	13.60	4	1.60	10.69	4	13.25	4
希腊	1.11	3.95	11	4.90	13	1.61	3.00	20	3.68	20
克罗地亚	2.17	1.05	32	1.50	31	2.54	1.23	33	1.71	34

---

① 因为世界其他地区数据并没有实际意义,所以本章没有对其进行分析。

续表

国家或地区名称	2007年贸易依存度 ×10⁻¹	2007年贸易强国指数 ×10⁻³				2014年贸易依存度 ×10⁻¹	2014年贸易强国指数 ×10⁻³			
		简单平均法	排名	几何平均法	排名		简单平均法	排名	几何平均法	排名
匈牙利	3.94	2.43	21	3.07	22	4.89	2.92	21	3.68	21
印度尼西亚	2.28	0.82	35	1.27	34	1.74	1.23	34	1.81	32
印度	1.29	2.42	22	3.20	21	1.05	3.89	17	5.01	17
爱尔兰	4.58	2.10	23	2.59	25	5.90	2.27	24	2.80	25
意大利	1.45	12.57	3	14.25	3	1.51	13.68	2	15.27	3
日本	0.975	3.82	13	5.67	9	1.01	4.37	13	6.26	12
韩国	2.21	1.81	26	2.61	24	3.09	2.01	27	2.64	27
立陶宛	2.79	0.71	39	1.04	39	4.35	0.97	38	1.35	37
卢森堡	11.1	0.36	42	0.61	42	12.3	0.47	42	0.81	42
拉脱维亚	2.31	0.74	38	1.09	37	3.23	0.81	39	1.17	39
墨西哥	1.26	1.56	29	2.33	29	1.46	1.68	29	2.49	29
马耳他	6.75	0.46	41	0.64	41	6.59	0.64	41	0.90	41
荷兰	3.33	4.61	8	5.80	8	4.72	4.21	14	5.20	14
挪威	3.44	1.64	28	2.38	28	3.18	2.18	25	3.10	23
波兰	2.33	3.95	12	4.93	12	2.79	5.21	10	6.29	11
葡萄牙	1.61	2.05	24	2.61	23	2.13	2.02	26	2.51	28
罗马尼亚	1.78	2.47	20	3.22	20	2.63	2.48	22	3.18	22
世界其他地区	2.93	21.35		22.77		2.50	26.59		28.04	
俄罗斯	2.31	4.28	9	5.24	11	2.18	5.32	9	6.33	9
斯洛伐克	3.62	1.08	31	1.49	32	4.55	1.45	30	1.98	30
斯洛文尼亚	3.42	1.09	30	1.43	33	3.85	1.35	31	1.74	33
瑞典	2.77	4.13	10	5.46	10	2.64	4.85	11	6.32	10
土耳其	1.29	5.10	7	6.16	7	1.44	6.21	8	7.51	8
美国	0.623	14.70	1	21.63	1	0.725	13.28	3	19.50	1

进一步比较2007年和2014年各个国家或地区的贸易强国指数（几何平均法），发现塞浦路斯、西班牙、英国、希腊、荷兰、葡萄牙、罗马尼亚和美国共8个国家的贸易强国指数发生了不同程度的下降，而其余国家或地区的贸易强国指数都有所提升，但是绝大多数国家的贸易强国指数上升幅度较小，不过中国是一个例外。中国在2007年的贸易强国指数为4.07，而2014年贸易强国指数上升至8.19，上升幅度超过100%。相应地，中国的贸易强国指数排名也由2007年的第18名上升至2014年的第7名。毫无疑问，中

国是贸易强国指数上升幅度最大的国家。这与全球金融危机之后,世界多数国家采取保护主义政策,而中国坚持对外开放政策有很大关系。虽然中国的贸易强国指数有了较大幅度的提升,但是与贸易强国指数位于前5的美国、德国、意大利、英国和法国相比还有很大差距。

本章的结论与已有研究类似。张亚斌、李峰和曾铮(2007)通过构建评价贸易强国程度的三级指标体系,采用2003年数据,发现所选取的10个典型国家贸易强国程度的排序为:美国、德国、日本、英国、法国、新加坡、印度、韩国、中国和菲律宾。将该结论与本章的结论相比较,可以发现,中国在2003年时贸易强国程度低于印度和韩国,而在2007年超过了印度和韩国,并在2014年将优势进一步放大。

二、各国贸易强国指数的分解

根据前面的分析,在企业生产率服从无上界帕累托分布的假设条件下,种类效应为零。表13.4分别呈现了2000—2007年和2007—2014年选择效应和促进竞争效应对贸易强国指数的贡献率①。

表13.4 选择效应和促进竞争效应对贸易强国指数的贡献率(无上界帕累托分布)

国家或地区名称	2000—2007年				2007—2014年			
	选择效应贡献率(%)		促进竞争效应贡献率(%)		选择效应贡献率(%)		促进竞争效应贡献率(%)	
	简单平均法	几何平均法	简单平均法	几何平均法	简单平均法	几何平均法	简单平均法	几何平均法
澳大利亚	-85.84	-56.96	185.84	156.96	23.90	23.81	76.10	76.19
奥地利	-99.59	-90.82	199.59	190.82	-16.49	-21.01	116.49	121.01
比利时	-164.23	-129.17	264.23	229.17	-88.82	-91.00	188.82	191.00
保加利亚	-1025.39	-971.56	1125.39	1071.56	-189.82	-176.58	289.82	276.58
巴西	-261.94	-213.41	361.94	313.41	-22.19	-39.89	122.19	139.89
加拿大	-126.42	-88.11	226.42	188.11	17.15	21.05	82.85	78.95
瑞士	-58.24	-44.96	158.24	144.96	-25.29	-25.53	125.29	125.53
中国	-629.72	-561.75	729.72	661.75	-11.13	0.38	111.13	99.62
塞浦路斯	-346.58	-384.08	446.58	484.08	118.07	60.53	-18.07	39.47
捷克	-440.76	-423.24	540.76	523.24	-124.43	-131.44	224.43	231.44
德国	-132.87	-128.14	232.87	228.14	6.15	-9.11	93.85	109.11
丹麦	-142.93	-147.34	242.93	247.34	-10.25	-10.62	110.25	110.62
西班牙	-111.31	-86.76	211.31	186.76	-39.60	-37.75	139.60	137.75
爱沙尼亚	-923.03	-865.69	1023.03	965.69	-165.36	-133.07	265.36	233.07
芬兰	-151.80	-125.42	251.80	225.42	30.48	16.80	69.52	83.20

---

① 本章在附录B5中对选择效应为负的原因进行了详细探讨。

续表

国家或地区名称	2000—2007年				2007—2014年			
	选择效应贡献率(%)		促进竞争效应贡献率(%)		选择效应贡献率(%)		促进竞争效应贡献率(%)	
	简单平均法	几何平均法	简单平均法	几何平均法	简单平均法	几何平均法	简单平均法	几何平均法
法国	-87.14	-62.06	187.14	162.06	-22.88	-29.40	122.88	129.40
英国	-76.45	-58.18	176.45	158.18	8.54	5.37	91.46	94.63
希腊	-288.01	-255.76	388.01	355.76	94.07	83.31	5.93	16.69
克罗地亚	-540.60	-474.08	640.60	574.08	20.12	27.75	79.88	72.25
匈牙利	-434.15	-425.58	534.15	525.58	-106.62	-110.79	206.62	210.79
印度尼西亚	-18.91	26.02	118.91	73.98	-126.75	-100.39	226.75	200.39
印度	-407.50	-373.26	507.50	473.26	10.72	4.06	89.28	95.94
爱尔兰	-205.53	-183.08	305.53	283.08	-180.72	-195.67	280.72	295.67
意大利	-142.06	-126.15	242.06	226.15	-20.11	-14.21	120.11	114.21
日本	-345.14	-232.32	445.14	332.32	62.99	36.33	37.01	63.67
韩国	-258.87	-169.01	358.87	269.01	-267.29	-217.32	367.29	317.32
立陶宛	-874.66	-797.80	974.66	897.80	-265.77	-244.06	365.77	344.06
卢森堡	-481.61	-419.13	581.61	519.13	-8.79	-20.34	108.79	120.34
拉脱维亚	-598.14	-560.26	698.14	660.26	-47.75	-48.69	147.75	148.69
墨西哥	-47.17	-54.99	147.17	154.99	-179.86	-162.71	279.86	262.71
马耳他	-364.63	-374.09	464.63	474.09	-39.86	-58.75	139.86	158.75
荷兰	-144.58	-118.89	244.58	218.89	-86.51	-90.31	186.51	190.31
挪威	-217.56	-184.47	317.56	284.47	-19.71	-22.16	119.71	122.16
波兰	-452.07	-422.27	552.07	522.27	-156.55	-133.41	256.55	233.41
葡萄牙	-258.27	-216.00	358.27	316.00	-76.30	-72.73	176.30	172.73
罗马尼亚	-467.96	-428.74	567.96	528.74	-92.45	-94.15	192.45	194.15
世界其他地区	-57.35	-51.63	157.35	151.63	-17.76	-8.45	117.76	108.45
俄罗斯	-118.40	-115.11	218.40	215.11	-70.68	-39.65	170.68	139.65
斯洛伐克	-737.61	-717.47	837.61	817.47	-90.76	-85.74	190.76	185.74
斯洛文尼亚	-411.38	-381.04	511.38	481.04	-50.81	-55.50	150.81	155.50
瑞典	-148.60	-126.55	248.60	226.55	10.46	6.70	89.54	93.30
土耳其	-343.36	-306.49	443.36	406.49	-71.44	-88.18	171.44	188.18
美国	-39.59	-8.03	139.59	108.03	-12.64	-27.57	112.64	127.57

观察表13.4可以发现，无论是通过简单平均法还是通过几何平均法计算得到的结果，2000—2007年，所有国家选择效应的贡献率均为负数，而促进竞争效应的贡献率

超过100%。2007—2014年，几乎所有国家选择效应的贡献率都有所提升。而且，其中有12个国家的选择效应贡献率变为正数。进一步观察发现，选择效应贡献率变成正数的国家都是2007—2014年贸易成本上升的国家。这说明，在2000—2007年贸易自由化程度非常高的时候，促进竞争效应对贸易利益的贡献非常大，挤占了选择效应的贡献；而2007—2014年，随着贸易自由化程度的减弱，促进竞争效应相应减弱，同时选择效应的贡献率得到提升。

由于2007—2014年中国根据几何平均计算得到的贸易成本略有上升，因此通过表13.4也可以看出，中国在此时间段选择效应对贸易强国指数的贡献率变为正数，说明相比于2000—2007年，中国消费者享受到的产品的平均生产率上升，选择效应产生正效应。

通过表13.4得到的各国选择效应贡献率为负值且逐渐上升这一结论与已有文献类似。Feenstra（2018）基于美国的数据发现，美国1992—1997年选择效应的贡献率约为 -140%，而1998—2005年选择效应的贡献率上升至99%。

第五节　稳健性检验：其他类型效用函数

第三、四节量化分析的结果是基于CARA效用函数得出的。一个自然而然的问题是，如果采用其他类型的效用函数，中国的贸易强国程度是否会发生变化？接下来，我们分别采用另外两种加性可分效用函数，即层级效用函数和CES效用函数，以说明改变效用函数并不影响结论。

一、层级效用函数

在两国对称框架下，消费者效用函数为：

$$U(\tau) = M(\tau)\left\{\int_{\phi_{jj}^*}^{\infty} \ln\left[q_e^{ij}(\phi) + a\right] dG(\phi) + \int_{\phi_{ij}^*}^{\infty} \ln\left[q_e^{ij}(\phi) + a\right] dG(\phi)\right\} \quad (13\text{-}4)$$

其中，ϕ_{jj}^* 和 ϕ_{ij}^* 分别为国家 j 的国内市场的临界生产率和从国家 i 进入国家 j 的临界生产率；子效用函数 $\ln\left[q_e^{ij}(\phi) + a\right]$ 为层级效用函数，a 为正常数。

根据Simonovska（2015）的结论，生产率临界值 ϕ_{ij}^* 和 ϕ_{jj}^* 的表达式分别为：

$$\phi_{ij}^* = \frac{\tau_{ij} a^{\frac{1}{k+1}}}{\left[f_e(1+k)(1+2k)\right]^{\frac{1}{k+1}}}\left[L + \frac{L}{\tau_{ij}^k}\right]^{\frac{1}{k+1}}$$

$$\phi_{jj}^* = \frac{a^{\frac{1}{k+1}}}{\left[f_e(1+k)(1+2k)\right]^{\frac{1}{k+1}}}\left[L + \frac{L}{\tau_{ij}^k}\right]^{\frac{1}{k+1}}$$

消费者对进口产品种类和本国产品种类的消费量 $q_e^{ij}(\phi)$ 和 $q_e^{jj}(\phi)$ 的表达式分别为：

$$q_e^{ij}(\phi) = a\left[\sqrt{\frac{\phi}{\phi_{ij}^*}} - 1\right]$$

$$q_e^{jj}(\phi) = a\left[\sqrt{\frac{\phi}{\phi_{jj}^*}} - 1\right]$$

劳动力市场出清条件为：

$$M_e(\tau)\left[f_e + L\int_{\phi_{jj}^*}^{\infty}\frac{1}{\phi}q_e^{jj}(\phi)\mathrm{d}G(\phi) + \tau L\int_{\phi_{ij}^*}^{\infty}\frac{1}{\phi}q_e^{ij}(\phi)\mathrm{d}G(\phi)\right] = L$$

求解劳动力市场出清条件，可以得到试图进入市场的企业数量[①]为：

$$M_e(\tau) = \frac{L}{(k+1)f_e}$$

将上式代入式（13-4），可以得到贸易成本为 τ 时的消费者福利[②]：

$$U(\tau) = \frac{k}{k+1}\frac{L}{f_e}\left[\frac{\ln a}{k} + \frac{1}{2k^2}\right](1+\tau^{-k})\phi_{jj}^{*-k}$$

接下来，对各国的贸易强国程度进行量化分析。贸易量占 GDP 比重和贸易成本变化率的数据与第四节相同，只需要求出层级效用函数假设下贸易利益的大小即可。和已有文献一致，参数赋值[③]如下：$f_e = a = c_M = L = 1$。计算得到的各国总体贸易强国指数见表 13.5。

表 13.5　不同国家或地区的总体贸易强国指数（层级效用函数）

国家或地区名称	2007 年贸易强国指数 ×10⁻³		2014 年贸易强国指数 ×10⁻³	
	简单平均法	几何平均法	简单平均法	几何平均法
澳大利亚	1.01	1.68	1.17	1.88
奥地利	3.62	4.85	3.79	5.08
比利时	3.49	4.47	4.19	5.23
保加利亚	0.82	1.07	1.29	1.64
巴西	3.60	4.72	4.75	6.21
加拿大	1.82	2.64	2.00	2.80
瑞士	3.01	3.93	3.53	4.54
中国	3.07	4.13	6.46	8.32

[①] 求解过程见附录 B6。
[②] 证明见附录 B7。
[③] 改变参数值的大小，并不影响国家贸易强国程度排名。

续表

国家或地区名称	2007年贸易强国指数 $\times 10^{-3}$		2014年贸易强国指数 $\times 10^{-3}$	
	简单平均法	几何平均法	简单平均法	几何平均法
塞浦路斯	0.83	1.17	0.75	1.16
捷克	2.00	2.54	2.43	3.08
德国	13.75	16.77	14.58	18.06
丹麦	3.71	4.75	4.22	5.32
西班牙	8.70	10.39	8.29	9.63
爱沙尼亚	0.66	0.93	0.99	1.33
芬兰	0.97	1.29	1.12	1.48
法国	10.47	13.38	10.70	13.44
英国	11.24	14.11	11.09	13.75
希腊	4.01	4.98	3.05	3.74
克罗地亚	1.07	1.52	1.25	1.73
匈牙利	2.47	3.12	2.96	3.73
印度尼西亚	0.83	1.29	1.25	1.84
印度	2.46	3.25	3.95	5.09
爱尔兰	2.13	2.63	2.31	2.84
意大利	12.77	14.47	13.90	15.51
日本	3.88	5.76	4.44	6.36
韩国	1.84	2.65	2.05	2.68
立陶宛	0.72	1.06	0.99	1.38
卢森堡	0.38	0.66	0.49	0.84
拉脱维亚	0.75	1.11	0.82	1.19
墨西哥	1.59	2.37	1.71	2.53
马耳他	0.47	0.65	0.65	0.91
荷兰	4.78	6.02	4.37	5.40
挪威	1.70	2.47	2.26	3.22
波兰	4.01	5.01	5.29	6.39
葡萄牙	2.08	2.66	2.05	2.54
罗马尼亚	2.51	3.27	2.52	3.23
世界其他地区	21.68	23.13	27.01	28.48
俄罗斯	4.35	5.32	5.40	6.43
斯洛伐克	1.09	1.51	1.47	2.02
斯洛文尼亚	1.11	1.46	1.37	1.77
瑞典	4.29	5.67	5.03	6.56
土耳其	5.18	6.26	6.31	7.63
美国	15.25	22.44	13.78	20.23

观察表 13.5 可以发现，剔除世界其他地区之后，美国、德国、意大利、英国和法国的贸易强国指数仍然排名前 5 位。中国在 2007 年贸易强国指数排名中是第 18 位，2014 年是第 7 位。这些结果与前面基于 CARA 效用函数得到的结论基本一致。

二、CES 效用函数

在两国对称框架下，消费者效用函数为：

$$U(\tau) = \left\{ M(\tau) \left[\int_{\phi_{jj}^*}^{\infty} \left(q_e^{jj}(\phi) \right)^{\rho} dG(\phi) + \int_{\phi_{ij}^*}^{\infty} \left(q_e^{ij}(\phi) \right)^{\rho} dG(\phi) \right] \right\}^{\frac{1}{\rho}}$$

其中，$M(\tau)$ 为试图进入市场的企业数量；ϕ_{jj}^* 和 ϕ_{ij}^* 分别为国家 j 的国内市场的临界生产率和从国家 i 进入国家 j 的临界生产率；$q_e^{jj}(\phi)$ 和 $q_e^{ij}(\phi)$ 分别为国家 j 消费者对生产率为 ϕ 的本国产品和进口产品的消费量。

可以得到贸易成本为 τ 时的消费者福利为：

$$U(\tau) = \rho \left(\frac{L}{f\sigma} \right)^{\frac{1}{\sigma-1}} \phi_{jj}^*$$

其中，$\rho = \dfrac{\sigma-1}{\sigma}$；$\phi_{jj}^* = \left\{ \dfrac{\sigma-1}{k-(\sigma-1)} \dfrac{f}{f_e} \left[1 + \tau^{-k} \left(\dfrac{f_x}{f} \right)^{\frac{\sigma-k-1}{\sigma-1}} \right] \right\}^{\frac{1}{k}}$。

接下来，对各国的贸易强国程度进行量化分析。同样只需要求出 CES 效用函数假设下贸易利益的大小即可。与钱学锋、毛海涛和徐小聪（2016）的做法一致，参数赋值如下：$f_e = 0.2$；$f = L = 1$；$f_x = 0.545$；$\sigma = 4$。计算得到的各国贸易强国指数见表 13.6。

表 13.6 不同国家或地区总体贸易强国指数（CES 效用函数）

国家或地区名称	2007 年贸易强国指数 ×10⁻³		2014 年贸易强国指数 ×10⁻³	
	简单平均法	几何平均法	简单平均法	几何平均法
澳大利亚	2.43	4.05	2.82	4.55
奥地利	8.75	11.72	9.15	12.26
比利时	8.44	10.80	10.12	12.62
保加利亚	2.17	2.84	3.44	4.35
巴西	9.58	12.54	12.63	16.51
加拿大	4.41	6.39	4.83	6.76
瑞士	7.27	9.50	8.53	10.97

续表

国家或地区名称	2007年贸易强国指数 ×10⁻³		2014年贸易强国指数 ×10⁻³	
	简单平均法	几何平均法	简单平均法	几何平均法
中国	8.15	10.97	17.16	22.09
塞浦路斯	2.20	3.10	2.01	3.08
捷克	5.32	6.76	6.46	8.17
德国	33.18	40.45	35.18	43.54
丹麦	8.95	11.48	10.19	12.85
西班牙	23.10	27.56	22.00	25.54
爱沙尼亚	1.76	2.46	2.64	3.53
芬兰	2.34	3.11	2.70	3.57
法国	25.29	32.30	25.85	32.44
英国	27.13	34.06	26.77	33.19
希腊	10.67	13.24	8.10	9.95
克罗地亚	2.84	4.05	3.32	4.61
匈牙利	6.55	8.28	7.86	9.89
印度尼西亚	2.22	3.43	3.32	4.88
印度	6.55	8.64	10.52	13.54
爱尔兰	5.65	6.99	6.13	7.53
意大利	33.82	38.32	36.79	41.03
日本	10.32	15.31	11.81	16.91
韩国	4.90	7.04	5.44	7.13
立陶宛	1.92	2.82	2.62	3.66
卢森堡	0.91	1.60	1.17	2.03
拉脱维亚	2.00	2.96	2.18	3.16
墨西哥	4.22	6.30	4.55	6.73
马耳他	1.25	1.74	1.72	2.43
荷兰	11.55	14.54	10.55	13.03

续表

国家或地区名称	2007年贸易强国指数 $\times 10^{-3}$		2014年贸易强国指数 $\times 10^{-3}$	
	简单平均法	几何平均法	简单平均法	几何平均法
挪威	4.11	5.96	5.47	7.77
波兰	10.66	13.29	14.04	16.93
葡萄牙	5.54	7.06	5.46	6.76
罗马尼亚	6.67	8.70	6.70	8.59
世界其他地区	56.80	60.52	70.68	74.47
俄罗斯	11.55	14.12	14.34	17.06
斯洛伐克	2.91	4.02	3.92	5.35
斯洛文尼亚	2.96	3.87	3.65	4.71
瑞典	10.36	13.68	12.15	15.84
土耳其	13.75	16.62	16.76	20.26
美国	36.85	54.20	33.29	48.85

观察表13.6可以发现，剔除世界其他地区之后，美国、德国、意大利、英国和法国的贸易强国指数同样排名前5位。通过简单平均法计算得到的结果为：中国在2007年贸易强国指数排名中是第18位，2014年是第7位；通过几何平均法计算得到的结果为：中国在2007年贸易强国指数排名中是第17位，2014年是第7位。很明显，这些结果与前面基于CARA效用函数和层级效用函数得到的结论基本一致。

这说明，贸易强国指数排名不受效用函数选择的影响。因此，本章的结论是稳健的。

第六节 结论与政策建议

党的十九大报告明确提出要推进贸易强国建设。然而，已有研究对贸易强国的内涵并没有达成一致，因此也就无法判断中国是否已成为贸易强国，以及中国与世界现有贸易强国之间的差距。本章基于标准化贸易利益的视角，通过构建贸易强国指数，研究中国在世界主要经济体中贸易强国指数的排名情况。研究发现，无论是2007年还是2014年，美国、德国、意大利、英国和法国均排名前5位；中国2007年的贸易强国指数排名第18，而2014年的贸易强国指数排名第7。这说明，一方面，随着不断坚持实施贸易自由化政策，中国正在逐渐向贸易强国迈进；另一方面，中国与排名前5位的国家相比，贸易强国程度还有很大差距。因此，中国虽然已经成为贸易大国，但是要想成为贸易强国仍有很长的路要走。

本章的政策含义很明确。为了提高总体贸易利益，建设贸易强国，中国应该坚定不移走对外开放道路;为了激发选择效应在贸易利益提升中的作用,中国应该进一步发挥市场在资源配置中的决定性作用,坚定市场化改革方向,真正形成优胜劣汰的机制;为了巩固和强化促进竞争效应在贸易利益提升中的作用,中国一方面应该进一步提高贸易自由化和贸易便利化水平,另一方面应该继续扩大进口,进一步发挥进口竞争的积极作用。

第十四章　国际竞争新优势的量化评估Ⅱ：进口外溢效应[①]

培育国际竞争新优势，建设贸易强国，不仅仅要求自身要具备强大的获取贸易利益的能力，还要求自身的贸易发展要对世界其他国家有着重要的影响。作为一个贸易大国和崛起中的贸易强国，中国一方面通过出口贸易，加剧了各进口国的国内市场竞争和第三国市场的进口竞争，另一方面其日益扩张的进口需求也为各国的出口提供了更多机会。本章将从中国进口扩张对发展中国家就业增长的外溢效应角度，对中国的国际竞争新优势进行量化评估。目前对"中国冲击"的研究大多侧重于进口竞争对发达经济体的影响，本章通过探究"中国冲击"的另一面（中国作为最大的进口国而不是出口国），对现有的"中国冲击"研究进行了补充。我们使用发展中国家出口和就业的详细数据，将制造业结构中的就业差异及其他发展中国家的贸易流量作为分析出口冲击程度的工具变量，分析了1992—2018年发展中国家对中国的出口扩张及出口国劳动力市场效应。研究发现，发展中国家通过增加对中国的出口，大大增加了其制造业的就业机会。按照我们的测算，平均而言，1992—2018年，对中国的出口为这些发展中国家提供了1499122个就业岗位，这无疑是对发展中国家制造业的巨大贡献。因而，中国日益增加的进口需求的积极外溢效应，无疑也是中国国际竞争新优势的一个重要体现。

第一节　问题的提出

在过去几十年里，中国在国际贸易中发挥的作用日益增强，并已逐渐成为推动经济全球化的主要力量之一。发达国家与中国之间的大规模贸易及进口竞争对当地劳动力市场的影响引起了学术界的重视，涌现出大量的相关文献。Autor、Dorn和Hanson（2013）认为自中国的进口增加导致美国当地进口竞争制造业的失业率上升和工资下降，还有许多研究人员采用了与其类似的方法研究了德国、西班牙、葡萄牙、法国的进口竞争效应及OECD国家的进口竞争效应，得出了与美国劳动力市场类似的结论。Feenstra、Ma和Xu（2019）重新审视了来自中国的进口竞争对美国劳动力市场的影响，他们认为进口竞争的影响大部分被美国通过供应链实现的出口扩张所抵消。虽然学术界开始重视中国对

[①] 本章主体内容已发表在 *China & world economy* 期刊（Qian, Rafique, and Wu, 2020）。

发展中国家的影响,但发展中国家从中国进口中获得的贸易利益仍有待研究。

研究贸易的文献中的"中国冲击"通常是指来自中国的进口竞争,即来自中国的供给冲击。但是贸易包括进口与出口两个方面,除了供给冲击,中国不断增长的购买力所导致的需求冲击也值得关注。据统计,中国的进口额从1992年的805.9亿美元增加到2018年的2.134万亿美元,增长了2549%,其中中国自本章研究的发展中国家的进口额由1992年的43.5亿美元增至2018年的3451.5亿美元①,实现了前所未有的增长。在本章中,我们通过分析发展中国家对中国出口扩张的影响,研究"中国冲击"的需求侧效应。由于各国制造业的就业模式各不相同,中国进口导致的需求冲击给各国带来的影响也不尽相同,因此在实证分析中,我们用当地劳动力市场的变化来衡量出口冲击程度。

21世纪以来的主流文献论述了贸易冲击在区域层面的影响,揭示了来自中国的供给冲击对发达国家的影响(Chiquiar,2008;Autor,Dorn,and Hanson,2013),而本章研究的是一个逆向概念。这些主流文献的研究结果表明,那些极易受到中国进口竞争影响的地区的劳动力市场受到了严重的负面影响,如制造业就业减少、失业增加、劳动力贡献降低等。而我们的研究结果表明,中国在国际贸易中发挥的作用日益增强,对发展中国家制造业就业的影响也越来越大。具体而言,我们发现对中国出口增长越快的国家,其劳动力市场的正向效应就越显著。此外,各国受到的差异化影响应该与中国从这些国家进口的产品的结构有关。可以说,1992—2018年,出口导向型发展中国家制造业借由中国冲击大幅增加了就业岗位。作为一个贸易大国,中国一方面在其产品的进口国的国内市场和第三国市场引发了进口竞争,另一方面也为出口国出口产品提供了更多的机会。本章研究揭示了经济全球化给不同的发展中国家带来的完全不同的劳动力市场效应,而且本章从出口角度研究贸易冲击也是对主流文献中相关贸易研究的补充。

论述中国贸易冲击对发展中国家影响的文献虽然相对较少,但也在不断增加。在分析中国增加从其他亚洲国家进口的影响时,有学者发现发展中国家对中国出口的直接影响是正向的,而对第三国市场出口竞争的间接影响则是负向的,但是这些负向的间接影响很小,并会被相应的需求效应所抵消。还有学者指出,对拥有服装和纺织领域比较优势的东亚发展中国家而言,中国会成为其强劲的竞争对手,所以这些国家的实际GDP和福利很可能会小幅下降。自中国加入WTO后,这些国家对中国出口的机会明显增加,出口数量和出口额都得到了提升。然而在第三国市场上,来自中国出口商品的竞争削减了这些国家的出口数量和出口额,进而降低了他们的出口收益(Yang,2006)。Yang(2006)还发现,虽然发展中国家对中国的工业品出口总体上会大幅增加,但各国间的收益分配并不均衡。Pangestu(2019)认为,由于中国已成为东南亚国家的主要贸易伙伴,中国经济放缓将对这些国家产生重大影响。Lemoine和Ünal-Kesenci(2008)总结了中国供

---

① 本章基于联合国商品贸易统计数据库的数据对所选定的发展中国家进行计算。在本章研究中,共选定38个发展中国家作为样本组国家,包括亚美尼亚、阿塞拜疆、孟加拉国、巴巴多斯、不丹、斐济、加蓬、格鲁吉亚、印度、印度尼西亚、伊朗、伊拉克、哈萨克斯坦、科威特、吉尔吉斯斯坦、黎巴嫩、马来西亚、马尔代夫、毛里求斯、蒙古国、缅甸、尼泊尔、阿曼、巴基斯坦、菲律宾、圣卢西亚、南非、斯里兰卡、塔吉克斯坦、泰国、汤加、特立尼达和多巴哥、土库曼斯坦、阿联酋、乌兹别克斯坦、瓦努阿图、委内瑞拉和也门。

给冲击对印度工业的影响。Chakraborty 和 Henry（2019）研究了中国商品进口竞争对印度制造业企业产品种类的影响，他们发现自中国进口的份额增加迫使印度制造业企业放弃外围产品的生产，专注于核心产品。除了对亚洲国家的影响，Brenton 和 Walkenhorst（2010）发现，中国贸易的崛起，使非洲各国产品在国内外市场上受到的竞争越来越激烈，但也为非洲国家提供了新的机会。中国制造业产品的出口增加了秘鲁、墨西哥和巴西（Schott，2003；Utar and Ruiz，2013；Costa，Garred，and Pessoa，2016）等拉美国家产品在本国市场和美国等第三国市场上的进口竞争。

关于"中国冲击"对发展中国家劳动力市场的影响，Mendez（2015）估计了中国竞争对墨西哥劳动力市场的直接和间接负面影响。Costa、Garred 和 Pessoa（2016）研究了中国对巴西劳动力市场的影响，除了传统的进口竞争渠道，他们还分析了中国对大宗商品需求增长所产生的影响。他们观察到，2000—2010 年，受益于中国需求增加的地区，工资增长更快。Choi 和 Xu（2019）采用 Acemoglu 等（2016）的方法评估了中国贸易冲击对韩国劳动力市场的直接影响。结果显示"中国冲击"给韩国制造业创造了 50 万个就业岗位，带来了净就业效应等积极影响，其主要原因在于中国为了支持向全球市场的出口扩张，对来自韩国的中间投入品和资本的需求不断上升。

综上所述，现有对"中国冲击"的研究主要关注了美国和德国等发达国家的国际贸易利益分配效应，而较少关注发展中国家。由于来自中国的进口和出口都在高速增长，因此，如果说中国是重要的供给冲击之源，那么中国也一定是重要的需求冲击之源。在本章研究中，我们通过研究样本中的发展中国家对中国的出口，以及向中国出口对这些国家制造业就业的影响，为进一步研究中国在世界贸易中日益扩大的影响添砖加瓦。首先，我们对中国需求冲击的增大与发展中国家就业增长的相关性进行了实证检验；其次，我们考虑了不同技能水平的工作，进一步扩展了对出口冲击程度影响的分析；最后，我们探讨了行业和国家异质性对贸易的劳动力市场效应的影响。

第二节 基本事实：中国从发展中国家的进口

中国经济的快速发展影响了发展中国家的国内经济和对外贸易，特别是中国国内市场规模的增长放大了需求，吸引了众多发展中国家与中国进行国际贸易（Hanson，2012）。图 14.1 展示了 1992—2018 年中国十大发展中国家贸易伙伴的资本品、消费品和中间产品销往中国的份额。1996 年，菲律宾只有 10% 的资本品流向中国，这一份额在 2005 年达到 88%，并在接下来的四年基本保持稳定，2018 年下降至 62.9%。马来西亚在 1992 年向中国出口了其 5% 的资本品，2009 年为 57%，2018 年为 44.7%。2018 年，泰国 28.25% 的资本品出口到中国。印度尼西亚提高了中国在其消费品出口中的份额，1992 年这一份额为 1.2%，2002 年提高到 16%，2008 年更是上升到 35%，2018 年下降到 28%。沙特阿拉伯中间产品出口中国的份额在 1992 年为 98%，并在随后的 27 年一直保持在 90% 以上。巴西中间产品出口中国的份额呈下降趋势，从 1992 年的 72% 下降到 2018 年的 10%。

发展中国家出口额或进口额在其国内生产总值中所占份额的提高说明发展中国家比过去更依赖国际贸易（Hanson，2012）。Martin 和 Ianchovichina（2001）指出，20 世纪 90 年代欠发达经济体与国际经济的融合程度比 20 世纪 80 年代初有显著提升，其对制造业出口的依赖度也大大增加。如图 14.2 所示，2001 年中国加入 WTO 后，进口开始迅速增长。中国自中低收入经济体的进口额在 1992 年仅有 100 亿美元，而在 2017 年达到 5180 亿美元，较 2016 年增长了 24%，该进口额 2007—2014 年的年进口增长率约为 124%。2017 年，中国自高收入经济体的进口额较 2016 年增长了 14%，但自最不发达经济体的进口额还不足 420 亿美元。

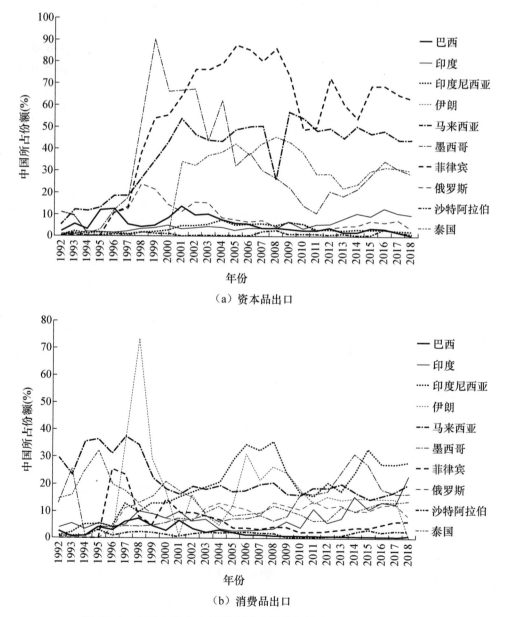

(a) 资本品出口

(b) 消费品出口

图 14.1 中国在其十大发展中国家贸易伙伴出口中所占的份额

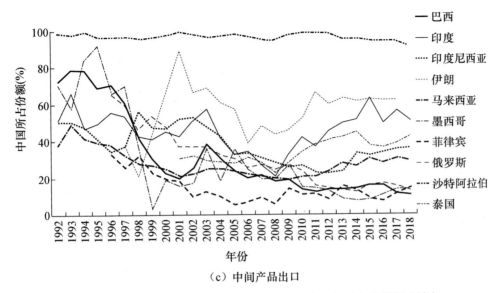

(c) 中间产品出口

图 14.1　中国在其十大发展中国家贸易伙伴出口中所占的份额（续）

数据来源：联合国商品贸易统计数据库。

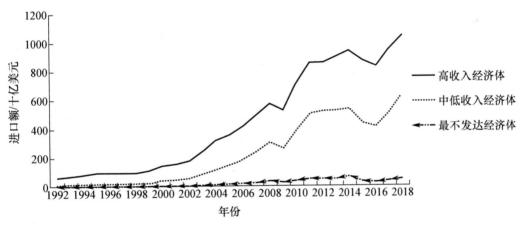

图 14.2　中国自不同收入经济体的进口额

数据来源：联合国商品贸易统计数据库。

图 14.3 显示了中国在其十大发展中国家贸易伙伴出口总额中所占的比重。2017 年，巴西对中国的出口占其出口总额的比重为 22%，印度尼西亚、马来西亚和沙特阿拉伯的这一比重约为 13%，菲律宾为 12%，泰国为 11%，俄罗斯为 10%。然而在 1992 年，泰国和巴西的这一比重仅为 1.2% 和 1.3%。伊朗和沙特阿拉伯对中国的出口占其出口总额的比重也分别从 1992 年的 0.3% 和 0.2% 增加到了 2017 年的 8% 和 13%。

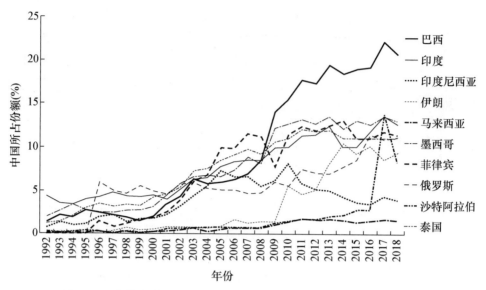

图 14.3 中国在其十大发展中国家贸易伙伴出口总额中所占的比重

数据来源：联合国商品贸易统计数据库。

表 14.1 和图 14.4、图 14.5 显示了中国自 38 个样本国家的进口情况。表 14.1 表明 2015—2017 年，中国是这些国家的主要出口目的地之一。2017 年，中国是其中 9 个国家的最大出口目的地，也是 38 个国家中 25 个国家的前五大出口目的地之一。图 14.4 显示，若将这 38 个发展中国家视作一个整体（38 个发展中国家组），那么从 1992 年到 2018 年的整整 26 年中，有 18 年这个发展中国家整体都在与中国的贸易中享有贸易顺差。

表 14.1 中国在 38 个发展中国家的出口目的地中的排名（2015—2017 年）

国家	2015 年	2016 年	2017 年
亚美尼亚	2		6
阿塞拜疆	12	8	12
孟加拉国	11	13	10
巴巴多斯		5	5
不丹			
斐济	7	6	5
加蓬			1
格鲁吉亚	6	3	5
印度	4	4	4
印度尼西亚	3	1	1
伊朗		3	4

续表

国家	2015年	2016年	2017年
伊拉克			2
哈萨克斯坦	2	2	2
科威特	2	5	2
吉尔吉斯斯坦	7	6	7
黎巴嫩			1
马来西亚	2	2	2
马尔代夫			
毛里求斯			
蒙古国	1	1	1
缅甸	1	1	1
尼泊尔	6	6	6
阿曼	4	8	1
巴基斯坦	2	2	3
菲律宾	3	4	4
圣卢西亚			
南非	1	1	1
斯里兰卡	6	8	6
塔吉克斯坦	7	7	2
泰国	2	2	1
汤加			
特立尼达和多巴哥			
土库曼斯坦		1	1
阿联酋			4
乌兹别克斯坦			3
瓦努阿图			
委内瑞拉			3
也门	12		2

数据来源：基于联合国商品贸易统计数据库和美国中央情报局《世界概况》的数据计算得出。

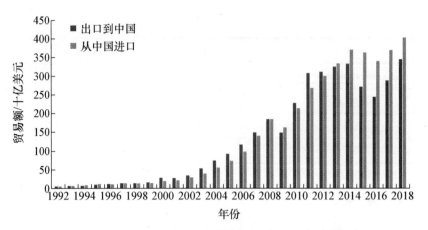

图 14.4　1992—2018 年 38 个发展中国家组对中国的进出口

数据来源：基于联合国商品贸易统计数据库数据计算得出。

在图 14.5 中，我们进一步研究了中国从 38 个发展中国家组和在本章研究中所涵盖的所有 80 个发展中国家组[①]的进口数据。中国从 80 个发展中国家的进口，从 1992 年的 69.1 亿美元增加到 2018 年的 5185.6 亿美元，27 年的时间里增长了 7404%。在 20 世纪 90 年代，中国从这些发展中国家的进口相对稳定，但自中国加入 WTO 后，进口大幅上升，2008 年达到 2605.4 亿美元，虽然 2009 年略有下降，但随后就大幅回升。显然中国快速增长的需求为发展中国家提供了发展其对外贸易的机会。2013 年，"一带一路"倡议的提出，更是将中国同周边国家及亚洲、非洲、欧洲等 60 多个国家连接起来。我们对 38 个样本国家组和 80 个国家组的基准回归都呈现出了非常相似的趋势。

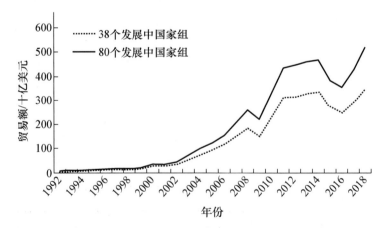

图 14.5　1992—2018 年中国从不同样本数量的发展中国家组的进口

数据来源：基于联合国商品贸易统计数据库数据计算得出。

---

① 本章研究中共使用了 80 个发展中国家样本并将其分为 3 个研究国家组，分别为样本组国家（38 个）、工具组国家（38 个）和用于稳健性检验的发展中国家（4 个）。

第三节 模型与变量

一、各国劳动力市场的出口冲击程度

近几十年来，全球经济的主要结构性变化之一就是中国融入了世界贸易体系。世界贸易在20世纪90年代初和2001年中国加入WTO这两个阶段发生了两次贸易量井喷，此后中国快速增长的市场力量成为大多数发达经济体需要面对的挑战。本章考察的是1992—2018年中国需求冲击所带来的贸易利益，该时间段涵盖了中国从发展中国家的进口大幅增长的时期。本章的实证部分研究了与中国经济一同崛起的发展中国家的劳动力市场在制造业方面的差异。我们采用与Dauth、Findeisen和Suedekum（2014）类似的方法构建了式（14-1），并用其来估算发展中国家对中国的出口冲击程度（EE）的变化，

$$\Delta(\text{EE})_{i,t}^{C} = \sum_{j} \frac{E_{i,j,t}}{E_{j,t}} \frac{\Delta \text{Exp}_{j,t}^{D.C \to C}}{E_{i,t}} \quad (14\text{-}1)$$

其中，$\Delta \text{Exp}_{j,t}^{D.C \to C}$ 是在 t 到 $t+1$ 期间内，研究国家组（DC）中 j 行业对中国（C）出口的总变化。$E_{i,j,t}/E_{j,t}$ 代表在时期 t 内，i 国 j 行业在国内就业中的份额，而 $E_{i,t}$ 是 i 国在时期 t 的制造业总就业。式（14-1）表明了 i 国在给定初始行业就业结构时出口冲击程度的潜在增长，中国不断增加对这些发展中国家制造业产品的需求会让这些国家受益。

二、识别策略

按照本章的研究框架，增加对中国的出口会有利于发展中国家的制造业就业。为了通过实证探讨这种相关性，我们利用式（14-2）进行回归分析。

$$\Delta Y_{i,t} = \beta_0 + \beta_1 \Delta(\text{EE})_{i,t}^{D.C \to C} + \beta_2 X'_{i,t} + \varepsilon_{i,t} \quad (14\text{-}2)$$

因变量 $\Delta Y_{i,t}$ 衡量在 t 到 $t+1$ 期间内，i 国的制造业（M）就业（E）在总就业适龄人口（WP）中的比重变化，即 $Y_{i,t} = ME_{i,t}/\text{WP}_{i,t}$，该值为正值表明 i 国制造业就业状况有所改善。解释变量 $\Delta(\text{EE})_{i,t}^{D.C \to C}$ 衡量了在同一时期，i 国对中国的出口冲击程度的变化情况。

此外，我们选取了一组对 i 国制造业就业会产生影响的变量加入控制变量 $X'_{i,t}$。根据现有文献，我们选取了女性就业、高技能劳动力和常规职业作为控制变量。首先，买方垄断模型（Madden，1973）表明，男性在很大程度上主导着劳动力市场。而且由于工会官员和雇主也主要是男性，所以早期男性通常有足够的权力操控劳动力市场。但是随着女性在劳动力市场中扮演的角色越来越重要，制造业就业模式也随之发生了变化。其次，在现有关于劳动力技能的文献中，Matsuyama（2007）提出了技能偏向型全球化的模

型,并解释了为什么出口行为是不同层次的技能组合;根据 Brambilla、Porto 和 Tarozzi(2012)的说法,商品生产涉及生产、分销、销售、出口服务和贸易等任务活动,这些不同的任务活动需要不同的技能,出口目的地也会影响所需的技能水平,因此,即使生产任务本身不是技术密集型的,出口行为也可能是技术密集型的。最后,受工作外包文献(Grossman and Rossi-Hansberg,2008)的启发,我们在 Blossfeld(1987)的分类法中加入了以简单活动为代表的常规职业。最后,与发达国家一样,来自中国的进口竞争也可能对样本国家的制造业就业产生直接影响(本国市场的进口竞争)和间接影响(第三国市场的竞争),因此,我们在实证分析中还加入了中国供给冲击的直接影响和间接影响并将其作为控制变量。Autor 等(2014)利用进口渗透率来构建衡量中国直接和间接进口竞争的指标。在式(14-3)和式(14-4)中,我们用中国对一国的出口额在一国进口总额中的份额和中国出口额在世界出口总额中的份额来分别度量中国出口对发展中国家就业的直接影响和间接影响:

$$\text{DImpacts}_{i,t} = \frac{\text{EX}_{i,j,t}^{C \to DC}}{\text{IM}_{i,j,t}^{DC}} \tag{14-3}$$

$$\text{IDImpacts}_{i,t} = \frac{\text{EX}_{j,t}^{C \to W}}{\text{EX}_{j,t}^{W} - \text{EX}_{i,j,t}^{C \to DC}} \tag{14-4}$$

其中,$\text{EX}_{i,j,t}^{C \to DC}$ 是在时期 t 内,中国 j 行业对 i 国的出口,$\text{IM}_{i,j,t}^{DC}$ 代表了在相同时期内,i 国 j 行业的总进口。$\text{DImpact}_{i,t}$ 说明了中国 j 行业在 i 国的相对市场力量。$\text{EX}_{j,t}^{C \to W}$ 表示中国 j 行业的出口,$\text{EX}_{j,t}^{W} - \text{EX}_{i,j,t}^{C \to DC}$ 是除去中国对 i 国的 j 行业出口后的世界 j 行业总出口。$\text{IDImpact}_{i,t}$ 衡量了中国与发展中国家 j 行业在世界市场上的竞争。为了让我们的研究与现有文献更具有可比性,我们也根据 Autor 等(2014)的研究设计构建了式(14-5)和式(14-6),以再次检验中国对发展中国家的进口竞争的直接影响和间接影响:

$$\Delta\text{Direct Impacts}_{i,j,t} = \frac{\Delta\text{IM}_{i,j,t}^{C \to DC}}{Q_{j,92} + \text{IM}_{i,j,92} - \text{EX}_{i,j,92}} \tag{14-5}$$

$$\Delta\text{Indirect Impact}_{i,j,t} = \frac{\omega_{i,j,92}^{DC} \text{IM}_{i,j,t}^{C \to W}}{Q_{j,92} + \text{IM}_{i,j,92} - \text{EX}_{i,j,92}}, \text{ 且 } \omega_{j,92}^{DC} = \frac{\text{IM}_{j,92}^{DC \to W}}{\text{IM}_{j,92}^{\to W}} \tag{14-6}$$

其中,$\text{IM}_{j}^{C \to DC}$ 代表发展中国家从中国 j 行业的进口,$\Delta\text{IM}_{j,t}^{C \to DC}$ 是 1992 年至 2017 年发展中国家从中国进口的变化。根据 Autor 等(2014)的研究,最初的行业吸收量为 $Q_{j,92}$(行业出货量)加上 $\text{IM}_{j,92}$(行业进口额)减去 $\text{EX}_{j,92}$(行业出口额)。$\omega_{j,92}^{DC}$ 是指 1992 年发展中国家 j 行业的出口在 j 行业世界总进口中所占的份额,$\text{IM}_{j,92}^{DC \to W}$ 表示世界从发展中国家 j 行业的进口额(即发展中国家 j 行业出口额),$\text{IM}_{j,92}^{\to W}$ 是 j 行业世界总进口额。与

式(14-5)类似,式(14-6)也采用发展中国家 j 行业1992年的最初行业吸收量来进行标准化。考虑到数据的可得性,我们用式(14-6)来衡量中国进口给世界市场带来的竞争。

本章实证研究中的一个难点是出口增长的内生性问题。对中国出口的变化可能是来自中国进口的需求冲击,也有可能是来自未被观测到的出口国国内冲击。后者可能同时影响其出口和就业,从而影响贸易流向。我们采用了与 Dauth、Findeisen 和 Suedekum (2014) 相似的工具变量法来解决式(14-1)的内生性问题,

$$\Delta(\mathrm{EE}_{\mathrm{Inst.}})_{i,t}^{C} = \sum_{j} \frac{E_{i,j,t-1}}{E_{j,t-1}} \cdot \frac{\Delta\mathrm{Exp.}_{j,t}^{\mathrm{ODC}\to C}}{E_{i,t-1}} \quad (14\text{-}7)$$

其中,$\Delta\mathrm{Exp.}_{j,t}^{\mathrm{ODC}\to C}$ 是 j 行业来自工具变量组的其他发展中国家(ODC)在 t 期内对中国(C)的出口的变化。使用该工具变量的逻辑是,不仅样本组国家,所有的发展中国家都会受到中国在世界贸易中日益增长的影响力所造成的需求冲击。我们预计样本组国家和工具变量组国家之间的供给和需求冲击相关性很强,否则该工具变量仍会存在偏差。此外,工具组国家对中国的出口不会对样本组国家产生影响,这些影响应该是外生的。基于上述对工具变量的考量,工具组国家应与样本组国家收入水平相似,并且不能是邻国,以避免在这些国家内存在类似的供给和需求冲击。工具组国家包括阿尔及利亚、阿尔巴尼亚、阿根廷、白俄罗斯、伯利兹、玻利维亚、波黑、巴西、保加利亚、智利、哥伦比亚、刚果(布)、哥斯达黎加、克罗地亚、古巴、多米尼加、厄瓜多尔、埃及、萨尔瓦多、圭亚那、洪都拉斯、牙买加、约旦、肯尼亚、拉脱维亚、立陶宛、利比里亚、利比亚、墨西哥、摩尔多瓦、巴拿马、巴拉圭、秘鲁、罗马尼亚、塞内加尔、乌干达、乌克兰和乌拉圭。我们将式(14-7)作为工具变量来消除式(14-1)中未观测到的经济冲击效应,以此来确定发展中国家对中国出口增长与当地劳动力市场的因果关系。

三、数据说明

本章研究使用了多个数据库,其中制造业就业数据来自国际劳工组织数据库,这也是我们的主要数据来源。其他劳动力市场指标,如劳动年龄总体、总就业、女性就业、不同技能水平的就业、GDP 和资本形成总额(GCF)采用的是国际劳工组织和世界发展指标数据库 1992—2018 年的数据。在不同技能水平的就业方面,国际劳工组织数据库中的高技能职业是指技能水平为 3 和 4 的职业,低技能或常规职业是指技能水平为 1 的非技术性手工职业和行政职业。

样本组国家的国际贸易数据采用的是 WITS 数据库 1992—2018 年的数据,该数据库每年报告 170 多个国家的贸易统计数据,以及它们的伙伴国和贸易商品的详细情况。我们的实证分析着眼于制造业,所以不考虑采矿、农业和燃料产品等行业。由于 Ma、Liang 和 Zhang (2019) 曾指出,对于发达国家和发展中国家没有统一的定义,因此,在

样本筛选时我们用 1992 年人类发展指数（Human Development Index，HDI）[①] 作为发展中国家的筛选依据。我们首先选出了 HDI 在 0.35～0.75 的国家[②]，然后将那些与中国之间贸易量不大的国家排除在外，最后基于数据的可得性，我们选择了 80 个中国的发展中国家贸易伙伴组成研究国家组。

四、描述性统计

表 14.2 汇报了本章主要变量的均值和标准差等，包括制造业就业、出口冲击程度、女性员工、高技能员工、常规职业员工，以及 1992—2018 年中国的进口竞争对样本组国家的直接和间接影响。我们一共获得了 1026 个观测值，发展中国家对中国的出口冲击程度的增加几乎对所有的就业类型起到了稳定作用。除了基本变量，表 14.2 还汇报了交互项 BRI × ΔEE 和 (K/L) × ΔEE 的结果。

表 14.2 描述性统计

变量	观测量	均值	标准差	最小值	最大值
$\Delta Y_{i,t}$	1026	1.97802	0.89129	−1.56302	3.47963
ΔEE	1026	7.62810	3.76540	−1.71486	16.9178
Female employees	1026	11.2026	2.47938	5.96357	16.3348
High Skilled	1026	13.09468	2.03539	8.47156	18.0986
Routine occupations	1026	13.68732	2.32397	9.21034	19.4283
BRI × ΔEE	1026	2.05401	4.27932	−1.71486	16.9179
(K/L) × ΔEE	1026	3.92431	4.70451	−1.71486	16.9180
$DImpacts_{C.Shocks}$	1026	0.61812	0.72078	0	5.12922
$IDImpacts_{C.Shocks}$	1026	0.06923	0.03328	0.03023	0.12614

图 14.6 所示的散点图说明了发展中国家对中国的出口冲击程度与其制造业就业之间的关系，两者之间总体而言存在正相关关系，这为后文的实证计量建立了初步的观察基础。

[①] 针对各国的发展状况，联合国开发计划署编制了人类发展指数。人类发展指数的定义是衡量人类发展三个基本方面的平均水平的综合指数，即健康长寿、知识和高质量生活环境。
[②] 人类发展指数低于 0.35 的国家被视为最不发达国家。

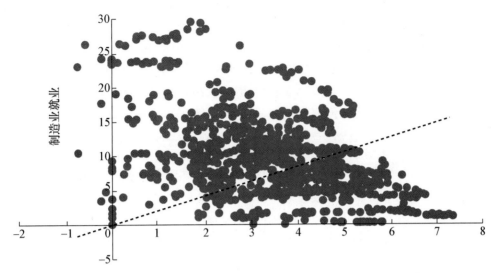

图 14.6　发展中国家对中国的出口冲击程度与其制造业就业的散点图

第四节　发现和结论

在计量分析中，我们将式（14-7）作为变量 EE 的工具变量，并对式（14-2）进行测算，以此来探究中国需求冲击会给出口国劳动力市场带来收益还是损失。

一、出口冲击程度和制造业就业

表 14.3（1）列是本章研究的基准回归结果，其中出口国劳动力构成（包括高技能员工、女性员工和常规职业员工）和来自中国供给冲击（直接和间接影响）的进口竞争为控制变量。第一阶段结果如表 14.3 后半部分所示，所选工具变量很显著，F 检验（234.8）和 R^2（0.646）都远远高于推荐的阈值水平。第二阶段结果表明出口冲击程度对制造业就业增长有正向影响，在 1% 的显著水平上，系数为 0.0457。分析还表明，女性员工初始比例与制造业就业增长存在显著的正相关关系，说明这类员工从出口机会中获益最大。高技能员工在 1% 的显著水平下，系数为 -0.204。此外，我们发现中国冲击主要使常规职业员工受损，在 1% 的显著水平上，系数为 -0.385。

表 14.3（1）列还表明中国供给冲击对发展中国家制造业就业在 1% 的水平上有着显著的正向影响，这意味着中国对发展中国家的出口有利于这些发展中国家的制造业就业。我们还发现，随着中国出口竞争力、多样化和复杂度的提高，中国冲击的间接影响对发展中国家愈加重要。中国冲击的间接影响为负，说明中国与样本国家在第三国市场上存在对立的竞争关系。而且，结果显示，主要变量的结果不受高技能员工、女性员工和常规职业员工这些控制变量的影响。除了这些控制变量，我们还加入了时间和国家/地区的虚拟变量，但出口冲击程度和其他控制变量的系数仍

保持稳定。

在（2）列中，我们引入交互项"国家 × 时间固定效应"（$C \times \dot{T}_{\text{interaction}}$），来取代时间和国家的独立虚拟变量，结果也仍然稳定，第一阶段的结果始终显著，R^2 为 0.723。

在（3）列中，为了说明行业异质性的作用①，我们用虚拟变量 K/L 比率来衡量行业中人均资本密集度，它与制造业就业之间存在正相关关系。此外，主要结果仍然是稳健的。除了 K/L 比率，我们还引入了 $K/L \times \ln\Delta EE$ 的交互项，结果表明这两种预测因子的组合效应小于个体效应。我们使用 $C \times T_{\text{interaction}}$ 交互项作为虚拟变量试图捕捉跨年份和区域的未观测到的冲击。

在（4）列中，我们分别探讨了时间和国家虚拟变量的影响，主要结果仍保持稳定。

为了说明 BRI（"一带一路"倡议）的作用，在（5）列中，我们添加了一个国家异质性虚拟变量和 $BRI \times \ln \Delta EE$ 的交互项。BRI 作为虚拟变量与被解释变量之间的关系并不显著，而 BRI 与 EE 交互项的负面影响更不显著，R^2 为 0.651 足以证明我们的结果。结果中的主要变量不受影响，在 1% 的显著水平上，系数为 0.0401，第一阶段结果始终保持高度显著。

（6）列中的估计结果显示，出口冲击程度、高技能员工、女性员工和常规职业员工的结果是显著的。时间和国家虚拟变量所衡量的未观测到的影响因素系数均为负，但不显著。

（7）列汇报了 OLS 回归结果。与（2）列的 2SLS 系数相比，（7）列对出口冲击程度的估计显示了两种中和效应：由于测量误差而产生的向下偏误，以及由于未观察到的供给冲击的影响而产生的向上偏误。虽然向上偏误似乎更重要一些，但是 OLS 估计与 2SLS 估计的系数基本相似。

（8）列显示了当用式（14-5）和式（14-6）替代直接影响和间接影响时的基准回归结果。尽管现有文献发现了许多从中国进口对发达国家劳动力市场具有负面影响的证据，但我们得出了一些有意思的结论。当使用与现有文献更一致的指标时，来自中国进口的直接供给冲击是正向的，但不显著；而间接影响是负向的，这证实了从中国进口对发展中国家当地市场是有益的，但也确实增加了与二者在第三国市场上的竞争。我们的研究结果表明，与迄今为止有关中国供给冲击的文献中所考虑的发达国家相比，中国供给冲击在选定时间段内没有对发展中国家劳动力市场产生任何不利影响。而中国供给冲击的间接影响，在 1% 的水平上显著为负，这说明竞争加剧所致的间接影响对发展中国家的制造业就业有一定的负面影响，原因可能是中国出口的产品是发展中国家产品的替代品。中国在全球贸易中的崛起加剧了世界市场的竞争，导致了贸易转移的出现，这对劳动力市场产生了明显的不利影响，我们对发展中国家的研究结果与卡布拉尔对葡萄牙的研究结果保持一致。

---

① 对于行业异质性，我们使用 K/L 比率将资本密集度定义为每名员工的总资本形成。1992—2018 年，38 个发展中国家组每年的平均资本密集度（K/L）为 0.41，几乎没有波动，因而 0.41 这个平均值被用作标准资本密集度。

表 14.3 发展中国家制造业就业及出口冲击程度

因变量：制造业就业／劳动年龄总体（27 年）

	(1)	(2)	(3)	(4)	(5)	(6)	(7)	(8)
	2SLS	2SLS	2SLS	2SLS	2SLS	2SLS	OLS	2SLS
ln ΔEE	0.0457*** (0.0116)	0.0381*** (0.0127)	0.0728*** (0.0174)	0.0621*** (0.0129)	0.0401*** (0.0135)	0.0490*** (0.0124)	0.0367*** (0.00749)	0.0601*** (0.0131)
ln High Skilled	−0.204*** (0.0372)	−0.187*** (0.0388)	−0.201*** (0.0397)	−0.223*** (0.0379)	−0.186*** (0.0387)	−0.203*** (0.0373)	−0.390*** (0.0614)	−0.238*** (0.0380)
ln F.Employees	0.655*** (0.0269)	0.640*** (0.0287)	0.637*** (0.0281)	0.665*** (0.0273)	0.637*** (0.0281)	0.652*** (0.0266)	0.753*** (0.0290)	0.675*** (0.0277)
ln Routine Occupations	−0.385*** (0.0232)	−0.383*** (0.0230)	−0.371*** (0.0230)	−0.378*** (0.0233)	−0.381*** (0.0231)	−0.382*** (0.0233)	−0.252*** (0.0508)	−0.369*** (0.0235)
DImpacts$_{C.Shocks}$	0.116*** (0.0298)	0.121*** (0.0298)	0.136*** (0.0296)	0.126*** (0.0298)	0.121*** (0.0300)	0.115*** (0.0300)	0.00438 (0.0284)	0.0147 (0.0312)
IDImpactst$_{C.Shocks}$	−0.0255** (0.0105)	−0.0270*** (0.00988)	−0.0222** (0.00987)	−0.0253** (0.0106)	−0.0243* (0.0130)	−0.0225* (0.0131)	−0.0843*** (0.00876)	−0.0823*** (0.0285)
ln K/L × ln ΔEE			−0.0714*** (0.0126)	−0.0288*** (0.00563)			0.00755 (0.00689)	
K/L ratio			0.458*** (0.106)	0.0611 (0.0467)			−0.0873 (0.0598)	
ln BRI × ln ΔEE					−0.0154 (0.0135)	−0.0196 (0.0134)	−0.00456 (0.00914)	
BRI					0.132 (0.145)	0.169 (0.145)	0.0871 (0.101)	
$C × T_{interaction}$		−0.0259 (0.0225)	−0.0356 (0.0227)		−0.0307 (0.0249)			

续表

	(1)	(2)	(3)	(4)	(5)	(6)	(7)	(8)
	2SLS	2SLS	2SLS	2SLS	2SLS	2SLS	OLS	2SLS
	因变量：制造业就业/劳动年龄总体（27年）							
Time$_D$	−0.0499 (0.0602)			−0.0150 (0.0605)		−0.0540 (0.0606)	0.612*** (0.0320)	−0.0672 (0.0478)
Country$_D$	−0.0306 (0.0646)			−0.0626 (0.0651)		−0.0416 (0.0683)	−0.343*** (0.0439)	−0.0525 (0.0666)
Constant	2.542*** (0.144)	2.444*** (0.123)	2.250*** (0.120)	2.457*** (0.144)	2.410*** (0.125)	2.509*** (0.146)	1.168*** (0.421)	2.418*** (0.147)
样本量	988	988	988	988	988	988	1026	988
R^2	0.646	0.652	0.653	0.644	0.651	0.643	0.601	0.628
F 检验	234.8	272.8	216.1	189.8	211.0	186.3		221.3
	第一阶段结果；因变量：ln ΔEE							
	2SLS(1)	2SLS(2)	2SLS(3)	2SLS(4)	2SLS(5)	2SLS(6)	OLS(7)	2SLS(8)
ln ΔEE(ODC)	0.0626* (0.0334)	0.1149*** (0.0349)	0.0682*** (0.0297)	0.0538* (0.0328)	0.1071*** (0.0339)	0.0588* (.0327)		0.0690** (0.0349)
R^2	0.752	0.723	0.801	0.762	0.738	0.763		0.728
第一阶段 F 检验	296.1	283.8	357.3	260.4	250.1	260.9		262.3

综上所述,中国供给冲击对发展中国家劳动力市场的影响非常显著。此外,实证分析证明,我们的工具变量方法是适合从中国供给冲击的角度来揭示解释变量与被解释变量的因果关系的。然而,我们不能排除在这些样本国家与中国之间的贸易增长中,有一部分可能是来源于这些国家自身的经济增长,如未观测到的冲击因素和生产率的提高等。我们的研究结果表明,至少有一部分观察到的出口冲击程度增长来源于对中国贸易的外生增长,这与我们前文的分析一致。

二、稳健性检验

受到更大贸易冲击的国家也可能同时受到与出口增长相关的其他独立因素的影响。所以在稳定性检验中我们首先考虑调整工具国家组。为了研究可能存在的独立因素的影响,我们随机剔除了阿根廷、巴西、墨西哥和罗马尼亚,因为这些国家大多是中国的主要发展中国家贸易伙伴,选用与中国贸易量较低的布隆迪、尼日利亚、突尼斯和叙利亚来取代它们。表14.4中(1)～(3)列的估计结果表明,这个替换对我们的结果影响不大。

我们采用GMM估计(而非在基准回归中所使用的2SLS估计)后,(4)～(6)列中显示的结果保持不变。总而言之,表14.4的结果说明我们的结果是稳健的。

样本国家的出口增长和制造业就业的变化可能同时受到一个共同的长期趋势的驱使。在受到中国供给冲击之前,其某些制造业的就业率就已经在上升,甚至有些行业在20世纪90年代之前就已经繁荣起来了。如果是这样的话,那么出口增长和中国需求冲击就很难作为制造业就业增长的来源。我们采用了Dauth、Findeisen和Suedekum(2014)的方法做最后的稳健性检验,使用2SLS,通过对过去的就业变化(1992—2000年)和未来的出口冲击程度变化(2001—2018年)进行回归来进行证伪检验结果如(7)、(8)列所示。此过程涵盖了基准回归模型中的所有控制变量,研究显示我们的结果不受这些国家的任何已有趋势的影响。根据证伪检验,高技能员工在受到中国需求冲击后会获得更多利益,因此,作为控制变量,高技能员工与目标变量负相关。在我们的基准回归中,常规职业员工变量的系数为负,在(5)列中为 -0.0161。与基准回归相比,在(7)～(9)列中,女性员工变量的系数显著为正,但数值较低,分别为0.160、0.138和0.122。该检验支持了我们的结论,即从出口增长中获益的发展中国家并未受到已有趋势的影响。

表 14.4 稳健性检验

因变量：制造业就业/劳动年龄总体（27年）

	(1)	(2)	(3)	(4)	(5)	(6)	(7)	(8)	(9)
	2SLS	2SLS	2SLS	GMM	GMM	GMM	\multicolumn{3}{c}{Falsification 2SLS}
ln ΔEE	0.0455*** (0.0115)	0.0617*** (0.0128)	0.0488*** (0.0123)	0.0441*** (0.0119)	0.0625*** (0.0141)	0.0473*** (0.0131)	0.0689 (0.0463)	0.0704 (0.0468)	0.0491 (0.0503)
ln High Skilled	−0.203*** (0.0371)	−0.222*** (0.0378)	−0.203*** (0.0372)	−0.201*** (0.0390)	−0.226*** (0.0403)	−0.201*** (0.0391)	−0.231** (0.0899)	−0.211** (0.0851)	−0.192** (0.0861)
ln F.Employees	0.655*** (0.0268)	0.664*** (0.0271)	0.651*** (0.0265)	0.648*** (0.0368)	0.663*** (0.0373)	0.645*** (0.0364)	0.160* (0.0844)	0.138* (0.0784)	0.122 (0.0757)
ln Routine Occupations	−0.385*** (0.0232)	−0.378*** (0.0233)	−0.382*** (0.0233)	−0.380*** (0.0256)	−0.373*** (0.0257)	−0.377*** (0.0253)	−0.0161 (0.0305)	−0.0136 (0.0295)	−0.00967 (0.0284)
DImpacts$_{C.Shocks}$	0.116*** (0.0297)	0.127*** (0.0298)	0.115*** (0.0300)	0.111*** (0.0303)	0.121*** (0.0291)	0.110*** (0.0302)	−0.0128 (0.0412)	−0.000944 (0.0379)	0.000723 (0.0410)
IdImpacts$_{C.Shocks}$	−0.0254** (0.0105)	−0.0252** (0.0106)	−0.0225* (0.0131)	−0.0245** (0.0108)	−0.0241** (0.0107)	−0.0215* (0.0124)	−0.247*** (0.0292)	−0.260*** (0.0286)	−0.252*** (0.0300)
ln K/L × ln ΔEE		−0.0287*** (0.00562)			−0.0286*** (0.00611)			−0.0251*** (0.00895)	
K/L ratio		0.0606 (0.0466)			0.0615 (0.0434)			0.236*** (0.0682)	
ln BRI × ln ΔEE			−0.0195 (0.0134)			−0.0179 (0.0152)			−0.00299 (0.0294)
BRI			0.168 (0.145)			0.156 (0.139)			−0.0180 (0.275)
Time$_D$	−0.0498 (0.0602)	−0.0149 (0.0605)	−0.0539 (0.0606)	−0.0471 (0.0565)	−0.0161 (0.0583)	−0.0515 (0.0573)	0.115*** (0.0159)	0.122*** (0.0151)	0.122*** (0.0161)

续表

因变量：制造业就业/劳动年龄总体（27年）

	（1）	（2）	（3）	（4）	（5）	（6）	（7）	（8）	（9）
	2SLS	2SLS	2SLS	GMM	GMM	GMM		Falsification 2SLS	
$Country_D$	−0.0305 (0.0646)	−0.0624 (0.0651)	−0.0416 (0.0683)	−0.0308 (0.0611)	−0.0628 (0.0624)	−0.0411 (0.0636)	−0.144 (0.0897)	−0.142 (0.0882)	−0.166* (0.0888)
Constant	2.541*** (0.144)	2.456*** (0.144)	2.508*** (0.146)	2.523*** (0.151)	2.450*** (0.148)	2.492*** (0.149)	2.091*** (0.0268)	2.045*** (0.0294)	2.090*** (0.0264)
样本量	988	988	988	988	988	988	986	986	986
R^2	0.646	0.645	0.643	0.647	0.644	0.645	0.810	0.817	0.815
F 检验/Waldχ^2	234.9	190.1	186.4	1016.4	1137.5	1019.5	525.6	437.4	432.6

第一个阶段结果；因变量：ln ΔEE

	2SLS（1）	2SLS（2）	2SLS（3）				2SLS（7）	2SLS（8）	2SLS（9）
ln ΔEE (ODC)	0.1079*** (0.0342)	0.0994*** (0.0335)	0.0982*** (0.0336)				−0.0917* (0.0479)	−0.0812* (0.0456)	−0.0088*** (0.00165)
R^2	0.753	0.764	0.764				0.866	0.879	0.886
第一阶段 F 检验	298.5	262.5	262.8				706.1	647.1	694.1

第五节 结论与政策含义

在过去的几十年里,由于运输成本大幅降低、贸易壁垒取消、管制放松,全球化带来了国际贸易的快速增长,世界经济日益一体化。在这一过程中,中国发展成第二大经济体和第一大贸易国。与此同时,贸易利益分配格局的变化也带来了各种担忧。本章将研究重点放在中国与发展中国家的贸易增长上,对中国供给冲击所带来的进口竞争是如何影响发展中国家劳动力市场和产业的研究进行了补充。无论是从政治角度还是从经济角度来看,不仅是中国的贸易冲击对发达国家的影响值得关注,中国的进口增长对发展中国家劳动力市场的影响也是非常重要的问题。

我们借鉴了 Dauth、Findeisen 和 Suedekum(2014)的工具变量法探讨了1992—2018年中国进口对样本发展中国家制造业就业的潜在影响。本章最重要的结论是,与中国之间的贸易增长给发展中国家带来了大幅的就业增长。这些国家通过产业结构调整创造了更多的就业机会,它们能够从中国提供的出口机会中获益。正如本章所阐释的,贸易增长降低了失业的风险,创造了更稳定的就业机会。

本章研究结果显示,中国的贸易冲击对发展中国家的影响与对发达国家的影响大相径庭。这说明虽然中国的贸易冲击可能会对发达国家的劳动力市场造成一些不利影响,但给发展中国家带来了就业机会。中国现在约有120个贸易伙伴国,而我们的研究只覆盖了有限的国家,因此在未来的研究中,我们将继续研究其他国家在扩大对中国出口时是否也会出现类似的结果。但就本章的研究结论而言,中国日益扩大的进口给广大发展中国家带来了积极的外溢效应。这毫无疑问也体现了中国作为崛起中的贸易强国所具有的一种国际竞争新优势。因此,继续扩大进口,理应成为建设开放型世界经济的题中之义。

附录 A

附录 A1

下游民营企业的利润函数为:

$$\pi_p = pq - wbq - f \tag{A-1}$$

由于本章假定企业是同质的,所以式(A-1)可以化简为:

$$p = a - (\gamma + \eta n)q \tag{A-2}$$

可以得到下游民营企业的均衡产出为:

$$q = \frac{a - wb}{2\gamma + n\eta} \tag{A-3}$$

根据下游民营企业的需求量与上游国有企业的供给量的数量关系,可以得到:

$$b\frac{a - wb}{2\gamma + n\eta}n = \sum_{i=1}^{k} d^i \tag{A-4}$$

将上式化简可以得到:

$$w = \frac{a}{b} - \frac{\sum_{i=1}^{k} d^i (2\gamma + n\eta)}{b^2 n} \tag{A-5}$$

上游多家国有企业的利润函数分别为:

$$\pi_1 = (w - c)d^1 - f_0$$
$$\pi_2 = (w - c)d^2 - f_0$$
$$\pi_k = (w - c)d^k - f_0$$

根据利润最大化的一阶条件:

$$\frac{\partial \pi_1}{\partial d^1} = (w-c) + \frac{\partial w}{\partial d^1}d^1 = (w-c) - \frac{(2\gamma+n\eta)}{b^2 n}d^1 = 0$$

$$\frac{\partial \pi_2}{\partial d^2} = (w-c) + \frac{\partial w}{\partial d^2}d^2 = (w-c) - \frac{(2\gamma+n\eta)}{b^2 n}d^2 = 0$$

$$\frac{\partial \pi_k}{\partial d^k} = (w-c) + \frac{\partial w}{\partial d^k}d^k = (w-c) - \frac{(2\gamma+n\eta)}{b^k n}d^k = 0$$

由此可以得出：

$$d^1 = d^2 = d^k = \frac{nbq}{k} = \frac{nb}{k} \cdot \frac{a-wb}{2\gamma+n\eta} \tag{A-6}$$

根据上式可以得到：

$$\frac{\partial \pi_s}{\partial d^1} = (w-c) + \frac{\partial w}{\partial d^1}d^1 = (w-c) - \frac{a-wb}{bk} = 0 \tag{A-7}$$

因此，均衡的中间投入品的价格为：

$$w = \frac{a+bkc}{b(k+1)} \tag{A-8}$$

从而可以得到：

$$p_1 = \frac{\gamma kb[a-bc] + [a+bkc](2\gamma+n\eta)}{b(1+k)(2\gamma+n\eta)} \tag{A-9}$$

附录 A2

首先，上游国有企业的利润为：

$$\pi_s = (w-c)\left(\sum_{i=1}^{k}d_i\right) - kf_0 = \left[\frac{a-bc}{b(k+1)}\right] \cdot \frac{k}{k+1} \cdot \frac{(a-bc)nb}{(2\gamma+n\eta)} - kf_0 = \frac{k(a-bc)^2 n}{(k+1)^2(2\gamma+n\eta)} - kf_0 \tag{A-10}$$

其次，下游民营企业的总利润为：

$$n\pi_p = n(p-bw)q - nf = n\gamma q^2 - nf = n\gamma\left(\frac{k}{k+1} \cdot \frac{a-bc}{2\gamma+n\eta}\right)^2 - nf \tag{A-11}$$

最后，消费者剩余为：

$$CS = \frac{Q^2}{2} \cdot \frac{n\eta+\gamma}{n} = \frac{2(a-c)^2}{9} \cdot \frac{n^2\eta+n\gamma}{(2\gamma+n\eta)^2} = \frac{k^2}{2(k+1)^2} \cdot \frac{(a-bc)^2(n^2\eta+n\gamma)}{(2\gamma+n\eta)^2} \tag{A-12}$$

附录 A3

社会总福利随着下游民营企业数目变化的趋势为：

$$\frac{\partial \mathrm{SW}}{\partial n} = \frac{k^2(a-bc)^2}{2(k+1)^2} \frac{8n\eta\gamma^2 + 3\gamma n^2\eta^2 + 4\gamma^3}{(2\gamma+n\eta)^4} + \frac{k(a-bc)^2}{(k+1)^2} \frac{2\gamma}{(2\gamma+n\eta)^2} +$$

$$\frac{k^2(a-bc)^2}{(k+1)^2} \left[\frac{4\gamma^3 - n^2\eta^2\gamma}{(2\gamma+n\eta)^4} \right] - f$$

$$= \frac{k^2(a-bc)^2}{2(k+1)^2} \frac{8\frac{1+k}{k}\gamma^2 n\eta + 2\gamma\frac{1+k}{k}\gamma n^2\eta^2 + \left(12 + \frac{8}{k}\right)\gamma^3}{(2\gamma+n\eta)^4} - f$$

可以证明，$\dfrac{\partial \frac{\partial \mathrm{SW}}{\partial n}}{\partial n} < 0$

当 $n \to 0$ 时，$\dfrac{\partial \mathrm{SW}}{\partial n} \to \dfrac{3k^2(a-bc)^2}{2(k+1)^2} \dfrac{1}{4\gamma} + \dfrac{k(a-bc)^2}{(k+1)^2} \dfrac{1}{2\gamma} - f$

当 $n \to \infty$ 时，$\dfrac{\partial \mathrm{SW}}{\partial n} \to -f$

第一，当 $\dfrac{3k^2(a-bc)^2}{2(k+1)^2} \dfrac{1}{4\gamma} + \dfrac{k(a-bc)^2}{(k+1)^2} \dfrac{1}{2\gamma} > f$ 时，说明当 n 较小时，$\dfrac{\partial \mathrm{SW}}{\partial n} > 0$，随后随着 n 的增加，$\dfrac{\partial \mathrm{SW}}{\partial n}$ 开始递减，当 n 趋于无穷时，$\dfrac{\partial \mathrm{SW}}{\partial n} = -f < 0$，社会总福利随着下游民营企业数目 n 先递增后递减，形状呈倒 U 形。

第二，$\dfrac{3k^2(a-bc)^2}{2(k+1)^2} \dfrac{1}{4\gamma} + \dfrac{k(a-bc)^2}{(k+1)^2} \dfrac{1}{2\gamma} \leq f$ 时，说明 $\dfrac{\partial \mathrm{SW}}{\partial n} < 0$ 恒成立，社会总福利随着下游民营企业数目 n 一直递减，图形为单调递减的形状。

基于本章给定的假设条件，可以求出在市场均衡状态下，存在 $\dfrac{\partial \mathrm{SW}}{\partial n} > 0$ 这一情形，因此，排除第二种情形，社会总福利随下游民营企业数目 n 变化的图形为倒 U 形。

附录 A4

下游民营企业通过利润最大化来决定自己的产出，因而可得：

$$\frac{\partial \pi_{\mathrm{p1}}}{\partial q_1} = \left[(1-t)p_1 - bw_1\right] - (1-t)\gamma q_1 = 0 \tag{A-13}$$

因此实施"交互补贴"政策后的最终产品的均衡价格为：

$$p_1 = \frac{(1-t)\gamma q_1 + bw_1}{(1-t)} \tag{A-14}$$

下游民营企业的均衡产出为：

$$q_1 = \frac{(1-t)a - bw_1}{(1-t)(2\gamma + n_1\eta)} \tag{A-15}$$

下游民营企业的需求量等于上游国有企业供给量：

$$b\frac{(1-t)a - bw_1}{(1-t)(2\gamma + n_1\eta)} n_1 = \sum_{i=1}^{k} d_1^i \tag{A-16}$$

根据式（A-16）可以求出下游民营企业对上游国有企业的反需求函数：

$$w_1 = \frac{(1-t)a}{b} - \frac{\sum_{i=1}^{k} d_1^i (1-t)(2\gamma + n_1\eta)}{b^2 n_1} \tag{A-17}$$

上游国有企业的利润函数为：

$$\pi_{p1} = \left[(1+s)w_1 - c\right]d_1^1 - f_0$$
$$\pi_{p1} = \left[(1+s)w_1 - c\right]d_1^2 - f_0$$
$$\pi_{p1} = \left[(1+s)w_1 - c\right]d_1^k - f_0$$

上游国有企业利润最大化的一阶条件为：

$$\frac{\partial \pi_{p1}}{\partial d_1^1} = \left[(1+s)w_1 - c\right] + (1+s)\frac{\partial w_1}{\partial d_1^1} d_1^1 = 0$$

$$\frac{\partial \pi_{p1}}{\partial d_1^2} = \left[(1+s)w_1 - c\right] + (1+s)\frac{\partial w_1}{\partial d_1^2} d_1^2 = 0$$

$$\frac{\partial \pi_{p1}}{\partial d_1^k} = \left[(1+s)w_1 - c\right] + (1+s)\frac{\partial w_1}{\partial d_1^k} d_1^k = 0$$

由此可以得出：

$$d_1^1 = d_1^2 = d_1^k = b\frac{n_1 q_1}{k} = \frac{n_1 b}{k}\frac{(1-t)a - bw_1}{(1-t)(2\gamma + n_1\eta)} \tag{A-18}$$

由此可以得到上游国有企业的产品价格：

$$w_1 = \frac{(1+s)(1-t)a + bkc}{b(k+1)(1+s)} \tag{A-19}$$

将式（A-19）和式（A-8）对比分析可以得到：

$$w - w_1 = \frac{a + bkc}{b(k+1)} - \frac{(1+s)(1-t)a + bkc}{b(1+s)(k+1)} = \frac{at(1+s) + bks}{b(1+s)(1+k)} > 0 \quad (A-20)$$

下游民营企业的均衡产出为：

$$q_1 = \frac{k(1+s)(1-t)a - bkc}{(1+k)(1+s)(1-t)(2\gamma + n_1\eta)} \quad (A-21)$$

下游民营企业的产品价格为：

$$p_1 = \frac{(1-t)\gamma q_1 + w_1}{(1-t)} = \frac{\gamma kb\left[(1+s)(1-t)a - bc\right] + \left[(1+s)(1-t)a + bkc\right](2\gamma + n_1\eta)}{b(1+k)(1+s)(1-t)(2\gamma + n_1\eta)} \quad (A-22)$$

附录 A5

首先，上游国有企业的利润为：

$$\pi_{s1} = \left[(1+s)w_1 - c\right]\sum_{i=1}^{k} d_1^i - kf_0 = \frac{kn_1\left[(1+s)(1-t)a - bc\right]^2}{(1+k)^2(1+s)(1-t)(2\gamma + n_1\eta)} - kf_0 \quad (A-23)$$

其次，下游民营企业的总利润为：

$$n_1\pi_{p1} = \left[(1-t)p_1 - bw_1\right]n_1 q_1 - n_1 f = \frac{\gamma n_1 k^2 (1-t)}{(1+k)^2}\left[\frac{(1+s)(1-t)a - bc}{(1+s)(1-t)(2\gamma + n_1\eta)}\right]^2 - n_1 f \quad (A-24)$$

最后，消费者剩余为：

$$CS_1 = \frac{n_1\eta + \gamma}{n_1}\frac{Q^2}{2} = \frac{(n_1^2\eta + \gamma n_1)k^2}{2(1+k)^2}\left[\frac{(1+s)(1-t)a - bc}{(1+s)(1-t)(2\gamma + n_1\eta)}\right]^2 \quad (A-25)$$

附录 A6

一般均衡条件，即政府对上游国有企业的补贴额等于对下游民营企业的征税额时，

$$tp_1 b = sw_1 \quad (A-26)$$

化简为：

$$tb\frac{\gamma kb\left[(1+s)(1-t)a-bc\right]+\left[(1+s)(1-t)a+bkc\right]\dfrac{(1+s)(1-t)a-bc}{\dfrac{1+k}{k}\left[\dfrac{f}{(1-t)\gamma}\right]^{\frac{1}{2}}(1+s)(1-t)}}{b(1+k)(1+s)(1-t)\left\{\dfrac{(1+s)(1-t)a-bc}{\dfrac{1+k}{k}\left[\dfrac{f}{(1-t)\gamma}\right]^{\frac{1}{2}}(1+s)(1-t)}\right\}}=s\frac{(1+s)(1-t)a+bkc}{b(k+1)(1+s)}$$

附录 A7

对下游民营企业进行补贴后的最终产品的均衡价格为：

$$p_2=\frac{(1+s)\gamma q_2+bw_2}{(1+s)} \tag{A-27}$$

下游民营企业的均衡产出为：

$$q_2=\frac{(1+s)a-bw_2}{(1+s)(2\gamma+n_2\eta)} \tag{A-28}$$

在上游国有企业采用规模报酬不变或规模报酬递增的技术条件下，下游民营企业的需求量等于上游国有企业供给量，可以得到：

$$b\frac{(1+s)a-bw_2}{(1+s)(2\gamma+n_2\eta)}n_2=\sum_{i=1}^{k}d_2^i \tag{A-29}$$

根据式（A-29）可以求出下游民营企业对上游国有企业的反需求函数：

$$w_2=\frac{(1+s)a}{b}-\frac{\sum_{i=1}^{k}d_1^i(1+s)(2\gamma+n_2\eta)}{b^2n_2} \tag{A-30}$$

上游国有企业的利润函数为：

$$\pi_{p_1}=\left[(1-t)w_2-c\right]d_2^1-f_0$$
$$\pi_{p_1}=\left[(1-t)w_2-c\right]d_2^2-f_0$$
$$\pi_{p_1}=\left[(1-t)w_2-c\right]d_2^k-f_0$$

上游国有企业利润最大化的一阶条件为：

$$\frac{\partial \pi_{p1}}{\partial d_2^1} = \left[(1-t)w_2 - c\right] + (1-t)\frac{\partial w_2}{\partial d_2^1} d_2^1 = 0$$

$$\frac{\partial \pi_{p1}}{\partial d_2^2} = \left[(1-t)w_2 - c\right] + (1-t)\frac{\partial w_2}{\partial d_2^2} d_2^2 = 0$$

$$\frac{\partial \pi_{p1}}{\partial d_2^k} = \left[(1-t)w_2 - c\right] + (1-t)\frac{\partial w_2}{\partial d_2^k} d_2^k = 0$$

从而可以得出：

$$d_2^1 = d_2^2 = d_2^k = \frac{bn_2 q_2}{k} = \frac{n_2 b}{k} \frac{(1+s)a - w_2}{(1+s)(2\gamma + n_2\eta)} \tag{A-31}$$

由此可以得到上游国有企业的价格：

$$w_2 = \frac{\left[(1+s)(1-t)a\right] + bkc}{b(k+1)(1-t)} \tag{A-32}$$

从而可以得到下游民营企业的价格：

$$p_2 = \frac{\gamma kb\left[a(1+s)(1-t) - bc\right] + \left[(1+s)(1-t)a + bkc\right](2\gamma + n_2\eta)}{b(1+k)(1+s)(1-t)(2\gamma + n_2\eta)} \tag{A-33}$$

下游民营企业的均衡产出为：

$$q_2 = \frac{ka(1+s)(1-t) - bkc}{(1+k)(1+s)(1-t)(2\gamma + n_2\eta)} \tag{A-34}$$

附录 A8

假定均衡条件下，对上游国有企业的补贴额恒等于对下游民营企业征税额，即：

$$sp_2 n_2 q_2 = tw_2 \left(\sum_{i=1}^{k} d_1^i\right) \tag{A-35}$$

上式可以化简为：

$$sp_2 b = tw_2 \tag{A-36}$$

将 p_2、w_2 的表达式代入式（A-36）可得：

$$sb\frac{\gamma kb\left[(1+s)(1-t)-bc\right]+\left[(1+s)(1-t)a+bkc\right]\dfrac{(1+s)(1-t)a-bc}{\dfrac{1+k}{k}\left[\dfrac{f}{(1+s)\gamma}\right]^{\frac{1}{2}}(1+s)(1-t)}}{b(1+k)(1+s)(1-t)\left[\dfrac{(1+s)(1-t)a-c}{\dfrac{1+k}{k}\left[\dfrac{f}{(1+s)\gamma}\right]^{\frac{1}{2}}(1+s)(1-t)}\right]}=t\frac{(1+s)(1-t)a+bkc}{b(k+1)(1-t)}$$

附录 A9

"交互补贴"政策导致的社会总福利的变化趋势如图 A-1 所示。

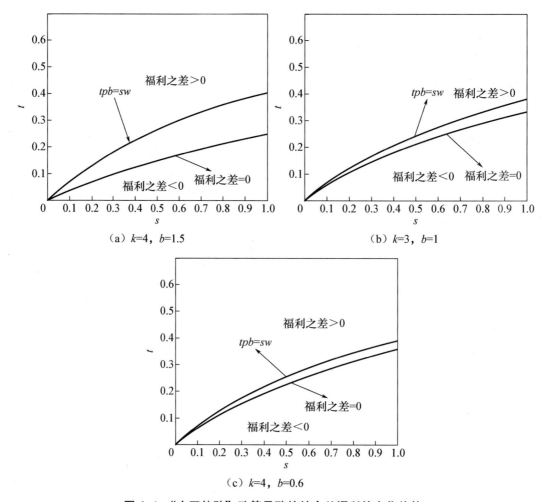

图 A-1 "交互补贴"政策导致的社会总福利的变化趋势

"上游征税，下游补贴"政策导致的社会总福利的变化趋势如图 A-2 所示。

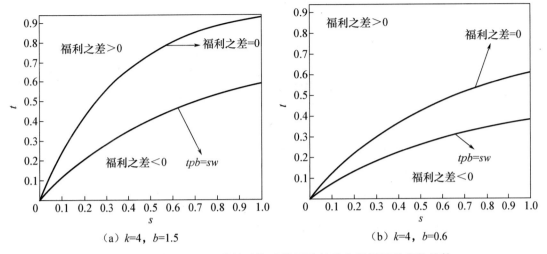

图 A-2 "上游征税,下游补贴"政策导致的社会总福利的变化趋势

附录 B

附录 B1

令 $\Delta_1 = \int_{c_1}^{c_e^d(\tau_1)} u\left(q_e^{HH}(\tau_1,c)\right)g(c)\mathrm{d}c + \int_{c_1}^{c_e^x(\tau_1)} u\left(q_e^{FH}(\tau_1,c)\right)g(c)\mathrm{d}c$

$\Delta_2 = \int_{c_1}^{c_e^d(\tau_2)} u\left(q_e^{HH}(\tau_2,c)\right)g(c)\mathrm{d}c + \int_{c_1}^{c_e^x(\tau_2)} u\left(q_e^{FH}(\tau_2,c)\right)g(c)\mathrm{d}c$

因此，

$$\Delta U = U(\tau_2) - U(\tau_1)$$

$$= \frac{N(\tau_2)}{G\left(c_e^d(\tau_2)\right)+G\left(c_e^x(\tau_2)\right)}\Delta_2 - \frac{N(\tau_1)}{G\left(c_e^d(\tau_1)\right)+G\left(c_e^x(\tau_1)\right)}\Delta_1$$

$$= \left[\frac{N(\tau_2)}{G\left(c_e^d(\tau_2)\right)+G\left(c_e^x(\tau_2)\right)}\Delta_2 - \frac{N(\tau_2)}{G\left(c_e^d(\tau_2)\right)+G\left(c_e^x(\tau_2)\right)}\Delta_1\right] +$$

$$\left[\frac{N(\tau_2)}{G\left(c_e^d(\tau_2)\right)+G\left(c_e^x(\tau_2)\right)}\Delta_1 - \frac{N(\tau_1)}{G\left(c_e^d(\tau_1)\right)+G\left(c_e^x(\tau_1)\right)}\Delta_1\right]$$

$$= \left[\frac{N(\tau_2)}{G\left(c_e^d(\tau_2)\right)+G\left(c_e^x(\tau_2)\right)}\Delta_2 - \frac{N(\tau_2)}{G\left(c_e^d(\tau_2)\right)+G\left(c_e^x(\tau_2)\right)}\Delta_1\right] + C$$

$$= \frac{N(\tau_2)}{G\left(c_e^d(\tau_2)\right)+G\left(c_e^x(\tau_2)\right)}[\Delta_2 - \Delta_1] + C$$

$$= A + B + C$$

其中，

$$A = M(\tau_2)\left[\int_{c_1}^{c_e^d(\tau_2)} u\left(q_e^{HH}(\tau_1,c)\right)g(c)\mathrm{d}c + \int_{c_1}^{c_e^x(\tau_2)} u\left(q_e^{FH}(\tau_1,c)\right)g(c)\mathrm{d}c\right] -$$

$$\left[\int_{c_1}^{c_e^d(\tau_1)} u\left(q_e^{HH}(\tau_1,c)\right)g(c)\mathrm{d}c + \int_{c_1}^{c_e^x(\tau_1)} u\left(q_e^{FH}(\tau_1,c)\right)g(c)\mathrm{d}c\right]$$

$$B = M(\tau_2)\left[\int_{c_1}^{c_e^d(\tau_2)} u\left(q_e^{HH}(\tau_2,c)\right)g(c)\mathrm{d}c + \int_{c_1}^{c_e^x(\tau_2)} u\left(q_e^{FH}(\tau_2,c)\right)g(c)\mathrm{d}c\right] -$$

$$\left[\int_{c_1}^{c_e^d(\tau_2)} u\left(q_e^{HH}(\tau_1,c)\right)g(c)\mathrm{d}c + \int_{c_1}^{c_e^x(\tau_2)} u\left(q_e^{FH}(\tau_1,c)\right)g(c)\mathrm{d}c\right]$$

$$C = \left[M(\tau_2) - M(\tau_1)\right]\left[\int_{c_1}^{c_e^d(\tau_1)} u\left(q_e^{HH}(\tau_1,c)\right)g(c)\mathrm{d}c + \int_{c_1}^{c_e^x(\tau_1)} u\left(q_e^{FH}(\tau_1,c)\right)g(c)\mathrm{d}c\right]$$

因此，A 为选择效应；B 为促进竞争效应；C 为种类效应。

附录 B2

$$f_e = L\left\{\int_{c_1}^{c_e^d(\tau)}\left[p_e^{HH}(c) - c\right]q_e^{HH}(c)\mathrm{d}G(c) + \int_{c_1}^{c_e^x(\tau)}\left[p_e^{HF}(c) - \tau c\right]q_e^{HF}\mathrm{d}G(c)\right\}$$

$$\Rightarrow f_e = L\left\{\int_{c_1}^{c_e^d(\tau)}\left[\frac{c}{W\left(\mathrm{e}\dfrac{c}{c_e^d}\right)} - c\right]\frac{1 - W\left(\mathrm{e}\dfrac{c}{c_e^d}\right)}{\alpha}\mathrm{d}G(c) + \right.$$

$$\left.\int_{c_1}^{c_e^x(\tau)}\left[\frac{\tau c}{W\left(\mathrm{e}\dfrac{c}{c_e^x}\right)} - \tau c\right]\frac{1 - W\left(\mathrm{e}\dfrac{c}{c_e^d}\right)}{\alpha}\mathrm{d}G(c)\right\}$$

$$\Rightarrow \alpha f_e = L\left\{\int_{c_1}^{c_e^d(\tau)}\left[\frac{c}{W\left(\mathrm{e}\dfrac{c}{c_e^d}\right)} - c\right]\left[1 - W\left(e\dfrac{c}{c_e^d}\right)\right]\mathrm{d}G(c) + \right.$$

$$\left.\tau\int_{c_1}^{c_e^x(\tau)}\left[\frac{c}{W\left(\mathrm{e}\dfrac{c}{c_e^x}\right)} - c\right]\left[1 - W\left(e\dfrac{c}{c_e^x}\right)\right]\mathrm{d}G(c)\right\}$$

已知 $G(c) = 1 - \dfrac{1 - \left(\dfrac{c}{c_M}\right)^k}{1 - \left(\dfrac{c_1}{c_M}\right)^k} = \dfrac{c^k - c_1^k}{c_M^k - c_1^k}$，所以，$g(c) = \dfrac{kc^{k-1}}{c_M^k - c_1^k}$

$$\Rightarrow \alpha f_e = L \left\{ \int_{c_1}^{c_e^d(\tau)} \left[\frac{c}{W\left(e\frac{c}{c_e^d}\right)} - c \right] \left[1 - W\left(e\frac{c}{c_e^d}\right) \right] \frac{kc^{k-1}}{c_M^{\ k} - c_1^{\ k}} dc + \right.$$

$$\left. \tau \int_{c_1}^{c_e^x(\tau)} \left[\frac{c}{W\left(e\frac{c}{c_e^x}\right)} - c \right] \left[1 - W\left(e\frac{c}{c_e^x}\right) \right] \frac{kc^{k-1}}{c_M^{\ k} - c_1^{\ k}} dc \right\}$$

$$\Rightarrow \frac{\alpha f_e}{k}\left[c_M^{\ k} - c_1^{\ k}\right] = L \left\{ \int_{c_1}^{c_e^d(\tau)} \left[\frac{1}{W\left(e\frac{c}{c_e^d}\right)} - 1 \right] \left[1 - W\left(e\frac{c}{c_e^d}\right) \right] c^k dc + \right.$$

$$\left. \tau \int_{c_1}^{c_e^x(\tau)} \left[\frac{1}{W\left(e\frac{c}{c_e^x}\right)} - 1 \right] \left[1 - W\left(e\frac{c}{c_e^x}\right) \right] c^k dc \right\}$$

$$\Rightarrow \frac{\alpha f_e}{k}\left[c_M^{\ k} - c_1^{\ k}\right] = L \left\{ \int_{c_1}^{c_e^d(\tau)} \left[\frac{1}{W\left(e\frac{c}{c_e^d}\right)} - 2 + W\left(e\frac{c}{c_e^d}\right) \right] c^k dc + \right.$$

$$\left. \tau \int_{c_1}^{c_e^x(\tau)} \left[\frac{1}{W\left(e\frac{c}{c_e^x}\right)} - 2 + W\left(e\frac{c}{c_e^x}\right) \right] c^k dc \right\}$$

根据 Behrens 等（2014）的结论，无论企业生产率服从什么分布，进入国内市场和出口市场的临界边际成本都满足如下关系：$c_e^x = \frac{c_e^d}{\tau}$。

$$\Rightarrow \frac{\alpha f_e}{k}\left[c_M^{\ k} - c_1^{\ k}\right] = L \left\{ \int_{c_1}^{c_e^d(\tau)} \left[\frac{1}{W\left(e\frac{c}{c_e^d}\right)} - 2 + W\left(e\frac{c}{c_e^d}\right) \right] c^k dc + \right.$$

$$\left. \tau \int_{c_1}^{\frac{c_e^d(\tau)}{\tau}} \left[\frac{1}{W\left(e\frac{\tau c}{c_e^d}\right)} - 2 + W\left(e\frac{\tau c}{c_e^d}\right) \right] c^k dc \right\}$$

附录 B3

$$M_e(\tau)\left[f_e + L\int_{c_1}^{c_e^d(\tau)} cq_e^{HH}(c)dG(c) + \tau L\int_{c_1}^{\frac{c_e^d(\tau)}{\tau}} cq_e^{HF}(c)dG(c)\right] = L$$

$$\Rightarrow M_e(\tau)\left\{f_e + L\int_{c_1}^{c_e^d(\tau)} \frac{c}{\alpha}\left[1-W\left(e\frac{c}{c_e^d}\right)\right]dG(c) + \tau L\int_{c_1}^{\frac{c_e^d(\tau)}{\tau}} \frac{c}{\alpha}\left[1-W\left(e\frac{c}{c_e^d}\right)\right]dG(c)\right\} = L$$

$$\Rightarrow M_e(\tau)\left\{f_e + L\int_{c_1}^{c_e^d(\tau)} \frac{c}{\alpha}\left[1-W\left(e\frac{c}{c_e^d}\right)\right]\frac{kc^{k-1}}{c_M^k - c_1^k}dc + \right.$$
$$\left. \tau L\int_{c_1}^{\frac{c_e^d(\tau)}{\tau}} \frac{c}{\alpha}\left[1-W\left(e\frac{c}{c_e^d}\right)\right]\frac{kc^{k-1}}{c_M^k - c_1^k}dc\right\} = L$$

$$\Rightarrow \int_{c_1}^{c_e^d(\tau)}\left[1-W\left(e\frac{c}{c_e^d}\right)\right]c^k dc + \tau\int_{c_1}^{\frac{c_e^d(\tau)}{\tau}}\left[1-W\left(e\frac{c}{c_e^d}\right)\right]c^k dc = \left[\frac{1}{M_e(\tau)} - \frac{f_e}{L}\right]\frac{\alpha\left[c_M^k - c_1^k\right]}{k}$$

附录 B4

假设生产率分布为 $G(\phi) = 1 - \left(\frac{b}{\phi}\right)^k$

1. $G(\phi_{\text{Median}}) = 1 - \left(\frac{b}{\phi_{\text{Median}}}\right)^k = \frac{1}{2} \Rightarrow \phi_{\text{Median}} = b2^{\frac{1}{k}}$

2. $\phi_{\text{Mean}} = \int_b^\infty \phi \, dG(\phi) = \int_b^\infty \phi k b^k \phi^{-k-1} d\phi = kb^k \int_b^\infty \phi^{-k} d\phi = kb^k \frac{1}{k-1} b^{-k+1} = b\frac{k}{k-1}$

进一步，令 $b = \frac{1}{c_M}$，即可得到正文的结论。

附录 B5

$$A_{\text{CARA}} = M(\tau_2)\left(\left\{\int_{c_1}^{c_e^d(\tau_2)}\left[1-e^{\frac{c}{p(\tau_1,c,c_e^x(\tau_1))}-1}\right]c^{k-1}dc - \int_{c_1}^{c_e^d(\tau_1)}\left[1-e^{\frac{c}{p(\tau_1,c,c_e^x(\tau_1))}-1}\right]c^{k-1}dc\right\} + \left\{\int_{c_1}^{\frac{c_e^d(\tau_2)}{\tau_2}}\left[1-e^{\frac{\tau_1 c}{p(\tau_1,c,c_e^x(\tau_1))}-1}\right]c^{k-1}dc - \int_{c_1}^{\frac{c_e^d(\tau_1)}{\tau_1}}\left[1-e^{\frac{\tau_1 c}{p(\tau_1,c,c_e^x(\tau_1))}-1}\right]c^{k-1}dc\right\}\right)$$

首先，该式第一部分为贸易自由化通过影响进入国内市场临界边际成本而产生的选择效应，本章称之为国内选择效应。根据在加性可分效用函数假设下，无论子效用函数是满足需求弹性导数等于零（CES形式）、需求弹性导数小于零（可以产生促进竞争效应），还是需求弹性导数大于零（可以产生反竞争效应），$\frac{\partial c_e^d(\tau)}{\partial \tau} > 0$ 恒成立。由于本章使用的CARA效用函数属于需求弹性导数小于零的情形，因此同样满足 $\frac{\partial c_e^d(\tau)}{\partial \tau} > 0$。这意味着，随着贸易自由化程度的加深，进入国内市场的临界边际成本 $c_e^d(\tau)$ 下降，即部分原本存活的低生产率企业退出市场。

很明显，$\int_{c_1}^{c_e^d(\tau_2)} \left[1 - e^{\frac{c}{p(\tau_1, c, c_e^d(\tau_1))} - 1}\right] c^{k-1} dc - \int_{c_1}^{c_e^d(\tau_1)} \left[1 - e^{\frac{c}{p(\tau_1, c, c_e^d(\tau_1))} - 1}\right] c^{k-1} dc < 0$。所以，贸易自由化通过降低进入国内市场的临界边际成本而使得消费者福利下降。

其次，该式第二部分为贸易自由化通过影响进口产品进入国内市场的临界边际成本而产生的选择效应，本章称之为进口选择效应。由于 $c_e^x(\tau) = \frac{c_e^d(\tau)}{\tau}$，则 $\frac{\partial c_e^x(\tau)}{\partial \tau} = \frac{\partial \frac{c_e^d(\tau)}{\tau}}{\partial \tau} = \frac{\frac{\partial c_e^d(\tau)}{\partial \tau} \tau - c_e^d(\tau)}{\tau^2}$，借鉴Bertoletti和Epifani（2014）通过证明得到的 $\frac{\partial c_e^d(\tau)}{\partial \tau} \frac{\tau}{c_d^d(\tau)} > 0$，可以得到以下命题：

当 $\frac{\partial c_e^d(\tau)}{\partial \tau} \frac{\tau}{c_e^d(\tau)} > 1$ 时，$\frac{\partial c_e^x(\tau)}{\partial \tau} = \frac{\partial \frac{c_e^d(\tau)}{\tau}}{\partial \tau} = \frac{\frac{\partial c_e^d(\tau)}{\partial \tau} \tau - c_e^d(\tau)}{\tau^2} > 0$；

当 $\frac{\partial c_e^d(\tau)}{\partial \tau} \frac{\tau}{c_e^d(\tau)} = 1$ 时，$\frac{\partial c_e^x(\tau)}{\partial \tau} = \frac{\partial \frac{c_e^d(\tau)}{\tau}}{\partial \tau} = \frac{\frac{\partial c_e^d(\tau)}{\partial \tau} \tau - c_e^d(\tau)}{\tau^2} = 1$；

当 $\frac{\partial c_e^d(\tau)}{\partial \tau} \frac{\tau}{c_e^d(\tau)} < 1$ 时，$\frac{\partial c_e^x(\tau)}{\partial \tau} = \frac{\partial \frac{c_e^d(\tau)}{\tau}}{\partial \tau} = \frac{\frac{\partial c_e^d(\tau)}{\partial \tau} \tau - c_e^d(\tau)}{\tau^2} < 1$。

因此，

当 $\frac{\partial c_e^d(\tau)}{\partial \tau} \frac{\tau}{c_e^d(\tau)} > 1$ 时，$\int_{c_1}^{\frac{c_e^d(\tau_2)}{\tau_2}} \left[1 - e^{\frac{\tau_1 c}{p(\tau_1, c, c_e^x(\tau_1))} - 1}\right] c^{k-1} dc - \int_{c_1}^{\frac{c_e^d(\tau_1)}{\tau_1}} \left[1 - e^{\frac{\tau_1 c}{p(\tau_1, c, c_e^x(\tau_1))} - 1}\right] c^{k-1} dc < 0$；

当 $\frac{\partial c_e^d(\tau)}{\partial \tau} \frac{\tau}{c_e^d(\tau)} = 1$ 时，$\int_{c_1}^{\frac{c_e^d(\tau_2)}{\tau_2}} \left[1 - e^{\frac{\tau_1 c}{p(\tau_1, c, c_e^x(\tau_1))} - 1}\right] c^{k-1} dc - \int_{c_1}^{\frac{c_e^d(\tau_1)}{\tau_1}} \left[1 - e^{\frac{\tau_1 c}{p(\tau_1, c, c_e^x(\tau_1))} - 1}\right] c^{k-1} dc = 0$；

当 $\dfrac{\partial c_{\mathrm{e}}^{\mathrm{d}}(\tau)}{\partial \tau}\dfrac{\tau}{c_{\mathrm{e}}^{\mathrm{d}}(\tau)}<1$ 时，$\displaystyle\int_{c_1}^{c_{\mathrm{e}}^{\mathrm{d}}(\tau_2)}\left[1-\mathrm{e}^{\frac{\tau_1 c}{p(\tau_1,c,c_{\mathrm{e}}^{\mathrm{x}}(\tau_1))}-1}\right]c^{k-1}\mathrm{d}c-\int_{c_1}^{c_{\mathrm{e}}^{\mathrm{d}}(\tau_1)}\left[1-\mathrm{e}^{\frac{\tau_1 c}{p(\tau_1,c,c_{\mathrm{e}}^{\mathrm{x}}(\tau_1))}-1}\right]c^{k-1}\mathrm{d}c>0$

综上所述，当 $\dfrac{\partial c_{\mathrm{e}}^{\mathrm{d}}(\tau)}{\partial \tau}\dfrac{\tau}{c_{\mathrm{e}}^{\mathrm{d}}(\tau)}\geqslant 1$ 时，选择效应一定为负，这是因为贸易自由化影响两个临界边际成本，从而导致福利都出现下降。当 $0<\dfrac{\partial c_{\mathrm{e}}^{\mathrm{d}}(\tau)}{\partial \tau}\dfrac{\tau}{c_{\mathrm{e}}^{\mathrm{d}}(\tau)}<1$ 时，选择效应的方向不确定，具体要取决于国内选择效应导致的福利下降和进口选择效应导致的福利上升之间的权衡。

因此，根据本章对选择效应的定义，可以看出选择效应为负是合理的。

附录 B6

$$M_{\mathrm{e}}(\tau)\left[f_{\mathrm{e}}+L\int_{\phi_{jj}^*}^{\infty}\dfrac{1}{\phi}q_{\mathrm{e}}^{jj}(\phi)\mathrm{d}G(\phi)+\tau L\int_{\phi_{ij}^*}^{\infty}\dfrac{1}{\phi}q_{\mathrm{e}}^{ij}(\phi)\mathrm{d}G(\phi)\right]=L$$

$$\Rightarrow M_{\mathrm{e}}(\tau)\left\{f_{\mathrm{e}}+L\int_{\phi_{jj}^*}^{\infty}\dfrac{1}{\phi}a\left[\sqrt{\dfrac{\phi}{\phi_{jj}^*}}-1\right]k\phi^{-k-1}\mathrm{d}\phi+\tau L\int_{\phi_{ij}^*}^{\infty}\dfrac{1}{\phi}a\left[\sqrt{\dfrac{\phi}{\phi_{ij}^*}}-1\right]k\phi^{-k-1}\mathrm{d}\phi\right\}=L$$

将 $\dfrac{\phi_{ij}^*}{\phi_{jj}^*}=\tau_{ij}$ 代入上式得：

$$\Rightarrow M_{\mathrm{e}}(\tau)\left\{f_{\mathrm{e}}+L\int_{\phi_{jj}^*}^{\infty}\dfrac{1}{\phi}a\left[\sqrt{\dfrac{\phi}{\phi_{jj}^*}}-1\right]k\phi^{-k-1}\mathrm{d}\phi+\tau L\int_{\tau_{ij}\phi_{jj}^*}^{\infty}\dfrac{1}{\phi}a\left[\sqrt{\dfrac{\phi}{\tau_{ij}\phi_{jj}^*}}-1\right]k\phi^{-k-1}\mathrm{d}\phi\right\}=L$$

$$\Rightarrow M_{\mathrm{e}}(\tau)\left[f_{\mathrm{e}}+akL\phi_{jj}^{*-k-1}\dfrac{1}{(1+k)(1+2k)}+akL\tau_{ij}^{-k}\phi_{jj}^{*-k-1}\dfrac{1}{(1+k)(1+2k)}\right]=L$$

$$\Rightarrow M_{\mathrm{e}}(\tau)\left[f_{\mathrm{e}}+akL\left(1+\tau_{ij}^{-k}\right)\phi_{jj}^{*-k-1}\dfrac{1}{(1+k)(1+2k)}\right]=L$$

将 $\phi_{jj}^{*k+1}=\dfrac{aL}{\left[f_{\mathrm{e}}(1+k)(1+2k)\right]}\left[1+\tau_{ij}^{-k}\right]$ 代入上式得：$M_{\mathrm{e}}(\tau)\left[f_{\mathrm{e}}+kf_{\mathrm{e}}\right]=L$

$$\Rightarrow M_{\mathrm{e}}(\tau)=\dfrac{L}{(k+1)f_{\mathrm{e}}}$$

附录 B7

$$U(\tau) = M(\tau)\left\{\int_{\phi_{ij}^*}^{\infty} \ln\left[q_e^{ij}(\phi)+a\right]dG(\phi) + \int_{\phi_{ij}^*}^{\infty} \ln\left[q_e^{ij}(\phi)+a\right]dG(\phi)\right\}$$

$$\Rightarrow U(\tau) = \frac{L}{(k+1)f_e}\left\{\int_{\phi_{ij}^*}^{\infty} \ln\left[a\sqrt{\frac{\phi}{\phi_{jj}^*}}\right]k\phi^{-k-1}d\phi + \int_{\phi_{ij}^*}^{\infty} \ln\left[a\sqrt{\frac{\phi}{\phi_{ij}^*}}\right]k\phi^{-k-1}d\phi\right\}$$

$$\Rightarrow U(\tau) = \frac{L}{(k+1)f_e}\left\{\int_{\phi_{ij}^*}^{\infty} \ln ak\phi^{-k-1}d\phi + \int_{\phi_{jj}^*}^{\infty} \ln\left[\sqrt{\frac{\phi}{\phi_{jj}^*}}\right]k\phi^{-k-1}d\phi\int_{\phi_{ij}^*}^{\infty}\ln ak\phi^{-k-1}d\phi + \right.$$

$$\left.\int_{\phi_{ij}^*}^{\infty} \ln\left[\sqrt{\frac{\phi}{\phi_{ij}^*}}\right]k\phi^{-k-1}d\phi\right\}$$

$$\Rightarrow U(\tau) = \frac{L}{(k+1)f_e}\left\{\ln a\frac{\phi_{jj}^{*-k}}{k} + \frac{\phi_{jj}^{*-k}}{2k^2} + \ln a\frac{\phi_{ij}^{*-k}}{k} + \frac{\phi_{ij}^{*-k}}{2k^2}\right\}$$

$$\Rightarrow U(\tau) = \frac{L}{(k+1)f_e}\left[\ln a\frac{\phi_{jj}^{*-k}}{k} + \frac{\phi_{jj}^{*-k}}{2k^2} + \ln a\frac{\left(\tau\phi_{jj}^*\right)^{-k}}{k} + \frac{\left(\tau\phi_{jj}^*\right)^{-k}}{2k^2}\right]$$

$$\Rightarrow U(\tau) = \frac{k}{k+1}\frac{L}{f_e}\left[\frac{\ln a}{k} + \frac{1}{2k^2}\right]\left(1+\tau^{-k}\right)\phi_{jj}^{*-k}$$

参考文献

《当代中国》丛书编辑委员会，1989. 当代中国的对外经济合作 [M]. 北京：中国社会科学出版社.

安同良，千慧雄，2014. 中国居民收入差距变化对企业产品创新的影响机制研究 [J]. 经济研究，49（9）：62-76.

毕海东，钮维敢，2016. 全球治理转型与中国责任 [J]. 世界经济与政治论坛（4）：125-140.

财政部综合计划司，1992. 中国财政统计（1950—1991）[M]. 北京：科学出版社.

曹令军，2013. 近代以来中国对外经济开放史研究 [D]. 长沙：湖南大学.

陈丰龙，徐康宁，2012. 本土市场规模与中国制造业全要素生产率 [J]. 中国工业经济（5）：44-56.

陈林，2018. 中国工业企业数据库的使用问题再探 [J]. 经济评论（6）：140-153.

陈明，魏作磊，2018. 生产性服务业开放对中国服务业生产率的影响 [J]. 数量经济技术经济研究，35（5）：95-111.

陈启斐，刘志彪，2014. 生产性服务进口对我国制造业技术进步的实证分析 [J]. 数量经济技术经济研究，31（3）：74-88.

陈诗一，陈登科，2017. 中国资源配置效率动态演化：纳入能源要素的新视角 [J]. 中国社会科学（4）：67-83.

陈维涛，王永进，孙文远，2017. 贸易自由化、进口竞争与中国工业行业技术复杂度 [J]. 国际贸易问题（1）：50-59.

陈伟光，王燕，2017. 全球经济治理与制度性话语权 [M]. 北京：人民出版社.

陈小亮，陈伟泽，2017. 垂直生产结构、利率管制和资本错配 [J]. 经济研究，52（10）：98-112.

陈勇兵，赵羊，李梦珊，2014. 纳入产品质量的中国进口贸易利得估算 [J]. 数量经济技术经济研究，31（12）：101-115.

陈钊，熊瑞祥，2015. 比较优势与产业政策效果：来自出口加工区准实验的证据 [J]. 管理世界（8）：67-80.

程大为，2018. 美国治下全球贸易体系的变化及中国贸易治理对策 [J]. 政治经济学评论，9（4）：97-109.

程大中，2004. 中国服务业增长的特点、原因及影响：鲍莫尔—富克斯假说及其经验研究 [J]. 中国社会科学（2）：18-32.

程文，张建华，2018. 收入水平、收入差距与自主创新：兼论"中等收入陷阱"的形成与跨越 [J]. 经济研究，53（4）：47-62.

邓小平，1993. 邓小平文选：第3卷 [M]. 北京：人民出版社.

樊纲，王小鲁，马光荣，2011. 中国市场化进程对经济增长的贡献 [J]. 经济研究，46（9）：4-16.

樊海潮，张丽娜，2018. 中间品贸易与中美贸易摩擦的福利效应：基于理论与量化分析的研究 [J]. 中国工业经济（9）：41-59.

樊茂清，黄薇，2014. 基于全球价值链分解的中国贸易产业结构演进研究 [J]. 世界经济，37（2）：50-70.

范红忠，2007. 有效需求规模假说、研发投入与国家自主创新能力 [J]. 经济研究（3）：33-44.

冯泰文, 2009. 生产性服务业的发展对制造业效率的影响: 以交易成本和制造成本为中介变量 [J]. 数量经济技术经济研究, 26 (3): 56-65.

盖庆恩, 朱喜, 程名望, 等, 2015. 要素市场扭曲、垄断势力与全要素生产率 [J]. 经济研究, 50 (5): 61-75.

高帆, 汪亚楠, 2016. 城乡收入差距是如何影响全要素生产率的? [J]. 数量经济技术经济研究, 33 (1): 92-109.

龚关, 胡关亮, 2013. 中国制造业资源配置效率与全要素生产率 [J]. 经济研究, 48 (4): 4-15.

龚联梅, 2022. 贸易政策不确定性条件下的贸易利益个体分配研究 [D]. 武汉: 中南财经政法大学.

顾乃华, 夏杰长, 2010. 生产性服务业崛起背景下鲍莫尔—富克斯假说的再检验: 基于中国 236 个样本城市面板数据的实证分析 [J]. 财贸研究, 21 (6): 14-22.

国务院发展研究中心课题组, 马建堂, 张军扩, 2020. 充分发挥"超大规模性"优势推动我国经济实现从"超大"到"超强"的转变 [J]. 管理世界, 36 (1): 1-7.

胡天阳, 2013. 20 世纪 30 年代英国"帝国特惠制"探析 [D]. 苏州: 苏州大学.

胡宗彪, 2016. 汇率水平及其波动与国际服务贸易绩效研究 [M]. 北京: 经济科学出版社.

胡宗彪, 周佳, 2020. 服务业全要素生产率再测度及其国际比较 [J]. 数量经济技术经济研究, 37 (8): 103-122.

胡宗彪, 滕泽伟, 黄扬嘉, 2019. 汇率水平、汇率波动对企业绩效的影响: 中国服务企业与商品企业的表现相同吗? [J]. 经济与管理研究, 40 (2): 47-69.

黄汉民, 孔令乾, 鲁彦秋, 2019. 新中国成立 70 年来的外贸体制变迁: 回顾与展望 [J]. 中南财经政法大学学报 (5): 19-30.

黄玖立, 吴敏, 包群, 2013. 经济特区、契约制度与比较优势 [J]. 管理世界 (11): 28-38.

黄玖立, 冼国明, 2012. 企业异质性与区域间贸易: 中国企业市场进入的微观证据 [J]. 世界经济, 35 (4): 3-22.

黄志刚, 陈晓杰, 2010. 人民币汇率波动弹性空间评估 [J]. 经济研究, 45 (5): 41-54.

基欧汉, 奈, 1992. 权力与相互依赖: 转变中的世界政治 [M]. 林茂辉, 段胜武, 张星萍, 译. 北京: 中国人民公安大学出版社.

加尔布雷思, 2008. 不确定的时代 [M]. 刘颖, 胡莹, 译. 南京: 江苏人民出版社.

简泽, 张涛, 伏玉林, 2014. 进口自由化、竞争与本土企业的全要素生产率: 基于中国加入 WTO 的一个自然实验 [J]. 经济研究, 49 (8): 120-132.

江静, 刘志彪, 于明超, 2007. 生产者服务业发展与制造业效率提升: 基于地区和行业面板数据的经验分析 [J]. 世界经济 (8): 52-62.

江小涓, 2008a. 服务全球化的发展趋势和理论分析 [J]. 经济研究 (2): 4-18.

江小涓, 2008b. 中国开放三十年的回顾与展望 [J]. 中国社会科学 (6): 66-85.

江小涓, 2019. 新中国对外开放 70 年: 赋能增长与改革 [J]. 管理世界, 35 (12): 1-16.

蒋冠宏, 蒋殿春, 2014. 中国企业对外直接投资的"出口效应" [J]. 经济研究, 49 (5): 160-173.

蒋冠宏, 蒋殿春, 蒋昕桐, 2013. 我国技术研发型外向 FDI 的"生产率效应": 来自工业企业的证据 [J]. 管理世界 (9): 44-54.

蒋为, 张龙鹏, 2015. 补贴差异化的资源误置效应: 基于生产率分布视角 [J]. 中国工业经济 (2): 31-43.

金碚, 2001. 论企业竞争力的性质 [J]. 中国工业经济（10）: 5-10.

金碚, 李钢, 陈志, 2006. 加入 WTO 以来中国制造业国际竞争力的实证分析 [J]. 中国工业经济（10）: 5-14.

卡梅伦, 尼尔, 2009. 世界经济简史: 从旧石器时代到 20 世纪末 [M]. 潘宁, 等译. 上海: 上海译文出版社.

阚大学, 吕连菊, 2014. 中国服务贸易的本地市场效应研究: 基于中国与 31 个国家（地区）的双边贸易面板数据 [J]. 财经研究, 40（10）: 71-83.

孔东民, 刘莎莎, 王亚男, 2013. 市场竞争、产权与政府补贴 [J]. 经济研究, 48（2）: 55-67.

黎文靖, 李耀淘, 2014. 产业政策激励了公司投资吗 [J]. 中国工业经济（5）: 122-134.

黎文靖, 郑曼妮, 2016. 实质性创新还是策略性创新？宏观产业政策对微观企业创新的影响 [J]. 经济研究, 51（4）: 60-73.

李春顶, 2015. 中国企业"出口-生产率悖论"研究综述 [J]. 世界经济, 38（5）: 148-175.

李钢, 2018. 中国迈向贸易强国的战略路径 [J]. 国际贸易问题（2）: 11-15.

李磊, 冼国明, 包群, 2018. "引进来"是否促进了"走出去"？外商投资对中国企业对外直接投资的影响 [J]. 经济研究, 53（3）: 142-156.

李力行, 申广军, 2015. 经济开发区、地区比较优势与产业结构调整 [J]. 经济学（季刊）, 14（3）: 885-910.

李平, 李淑云, 许家云, 2012. 收入差距、有效需求与自主创新 [J]. 财经研究, 38（2）: 16-26.

李雪松, 赵宸宇, 聂菁, 2017. 对外投资与企业异质性产能利用率 [J]. 世界经济, 40（5）: 73-97.

李杨, 黄艳希, 2016. 中美国际贸易制度之争: 基于国际公共产品提供的视角 [J]. 世界经济与政治（10）: 114-136.

厉以宁, 2018. 改革开放以来的中国经济: 1978—2018[M]. 北京: 中国大百科全书出版社.

林毅夫, 向为, 余淼杰, 2018. 区域型产业政策与企业生产率 [J]. 经济学（季刊）, 17（2）: 781-800.

刘斌, 王杰, 魏倩, 2015. 对外直接投资与价值链参与: 分工地位与升级模式 [J]. 数量经济技术经济研究, 32（12）: 39-56.

刘斌, 王乃嘉, 2016. 制造业投入服务化与企业出口的二元边际: 基于中国微观企业数据的经验研究 [J]. 中国工业经济（9）: 59-74.

刘斌, 魏倩, 吕越, 等, 2016. 制造业服务化与价值链升级 [J]. 经济研究, 51（3）: 151-162.

刘骏, 刘峰, 2014. 财政集权、政府控制与企业税负: 来自中国的证据 [J]. 会计研究（1）: 21-27.

刘啟仁, 黄建忠, 2015. 异质出口倾向、学习效应与"低加成率陷阱"[J]. 经济研究, 50（12）: 143-157.

刘瑞明, 2012. 国有企业、隐性补贴与市场分割: 理论与经验证据 [J]. 管理世界（4）: 21-32.

刘瑞明, 石磊, 2011. 上游垄断、非对称竞争与社会福利: 兼论大中型国有企业利润的性质 [J]. 经济研究, 46（12）: 86-96.

刘瑞明, 石磊, 2011. 上游垄断、非对称竞争与社会福利: 兼论大中型国有企业利润的性质 [J]. 经济研究, 46（12）: 86-96.

刘叶云, 2003. 我国企业国际竞争力评价指标体系建构及测度方法研究 [J]. 中国软科学（7）: 133-137.

刘志彪, 2006. 发展现代生产者服务业与调整优化制造业结构 [J]. 南京大学学报（哲学·人文科学·社会科学版）（5）：36-44.

龙楚才, 1984. 建国以来利用外资的回顾 [J]. 国际贸易（9）：5-7.

卢进勇, 2004. 中国企业的国际竞争力与海外直接投资 [D]. 北京：对外经济贸易大学.

鲁晓东, 连玉君, 2012. 中国工业企业全要素生产率估计：1999—2007[J]. 经济学（季刊），11（2）：541-558.

吕越, 吕云龙, 2016. 全球价值链嵌入会改善制造业企业的生产效率吗：基于双重稳健-倾向得分加权估计 [J]. 财贸经济（3）：109-122.

吕越, 罗伟, 刘斌, 2015. 异质性企业与全球价值链嵌入：基于效率和融资的视角 [J]. 世界经济，38（8）：29-55.

吕云龙, 吕越, 2017. 上游垄断与制造业出口的比较优势：基于全球价值链视角的经验证据 [J]. 财贸经济，38（8）：98-111.

栾文莲, 2002. 马克思主义世界市场理论研究：世界市场的经典叙述与现代特征 [J]. 马克思主义研究（1）：42-57.

罗长远, 张军, 2014. 附加值贸易：基于中国的实证分析 [J]. 经济研究，49（6）：4-17.

罗德里克, 2009. 相同的经济学，不同的政策处方 [M]. 张军扩, 侯永志, 等译. 北京：中信出版社.

罗德里克, 2011. 全球化的悖论 [M]. 廖丽华, 译. 北京：中国人民大学出版社.

罗西瑙, 2001. 没有政府的治理 [M]. 张胜军, 刘小林, 等译. 南昌：江西人民出版社.

马述忠, 吴国杰, 2016. 中间品进口、贸易类型与企业出口产品质量：基于中国企业微观数据的研究 [J]. 数量经济技术经济研究，33（11）：77-93.

马涛, 2014. 西方经济学的范式结构及其演变 [J]. 中国社会科学（10）：41-61.

毛海涛, 钱学锋, 张洁, 2018. 企业异质性、贸易自由化与市场扭曲 [J]. 经济研究，53（2）：170-184.

毛海涛, 钱学锋, 张洁, 2019. 中国离贸易强国有多远：基于标准化贸易利益视角 [J]. 世界经济，42（12）：3-26.

毛其淋, 2019. 外资进入自由化如何影响了中国本土企业创新？[J]. 金融研究（1）：72-90.

毛其淋, 盛斌, 2013. 中国制造业企业的进入退出与生产率动态演化 [J]. 经济研究，48（4）：16-29.

毛其淋, 许家云, 2016. 中国对外直接投资如何影响了企业加成率：事实与机制 [J]. 世界经济，39（6）：77-99.

毛艳华, 李敬子, 2015. 中国服务业出口的本地市场效应研究 [J]. 经济研究，50（8）：98-113.

聂辉华, 贾瑞雪, 2011. 中国制造业企业生产率与资源误置 [J]. 世界经济，34（7）：27-42.

聂辉华, 江艇, 杨汝岱, 2012. 中国工业企业数据库的使用现状和潜在问题 [J]. 世界经济，35（5）：142-158.

聂辉华, 谭松涛, 王宇锋, 2008. 创新、企业规模和市场竞争：基于中国企业层面的面板数据分析 [J]. 世界经济（7）：57-66.

欧文, 2019. 贸易的冲突：美国贸易政策200年 [M]. 余江, 刁琳琳, 陆殷莉, 译. 北京：中信出版社.

欧阳峣, 2011. 中国大国经济学建设的构想 [J]. 经济学动态（8）：32-38.

欧阳峣，汤凌霄，2017. 大国创新道路的经济学解析 [J]. 经济研究，52（9）：11-23.

潘越，潘健平，戴亦一，2015. 公司诉讼风险、司法地方保护主义与企业创新 [J]. 经济研究，50（3）：131-145.

裴长洪，2013. 进口贸易结构与经济增长：规律与启示 [J]. 经济研究，48（7）：4-19.

裴长洪，2015. 经济新常态下中国扩大开放的绩效评价 [J]. 经济研究，50（4）：4-20.

裴长洪，2016. 中国特色开放型经济理论研究纲要 [J]. 经济研究，51（4）：14-29.

裴长洪，刘洪愧，2018. 习近平新时代对外开放思想的经济学分析 [J]. 经济研究，53（2）：4-19.

蒲艳萍，顾冉，2019. 劳动力工资扭曲如何影响企业创新 [J]. 中国工业经济（7）：137-154.

钱学锋，2019. 开放型世界经济 70 年：实践探索、理论渊源与科学体系 [J]. 中南财经政法大学学报（6）：17-25.

钱学锋，范冬梅，黄汉民，2016. 进口竞争与中国制造业企业的成本加成 [J]. 世界经济，39（3）：71-94.

钱学锋，高婉，2021. 进口竞争与中国制造业动态全要素生产率：基于资源配置的视角 [J]. 国际经贸探索，37（10）：4-41.

钱学锋，龚联梅，2017. 贸易政策不确定性、区域贸易协定与中国制造业出口 [J]. 中国工业经济（10）：81-98.

钱学锋，龚联梅，2019. 夯实开放型世界经济内生动力 [N]. 经济参考报，08-07（7）.

钱学锋，胡宗彪，2018. 增强开放型经济发展的内生动力 [N]. 中国社会科学报，05-23（4）.

钱学锋，黄云湖，2013. 中国制造业本地市场效应再估计：基于多国模型框架的分析 [J]. 世界经济，36（6）：59-78.

钱学锋，梁琦，2007. 本地市场效应：理论和经验研究的新近进展 [J]. 经济学（季刊）（3）：969-990.

钱学锋，梁琦，2008. 测度中国与 G-7 的双边贸易成本：一个改进引力模型方法的应用 [J]. 数量经济技术经济研究（2）：53-62.

钱学锋，刘钊，陈清目，2021. 多层次市场需求对制造业企业创新的影响研究 [J]. 经济学动态（5）：97-114.

钱学锋，毛海涛，徐小聪，2016. 中国贸易利益评估的新框架：基于双重偏向型政策引致的资源误置视角 [J]. 中国社会科学（12）：83-108.

钱学锋，潘莹，毛海涛，2015. 出口退税、企业成本加成与资源误置 [J]. 世界经济，38（8）：80-106.

钱学锋，王备，2017. 中间投入品进口、产品转换与企业要素禀赋结构升级 [J]. 经济研究，52（1）：58-71.

钱学锋，王备，2020. 中国企业的国际竞争力：历史演进与未来的政策选择 [J]. 北京工商大学学报（社会科学版），35（4）：43-56.

钱学锋，王菊蓉，黄云湖，等，2011. 出口与中国工业企业的生产率：自我选择效应还是出口学习效应？[J]. 数量经济技术经济研究，28（2）：37-51.

钱学锋，熊平，2010. 中国出口增长的二元边际及其因素决定 [J]. 经济研究，45（1）：65-79.

钱学锋，余弋，2014. 出口市场多元化与企业生产率：中国经验 [J]. 世界经济，37（2）：3-27.

钱学锋，张洁，毛海涛，2019. 垂直结构、资源误置与产业政策 [J]. 经济研究，54（2）：54-67.

邱斌,刘修岩,赵伟,2012.出口学习抑或自选择:基于中国制造业微观企业的倍差匹配检验[J].世界经济,35(4):23-40.

邱斌,尹威,2010.中国制造业出口是否存在本土市场效应[J].世界经济,33(7):44-63.

邱龙宇,2020.中美贸易摩擦背景下新国际主义与中国深化自由贸易区(FTA)战略的机遇[J].东岳论丛,41(4):26-35.

任洪斌,2007.企业国际竞争力模型探析[J].经济管理(2):32-36.

沈丹阳,2017.我国构建开放型经济新体制与推动建设开放型世界经济[J].世界经济研究(12):15-23.

沈国兵,于欢,2017.中国企业参与垂直分工会促进其技术创新吗?[J].数量经济技术经济研究,34(12):76-92.

沈国兵,于欢,2019.中国企业出口产品质量的提升:中间品进口抑或资本品进口[J].世界经济研究(12):31-46.

沈筠彬,伏玉林,丁锐,2018.人民币实际有效汇率变动对中国制造业企业绩效的影响:来自制造业微观层面的证据[J].世界经济研究(5):25-36.

盛斌,毛其淋,2015.贸易自由化、企业成长和规模分布[J].世界经济,38(2):3-30.

盛斌,毛其淋,2017.进口贸易自由化是否影响了中国制造业出口技术复杂度[J].世界经济,40(12):52-75.

盛斌,钱学锋,黄玖立,等,2011.入世十年转型:中国对外贸易发展的回顾与前瞻[J].国际经济评论(5):84-101.

施炳展,逯建,王有鑫,2013.补贴对中国企业出口模式的影响:数量还是价格?[J].经济学(季刊),12(4):1413-1442.

施炳展,张夏,2017.中国贸易自由化的消费者福利分布效应[J].经济学(季刊),16(4):1421-1448.

宋凌云,王贤彬,2013.重点产业政策、资源重置与产业生产率[J].管理世界(12):63-77.

苏宁,2014.全球经济治理:议题、挑战与中国的选择[M].上海:上海社会科学院出版社.

孙晓华,王昀,2014.企业规模对生产率及其差异的影响:来自工业企业微观数据的实证研究[J].中国工业经济(5):57-69.

孙元元,张建清,2015.中国制造业省际间资源配置效率演化:二元边际的视角[J].经济研究,50(10):89-103.

滕泽伟,胡宗彪,蒋西艳,2017.中国服务业碳生产率变动的差异及收敛性研究[J].数量经济技术经济研究,34(3):78-94.

田巍,余淼杰,2014.中间品贸易自由化和企业研发?基于中国数据的经验分析[J].世界经济,37(6):90-112.

田卫民,2012.省域居民收入基尼系数测算及其变动趋势分析[J].经济科学(2):48-59.

佟家栋,李胜旗,2015.贸易政策不确定性对出口企业产品创新的影响研究[J].国际贸易问题(6):25-32.

王贵东,2017.中国制造业企业的垄断行为:寻租型还是创新型[J].中国工业经济(3):83-100.

王核成,2001.中国企业国际竞争力的评价指标体系研究[J].科研管理(4):73-78.

王俊,刘东,2009.中国居民收入差距与需求推动下的技术创新[J].中国人口科学(5):58-67.

王克敏，刘静，李晓溪，2017. 产业政策、政府支持与公司投资效率研究 [J]. 管理世界（3）：113-124.

王联合，2018. 美国区域性公共产品供给及其变化：以美国亚太同盟体系及区域自由贸易协定为例 [J]：复旦国际关系评论（1）：89-108.

王恕立，胡宗彪，2012. 中国服务业分行业生产率变迁及异质性考察 [J]. 经济研究，47（4）：15-27.

王亚峰，2012. 中国 1985—2009 年城乡居民收入分布的估计 [J]. 数量经济技术经济研究，29（6）：61-73.

王永进，刘灿雷，2016. 国有企业上游垄断阻碍了中国的经济增长：基于制造业数据的微观考察 [J]. 管理世界（6）：10-21.

王永进，刘灿雷，2016. 国有企业上游垄断阻碍了中国的经济增长？基于制造业数据的微观考察 [J]. 管理世界（6）：10-21.

王永进，盛丹，施炳展，等，2010. 基础设施如何提升了出口技术复杂度？[J]. 经济研究，45（7）：103-115.

王永进，施炳展，2014. 上游垄断与中国企业产品质量升级 [J]. 经济研究，49（4）：116-129.

王永进，张国峰，2016. 开发区生产率优势的来源：集聚效应还是选择效应？[J]. 经济研究，51（7）：58-71.

王勇，2017. "垂直结构"下的国有企业改革 [J]. 国际经济评论（5）：9-28.

韦伯，1998. 经济与社会：上卷 [M]. 林荣远，译. 北京：商务印书馆.

魏浩，李翀，赵春明，2017. 中间品进口的来源地结构与中国企业生产率 [J]. 世界经济，40（6）：48-71.

温晓娟，马春光，2010. 企业国际竞争力相关概念辩析与影响因素探讨 [J]. 经济问题探索（7）：83-87.

文东伟，2019. 资源错配、全要素生产率与中国制造业的增长潜力 [J]. 经济学（季刊），18（2）：617-638.

吴超鹏，唐菂，2016. 知识产权保护执法力度、技术创新与企业绩效：来自中国上市公司的证据 [J]. 经济研究，51（11）：125-139.

吴国鼎，2017. 企业有效汇率变动对企业利润的影响 [J]. 世界经济，40（5）：49-72.

吴一平，李鲁，2017. 中国开发区政策绩效评估：基于企业创新能力的视角 [J]. 金融研究（6）：126-141.

吴志成，董柞壮，2018. 国际体系转型与全球治理变革 [J]. 南开学报（哲学社会科学版）（1）：124-133.

伍德里奇，2015. 计量经济学导论：现代观点：第 5 版 [M]. 张成思，李红，张布县，译. 北京：中国人民大学出版社.

习近平，2014. 习近平谈治国理政 [M]. 北京：外文出版社.

夏杰长，肖宇，李诗林，2019. 中国服务业全要素生产率的再测算与影响因素分析 [J]. 学术月刊，51（2）：34-43.

谢康，2004. 经济效率：中国企业国际竞争力的核心和本质：兼论企业国际竞争力指标体系设计 [J]. 世界经济研究（11）：4-10.

徐小聪，符大海，2018. 可变需求与进口种类增长的福利效应估算 [J]. 世界经济，41（12）：25-48.
徐秀军，2012. 新兴经济体与全球经济治理结构转型 [J]. 世界经济与政治（10）：49-79.
徐秀军，2013. 制度非中性与金砖国家合作 [J]. 世界经济与政治（6）：77-96.
徐秀军，2019a. 经济全球化时代的国家、市场与治理赤字的政策根源 [J]. 世界经济与政治（10）：99-121.
徐秀军，2019b. 全球经济治理困境：现实表现与内在动因 [J]. 天津社会科学（2）：81-87.
许和连，成丽红，2016. 制度环境、创新与异质性服务业企业TFP：基于世界银行中国服务业企业调查的经验研究 [J]. 财贸经济（10）：132-146.
许和连，成丽红，孙天阳，2018. 离岸服务外包网络与服务业全球价值链提升 [J]. 世界经济，41（6）：77-101.
许家云，毛其淋，胡鞍钢，2017. 中间品进口与企业出口产品质量升级：基于中国证据的研究 [J]. 世界经济，40（3）：52-75.
宣烨，余泳泽，2017. 生产性服务业集聚对制造业企业全要素生产率提升研究：来自230个城市微观企业的证据 [J]. 数量经济技术经济研究，34（2）：89-104.
杨汝岱，2015. 中国制造业企业全要素生产率研究 [J]. 经济研究，50（2）：61-74.
杨永胜，2019. 全球竞争力培育：新时代中国企业如何高质量"走出去" [J]. 经济理论与经济管理（6）：114.
姚璐，景璟，2021. 以共享促共生：疫情冲击下全球治理转型的中国推进 [J]. 东北亚论坛，30（2）：113-126.
叶宁华，张伯伟，2017. 地方保护、所有制差异与企业市场扩张选择 [J]. 世界经济，40（6）：98-119.
易先忠，高凌云，2018. 融入全球产品内分工为何不应脱离本土需求 [J]. 世界经济，41（6）：53-76.
易先忠，欧阳峣，2018. 大国如何出口：国际经验与中国贸易模式回归 [J]. 财贸经济，39（3）：79-94.
易先忠，晏维龙，李陈华，2016. 国内大市场与本土企业出口竞争力：来自电子消费品行业的新发现及其解释 [J]. 财贸经济（4）：86-100.
尹恒，李世刚，2019. 资源配置效率改善的空间有多大？基于中国制造业的结构估计 [J]. 管理世界，35（12）：28-44.
于金富，2008. 构建现代马克思主义经济学范式 [J]. 马克思主义研究（4）：43-51.
余淼杰，2010. 中国的贸易自由化与制造业企业生产率 [J]. 经济研究，45（12）：97-110.
余淼杰，智琨，2016. 进口自由化与企业利润率 [J]. 经济研究，51（8）：57-71.
袁阳丽，段胜峰，刘建江，等，2018. 新时代贸易强国的内涵及实现路径 [J]. 长沙理工大学学报（社会科学版），33（6）：81-90.
张德平，2001. 企业国际竞争力评价指标研究 [J]. 中国软科学（5）：54-56.
张杰，陈志远，刘元春，2013. 中国出口国内附加值的测算与变化机制 [J]. 经济研究，48（10）：124-137.
张杰，李勇，刘志彪，2009. 出口促进中国企业生产率提高吗？来自中国本土制造业企业的经验证据：1999—2003[J]. 管理世界（12）：11-26.

张杰，郑文平，2017. 全球价值链下中国本土企业的创新效应[J]. 经济研究，52（3）：151-165.

张杰，郑文平，陈志远，等，2014. 进口是否引致了出口：中国出口奇迹的微观解读[J]. 世界经济，37（6）：3-26.

张杰，郑文平，翟福昕，2014. 中国出口产品质量得到提升了么？[J]. 经济研究，49（10）：46-59.

张军，2001. 中国国有部门的利润率变动模式：1978—1997[J]. 经济研究（3）：19-28.

张丽滢，2018. 贸易强国何以炼就[J]. 人民论坛（30）：88-89.

张曙光，2010. 试析国有企业改革中的资源要素租金问题：兼论重建"全民所有制"[J]. 南方经济（1）：3-14.

张天华，张少华，2016. 偏向性政策、资源配置与国有企业效率[J]. 经济研究，51（2）：126-139.

张先锋，阮文玲，2014. 非位似偏好、本地市场效应与技能溢价[J]. 南开经济研究（3）：67-83.

张亚斌，冯迪，张杨，2012. 需求规模是诱发本地市场效应的唯一因素吗？[J]. 中国软科学（11）：132-146.

张亚斌，李峰，曾铮，2007. 贸易强国的评判体系构建及其指标化：基于GPNS的实证分析[J]. 世界经济研究（10）：3-8.

张艳，唐宜红，周默涵，2013. 服务贸易自由化是否提高了制造业企业生产效率[J]. 世界经济，36（11）：51-71.

张翼，2020. "双循环"新格局中寻新机[N]. 光明日报，07-30（14）.

张永亮，邹宗森，2018. 进口种类、产品质量与贸易福利：基于价格指数的研究[J]. 世界经济，41（1）：123-147.

张宇燕，1994. 利益集团与制度非中性[J]. 改革（2）：97-106.

张志强，2015. 微观企业全要素生产率测度方法的比较与应用[J]. 数量经济技术经济研究，32（12）：107-123.

郑江淮，高彦彦，胡小文，2008. 企业"扎堆"、技术升级与经济绩效：开发区集聚效应的实证分析[J]. 经济研究（5）：33-46.

中共中央马克思恩格斯列宁斯大林著作编译局，2009. 马克思恩格斯文集：第2卷[M]. 北京：人民出版社.

中共中央马克思恩格斯列宁斯大林著作编译局，1975. 资本论：第3卷[M]. 北京：人民出版社.

中共中央马克思恩格斯列宁斯大林著作编译局，1984. 列宁全集：第2卷[M]. 北京：人民出版社.

中共中央马克思恩格斯列宁斯大林著作编译局，1985. 列宁全集：第32卷[M]. 北京：人民出版社.

中共中央马克思恩格斯列宁斯大林著作编译局，2009. 马克思恩格斯文集：第4卷[M]. 北京：人民出版社.

中国企业联合会课题组，1999. 企业竞争力指标体系的开发与应用[J]. 经济与管理研究（6）：7-10.

周春喜，2002. 企业国际竞争力模糊综合评判[J]. 数量经济技术经济研究（3）：57-60.

周开国，卢允之，杨海生，2017. 融资约束、创新能力与企业协同创新[J]. 经济研究，52（7）：94-108.

周琢，陈钧浩，2016. 出口退税和汇率变动对中国出口企业利润率的影响[J]. 世界经济，39（12）：95-120.

ACEMOGLU D, AUTOR D, DORN D, et al., 2016. Import competition and the great US employment sag of the 2000s[J]. Journal of labor economics, 34（1）：S141-S198.

ACEMOGLU D, LINN J, 2004. Market size in innovation: theory and evidence from the pharmaceutical industry [J]. The quarterly journal of economics, 119 (3): 1049-1090.

ACEMOGLU D, ZILIBOTTI F, 2001. Productivity differences [J]. The quarterly journal of economics, 116 (2): 563-606.

ALCHIAN A A, 1950. Uncertainty, evolution, and economic theory [J]. Journal of political economy, 58 (3): 211-221.

AMITI M, KONINGS J, 2007. Trade liberalization, intermediate inputs, and productivity: evidence from Indonesia [J]. American economic review, 97 (5): 1611-1638.

ANDERSON J E, VAN WINCOOP E, 2003. Gravity with gravitas: a solution to the border puzzle [J]. American economic review, 93 (1): 170-192.

ANDERSON J E, VAN WINCOOP E, 2004. Trade costs [J]. Journal of economic literature, 42 (3): 691-751.

ANTRÀS P, CHOR D, FALLY T, et al., 2012. Measuring the upstreamness of production and trade flows [J]. American economic review, 102 (3): 412-416.

ARDELEAN A, LUGOVSKYY V, 2010. Domestic productivity and variety gains from trade [J]. Journal of international economics, 80 (2): 280-291.

ARIZE A C, 1996. Real exchange-rate volatility and trade flows: the experience of eight European economies [J]. International review of economics & finance, 5 (2): 187-205.

ARKOLAKIS C, COSTINOT A, DONALDSON D, et al., 2019. The elusive pro-competitive effects of trade [J]. The review of economic studies, 86 (1): 46-80.

ARKOLAKIS C, COSTINOT A, RODRÍGUEZ-CLARE A, 2012. New trade models, same old gains? [J]. American economic review, 102 (1): 94-130.

AUTOR D H, DORN D, HANSON G H, 2013. The China syndrome: local labor market effects of import competition in the United States [J]. American economic review, 103 (6): 2121-2168.

AUTOR D H, DORN D, HANSON G H, et al., 2014. Trade adjustment: worker-level evidence [J]. The quarterly journal of economics, 129 (4): 1799-1860.

AW B Y, ROBERTS M J, XU D Y, 2011. R&D investment, exporting, and productivity dynamics [J]. American economic review, 101 (4): 1312-1344.

BAGGS J, BEAULIEU E, FUNG L, 2009. Firm survival, performance, and the exchange rate [J]. Canadian journal of economics, 42 (2): 393-421.

BAGGS J, BEAULIEU E, FUNG L, 2010. Are service firms affected by exchange rate movements? [J]. Review of income and wealth, 56: S156-S176.

BAGGS J, BEAULIEU E, FUNG L, et al., 2016. Firm dynamics in retail trade: the response of Canadian retailers to exchange rate shocks [J]. Review of international economics, 24 (3): 635-666.

BAGGS J, BRANDER J A, 2006. Trade liberalization, profitability, and financial leverage [J]. Journal of international business studies, 37 (2): 196-211.

BAHMANI-OSKOOEE M, HEGERTY S W, HOSNY A, 2015. Exchange-rate volatility and commodity trade between the E.U. and Egypt: evidence from 59 Industries [J]. Empirica, 42(1): 109-129.

BAILY M N, HULTEN C, CAMPBELL D, et al., 1992. Productivity dynamics in manufacturing plants [J]. Brookings papers on economic activity microeconomics, 1992: 187-267.

BAKER S R, BLOOM N, DAVIS S J, 2016. Measuring economic policy uncertainty [J]. The quarterly journal of economics, 131(4): 1593-1636.

BARON R M, KENNY D A, 1986. The moderator-mediator variable distinction in social psychological research: conceptual, strategic, and statistical considerations [J]. Journal of personality and social psychology, 51(6): 1173-1182.

BASAK D, MUKHERJEE A, 2016. Social efficiency of entry in a vertically related industry [J]. Economics letters, 139: 8-10.

BEE M, SCHIAVO S, 2018. Powerless: gains from trade when firm productivity is not Pareto distributed [J]. Review of world economics, 154(1): 15-45.

BEERLI A, WEISS F J, ZILIBOTTI F, et al., 2020. Demand forces of technical change evidence from the Chinese manufacturing industry [J]. China economic review, 60: 1-21.

BEHRENS K, MION G, MURATA Y, et al., 2014. Trade, wages, and productivity [J]. International economic review, 55(4): 1305-1348.

BERMAN N, MARTIN P, MAYER T, 2012. How do different exporters react to exchange rate changes? [J]. The quarterly journal of economics, 127(1): 437-492.

BERNARD A B, EATON J, JENSEN J B, et al., 2003. Plants and productivity in international trade [J]. American economic review, 93(4): 1268-1290.

BERTOLETTI P, EPIFANI P, 2014. Monopolistic competition: CES redux? [J]. Journal of international economics, 93(2): 227-238.

BLOOM N, 2009. The impact of uncertainty shocks [J]. Econometrica, 77(3): 623-685.

BLOOM N, 2014. Fluctuations in uncertainty [J]. Journal of economic perspectives, 28(2): 153-176.

BLOSSFELD H-P, 1987. Labor-market entry and the sexual segregation of careers in the Federal Republic of Germany [J]. American journal of sociology, 93(1): 89-118.

BORCHERT I, MATTOO A, 2010. The crisis-resilience of services trade [J]. The service industries journal, 30(13): 2115-2136.

BRAMBILLA I, LEDERMAN D, PORTO G, 2012. Exports, export destinations, and skills [J]. American economic review, 102(7): 3406-3438.

BRAMBILLA I, PORTO G, TAROZZI A, 2012. Adjusting to trade policy: evidence from U.S. antidumping duties on Vietnamese catfish [J]. Review of economics and statistics, 94(1): 304-319.

BRANDT L, TOMBE T, ZHU X, 2013. Factor market distortions across time, space and sectors in China [J]. Review of economic dynamics, 16(1): 39-58.

BRANDT L, VAN BIESEBROECK J, WANG L, et al., 2017. WTO accession and performance of Chinese manufacturing firms [J]. American economic review, 107(9): 2784-2820.

BRANDT L, VAN BIESEBROECK J, Zhang Y, 2012. Creative accounting or creative destruction? Firm-level productivity growth in Chinese manufacturing [J]. Journal of development economics, 97(2): 339-351.

BRENTON P, WALKENHORST P, 2010. Impacts of the rise of China on developing country trade: evidence from North Africa [J]. African development review, 22(1): 577-586.

BRODA C, WEINSTEIN D E, 2006. Globalization and the gains from variety [J]. The quarterly journal of economics, 121(2): 541-585.

BUERA F J, KABOSKI J P, 2012. The rise of the service economy [J]. American economic review, 102(6): 2540-2569.

BURSTEIN A, CRAVINO J, VOGEL J, 2013. Importing skill-biased technology [J]. American economic journal: macroeconomics, 5(2): 32-71.

CALDARA D, FUENTES-ALBERO C, GILCHRIST S, et al., 2016. The macroeconomic impact of financial and uncertainty shocks [J]. European Economic Review, 88: 185-207.

CALIENDO L, PARRO F, 2015. Estimates of the trade and welfare effects of NAFTA [J]. Thereview of economic studies, 82(1): 1-44.

CHAKRABORTY P, HENRY M, 2019. Chinese competition and product variety of Indian firms [J]. Journal of comparative economics, 47(2): 367-395.

CHANEY T, 2008. Distorted gravity: the intensive and extensive margins of international trade [J]. American economic review, 98(4): 1707-1721.

CHEN B, MA H, 2012. Import variety and welfare gain in China [J]. Review of international economics, 20(4): 807-820.

CHEN N, NOVY D, 2012. On the measurement of trade costs: direct vs indirect approaches to quantifying standards and technical regulations [J]. World trade review, 11(3): 401-414.

CHEUNG Y-W, SENGUPTA R, 2013. Impact of exchange rate movements on exports: an analysis of Indian non-financial sector firms [J]. Journal of international money and finance, 39: 231-245.

CHIQUIAR D, 2008. Globalization, regional wage differentials and the Stolper-Samuelson theorem: evidence from Mexico [J]. Journal of international economics, 74(1): 70-93.

CHOI J, XU M, 2019. The labor market effects of the China syndrome: evidence from South Korean manufacturing [J]. The world economy, 43(11): 3039-3087.

CHOI Y C, HUMMELS D, XIANG C, 2009. Explaining import quality: the role of the income distribution [J]. Journal of international economics, 77(2): 265-275.

CONSTANTINESCU C, MATTOO A, RUTA M, 2016. Does the global trade slowdown matter? [J]. Journal of policy modeling, 38(4): 711-722.

CONSTANTINESCU C, MATTOO A, RUTA M, 2020. The global trade slowdown: cyclical or structural? [J]. World Bank economic review, 34(1): 121-142.

CORCOS G, GATTO M D, MION G, et al., 2012. Productivity and firm selection: quantifying the 'new' gains from trade [J]. The economic journal, 122(561): 754-798.

COSTA F, GARRED J, PESSOA J P, 2016. Winners and losers from a commodities-formanufactures trade boom [J]. Journal of international economics, 102: 50-69.

COŞAR A K, GRIECO P L E, LI S, et al., 2018. What drives home market advantage? [J]. Journal of international economics, 110: 135-150.

CROZET M, TRIONFETTI F, 2008. Trade costs and the home market effect [J]. Journal of international economics, 76 (2): 309-321.

DAMIJAN J P, KONINGS J, POLANEC S, 2014. Import churning and export performance of multi-product firms [J]. The world economy, 37 (11): 1483-1506.

DANIELS P W, 1991. Some perspectives on the geography of services [J]. Progress in human geography, 15 (1): 37-46.

DAUTH W, FINDEISEN S, SUEDEKUM J, 2014. The rise of the east and the far east: German labor markets and trade integration [J]. Journal of the European Economic Association, 12 (6): 1643-1675.

DEATON A, MUELLBAUER J, 1980. Economics and consumer behavior [M]. Cambridge: Cambridge University Press.

DONOSO V, MARTÍN V, MINONDO A, 2015. Do differences in the exposure to Chinese imports lead to differences in local labor market outcomes? An analysis for Spanish provinces [J]. Regional studies, 49 (10): 1746-1764.

DULLECK U, FOSTER N, 2008. Imported equipment, human capital and economic growth in developing countries [J]. Economic analysis & policy, 38 (2): 233-250.

EATON J, KORTUM S, 2002. Technology, geography, and trade [J]. Econometrica, 70 (5): 1741-1779.

EICHENGREEN B, GUPTA P, 2013. The two waves of service-sector growth [J]. Oxford economic papers, 65 (1): 96-123.

EICHENGREEN B, TONG H, 2007. Is China's FDI coming at the expense of other countries? [J]. Journal of the Japanese and international economies, 21 (2): 153-172.

EVENETT S J, 2014. The Doha round impasse: a graphical account [J]. Review of international organizations, 9 (2): 143-162.

FADINGER H, FLEISS P, 2011. Trade and sectoral productivity [J]. The economic journal, 121 (555): 958-989.

FAJGELBAUM P, GROSSMAN G M, HELPMAN E, 2011. Income distribution, product quality, and international trade [J]. Journal of political economy, 119 (4): 721-765.

FEENSTRA R C, 1989. Symmetric pass-through of tariffs and exchange rates under imperfect competition: an empirical test [J]. Journal of international economics, 27 (1): 25-45.

FEENSTRA R C, 1994. New product varieties and the measurement of international prices [J]. American economic review, 84 (1): 157-177.

FEENSTRA R C, 2010. Measuring the gains from trade under monopolistic competition [J]. Canadian journal of economics, 43 (1): 1-28.

FEENSTRA R C, 2015. Advanced international trade: theory and evidence [M]. Princeton: Princeton university press.

FEENSTRA R C, 2016. Gains from trade under monopolistic competition [J]. Pacific economic review, 21 (1): 35-44.

FEENSTRA R C, 2018. Restoring the product variety and pro-competitive gains from trade with heterogeneous firms and bounded productivity [J]. Journal of international economics, 110: 16-27.

FEENSTRA R C, HANSON G H, 1999. The Impact of outsourcing and high-technology capital on wages: estimates for the United States, 1979—1990 [J]. The quarterly journal of economics, 114 (3): 907-940.

FEENSTRA R C, MA H, XU Y, 2019. US exports and employment [J]. Journal of international economics, 120: 46-58.

FEENSTRA R C, WEINSTEIN D E, 2017. Globalization, markups, and US welfare [J]. Journal of political economy, 125 (4): 1040-1074.

FENG L, LI Z, SWENSON D L, 2017. Trade policy uncertainty and exports: evidence from China's WTO accession [J]. Journal of international economics, 106: 20-36.

FERNANDEZ R, PALAZUELOS E, 2012. European Union economies facing 'Baumol's Disease' within the service sector [J]. Journal of common market studies, 50 (2): 231-249.

FOELLMI R, HEPENSTRICK C, JOSEF Z, 2018. International arbitrage and the extensive margin of trade between rich and poor countries [J]. Review of economic studies, 85 (1): 475-510.

FOELLMI R, ZWEIMÜLLER J, 2006. Income distribution and demand-induced innovations [J]. The review of economic studies, 73 (4): 941-960.

FOOTE C L, 1998. Trend employment growth and the bunching of job creation and destruction [J]. The quarterly journal of economics, 113 (3): 809-834.

FRÍAS J A, KAPLAN D S, VERHOOGEN E, 2012. Exports and within-plant wage distributions: evidence from Mexico [J]. American economic review, 102 (3): 435-440.

FUKUYAMA F, 2020. The pandemic and political order [J]. Foreign affairs, 99 (4): 26.

FUNG L, 2008. Large real exchange rate movements, firm dynamics, and productivity growth [J]. Canadian journal of economics, 41 (2): 391-424.

GHOSH A, MORITA H, 2007. Free entry and social efficiency under vertical oligopoly [J]. The RAND journal of economics, 38 (2): 541-554.

GILPIN R, 2011. Global political economy: understanding the international economic order [M]. Princeton: Princeton University Press.

GRANT R M, 1987. Multinationality and performance among British manufacturing companies [J]. Journal of international business studies, 18 (3): 79-89.

GRIFFITH R, REDDING S, REENEN J V, 2004. Mapping the two faces of R&D: productivity growth in a panel of OECD industries [J]. The review of economics and statistics, 86 (4): 883-895.

GRILICHES Z, REGEV H, 1995. Firm productivity in Israeli industry 1979—1988 [J]. Journal of econometrics, 65 (1): 175-203.

GROSSMAN G A, ROSSI-HANSBERG E, 2008. Trading tasks: a simple theory of offshoring [J].

American economic review, 98 (5): 1978-1997.

GROSSMAN G M, ROSSI-HANSBERG E, 2008. Trading tasks: a simple theory of offshoring [J]. American economic review, 98 (5): 1978-1997.

HAN J, LIU R, MARCHAND B U, et al., 2016. Market structure, imperfect tariff pass-through, and household welfare in urban China [J]. Journal of international economics, 100: 220-232.

HANDLEY K, 2014. Exporting under trade policy uncertainty: theory and evidence [J]. Journal of international economics, 94 (1): 50-66.

HANDLEY K, LIMÃO N, 2015. Trade and investment under policy uncertainty: theory and firm evidence [J]. American economic journal: economic policy, 7 (4): 189-222.

HANDLEY K, LIMÃO N, 2017. Policy uncertainty, trade, and welfare: theory and evidence for China and the United States [J]. American economic review, 107 (9): 2731-2783.

HANSEN B E, 1999. Threshold effects in non-dynamic panels: estimation, testing, and inference [J]. Journal of econometrics, 93 (2): 345-368.

HANSON G H, 2012. The rise of middle kingdoms: emerging economies in global trade [J]. Journal of economic perspectives, 26 (2): 41-64.

HARRIGAN J, 1999. Estimation of cross-country differences in industry production functions [J]. Journal of international economics, 47 (2): 267-293.

HEAD K, RIES J, 2001. Increasing returns versus national product differentiation as an explanation for the pattern of U.S.-Canada trade [J]. American economic review, 91 (4): 858-876.

HEAD K, RIES J, 2003. Heterogeneity and the FDI versus export decision of Japanese manufacturers [J]. Journal of the Japanese and international economies, 17 (4): 448-467.

HECKMAN J J, 1979. Sample selection bias as a specification error [J]. Econometrica, 47 (1): 153-161.

HELPMAN E, 1985. Multinational corporations and trade structure [J]. The review of economic studies, 52 (3): 443-457.

HITT M A, HOSKISSON R E, KIM H, 1997. International diversification: effects on innovation and firm performance in product-diversified firms [J]. Academy of management journal, 40 (4): 767-798.

HOLMES T J, HSU W-T, LEE S, 2014. Allocative efficiency, mark-ups, and the welfare gains from trade [J]. Journal of international economics, 94 (2): 195-206.

HSIEH C-T, KLENOW P J, 2009. Misallocation and manufacturing TFP in China and India [J]. The quarterly journal of economics, 124 (4): 1403-1448.

HSIEH C-T, OSSA R, 2016. A global view of productivity growth in China [J]. Journal of international economics, 102: 209-224.

HUANG Q, 2021. The pandemic and the transformation of liberal international order [J]. Journal of Chinese political science, 26 (1): 1-26.

HÉRICOURT J, PONCET S, 2013. Exchange rate volatility, financial constraints, and trade:

Empirical evidence from Chinese firms [J]. The World Bank economic review, 29 (3): 550-578.

IKENBERRY G J, 2011. Liberal leviathan [M]. Princeton: Princeton University Press.

JACKSON L F, 1984. Hierarchic demand and the Engel curve for variety [J]. The review of economics and statistics, 66 (1): 8-15.

JOHANNSEN F, MARTÍNEZ-ZARZOSO I, 2017. Exchange rate volatility, Euro effect and the two margins of trade: evidence frommonthly trade data[M]//CHRISTENSENB J, KOWALCZYK C. Globalization. Berlin: Springer: 285-307.

JU J, YU X, 2015. Productivity, profitability, production and export structures along the value chain in China [J]. Journal of comparative economics, 43 (1): 33-54.

KEE H L, NICITA A, OLARREAGA M, 2009. Estimating trade restrictiveness indices [J]. The economic journal, 119 (534): 172-199.

KELILUME I, 2016. Exchange rate volatility and firm performance in Nigeria: adynamic panel regression approach [J]. The journal of developing areas, 50 (6): 161-174.

KNIGHT F H, 1921. Risk, uncertainty and profit [M]. Cambridge: The Riverside Press.

KONGSAMUT P, REBELO S, XIE D, 2001. Beyond balanced growth [J]. The review of economic studies, 68 (4): 869-882.

KONINGS J, CAYSEELE P V, WARZYNSKI F, 2005. The effects of privatization and competitive pressure on firms' price-cost margins: micro evidence from emerging economies [J]. Review of economics and statistics, 87 (1): 124-134.

KRUGMAN P R, 1979. Increasing returns, monopolistic competition, and international trade [J]. Journal of international economics, 9 (4): 469-479.

KRUGMAN P R, 1980. Scale economies, product differentiation, and the pattern of trade [J]. American economic review, 70 (5): 950-959.

LATZER H, MAYNERIS F, 2021. Average income, income inequality and export unit values [J]. Journal of economic behavior & organization, 185: 625-646.

LEE M, 2017. The impact of exchange rate on firm performance: evidence from Korean firms [J]. Emerging markets finance and trade, 53 (11): 2440-2449.

LEMOINE F, ÜNAL-KESENCI D, 2008. Rise of China and India in international trade: from textiles to new technology [J]. China &world economy, 16 (5): 16-34.

LEVINSOHN J, PETRIN A, 2003. Estimating production functions using inputs to control for unobservables [J]. The review of economic studies, 70 (2): 317-341.

LIMÃO N, 2016. Preferential trade agreements [M]// BAGWELL K, STAIGER R W. Handbook of commercial policy: volume 1B. New York: North-Holland: 279-367.

LIND J T, MEHLUM H, 2010. With or without U? The appropriate test for a U-shaped relationship [J]. Oxford bulletin of economics and statistics, 72 (1): 109-118.

LIU Q, QIU L D, 2016. Intermediate input imports and innovations: evidence from Chinese firms' patent filings [J]. Journal of international economics, 103: 166-183.

LÓPEZ-CÓRDOVA E, MICCO A, MOLINA D, et al., 2008. How sensitive are Latin American exports to Chinese competition in the US market？[J]. Economía, 8（2）: 117-153.

MA S, LIANG Y, ZHANG H, 2019. The employment effects of global value chains [J]. Emerging markets finance and trade, 55（10）: 2230-2253.

MADDEN J F, 1973. The economics of sex discrimination [D]. Durham: Duke University.

MADOUNI A, 2020. Will the pandemic crisis Covid-19 be a turning point in changing and bringing a new world order？[J]. Technium social sciences journal, 10: 488-503.

MALGOUYRES C, 2017. The impacts of Chinese import competition on the local structure of employment and wages: evidence from France [J]. Journal of regional science, 57（3）: 411-441.

MANN C L, 1986. Prices, profit margins, and exchange rates [J]. Federal reserve bulletin, 72: 366.

MARTIN W, IANCHOVICHINA E, 2001. Implications of China's accession to the World Trade Organisation for China and the WTO [J]. The world economy, 24（9）: 1205-1219.

MATSUYAMA K, 2007. Beyond icebergs: towards a theory of biased globalization [J]. The review of economic studies, 74（1）: 237-253.

MAYER T, MELITZ M J, OTTAVIANO G I P, 2014. Market size, competition, and the product mix of exporters [J]. American economic review, 104（2）: 495-536.

MEINECKE F, 1998. Machiavellism: the doctrine of raison d'État and its place in modern history [M]. Piscataway: Transaction Publishers.

MELITZ M J, 2003. The impact of trade on intra-industry reallocations and aggregate industry productivity [J]. Econometrica, 71（6）: 1695-1725.

MELITZ M J, OTTAVIANO G I P, 2008. Market size, trade, and productivity [J]. The review of economic studies, 75（1）: 295-316.

MELITZ M J, POLANEC S, 2015. Dynamic Olley-Pakes productivity decomposition with entry and exit [J]. The rand journal of economics, 46（2）: 362-375.

MENDEZ O, 2015. The effect of Chinese import competition on Mexican local labor markets [J]. The North American journal of economics and finance, 34: 364-380.

MILNER H, 1991. The assumption of anarchy in international relations theory: a critique [J]. Review of international studies, 17（1）: 67-85.

MINCER J, OFEK H, 1982. Interrupted work careers: depreciation and restoration of human capital [J]. The journal of human resources, 17（1）: 3-24.

MODELSKI G, 1978. The long cycle of global politics and the nation-state [J]. Comparative studies in society and history, 20（2）: 214-235.

MURPHY K M, SHLEIFER A, VISHNY R, 1989. Income distribution, market size, and industrialization [J]. The quarterly journal of economics, 104（3）: 537-564.

NIGAI S, 2016. On measuring the welfare gains from trade under consumer heterogeneity [J]. The economic journal, 126（593）: 1193-1237.

NOVY D, 2013. Gravity redux: measuring international trade costs with panel data [J]. Economic inquiry, 51（1）: 101-121.

OLLEY G S, PAKES A, 1996. The dynamics of productivity in the telecommunications equipment industry [J]. Econometrica, 64 (6): 1263-1297.

OSHARIN A, THISSE J-F, USHCHEV P, et al., 2014. Monopolistic competition and income dispersion [J]. Economics letters, 122 (2): 348-352.

OTTAVIANO G I P, 2012. Agglomeration, trade and selection [J]. Regional science and urban economics, 42 (6): 987-997.

OZTURK A, 2016. Examining the economic growth and the middle-income trap from the perspective of the middle class [J]. International business review, 25 (3): 726-738.

PANGESTU M, 2019. China-US trade war: an Indonesian perspective [J]. China economic journal, 12 (2): 208-230.

PARK S-H, 1994. Intersectoral relationships between manufacturing and services: new evidence from selected Pacific Basin countries [J]. ASEAN economic bulletin, 10 (3): 245-263.

POLACHEK S W, 1981. Occupational self-selection: a human capital approach to sex differences in occupational structure [J]. The review of economics and statistics, 63 (1): 60-69.

PORTER M E, 1990. The competitive advantage of nations [J]. Harvard Business Review, 68 (2): 73-93.

Porter M E, 1980. Competitive strategy: techniques for analyzing industries and competitors [M]. New York: Free Press.

PORTO G G, 2006. Using survey data to assess the distributional effects of trade policy [J]. Journal of international economics, 70 (1): 140-160.

PÁSTOR L, VERONESI P, 2012. Uncertainty about government policy and stock prices [J]. The journal of finance, 67 (4): 1219-1264.

QIAN X, RAFIQUEK, WU Y, 2020. Flying with the dragon: estimating developing countries' gains from China's imports[J].China & world economy, 28 (5): 1-25.

RESTUCCIA D, ROGERSON R, 2008. Policy distortions and aggregate productivity with heterogeneous establishments [J]. Review of economic dynamics, 11 (4): 707-720.

RESTUCCIA D, ROGERSON R, 2008. Policy distortions and aggregate productivity with heterogeneous establishments [J]. Review of economic dynamics, 11 (4): 707-720.

SASAKI H, 2007. The rise of service employment and its impact on aggregate productivity growth [J]. Structural change and economic dynamics, 18 (4): 438-459.

SCHMINKE A, VAN BIESEBROECK J, 2013. Using export market performance to evaluate regional preferential policies in China [J]. Review of world economics, 149 (2): 343-367.

SCHMOOKLER J, 1968. Invention and Economic Growth, The Economic Journal, 78 (309), 135-136.

SCHOTT P K, 2003. A comparison of Latin American and Asian product exports to the United States, 1972 to 1999 [J]. Cuadernos de economía, 40 (121): 414-422.

SIMONOVSKA I, 2015. Income differences and prices of tradables: insights from an online retailer [J]. The review of economic studies, 82 (4): 1612-1656.

SMITH N R, FALLON T, 2020. An epochal moment? The COVID-19 pandemic and China's international order building [J]. World affairs, 183（3）: 235-255.

SOBEL M E, 1987. Direct and indirect effects in linear structural equation models [J]. Sociological methods & research, 16（1）: 155-176.

SONG Z, STORESLETTEN K, ZILIBOTTI F, 2011. Growing Like China [J]. American economic review, 101（1）: 196-233.

TALLMAN S, LI J, 1996. Effects of international diversity and product diversity on the performance of multinational firms [J]. Academy of management journal, 39（1）: 179-196.

TARASOV A, 2012. Trade liberalization and welfare inequality: a demand-based approach [J]. The Scandinavian journal of economics, 114（4）: 1296-1317.

TARASOV A, 2014. Preferences and income effects in monopolistic competition models [J]. Social choice and welfare, 42（3）: 647-669.

THEWISSEN S, VAN VLIET O, 2019. Competing with the dragon: employment effects of Chinese trade competition in 17 sectors across 18 OECD countries [J]. Political science research and methods, 7（2）: 215-232.

TORAGANLI N, YAZGAN M E, 2016. Exchange rates and firm survival: an examination with Turkish firm-level data [J]. Economic systems, 40（3）: 433-443.

TSELIOS V, 2011. Is inequality good for innovation? [J]. International regional science review, 34（1）: 75-101.

UNEL B, 2018. Offshoring and unemployment in a credit-constrained economy [J]. Journal of international economics, 111: 21-33.

UTAR H, RUIZ L B T, 2013. International competition and industrial evolution: evidence from the impact of Chinese competition on Mexican maquiladoras [J]. Journal of development economics, 105: 267-287.

UY T, YI K-M, ZHANG J, 2013. Structural change in an open economy [J]. Journal of monetary economics, 60（6）: 667-682.

VANDERMERWE S, RADA J, 1988. Servitization of business: adding value by adding services [J]. European management journal, 6（4）: 314-324.

VERHOOGEN E A, 2008. Trade, quality upgrading, and wage inequality in the Mexican manufacturing sector [J]. The quarterly journal of economics, 123（2）: 489-530.

VERNON R, 1966. International investment and international trade in the product cycle [J]. The Quarterly journal of economics, 80（2）: 190-207.

YANG Y, 2006. China's integration into the world economy: implications for developing countries [J]. Asian-Pacific economic literature, 20（1）: 40-56.

YE L, Robertson P E, 2016. On the existence of a middle-income trap [J]. Economic record, 92（297）: 173-189.

ZHU S C, TREFLER D, 2005. Trade and inequality in developing countries: a general equilibrium analysis [J]. Journal of international economics, 65（1）: 21-48.

ZWEIMÜLLER J, 2000. Schumpeterian entrepreneurs meet Engel's law: the impact of inequality on innovation-driven growth [J]. Journal of economic growth, 5（2）: 185-206.